수련자·전문지도자를 위한
태극권 경전 강해

김 우 철 편역

Academy House
도서출판 學士院

이 책을 태극권 모든 수련 동호인들께 드립니다.

추 천 사

태극권(太極拳)은 중국 고대무술에서 기원한 동양의 전통무예이지만, 현대에는 건강운동・건강증진 프로그램으로 널리 알려져 있다. 또한 유연함을 바탕으로 자기를 방어하는 호신은 물론, 현대사회의 각종 병리현상으로 발생하는 운동부족 현상을 해소할 수 있어 다양한 연령층에서 즐길 수 있는 생활스포츠・건강스포츠로 각광받고 있다. 이는 고령화되어 가는 현대사회에 아주 적합한 운동이며, 무엇보다 마음을 평화롭게 만들어 주어 각종 스트레스에 노출된 현대인에게 더없이 알맞은 운동이다.

이처럼 현대를 살아가는 우리들은 만성질환 유병률(有病率)이 높고, 크고 작은 스트레스에 노출되어 있다. 이러한 현실에서 대안적 신체운동으로 다양한 양식(기법)의 건강태극권・양생태극권 운동을 통해 만성질환을 가진 사람들이 스스로 질환을 관리하는 자가간호 능력이 향상되는 등, 태극권 운동에 대한 다양한 건강효과가 많은 연구자들에 의해서 과학적 근거가 확보되어 있다.

특히 태극권은 동양사상인 지행합일 사상을 실천하는 무술로서 심신을 단련하고 수행하는 새로운 건강・양생운동으로 세계인의 건강스포츠로 각광받고 있는 스포츠 종목이라 할 수 있을 것이다. 그리고 태극기를 국기로 삼는 우리나라에서 태극권 운동은 선택이 아니라 전국민 남녀노소 모두가 필수로 실천하는 생활스포츠가 되어야 한다고 생각한다.

대구보건대학교 스포츠재활학과에 재직하고 있는 김우철 교수가 『태극권 경전』으로 알려진 왕종악(王宗岳)의 저술인 『태극권론』, 『태극권 석명』, 『13세가(13세 행공가)』, 『타수가』, 무우양(武禹襄)의 저술인 『13세행공 요해』, 『태극권해』, 『태극권론 요해』, 『13세 설략』 등 태극권 수련의 기본적 이론과 태극권 추수이론을 합본으로 모아 편역・강해하였다.

김우철 교수는 대학에서 많은 무도스포츠 관련 저서와 학술논문을 발표하였으며, 특히 태극권의 역사·철학·정신과 건강효과에 대해 국제 전문학술지 및 국내 등재 학술지에 논문을 발표하는 등 학술적 연구를 계속 해왔다고 한다.

이번에 번역 출판되는 『태극권 경전 강해』는 단행본으로는 국내 최초로 태극권 경전 관련 자료를 완역·강해하기에 이르렀다. 중국무술의 역사는 오래이고 태극권에 관한 책은 많지만 중국인이 아닌 우리나라 사람에게 보편성을 가지고 태극권의 이론·원리·역사·철학·정신을 종합적으로 설명한 책은 김우철 교수의 편역서 『태극권 경전 강해』가 처음이라 할 수 있다.

본서는 태극권을 역사적·철학적·원리적 이론과 실전기술 원리 관점에서 풀어간 것이 특징이다. 또한 한문 원전으로 대중화에 어려웠던 점을 고려하여 한글세대를 위해 쉬운 문맥으로 편역했다고 한다. 해박한 중국무술 지식, 그리고 투철한 교육자적 정신으로 완역된 이 책을 한 번만 정독하면 누구나 태극권의 운동법칙과 기법의 원리를 터득할 수 있으리라 생각한다.

이 책은 태극권 수련자 및 일선 태극권 지도자들에게 태극권 이론연구의 필독서라 할 수 있으며, 작금 우리나라에는 태극권 관련 단체 및 태극권 프로그램과 지도자는 많이 있으나, 태극권 이론과 정신의 실종을 경계하는 이른바 「태극권은 있으나 태극권 문화는 없다」는 현장의 목소리에 이 책은 나름대로 의미가 있다고 생각되어 태극권 수련자 및 일선 태극권 지도자들에게 추천하는 바이다.

아무쪼록 이 책을 통해 태극권의 사리체용(事理體用)의 진수(眞髓)를 체득하기 바라며, 본서가 전하고자 하는 큰 메시지를 얻기 바란다.

2016. 4.

한국 건신·양생 태극권 동호인 회장

太 好 星 씀

편역자 서문

태극권(太極拳)은 동작이 부드럽고 완만하여 남녀노소를 불문하고 누구나 즐길 수 있는 양생(養生)·건신(健身) 운동으로 요가와 함께 동양 전통의 신체운동문화이지만 오히려 서구사회에 널리 알려진 건강스포츠 종목이 되었다. 이처럼 태극권에 대한 관심은 우리나라를 비롯한 아시아 뿐만 아니고, 미국의 시사주간지 타임지는 건강관련 기사에서 태극권·요가·필라테스를 「21세기 운동의 새로운 패러다임」이라고 설명하면서 인체 전반에 좋은 영향을 미칠 수 있는 효과적인 운동이라고 소개하였다. 이와 같이 건강운동으로 태극권에 대한 관심이 날로 높아져 가고 있지만, 막상 우리나라에는 태극권 원리 및 이론에 관한 전문서적이나 참고서적 및 연구서 등이 거의 없는 실정이다.

지금까지 우리나라에서는 중국무술에 대해 너무나도 인식부족이며, 논문과 서적에까지 허언(虛言)과 전설(傳說)을 맹신한 채로 엉터리 주(註)나 신빙성에 문제가 있는 내용이나 오역의 인용을 되풀이하는 실태를 벗어나지 못하고, 많은 사람들이 그렇게 생각하고 있으려니 하는 암묵적 동의의 전제 아래 문헌적 근거나 출전을 밝히지 않은 채 인용되고 있는 현실이다.

비록 태극권이 신체적 건강과 무술기법의 신체적 실기수련에 그 중점이 있다고 할지라도, 이론적 토대와 근거를 이해하므로 운동이 어떻게 건강에 도움이 되며, 또 태극권 실기의 발전을 도모하려면 태극권 경전의 원리를 온전히 이해하는 것이 중요하다. 즉 훌륭한 태극권 경전 해석서(解釋書)가 없이는 전대(前代)의 업적이 축적되기 힘들고, 그것을 발판으로 다른 차원으로 뛰어넘는 현대적 태극권의 이론과 기술발전이 이루어지기 어렵다. 이러한 의미에서 태극권 동호인 및 전문지도자들에게 조금이라도 도움이 되었으면 하는 마음으로 이 책을 편역하게 되었다.

이 책은 2009년 일본의 福昌堂에서 출판된 중국인 錢育才(Qian Yucai)의 『太

極拳理論の要諦』중 <태극권 경전 해석편>에 해당되는 부분을 편역한 것이며, 또한 1994년 福昌堂에서 출판된 笠尾恭二의 『中國武術史大觀』의 내용 중 <태극권 역사편>에 해당되는 <제4장 태극권 무술의 생성과 발전> 부분을 편역한 것이다. 기타 자료는 笠尾恭二의 『精說太極拳技法』(東京書店 1973)과 『太極拳入門』(日東書院 1977), 松田隆智의 『圖說中國武術史』(新人物往來社 1976)와 『中國武術』(新人物往來社 1989)에서 태극권 부문을 발췌하여 편역하였다.

『태극권 경전 강해』는 역자가 대략 3여년 동안 비록 느리지만 간단없이 진행되어 온 태극권 원리를 탐구하여 그 실체적 본질을 밝히고자 한 내용이다. 당장 태극권의 명백한 이론체계를 정립할 수는 없더라도 이를 위한 조그마한 노력이라도 해야 한다는 생각이 이 책을 번역한 동기였다. 그러나 태극권 원리를 이론적으로 설명한다는 과제는 뜻만 있다고 해서 되는 일이 아니라는 것을 금방 알게 되었다. 그래서 우선은 태극권의 경전이론 강해, 태극권 원리에 관련된 몇 가지 기초개념을 명료화하고 구체적 원리를 해석하는 선에서 만족해야 한다는 판단을 하기에 이르렀다.

이 책은 좋게 말하여 태극권 원리의 이론화를 위한 기초작업을 시도했을 뿐이지 완성은 아니다. 그러나 역사는 태극권을 처음 수련하거나 이미 실기 및 이론에 대해 상당한 이해를 하고 있는 많은 전문지도자들의 머리를 혼란시키지 않고 태극권 원리 및 이론을 정리하는 데에 도움을 줄 수 있었으면 좋을 거라고 기대하면서, 또 이 책이 태극권 전문지도자들의 뛰어난 의견의 <실마리>가 되고 따라서 태극권 동호인 및 전문지도자들의 이론과 실천의 연구에 흥미를 가지게 한다면 역자로서는 더 이상 바랄 것이 없다.

역자는, 태극권 원리 및 경전이론의 학습이 본래 많은 시간과 노력을 필요로 함과 외국어(漢文)로 된 이론을 학습해야 하는 태극권 수련자 및 일선 지도자들의 어려운 여건을 감안하였다. 따라서 본 편역서의 편집에 있어서 가급적 태극권 수련자 및 전문지도자들이 최소의 시간과 노력으로 태극권 원리 및 경전이론 학습의 효과를 극대화할 수 있도록 세심한 배려를 기하였다.

번역은 서로 다른 문화들 간에 소통의 다리 역할을 한다. 훌륭한 번역은 원문 언어와 번역 언어 간의 조화이며, 해당 2개 언어에 대한 정확한 이해는 물론 원 저자에 대한 철저한 이해에서 출발해야 가능하다. 도올 김용옥님은 『동양학 어떻게 할 것인가』에서 번역이란 문자의 옮김이 아니라 의미의 옮김이고, 또한 번역이란 한문 문화권에서 한글 문화권으로 옮기는 작업을 말하며, 고대어(死語: 사어)와 과거를 현대(活語: 활어)로 바꾸는 작업이라고 강조하였다.

한자의 문자체계로 이루어진 태극권 경전은 고전경전의 강해를 직업으로 하는 전문 학자를 제외한 모든 사람들에게는 국역서 없이는 접근하기 쉽지 않다. 그래서 『태극권 경전 강해』는 태극권 전문지도자 뿐만 아니라 태극권 동호인, 무술연구가, 체육사학자 등을 막론하고 필독되지 않을 수 없는 내용이다.

이처럼 이 책의 번역에 있어서는 현대어의 완전한 번역이 국역(國譯)의 최종 목표가 됨은 말할 것도 없으나, 오역(誤譯) 없는 번역에 역점을 두어 '태극권 역사·철학의 구성 원리' 책의 출판을 목표로 오랜 시간을 들여 번역을 하면서 정확하고 친절한 번역이 되기 위해 나름대로 애를 쓰기는 했지만 미흡한 점이 많음을 부인할 수 없다. 이 책을 보시는 분들의 진지한 비판을 빌어 마지않는다. 다만 오랜 역사 위에 축적된 태극권 선배 달인들의 선행업적과 현대 태극권 수련자 사이에 든든한 가교가 구축되리라 스스로 자부해 본다. 아울러 이 편역서가 태극권 수련자들의 태극권 원리 이론 학습에 실질적 도움이 될 수 있기를 바란다.

끝으로 이 책의 출판을 흔쾌히 맡아주신 도서출판 학사원 사장님에게 이 자리를 빌어 깊이 감사의 뜻을 표한다.

2016. 4

대구보건대학교 교수
김 우 철 적음

목 차

추천사 ·· 4
편역자 서문 ·· 6

제1부 태극권의 역사적 이해

1. 태극권의 성립 과정
  1) 태극권의 개조(開祖) ·· 22
    (1) 장삼봉 개조설을 대표하는 진가구 외래설 ······························ 22
    (2) 진왕정 개조설과 진가구 선조 전래설 ···································· 23
  2) 양로선의 자립과 「태극권」의 성립 ·· 28
    (1) 양로선의 영년현의 귀향 ·· 28
    (2) 태극권 명칭의 유래 ·· 34
    ※ 현대 중국무술사전에서 본 태극권의 해석 내용 ······················ 36
  3) 태극권의 주요 계통 ·· 38

2. 『태극권경』과 『음부쟁보』
  1) 왕종악 『태극권경』은 창술의 비법문 ·· 42
  2) 『음부쟁보』 —왕종악 비법문의 원전— ·· 52

3. 내가권(內家拳)의 계보
  1) 내가권 개조의 전설 ·· 60
  2) 내가권의 계보와 왕정남 ·· 68
  3) 내가권의 실기 ·· 71
    ※ 내가권의 실기해설 ·· 77

4. 『영파부지(寧波府志)』
  1) 내가권(內家拳) 사료로서의 「장송계전」 ······································ 86
  2) 장송계와 「면장(綿張)」 단타(短打) ·· 92

5. 진가구 진씨 일족의 무술 전통

   1) 명말 무장 진왕정 ··· 95
   2) 진가구 역대의 권법가 ··· 100
   3) 태평천국의 난과 진가구 방위전 ·· 103
   4) 진중신 무용담의 양보청과 흑력호 ·· 106
   5) 진중신의 무공록 ··· 110
   6) 『진씨 태극권도설』 성립의 사적(史的) 의의 ···················· 113
   7) 진씨 권법의 원형 – 달인 진발과 ·· 116
   8) 진파 태극권 전사경 이론 ·· 120
   9) 진가구 진씨무술의 체계 ·· 124
       (1) 권법 ··· 124
       (2) 창술 ··· 126
       (3) 곤 ··· 128
       (4) 장도류 ··· 129
       (5) 도검류 ··· 130

제2부 태극권의 특징과 기본원리

1. 태극권에 대한 기본인식

   1) 태극권의 특색 ··· 138
       (1) 태극권을 건강체조라는 인식 ·· 139
       (2) 무술로서의 태극권 의미 ·· 140
       (3) 무술로서의 태극권 특색 ·· 141
       (4) 태극권의 새로운 의미 ·· 142
       (5) 신체운동문화로서의 태극권 ·· 142
   2) 명심할 태극권 이론 ··· 144
       (1) 태극권 이론 공부의 중요성(육체와 정신의 합일) ······· 144
       (2) 태극권 판단구별의 기준 ·· 147

(3) 태극권과 기공의 관계 ································· 147
2. 기공에 대한 기본인식
　1) 기공의 개념 ··· 149
　　(1) 기공의 수련 ··· 149
　　(2) 진기는 객관적 존재 ································· 150
　2) 기공에서의「기」 ······································· 151
　　(1) 3종류의 기(氣) ······································· 151
　　(2) 기(炁)의 정체(正體)와 정의 ························· 152
　　(3) 화(火)는 마음(心) ··································· 153
　　(4) 오행의 총체적인 사고와 이론 ······················ 154
　3) 기(氣)의 수련 ··· 155
　　(1) 갓난아이의 마음 유지 ······························· 155
　　(2) 정(靜)을 찾는 방법 ································· 156
3. 태극권 이론과 기술의 특징
　1) 태극권의 특징과 비전 ································· 160
　2) 태극권의 기(氣)와 경(勁) ····························· 161
　　(1) 인체의 내와 외 ······································ 161
　　(2) 의(意)의 사용 ······································· 162
　　(3) 내적 경(勁)인 에너지 ······························· 163
　　(4) 중국권법의 비전 ···································· 164
　　(5) 발경(發勁)의 원리 ·································· 166
　3) 태극권의 기본원리 ···································· 168
　　(1) 태극권의 본질적 연습 원리 ························· 168
　　(2) 동작 속도의 변화 ·································· 170
　　(3) 태극권의 4가지 원리 ······························· 172
　4) 태극권 연습의 내용 ··································· 175
　5) 태극권의 기본연습 ···································· 176
　　(1) 준비운동 ·· 176

12 차례

　　(2) 단련 ·· 177
　　(3) 투권 ·· 177
　　(4) 추수와 대리 ·· 177
　　(5) 산수와 대타 ·· 177
6) 태극권의 무술적 연습 ·· 178
　　(1) 투권의 의의 ·· 178
　　(2) 투권의 종류 ·· 178
　　(3) 투권의 요령 ·· 180
7) 태극권의 연무(演武) 자세 ·· 180
　　(1) 입선 ·· 180
　　(2) 참춘 ·· 181
　　(3) 유요수평운동 ·· 181
　　(4) 유요수직운동 ·· 182
　　(5) 독각선회운동 ·· 182
　　(6) 파각단련법 ··· 182
　　(7) 금강도대와 그 변화 ··· 183
　　(8) 남작미 ·· 184
　　(9) 누슬요보 ·· 185
　　(10) 권각의 대가와 소가 ······································· 186
　　(11) 칠촌고와 포호귀산 ··· 186
　　(12) 도권홍 ·· 187
　　(13) 섬통배 ·· 187
　　(14) 격지추와 이기각 ·· 187
　　(15) 십자각과 지당추 ·· 188
　　(16) 선풍각 ·· 188
8) 태극권 연무의 요결 ·· 188
9) 태극권 연습의 단계 ·· 189
　　(1) 긴 안목과 수련단계 ··· 189

(2) 각 단계 공통의 기본요구 ································· 190
　10) 태극권 연습상의 주의사항 ································· 199
　11) 태극권에 부수하는 병기술 ································· 202
　12) 다종권법의 동시수련과 기구사용 ························ 202
　　(1) 다종권법의 동시수련 ···································· 202
　　(2) 다식권법의 동시수련 ···································· 203
　　(3) 태극권 수련중 기구사용 ································ 204
4. 태극권 전수방법에 관한 사고
　1) 현재의 전수방법 문제 ·· 205
　2) 태극10년 불출문의 의미 ····································· 205
　3) 태극권 전수방법의 반성 ···································· 206
　4) 태극권 전수법의 개혁 ······································· 208

제3부 태극권 경전의 강론

1. 태극권 경전의 개요와 저자
　1) 태극권 경전의 개요 ··· 212
　2) 태극권 경전의 저자 - 왕종악과 무우양 ················ 213
2. 왕종악의 『태극권론』의 이해
　1) 『태극권론』의 원본 ·· 214
　2) 『태극권론』의 번역문 ··· 214
　3) 『태극권론』 간행본의 이해 ································· 216
　　(1) 원문의 주석문제 ·· 216
　　(2) 용어와 구독점 ··· 217
　　(3) 문장의 중점과 대상 ······································ 217
　4) 태극권과 『역경』 ··· 218
　　(1) 「역」과 점술의 차이 ····································· 218
　　(2) 「역」과 태극권 ·· 220

5) 태극권의 근본이념(태극권다운 모습) ··· 221
   (1) 「장권」, 「13세」, 「태극권」 ··· 221
   (2) 태극권의 모두구와 결구 ··· 222

3. 태극권의 기본개념

1) 개념의 확실성 ··· 224
2) 무극과 태극 ··· 225
   (1) 무극, 기의 일원론 ·· 225
   (2) 도교와 태극권 ··· 226
   (3) 무극과 태극의 개념 ·· 228
   (4) 왕종악의 『태극권론』 이해 ··· 229
3) 태극관념 ··· 230
   (1) 「태극」의 상태 ··· 230
   (2) 동인과 생성원인 ·· 231
   (3) 태극 관념의 현상과 원(○) ··· 232
   (4) ○(圓)의 시점 ··· 233
   (5) ○(圓)의 움직임 ·· 235
4) 동(動)과 정(靜) ·· 236
   (1) 의미와 문맥의 차이 ·· 236
   (2) 경전에서의 「동과 정」 ··· 237
   (3) 「동과 정」의 본질추구 ··· 237
5) 태극권의 음과 양 ·· 239
   (1) 혼동에 대한 이해 ··· 239
   (2) 음양의 개념 ··· 240
   (3) 음양의 내부상태 ·· 241
   (4) 음양과 태극권 ·· 241
6) 분(나누어짐)과 합(만남) ·· 242
   (1) 태극권의 분과 합 ·· 242
   (2) ○(圓) 동작의 재검토 ·· 242
   (3) 반수(盤水)의 비유 ··· 244

(4) 구(球)의 비유 ·· 245
　　　(5) 모순동작의 비유 ··· 245
　　7) 강(剛)과 유(柔) ·· 247

4. 『태극권론』의 해설
　　1) 제1단락의 이해(자구해석·원문번역) ······································· 248
　　2) 제2단락의 이해 ·· 251
　　3) 제3단락의 이해 ·· 253
　　4) 제4단락의 이해 ·· 255
　　5) 제5단락의 이해 ·· 256
　　6) 제6단락의 이해 ·· 256
　　7) 전문의 해설 ·· 258

5. 왕종악의 『태극권석명』
　　1) 『태극권석명』의 원문 ·· 260
　　2) 원문의 해설적 번역 ··· 261
　　3) 「태극권석명」의 고찰 ··· 261
　　※8괘·5행·인체 ·· 266

6. 왕종악의 『13세가』(『13세행공가』)
　　1) 『13세가』의 원문 ··· 268
　　2) 대략의 번역문 ·· 269
　　3) 자구 해석 ··· 270
　　4) 해설적 번역문 ·· 275

7. 왕종악의 『타수가』
　　1) 원작 『타수가』 ·· 277
　　2) 『타수가』의 원문 ·· 278
　　3) 대략의 번역문 ·· 278

8. 무우양의 『13세행공요해』
　　1) 무우양의 저서 고찰 ··· 279
　　2) 『13세행공요해』의 원문 ·· 280

3) 대략의 번역문 ·· 281
4) 『13세행공요해』의 해설 ··· 282

9. 무우양의 『태극권해』
1) 『태극권해』의 원문 ·· 287
2) 대략의 번역문 ·· 288
3) 『태극권해』의 해설 ·· 290

10. 무우양의 『태극권론요해』
1) 『태극권론요해』의 원문 ··· 294
2) 대략의 번역문 ·· 294
3) 『태극권론요해』의 해설 ··· 295

11. 무우양의 『13세설략』
1) 『13세설략』의 원문 ··· 296
2) 대략의 번역문 ·· 297
3) 『13세설략』의 해설 ··· 298

제4부 태극권수련의 기본과 이해

1. 태극권 준비운동과 기본동작
1) 태극권 준비운동의 의미 ·· 302
2) 태극권 기본동작 연습방법 ··· 303
  (1) 발목의 좌우돌리기 ··· 303
  (2) 무릎으로 원그리기 ··· 305
  (3) 고관절 돌리기 ··· 305
  (4) 미저골 돌리기 ··· 306
  (5) 견관절 돌리기 ··· 307
  (6) 주관절 돌리기 ··· 307
  (7) 손목 돌리기 ··· 308
  (8) 지관절 완화연습 ··· 308

(9) 경관절의 좌·우돌리기 ·· 309
　　(10) 악관절 돌리기 ·· 310
　　(11) 척추의 물결모양 움직임 ·· 310
　　(12) 전신관절의 완화 ·· 311
　　(13) 원그리기의 최대 의념화 ·· 312

2. 태극권 예비세의 중요성
　1) 동작이 없는 세 ··· 313
　2) 태극권 예비세를 갖추는 방법 ··· 314

3. 태극권 방송의 연습
　1) 방송의 개념 ··· 321
　2) 방송의 상태 ··· 323
　3) 방송의 연습 ··· 323
　4) 견관절과 고관절의 방송 ·· 328

4. 입신중정
　1) 입신중정의 의미 ·· 333
　2) 입신중정을 유지하는 방법 ·· 336

5. 허령정경과 기침단전
　1) 허령정경(정두현) ··· 341
　2) 기침단전 ·· 345

6. 함흉발배와 침견추주
　1) 태극권 경전의 근거 찾기 ·· 349
　　(1) 몸놀림의 신법팔요 ··· 349
　　(2) 신법팔요의 진의 ·· 349
　　(3) 신법팔요의 중요성과 필요성 ······································· 350
　2) 함흉발배 ·· 351
　　(1) 함흉의 요구 ·· 351
　　(2) "함"을 "개"로 표현 ·· 352
　　(3) 발배의 의미 ·· 353

(4) 기첨배의 의미 ··· 355
　　3) 침견추주 ··· 355
　　　(1) 표현은 다르지만 같은 요구 ····································· 356
　　　(2) 체주 아닌 추주 ··· 357

제5부 태극권 추수의 이론과 실천

1. 추수의 일반이론
　1) 추수의 기본인식 ·· 360
　　　(1) 추수·투로연습의 목적 ·· 360
　　　(2) 추수·투로의 본질 ··· 361
　　　(3) 일격필살술이 아닌 자기보호 ··································· 362
　2) 추수의 효용 ·· 362
　　　(1) 검사의 표준 ·· 362
　　　(2) 능력양성의 수단 ··· 363
　　　(3) 예술표현의 즐거움 ·· 363
　　　(4) 누구라도 가능한 추수연습 ····································· 364
　3) 추수연습의 순서 ··· 365
　4) 추수연습의 순서 관례 ·· 368
　　　(1) 힘주지 않고 기세부리지 않음 ································· 368
　　　(2) 상해성의 과격한 동작삼가 ···································· 368
　　　(3) 구체적 규정을 지키는 것 ······································ 369

2. 추수의 근본
　1) 『13총세』에 대한 재고 ·· 369
　　　(1) 복습의 반복 ··· 369
　　　(2) 13종류의 경 ··· 370
　　　(3) 팔괘의 상징과 그 도형 ··· 371
　2) 붕·리·제·안의 진의 ··· 373

        (1) 붕은 머리 ··· 373
        (2) 배를 뛰워 싣고 가는 물 ··· 373
        (3) 감의 도형이 나타내는 것 ·· 374
        (4) 리·제·안의 상징 ··· 376
    3) 채·렬·주·고의 고찰 ··· 378
    4) 진·퇴·고·반·정의 고찰 ·· 379
        (1) 발의 보법 ·· 379
        (2) 진과 퇴 ·· 379
        (3) 고와 반 ·· 380
        (4) 정(定)의 해석 ·· 381
    5) 알맞은 연습 ··· 382
        (1) 바른 투로 ··· 382
        (2) 힘주지 않는 투로의 수련 ·· 383
        (3) 반작용력 이용의 연습 ··· 384

3. 『타수가』의 해설
    1) 해설적 번역문 ·· 386
    2) 점련점수불주정 ·· 387
    3) 7문자의 실천에서의 의의 ··· 388
    4) 점에 관한 일화 ·· 390

4. 태극권 경전의 재고
    1) 온고지신 ·· 393
    2) 점과 주의 의미 ·· 393
        (1) 점과 주의 헷갈린 표현 ·· 393
        (2) 실천에서의 강·유·점·주 ··· 394
        (3) 점도 주도 일종의 「경」 ··· 395
    3) 점즉시주, 주즉시점 ··· 396
        (1) 점화경과 주화경 ··· 396
        (2) 추수의 원리 ··· 397
    4) 면 속에 침을 감추는 예술 ·· 398

5. 사기종인
1) 선입관 버리기 ··· 400
2) 태극본무법 동즉시법 ··· 401

6. 쌍중과 동경
1) 쌍중의 진의 ··· 403
2) 동경의 의미 ··· 405

7. 추수의 기본자세 보충설명
1) 손, 엄지손가락과 손목 ·· 406
2) 발목과 발바닥 ··· 407
3) 팔꿈치와 무릎 ··· 408

8. 추수는 자아보호를 위한 연습
(1) 몸을 교환하는 방법 ·· 410
(2) 스스로 물러나는 법 ·· 410

9. 태극권 추수시 4구절
(1) 손을 사용하지 않기 ·· 411
(2) 서있는 다리 띄우기 ·· 412
(3) 면이 아닌 점으로 접촉하기 ·· 413
(4) 완전한 허정은 태극권의 정수 ·· 414

※ 주요 참고문헌 ·· 415

제1부
태극권의 역사적 이해
－태극권 무술의 생성과 발전－

양로선

무우양

1. 태극권의 성립 과정

1) 태극권의 개조(開祖)

태극권(太極拳)이 널리 사회에 알려진 것은 청나라 말기의 양로선(楊露禪, 1799~1872)이 베이징에서 무인으로서 명성을 떨친 이후이다. 양로선은 태극권 무술을 하남성(河南省) 온현(溫縣) 진가구(陳家溝)에서 진장흥(陳長興, 1771~1853)을 스승으로 모셔 수련하였다. 따라서 태극권의 원류지는 진가구로 진장흥의 가식(架式: 형)이 양로선에 의해 태극권으로서 보급되었다는 사실은 이미 확고한 사실로서 정착되었다.

그렇지만 태극권이 언제·누가 창시하여, 진가구의 진씨(陳氏)에 이르기까지 어떤 경로로 전승되었는가의 기원과 전래의 계보에 대해서는 많은 설이 있어 일정하지 않다. 태극권 기원설은 크게 나누면, 태극권이 진가구 외 다른 곳에서 왔다는 외래설(外來說)과 진가구에서 발생하여 진씨 일족에 의해서 전해졌다는 진가구 선조 전래설(傳來說)의 두 가지로 분류할 수 있다.

(1) 장삼봉 개조설(開祖說)을 대표하는 진가구 외래설

태극권은 명대(또는 송대) 무당산(武當山)에 살던 도교(道敎)의 선인 장삼봉(張三峰)이 발명하여, 장송계(張松溪)·왕정남(王征南) 등 내가권(內家拳)의 달인으로서 사서(史書)에 남는 역대 후계자를 통해 이른바『태극권경(太極拳經)』의 저자 왕종악(王宗岳)에게 전해졌다. 그리고 왕종악이 태극권을 진가구로 가져가고, 다시 진장흥에게서 양로선으로 전수되었다고 한다.

이 설은 주로 20세기 초의 양파(楊派) 일문(一門)에 의해서 보급된 태극권이 종종「내가권」이나「무당파(武當派)」로 불리는 이유로 이 장삼봉의 태극권 개조설 때문이다. 따라서 내가권이라는 명칭은 명대(明代, 1368~1644년)에 실재(實在)하였지만 태극권을 칭하여 「내가권(內家拳)」이나 「무당파(武當派)」라 부르는 것은 역사적으로는 근대에 생성된 풍조의 명칭이다.

외래설 중에 "장삼봉(張三峰)은 전설상의 인물에 불과하며 태극권의 창시자는 불명이다"로, 이를 테면 왕종악이 태극권 중흥의 시조로서 그에 의해서 직접 또는 간접으로 진가구에 태극권이 전해졌다는 입장도 있다.

(2) 진왕정 개조설과 진가구 선조 전래설

이 설은 명(明) 말기의 무장으로서 활약한 진가구(陳家溝) 진씨 일족의 제9대 진왕정(陳王廷)을 개조로 대대로 뛰어난 무술의 전통이 진가구에 전승되어 청(淸) 말기에 이르러 진장흥에서 양로선으로 전수되었다고 한다.

이 설도 역시 20세기에 들어서면서부터 주창되었다. 보다 구체적으로는 무술사가(武術史家) 당호(唐豪)에 의해서 양파(楊派)의 장삼봉 개조설에 대한 비판으로서 1930년대에 주창된 것이다. 이 설은 현재에도 전승되어 태극권 개조설로서는 가장 유력한 설이다. 당호는 왕종악이 태극권을 진가구에 전한 것이 아니라, 그 반대로 왕종악도 진가구에서 태극권을 배웠다고 생각하였다. 또한 진가구 전래설 중에는 태극권의 개조를 제9대 진왕정이 아니라 제1대 진복(陳卜)이라는 설도 있다.

태극권이라는 명칭이 어떻게 성립되었는가를 중심으로 검토한 결과 편자는 상기 두 가지 설 모두 태극권 개조설로서는 성립되지 않는다는 결론에 도달하였다. 그 근거는 주로 다음 두 가지이다.

첫째, 양로선이 베이징(北京)에서 자기 권법을 보급시키기까지 「태극권(太極拳)」이라는 명칭을 가진 권법은 존재하지 않았다.

양로선이 전한 가식(架式: 형)은 분명히 진가구의 진장흥에게 배운 것을 기반으로 하고 있다. 그러나 기법의 사상과 이념, 그리고 기법 그 자체의 이용법, 혹은 연습방법에서 양로선의 권법은 진가구 전래의 권법과는 질적으로 완전히 변화한 것이었다. 진가구 전래의 권법은 수족을 재빠르게 사용하여 땅을 강하게 밟고 혹은 공중을 날아차기 등, 현재의 느긋함과 정적으로 연출하는 부드러움 일색인 태극권에서는 상상할 수 없을 정도로 움직임이 활발하지만 어떤 의미에서는 극히 일반적인「북파권법」의 하나에 불과하다.「태극권」이라는 명칭은 후에 이르러 양로선이 새롭게 권법을 이론으로 확립하기 위하여 창출된 새로운 명칭이었다.

둘째로, 태극권의 근본적 교전(敎典)인 왕종악 저서『태극권경(太極拳經)』은 실제 태극권이 아니라 창술의 비법문이라고 해야 한다. 적어도 그 비법문(秘法文)에는「태극」의 두 글자는 있어도「태극권」이라는 단어는 보이지 않는다. 부드러움을 중시하는 비법문의 내용이 실질적으로는 유파의 달인 양로선의 권법을 표현하는데 어울리기 때문에, 비법문의 첫머리에 있는「태극」의 두 글자를 따서「태극권」으로 명명하고 비법문을『태극권경』으로 불렀다.

이러한 관점에서 보면 최초로 태극권을 전파한 양로선이야말로 양파(楊派)라는 한 유파의 개조일 뿐만 아니라,『태극권』의 개조로서 합당하다고 보는 것이다. 이를테면 제3의 설이라 할 수 있는「양로선 태극권 개조설(楊露禪 太極拳 開祖說)」이 현실의 태극권 성립과정에 준거한 가장 솔직한 관점이라는 결론에 도달하였다.

양로선의 생몰년은 확정적이지 않지만 1799년에서 1872년 사이라고 한다.[1]

일본의 막부 말기에서 메이지 초기까지 생존했던 비교적 근대 인물로 치바슈사쿠(千葉周作, 1793~1856), 오타니세이이치로(男谷精一郞, 1798~1864) 등 막부말기의 검객들과 동시대 인물이다. 덧붙여서 말하면 양로선 사망 후 10년인 1882년 카노지고로(嘉納治五郎, 1860~1932)가 에이쇼지(永昌寺)에서 유도교실을 시작하였다. 이해는 이를 테면 유도탄생의 해이며, 근대 일본무술사의 개막으로 기념할 만한 해이다. 카노지고로는 낡은 시대의 유술을 새로운 시대에

---

[1] 陳炎林 著『太極拳刀劍桿散手合編』, 上海地産硏究所(1943),
顧留馨 著『太極拳術』, 上海敎育出版社(1982) 등 참조.

적응하는 근대무술(近代武術)로 유도를 새롭게 무도스포츠 이론으로 확립하여 탄생시켰다.

태극권도 또한 양로선에 의해서 명대(明代) 동란기에 정리된 무술로서의 고류권법(古流拳法)에서 양명(養命)의 활인적 권법으로 새롭게 태어난 근대무술이다. 일본 유도(柔道)와 합기도(合氣道)도 마찬가지로 '태극(太極)'이라는 글자에 함축된, 사상은 낡아도 태극권이 무술로서 성립한 것은 비교적 근대의 일이라는 사실을 강조해 둔다.

태극권의 원류를 찾기 전에 구체적 사실(史實)로 파악할 수 있는 양로선 이후의 계보에 대하여 그 개략을 정리한다. 이유는 태극권에 전해지는 속설·전설, 또는 그것을 타파하려 한 사적(史的) 연구 모두가 근·현대의 태극권 보급의 확립기(確立期)에 생겼기 때문이다.

양로선은 1799년에 하북성(河北省)의 광평부(廣平府) 영년현(永年縣)에서 태어났다. 영년현에 태화당(太和堂)이라는 약 업점이 있었다. 경영자 진덕호(陳德瑚)는 태극권의 원류지인 하남성(河南省) 온현(溫縣) 진가구(陳家溝)의 사람이다. 그때 태화당의 토지는 영년형의 유력자, 무씨(武氏)에게 대여된 것이다. 그 후, 무가(武家) 삼형제는 양로선의 무술활동을 지원하고 태극권의 이론형성과 보급활동에 결정적인 역할을 하게 된다. 원류(源流)·실기·이론을 종합하여 생각한다면 "태극권이란 진가(陳家) 전통의 실전적(實戰的)인 무술에서 골라내어 활인적(活人的) 무술로서 다듬은 양로선의 개인적 자질과 수행, 그리고 무우양(武禹襄)의 이론적 연구, 이들 세 사람의 결합으로 성립된 근대적 권법이라고 할 수 있다." 이러한 태극권 성립에 있어서의 진장흥·양로선·무우양의 관계는 모두 이 영년현의 태화당 약업점을 둘러싼 지연·혈연에서 발생한 것이다. 태화당은 현대에 들어와서도 공사합영(公私合營)으로 존속하고 있다.[2]

양로선은 소년시절에 태화당 주인인 진덕호에게 하인으로 팔려가, 진(陳)씨의 고향 하남성 온현 진가구로 옮겼다. 양로선은 성인이 된 후 자유로운 몸이 되

---

[2] 唐豪·顧留馨 著 『太極拳研究』, 人民體育出版社(1964).

었을 때도 태화당에 살았다. 양로선은 경제적으로 상당히 어려운 가정 출신이었을 것이다. 양로선이 처음부터 수행목적으로 태극권의 달인 진장흥(陳長興)을 존경하여 진가구(陳家溝)로 옮겨 살았다거나, 혹은 그 기예를 훔치기 위해 소사(김使)로 진가(陳家)에 잠입하였다는 설화는 모두 개조(開祖)의 수행을 미화하는 소설적 허구에 불과하다.

당시 진가구에는 제14대 진장흥이 일족 중에서 권사(拳師)로서 유명하였다. 진장흥은 진덕호의 집 앞 공터(토지)에 젊은이를 모아서 권법(拳法)을 가르치고 있었다. 양로선도 그 중의 한 사람으로서 진가구로 왔던 10세 무렵부터 진장흥에게 사사받았다고 생각한다. 혹은 유력자인 진덕호가 특히 의식적으로 진장흥을 권사로서 초빙하여 일족의 자제에게 가르치도록 한 것인지도 모른다. 그렇다면 하인이지만 진덕호의 일원이었던 양로선은 보다 한층 자연스러운 형태로 진장흥에게 접촉하였을 것이다.

진장흥이 양로선에게 전수한 가식(架式)은 지금 진가태극권 노가식(老架式)이라 부른다. 진장흥과 같은 제14대에 진유본(陳有本), 진유항(陳有恒)이라는 역시 무술에 뛰어난 형제가 있었다. 두 사람은 처음 진장흥과 같은 가식을 배웠지만 진유본이 후에 가식을 개변하므로 신가식(新架式)이라 불리게 되었다. 이것과 구별하기 위하여 진장흥 전래의 가식을 노가식(老架式)으로 불리게 되었다.

양로선이 전하고 제3대 양징보(楊澄甫, 1883~1936)의 대에 확립된 양파 태극권(楊派 太極拳)의 현재 가식은 진파(陳派) 노가식에서 뛰어차기 등의 움직임이 격렬한 동작을 생략, 또는 다른 동작으로 대체하거나 원래의 동작을 2개 이상의 독립된 동작으로 분리함으로써 연환동작(連環動作)을 쉽게 하는 등의 개변을 더한 것이다.

양자(兩者) 형(型)의 연무(演武)를 실제로 보고 비교하면 개변(改變)에 의한 가식(架式)의 차이에 더하여 진파(陳派)는 강적(剛的)으로 빠르게 연출하고, 양파(楊派)는 유적(柔的)으로 느긋하게 연출한다는 연무방법(演武方法)의 근본적인 차이에 의해 마치 두 개의 가식(架式)이 전혀 다른 권법과 같은 인상을 주었다. 그렇지만 가식(架式)의 명칭을 순서대로 기술한 권보(拳譜)에 의해 비교·대조하면 양파(楊派)에 의한 개변에는 유화·간략화의 원칙이라는 하나의 노선이 관철되고 있다.3)

이것을 이해한 후에 또 다시 한 번 양자(兩者)의 연무(演武)를 실제로 보고 비교하면 연무법의 차이를 넘어서 투로(套路: 型)로서 동질성이 강하다는 것에 놀란다. 그리고 양파(楊派)에 있어서의 가식(架式)의 기본적 부분이 얼마나 솔직하게 진파 노가식(陳派老架式)을 전승하고 있는가를 이해할 수 있다. 단순히 육체적인 관점에서 보면 진파(陳派)는 청년형이며, 양파(楊派)는 노년형이다.

그러나 어떤 종류의 무술적 관점, 이를테면 얼마나 작은 힘으로 강적(剛的)의 공격을 능란하게 다룰 것인가라는 유법(柔法) 중심의 무술적 관점에 본다면, 진파(陳派)는 초심형(初心型)이며 양파(楊派)는 달인형(達人型)이라고 할 수 있다. 이들을 종합하여 양자(兩者: 陳派·楊派)의 형을 한 마디로 총괄한다면 진파(陳派)는 용장활발(勇壯活潑)하게 연출하는 약동적인 청년형이며, 양파(楊派)는 유연정밀(柔軟靜謐)하게 연출하는 원숙한 달인형이라고 할 수 있다.

여기서 중요한 사실로서 지적해 두어야 할 것은 당시의 진가구에는 아직「태극권(太極拳)」이라는 호칭은 존재하지 않았다는 것이다. 진가구에는 당시 도·창·권(刀·槍·拳) 등 여러 종류의 무술이 연습되고, 권법(拳法)만 해도 또한 여러 종류의 가식이 전해지고 있었다. 후에「태극권」이라 불리게 된 가식은 「두투세(頭套勢: 시작형의 뜻), 또는 단순히『13세(十三勢)』라 부르고 있었다. 진가구에도 이 가식이「태극권」으로 불리게 된 것은 20세기에 들어서 양파의 태극권이 유명하게 된 후이다. 즉 양파(楊派) 태극권이 확립된 후에 태극권(太極拳)의 명칭과 연무법(演武法)이 진가구에 역류하여 진파(陳派) 태극권이 성립된 것이다. 진씨 일족의 무술적 전통에 대해서는 후에 정리하여 검토하기로 하고 여기서는 잠시 양로선의 흔적을 더듬어 본다.

먼저 양로선(楊露禪)이 진가구에서 체재기간(즉 수행기간)에 대하여 검토해

---

3) 笠尾恭二 著『精說太極拳技法』, 東京書店(1973). -陳·楊二派 太極拳譜對照表 참조

보자.

  1930년 중앙국술관(中央國術館)의 서면에 의한 문의에 대해서 당시 절강
  국술관(浙江國術館) 교무장(敎務長)이었던 양징보(楊澄甫)는 "조부는 10살
  무렵 진가구에 가서 진장홍에게 사사받기를 약 30년이었다"고 답하였다.[4]

 진가구 시대의 양로선으로서는 무술로서 명성을 얻고자 하는 야심은 없었다. 오히려 한 사람의 하인으로서 최하층의 노동에 만족하고 있었다. 그러나 그러한 생활 속에서는 무술의 연마는 어려운 수행이라기보다는 다감(多感)한 에너지 발산의 장(場)이었음이 틀림없다. 무술수행의 장(場)에는 신분에 관계없이 실력으로 인간이 평가된다. 진씨 일족의 청년을 비롯한 지역 사람들과 평등한 입장에서 땀을 흘릴 수 있는 것은 양로선으로서 수행의 고통 그 이상으로 매력적인 현장(現場)이었을 것이다. 연마로 땀을 흘리는, 이를 테면 스포츠로서의 쾌감도 맛보았을 것이다. 즉 진가구 시대의 양로선으로서는 무술은 수행이며 교류이며 오락이었다고 생각할 수 있다.

 제3대째 양징보 시대에 확립한 양파(楊派)의 가식을 보더라도 개조 양로선이 얼마나 정직한 학습법을 하였는가 쉽게 추리할 수 있다. 또 스승 진장홍(陳長興)에게 사랑을 받으며 무술적 재능을 존중받았다는 설화도 있지만, 양로선이 신분의 차와 성(姓)이 다른 외족(外族)이라는 것으로 차별을 받았다는 설화는 남아있지 않다. 진·양의 두 파로 대립이 생기는 것은 20세기에 들어서 태극권이 세상에 널리 유행되면서이며, 보다 구체적으로는 1930년대 이후부터이다.

2) 양로선의 자립과「태극권」의 성립

(1) 양로선의 영년현의 귀향

 양로선이 살았던 무렵의 진가구는 정치적 난동도 자연재해도 적고 비교적 안정된 환경이었다. 양로선이 진가구를 떠난 지 얼마 후 남쪽에 태평천국(太平天

---

4) 唐豪·顧留馨 著『太極拳硏究』, 人民體育出版社(1964).

國)의 난이 발생하여 청조(淸朝)가 저물어가는 정치적 격동이 시작되었다. 곧 진가구(陳家溝)도 그 동란의 소용돌이에 휩쓸려 양로선과 함께 연마의 땀을 흘렸던 진중신(陳仲甡, 1809~1871)이 일족의 제자를 통솔하여 무인으로서의 명성을 떨치게 된 것이다.

그러나 일반적으로 말하면 양로선은 진가구 체재 중 청조치하(淸朝治下)의 비교적 평온한 농촌사회에서 노동생활과 무술에 열중하였을 것이다. 그리고 무술에 관해서 말하면 우직할 정도로 진장흥의 가르침을 지키고, 장기(長期)에 걸친 강적(剛的)한 단련의 양적(量的)인 축적이 이윽고 질적(質的)인 변화를 일으키는 기반이 되었다. 즉 한 쪽에 있어서는 기술의 유연화와 간략화가 추진되고, 그것이 귀향 후의 무술적 자립을 계기로 더욱 더 촉진하게 되었다.

양로선이 진가구를 떠난 것은 주인 진덕호(陳德瑚)의 사망 때문이다. 진가(陳家)의 조처로 양로선은 다시 자유의 신분으로 돌아갔다. 그리고 태화당에 살며 권법교수를 시작하였다. 결혼도 당연히 자유의 몸이 되어 귀향한 후의 일이다.

양로선이 영년현(永年縣)으로 귀향한 해부터 무술가로서의 자립적 활동을 시작하여「태극권」으로서 확립되었다고 생각한다면 영년현 귀향의 연도는 태극권 역사로서 매우 기념할 만한 중요한 해가 되었다.

양로선이 10세 때 진가구로 가서 30년 수행하였다는 양징보의 말을 단순히 계산하면 양로선은 40세 때에 귀향한 것이 된다. 양로선 탄생이 1799년이 확실하다면 40세의 해는 1839년이 된다. 그러나 이 해는 이미 양로선에게 3번째 아이가 태어났다. 최초의 아이도 영년현에서 태어났기 때문에 귀향은 1839년 40세 때보다 여러 해 거슬러 올라 갈 것이다. 아이들이 태어난 해부터 역산하면 양로선의 영년현 귀향과 결혼한 해를 계산해 낼 수 있다.

양로선은 세 명의 아이를 낳았으며 장남은 요절하고 차남 반후(班候)는 1837년에 태어났다.5) 요절한 장남의 생일은 차남 생일 2년 전 1835년으로 하고, 그

---

5) 陳炎林 著『太極拳刀劍桿散手合編』, 上海地產研究所(1943).-楊家小傳-, 唐豪·顧留馨 著『太極拳研究』, 人民體育出版社(1964). -太極拳主要傳達系統表- 참조

리고 그 1년 전에 양로선이 귀향과 동시에 결혼한 것으로 가정한 경우에는 양로선이 영년현에 귀향한 무술가로서 자립한 것은 1834년이며, 양로선의 나이 35세 때이다. 진가구에서 수행 개시를 10세 때로 한다면 수행경력은 25년이 된다. 「약 30년」이라는 표현이 허락되는 한계 범위 내에 든다고 할 수 있다.

영년현 귀향, 즉 무술가로서 자립한 해 다음으로 중요한 것은 무인으로서 이름을 날린 계기가 된 베이징(北京) 상경의 해이다. 양로선은 언제 어떠한 경로로 베이징에 간 것일까? 통설에 따르면 영년현의 명문일족이며 태화당의 지주인 무씨(武氏) 일족의 후원에 의해 청조황족(淸朝皇族)에게 소개되었다고 한다.

당시의 무씨가(武氏家)에는 징청(澄淸)・하청(河淸)・여청(汝淸)이라는 삼형제가 있었다. 모두 조부 이후의 전통으로서 무술을 좋아하고, 동시에 문화적 수준도 높은 지식계급에 속하는 사람들이었다. 이중 무하청(武河淸)이 양로선의 가장 초기 제자이며, 후의 무파(武派) 태극권(太極拳)의 개조가 되는 무우양(武禹襄, 1812~1880)이다.

사견(私見)에 따르면 이 무우양이야말로 왕종악(王宗岳) 비법문과 양로선(楊露禪)의 권법을 결합시켜, 양로선의 권법을 「태극권(太極拳)」으로 명명한 인물이다. 빈궁한 몸이며, 문화적 교육을 받을 기회도 없었던 양로선이 무술가로서 자립한 최초의 단계에서 무우양과 같은 부유한 지식인과 연결되었다는 것이 태극권을 성립시키고 또한 발전시키는데 가장 중요한 원동력이 되었다.

양로선이 중앙에 나가서도 태극권은 지식인에게 환영을 받았고, 20세기에 들어서면 그들의 인맥과 출판 등의 문화적 활동에 의해 급속하게 보급할 수 있었다. 이 점에서도 태극권은 유도와 공수도 등 일본의 근대무술의 성립과정과 유사하다. 유도(柔道)와 공수도(空手道)는 카노 지고로(加納治五郞, 1860~1938)와 후나코시 키친(船越義珍, 1868~1957) 등 교육자에 의해서 새롭게 체계화・이론화되었을 때에 근대무술로서 성립되고, 그것이 다시 대학생이라는 행동적 지식인층과 연결됨으로써 높은 지식수준을 유지하여 일거에 보급할 수 있었다.

무술사가(武術史家)인 서진(徐震: 哲東)이 그의 저서 『태극권고신록(太極拳考

信錄)』6)에 인용하는 『영년현지(永年縣志)』의 「선거표(選擧表)」에 따르면 무여청(武汝淸)은 1840년 진사가 되어 형부원외랑(刑部員外郞)이 되었다. 또한 무징청(武澄淸)은 1852년 무양현 지현(舞陽縣 知縣)으로서 부임하였다. 이 1852년 무징청을 방문한 무우양(武禹襄)은 무징청이 무양현(舞陽縣) 염점(塩店)에서 입수하였다는 왕종악 저술에 의한 무술비법문을 보고 크게 깨닫는 부분이 있었다. 이것이 후에 무파(武派) 일문에 의해서 왕종악『태극권경(太極拳經) 또는『태극권론(太極拳論)』으로서 중요시되어 양파(楊派)・오파(吳派) 등 모든 유파에 영향을 미치고, 마침내 태극권의 근본적 경전으로서 정착하게 되었다.

왕종악의『태극권경』내용에 대해서는 다음 절에 다시 검토하고, 여기서 결론만을 언급한다면 이른바 왕종악의『태극권경』이란 왕종악의 또 다른 저서『음부쟁보(陰符錚譜)』로 제목을 붙인 창술비법문의 한 부분, 또는 바로 그 본문이었을 가능성이 강하다.

음(陰)이란 말할 필요도 없이 양(陽)에 대비되는 말이다. 우주에 존재하는 사물은 모두 불변의 구성요소인 음・양 두 개의 원소(元素)에 의해서 성립된다는 것이 태극사상(太極思想)의 근간(根幹)이다. 무술의 중요한 요소인 강유(剛柔)에 대해 말하면 강은 양, 유는 음이다.

음(陰)은 때로 양도 포함하는 근원적 존재「태음(太陰)」으로서 상정된다.『음부쟁보』의 제목도 그 자의(字義)와 서문(序文)에서 고찰하면「음(우주의 근원)에 부(합)하는 창술의 보」를 의미한다. 그것은 말을 바꾸면「유이념(柔理念)에 의한 창술극의서(槍術極意書)」를 의미한다. 원래 권법은 무기술 속에서는 움직임과 이념(理念)에 있어서 창술과 공통하는 부분이 많다. 왕종악이 창술에서 도달한 유(柔)의 경지는 양로선이 권법에서 도달한 유(柔)의 경지와 같다고 할 수 있다.

무우양(武禹襄)은 왕종악(王宗岳)의 극의서(極意書)를 읽고, 태극사상이라는

---

6) 徐震(哲東) 著,『太極拳考信錄』(1937), 台北・眞善美出版社 復刊 1965년.

이른바 우주의 근본을 파악하려는 장대한 철학에 근거한 비법문(秘法文)에 감명을 받고, 동시에 그것이 양로선(楊露禪)의 무술을 훌륭하게 총괄할 수 있는 이념이라는 것을 발견하였을 것이다. 또한 무우양은 이 여행 도중에 진가구에 들러서 진장흥에게 배우고자 하였으나 진장흥이 이미 노령이므로 이루지 못하고, 그 이웃 마을에서 권법을 교수하고 있던 진청평(陳靑萍, 1795~1868)에게 1개월 정도 배우고서 다시 크게 계발하였다고 한다.

이 무렵부터 무우양은 독자의 가식(架式)을 확립하여 1853년부터 조카 이역여(李亦畬, 1832~1892)에게 가르치기 시작하였다. 무우양의 탄생이 1812년이기 때문에 이 때의 나이는 41세였다.[7] 양로선이 귀향한 1834년부터 그에게 사사하였다면 무우양의 무술수행력은 19년이 된다.

무파(武派) 태극권(太極拳)의 계통에 대해 무우양이 진청평에게 1개월간 사사 받은 것이 있기 때문에 무파를 진파 태극권의 한 분파로 간주한다는 주장도 있지만, 현존하는 무파의 가식에서 보더라도 무파(武派)는 분명히 양파(楊派)의 계통에 속한다. 무술수행의 상식에서 판단하여 1개월간의 지도로 자립할 수 있는 깊은 영향을 받은 것이, 이를 테면 사실이라 하더라도 19년의 수행을 육체적으로 부정하는 것은 곤란하다. 하물며 무우양은 왕종악 비법문을 태극권의 극의서(極意書)라고 주창한 자였다. 그 왕종악 비법문은 양파(楊派)의 이념과 실기와는 일치하지만, 강강(剛强)한 진파(陳派)의 무술과는 일치하지 않는다.

또한 왕종악이 진가구에 영향을 미치거나 진가구의 사람들이 왕종악의 비법문에 가까이한 흔적은 없다. 무파(武派)는 역시 그 가식을 양파(楊派)로부터 전승, 양파의 이론을 영향받았다고 간주해야 한다. 무파(武派)를 직접 진파(陳派)의 흐름으로 평가하는 것은 소류파(小流派)라고 하지만, 태극권술사에 미친 중요한 문파인 무파(武派)를 진파(陳派)계통에 편입시킴으로써 상대적으로 양파계통(楊派系統)의 지위를 낮추고 원류로서의 진파(陳派, 혹은 진·무 양파)계통의 명성을 한층 더 높이고자 하는 권위주의적인 사고가 존재하기 때문이다.

---

7) 唐豪·顧留馨 著 『太極拳硏究』, 人民體育出版社(1964).

양로선의 베이징(北京) 행은 무우양이 자립하였을 무렵이라고 보면 된다. 즉 양로선이 영년현을 떠났다는 것이 무우양의 무술적 자립의 계기가 되었다고 생각한다. 이것을 만일 무우양이 하남으로 여행하여 왕종악 비법문을 발견하고, 또는 진가구를 방문한 1852년 무렵으로 상정하면 무여청(武汝淸)이 진사에 합격하여 형부관원(刑部官員)으로서 상경한 것은 13년 후에 해당한다. 무가(武家)의 베이징 루트는 이미 만들어져 있었다.

종래의 일반적 통설에 따르면 무가(武家)가 양로선을 베이징의 청조(淸朝) 황실에 소개한 것이 무인으로서 명성을 얻게 된 계기라고 한다. 그러나 오도남(吳圖南, 1885~1989)이 강수(講授)하고 마유청(馬有淸)이 편저한 『태극권지연구(太極拳之硏究)』[8]에 따르면, 무여청은 최초 장(張)이라는 사람에게 베이징 형부사천사(刑部四川司)의 동료로 양로선을 소개하였다고 한다. 장가(張家)는 베이징(北京) 서교사왕부(西郊四王府)에 천의장원(天義醬園)을 경영하고 있었다. 황실에 장채(醬菜)를 납품하는 도매상인이었다. 따라서 양로선은 이 장가에 기숙하여 무술을 교수하는 가운데 청조 황실과 알게 되어 궁정무술교사(宮廷武術敎師)의 한 사람이 되었고, 황족 자제 및 그 호위를 양로선에게 사사받은 제자가 수행하게 되었다. 당시 양로선에 사사한 3명의 황족 호위사로 능산(凌山)·전우(全佑)·만춘(萬春) 중 전우의 자식 오감천(吳鑑泉, 1870~1942)은 후에 독립하여 오파 태극권의 개조가 되었다.

양로선의 권법은 베이징에 나와서도 당초는 아직 태극권이라고는 부르지 않았다. 이때는 「면권(綿拳)」 혹은 「화권(化拳)」 등으로 불리고 있었다. 아마 당초는 진가구에서 사용하던 「두투권(頭套拳)」·「13세(十三勢)」 등으로 불리던 것이 양로선 권법의 부드러움을 직접 표현하기 위하여 「면권(綿拳)」·「화권(化拳)」 등으로 불려지게 되었다고 볼 수 있다. 덧붙여서 이 경우 「화(化)」란 상대의 힘을 푸는 것이며, 적의 공격을 몸놀림 등에 의해서 받아 흘리고 그 에너지를 '무위로 만드는' 것을 말한다. 태극권이라는 명칭이 사용되지 않았던 것

---

8) 吳圖南 講授, 馬有淸 編著 『太極拳之硏究』, 商務印書館香港分館(1984).

은 양로선의 상경이 왕종악 비법문, 이른바 『태극권경(太極拳經)』의 발견(1852) 이전이라는 것을 상정하게 하는 하나의 논거가 된다.

무우양의 최초의 제자이며, 무파 태극권 제2대 계승자인 이역여(李亦畬)는 무우양에게서 전수받은 왕종악 비법문을 비롯하여, 무우양 및 자기 권법론을 집성하여 한 권의 권법론집을 작성하였다. 이를테면 이역여 편저 『권법론(拳法論)』이다. 이 『권법론』은 두 종류의 초본에 의해서 후세에 전해졌다.

1930~1932에 걸쳐 중국 화남성 온현 진가구에서 태극권의 기원을 연구·조사했던 당호(唐豪)의 고증(考証)에 따르면 최초의 권법론집은 1867년 마인서(馬印書)에 의한 초본이다. 이 마인서 본(本)에는 권론(拳論)의 중심이 되는 왕종악 비법문의 최초에「태극」의 두 글자가 나타나지만 아직「태극권」이라는 명칭은 나타나지 않는다.

(2) 태극권 명칭의 유래

권법론 초본 속에 일반적으로「13세해(十三勢解)」라 불리는 다음과 같은 짧은 문이 있다.

> 일명 장권(長拳), 일명 13세(十三勢)이다. 장권은 장강대해와 같아 도도하고 끊임없다. 13세는 붕(掤)·리(攦)·제(擠)·안(按)·채(採)·렬(挒)·주(肘)·고(靠)·진퇴(進退)·고반(顧盼)·중정(中定)으로 나누어진다. 붕·리·제·안(掤·攦·擠·按)은 즉, 감·리·진·태(坎·離·震·兌)의 정4방위이고, 채·렬·주·고(採·挒·肘·靠)는 즉, 건·곤·간·손(乾·坤·艮·巽)의 4경사방위로 팔괘이다. 진보·퇴보·좌고·우반·중정(進步·退步·左顧·右盼·中定) 이것은 금·목·화·수·토(金·木·火·水·土)의 오행이다. 이것은 모두 13세(勢)가 된다[9].

마인서(馬印書)의 초본(初本)은 14년 후, 이역여 집성 『권법론(拳法論)』의 또 다른 초본 이복음본(李福蔭本)이 나타났다. 이 이복음본에서는 상기「13세해(十

---

9) 唐豪·顧留馨 著 『太極拳研究』, 人民體育出版社, 1964. 所引

三勢解)」는「태극권석의(太極拳釋義)」로 명명되었고, 다음 인용문에서와 같이 개변(밑줄 부분이 추가 됨)되었다.

> <u>태극권</u>, 일명 장권(長拳), 다른 이름 13세(十三勢)이다. 장권은 장강대해와 같아 도도하고 끊임없다. 13세는 붕(掤)·리(攦)·제(擠)·안(按)·채(採)·렬(挒)·주(肘)·고(靠)·진퇴(進退)·고반(顧盼)·중정(中定)으로 나누어진다. 붕·리·제·안(掤·攦·擠·按)은 즉, 감·리·진·태(坎·離·震·兌)의 4정방위이며, 채·렬·주·고(採·挒·肘·靠)는 즉 건·곤·간·손(乾·坤·艮·巽)의 4경사방위로 즉, 팔패이다. 진보·퇴보·좌고·우반·중정(進步·退步·左顧·右盼·中定) 이것은 금·목·화·수·토(金·木·火·水·土)의 오행이다. 이것은 모두 13세(勢)가 된다.
> <u>"이것이 기법(기술)이다. 일착일세(一着一勢), 모두 음양(陰陽)을 벗어나지 않고, 따라서「태극권」이라고 이름한 것이다."</u> 10)

즉 문장(文章)의 첫머리(冒頭)와 끝(結)에「태극권」이라는 호칭이 추기(追記)되어 있다. 이것이 현재「태극권」이라는 명칭이 사적(史的)으로 확인된 최초의 문헌이다. 따라서 태극권이라는 명칭은 이 초본이 작성된 1880년에는 확실하게 성립되어 있었다. 실제로 태극권이라는 명칭이 구두(口頭)로 사용되기 시작한 것은 당연히 이것보다도 빠른 시기일 것이다. 이역여가 최초로 권법 비법문을 정리한 1867년(마인서 본)에서 이 1880년(이복음본)까지의 13년간에 태극권이 명칭으로서 확립되었다고 상정할 수 있다.

양로선은 1872년(청나라 同治 11년, 일본 메이지 5년) 73세로 사망하였다. 무우양도 그 얼마 안된 8년 후 1880년에 사망하였다. 따라서 이 13년간은 양로선·무우양의 가장 말년기와도 해당한다. 이역여는 무우양의 조카이며 제자이다. 그리고 도통의 계승자(繼承者)이기도 하였다. 이역여는 무우양의 만년기를 가까이서 봉양하였을 것이다. 이역여가 무우양 사망의 해에 새롭게 태극권의 명칭을 정의하고 첨부하여 비법문(秘法文: 訣文)을 작성한 것은 결코 무우양의

---

10) 唐豪·顧留馨 著『太極拳硏究』, 人民體育出版社(1964). 所引

사망과 관계가 있었을 것이다. 오히려 스승과의 영원한 이별을 두고 결의를 새롭게 하여 비법문을 정리하였다고 생각할 수 있다.

이 1880년, 양로선의 자식 반후(班候)는 43세, 건후(健候)는 41세의 원숙기이며, 2대에 걸친 양파 일문(楊派 一門)의 노력에 의해서 무술계에 있어서의 그 명성은 이미 확고한 것이 되었다. 즉 이 13년간은 양파(楊派)의 기법보급과 무파(武派)의 이론형성이라는 양·무(楊·武) 두 파가 양 날개처럼 서로 협력발전에 의해서 그 권법이「태극권」으로서 명실상부하게 확립된 시기였다.

양로선이 무술가로서 자립한 때부터 약 반세기, 무우양이 왕종악 비법문을 발견한 지 약 30년, 이리하여 19세기 후반에 특이한 권법으로서 확립된 태극권은 그러나 특이하였기 때문에 보다 한층 중국적인 무술로 간주되었으며, 근·현대의 중국 무술계에 큰 영향을 끼치게 되었다.

그러나 역사적 사실과 내용은 시대 속에서 형성되어 존재하다가 변화한다. 역사 속에서 형성된 결과로 남겨진 흔적들은 전개과정 속에서 변하지 않고 존재할 수 없다. 태극권도 예외가 될 수 없는 것이다.

※ 현대 중국무술사전에서 본 태극권의 해석 내용

가. 태극권(太極拳) 명칭의 유래

중국의『간명무술사전(簡明武術辭典)』은 태극권을 다음과 같이 해석하였다.
"중국권법의 한 종류로, 만들어진 시대는 청대(1616~1911년) 초기인 건륭(乾隆)황제의 치세(1736~1795) 때, 산서(山西, 지금의 산시성 지방)의 민간 무술가 왕종악(王宗岳)이『주자전서(周子全書, 송대의 도학자인 주돈이:周敦頤의 저서)』에서『역경(易經, 중국 고서 5경의 하나인 주역)』의 태극음양(太極陰陽)을 철학상 이치를 해명하고, 이것을 근거로 권법의 도리를 설명하고 밝혀『태극권론(太極拳論)』을 저술함으로써 태극권이라는 명칭이 확정되었다"고 설명한다.

즉 권법「태극권」의 명칭은 왕종악(王宗岳, 17세기 전반~18세기 초)이『태극권론(太極拳論)』을 공개함으로써 확정된 것이다. 이를테면 이전에 어떤 이름을 가진 권법이 있었다. 그 권법의 원리·원칙이 어딘지『역경(易經)』의 철학상 이치와 합치된다는 것을 알고,「태극음양」의 고도한 이치에서 그 권법의 도리를 분석적으로 논하고, 문장을 저술하여 그것을『태극권론(太極拳論)』으로 이름을 붙였다. 왕종악의 문장은 이 권법을 수련하는 대중들에게 널리 알려지게 되었으며, 마침내 이 권법을 태극권(太極拳: Tai Chi Ch'uan)이라는 명칭으로 불리우고 계승·발전된 것이다.

일반적인 태극도(太極圖)

그러므로 "태극권이란 무엇인가?"를 한 마디로 말하면, "중국무술의 한 종류로「태극(太極)」이라는 근본이념을 모든 수련원칙으로 하는 권법이다"라고 할 수 있다.

나. 태극권의 창시자

태극권 권법이「만들어진 시대」는『간명무술사전(簡明武術辭典)』에서「청대 초기」즉 약 17세기 전반에서 18세기 초기라는 것만을 언급하고, 태극권의 역사와 그 변천사를 구체적으로 언제·누가 이것을 만들었는가에 대해서는 언급하지 않고 있다.

사실 태극권은 언제·누구에 의해서 만들어졌는가에 대해서는 많은 설이 있다. 그러나 지금까지 문헌상으로 완전히 신뢰할 수 있는 정설은 없다. 이미 당대(唐代, 618~907)에는 이 권법이 세상에 알려져 도가학자 허선평(許宣平)과 같은 명인이 있었다는 기록도 있다. 그러나 다른 설에는 민간에서 대대로 전승되어 온 것을 명대(明代, 1368~1644) 말·청초기인 17세기 중엽의 황종희(黃宗羲, 1610~1695)가 정리하여 계통화시킨 것이라고도 한다.

그 외 이 권법의 대본은 무당산(武當山)에 살았던 장삼봉(張三峰)이 창시한 태극 무당권(太極武當拳)이라고 하며, 명대의 명장 척계광(戚繼光, 1528~1588)의 공적이라는 설도 있다. 또한 송대(宋代, 960~1279)의 장삼봉을 명대의 장삼풍(張三豊, 봉과 풍의 발음은 같다)으로 혼돈한 설도 있다. 왕종악(王宗岳)이 태어난 해도 명조 말기에서 청조 중기까지라는 설이 있다.

진식태극권(陳式太極拳)에 관한 서책에는 명나라 말기의 진왕정(陳王庭, 1600~1680)을 시조(始祖)로 하고 있지만, 진왕정 자신이 왕종악의 권보(拳譜, 권법의 원리원칙을 해명한 책)를 참조하였다는 것을 보면, 진왕정이 태극권 그 자체를 창시하였다기보다도 태극권의 한 유파인 진식태극권을 창시하였다고 하는 편이 설득력 있다.

한편 척계광(戚繼光)이 "지금까지 민간에 전해 온 16종류의 권법을 정리하여 창작하였다"고 하는 『권경(拳經) 32자세(권법의 경전 32자세)』라는 책 속에 29 자세의 명칭이 현재 태극권 각파에서 계승·사용되고 있다는 사실로 보아 태극권 창설에 있어서 척계광의 공적을 각 유파는 인정해야 할 것이다.

어쨌든 태극권은 중국의 오랜 역사 속에서 사람들이 점차 선대의 경험을 계승하고, 특히 『태극권론(太極拳論)』이 저술된 후로부터 그 이론을 바탕으로 끊임없이 창의·연구를 거듭하여 발전해 온 것이다.

3) 태극권의 주요 계통

태극권의 주요계통을 개관하기 위해 별게(別揭) 「태극권 주요 계통도」를 작성하였다. 지금까지 연구자에 의해 태극권의 계통도표가 각종 작성되어 왔다. 당호(唐豪)·고류형(顧留馨)의 『태극권 연구(太極拳 硏究) - 태극권 주요 전체 계통표(太極拳主要傳遞系統表)』가 가장 저명하다. 최근의 것으로서는 습운태(習雲太)의 『中國武術史, 人民體育出版社(1985). -태극권주요유파발전참고표(太極拳主要流派發展參考表)』가 있다. 여기에는 이러한 각종 계통도 및 각 문파의 대표적 저서를 참고하여 사론(私論)에 근거한 새로운 시점에서 재편집을 시도하였다. 먼저 양로선 시대를 태극권의 제1전(第一傳)으로 하였다.

그리고 양로선의 스승 진장홍을 선전(先傳)으로 하였다. 태극권의 원형(原形)이라는 의미이다. 진장홍(陳長興)은 그 형(型)을 부친 진병왕(陳秉旺)에게 배웠다고 한다. 진병왕은 병임(秉壬)·병기(秉奇)와 함께 당시 삼걸(三傑)로 불렸다. 『진씨가승(陳氏家乘)』 「진병왕·진병임·진병기」의 조(條:항목)에는 다음과 같이 기록되어 있다.

> 세 사람은 태극권에 뛰어났다. 서로 기술을 연마하고 그 예(藝)의 정(精)이 되는 것은 입신의 경지에 도달해 있었다. 사람들은 「삼걸」로 불렸다. 병임(秉壬)은 겸하여 의술에도 뛰어났다. 병왕(秉旺)의 자식 장홍(長興)은 모두 부친에게서 배웠다. 장홍은 항상 거동·자세가 발랐기 때문에 「패위의 진(牌位之陳)」으로도 불렸다. 문도는 많았으며, 그 중에서 양복괴(楊福魁: 양로선)가 가장 명성이 높았다. 장홍의 자식 경운(耕耘, 字 霞村), 경운의 자식 연연(延年)·연희(延禧)는 대대로 그 업을 이었다. 경운은 또한 중신(仲牲)과 함께 월비(粵匪:태평천국군)와 싸워서 군공(軍功)이 있었다.

진장홍(陳長興)과 같은 14대인 진유본(陳有本)이 종래의 연무법과 다른 신가식(新架式)을 만들었다. 때문에 진장홍의 형(型)은 노가식(老架式)으로 불려지게 되었다. 노가식은 크게 연출하므로 대가식으로 불린다. 여기서 신구·대소의 구분은 상대적인 분류법이며, 세대가 거듭되어 사람이 다르면 더욱 더 신구·대소가 파생하게 된다.

진유본의 신가식을 익힌 자 가운데 한 사람인 진청평(陳靑萍)은 가까운 조보진(趙堡鎭)으로 옮겨 살며, 화조원(和兆元)·장개(張開) 등에게 전수했다. 이 때문에 이 계열의 형은 조보가(趙堡家)로도 불리며, 최근에는「화씨태극권(和氏太極拳)」이라 일컫는 자도 있다.

진청평은 또한 무우양(武禹襄)이 방문하였을 때 한 달 정도 가르친 적이 있다. 무우양은 부유한 지식인이며, 권법전문가는 되지 못하였으나 태극권의 이론적 확립에 기여하였다. 이 때문에 진파계(陳派系)를 중시하는 사람들은 무우양을 진청평의 한 계열로 본다. 무우양의 형(型)은 소가식(小架式)으로 연출하지만, 가식 그 자체는 분명히 양파계(楊派系)에 속한다. 여기서「계통도(系統圖)」에는 근년의 통설에 반하여 무우양을 본래의 양파 계(系)에 배치하였다.

무우양은 양반후(楊班候, 1837~1892)에도 영향을 미쳤다. 반후는 양파소가식(楊派小架式)으로서 저명하지만 강인한 성격이 화를 자초하여 제자를 거의 양성하지 못하였다. 진미명(陳微明)에 따르면 양반후의 제자로서는 "지금에 이르기까지 단지 진수봉(陳秀峰)·부이야(父二爺) 두 사람뿐이다."[11] 다만 양반후는 부친 양로선의 제자 전우(全佑)에 영향을 미쳤다. 전우(만주족)의 자식 감천(鑑泉)은 오씨 성을 쓰고 오씨 태극권의 개조가 되었다. 이 의미에서는 양반후의 이른바 실전적인 소가식(小架式)은 전승되었다고 본다.

무우양(武禹襄)의 계열은 이역여(李亦畬)를 경유하여 학씨(郝氏) 일족에게 전승되었기 때문에「학파(郝派) 태극권」으로 불리게 되었다. 무파의 소가식을 학위진(郝爲眞, 1849~1920)에게 배우고 다시 형의권의 보법을 더하여 독자의 문파를 형성한 것이 손파(孫派)의 개조 손록당(孫祿堂, 1861~1932)이다. 손록당은 형의권(形意拳)·팔괘장(八卦掌)을 배우고, 다시 태극권(太極拳)을 더하여 근대 유파 권법의 통합을 지향한 인물이다.

---

11) 陳微明 著『太極劍』, 1917, 台北·眞善美出版社 復刻(1967).

제1부 태극권의 역사적 이해 41

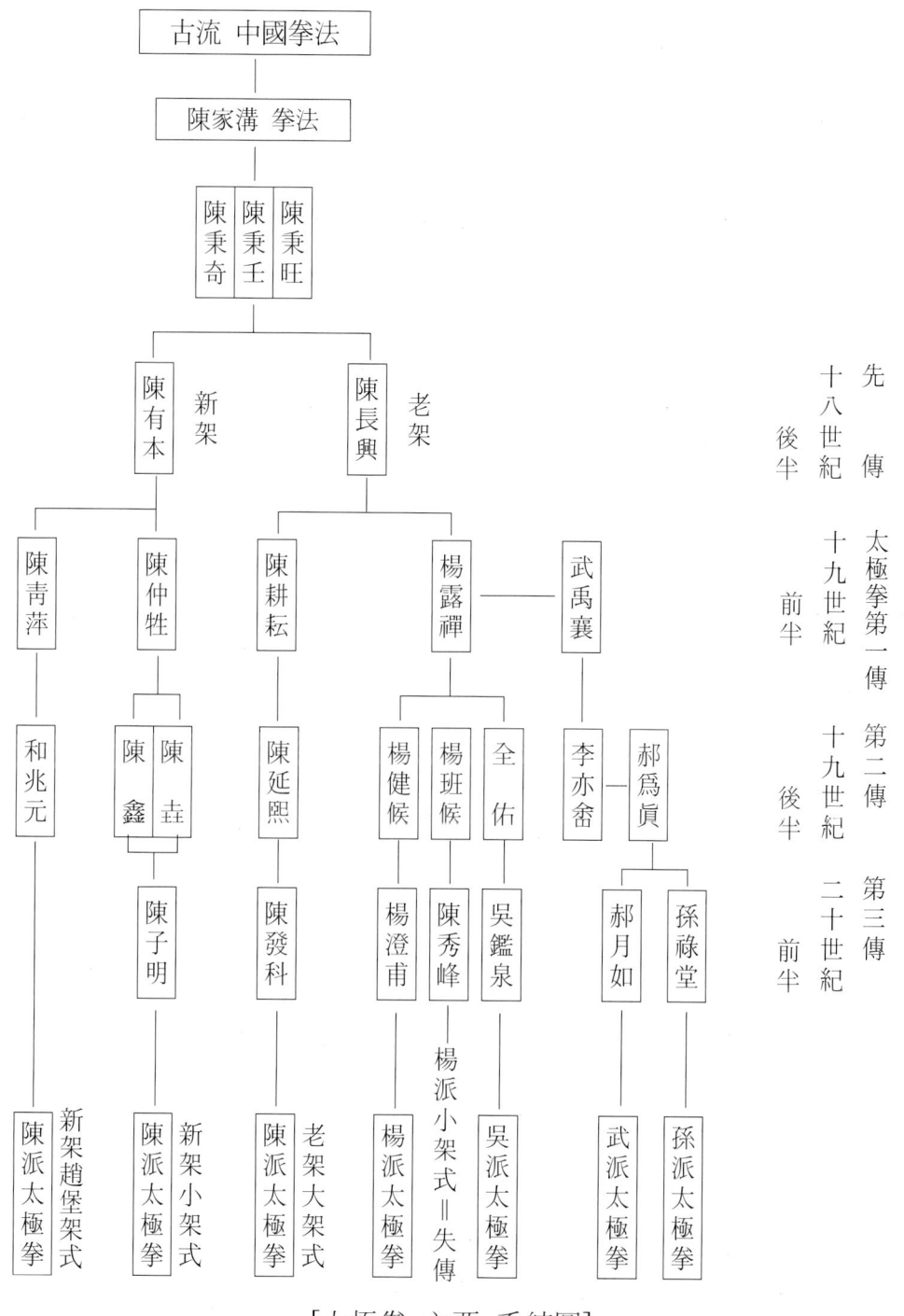

[太極拳 主要 系統圖]

(註: 시대구분은 활동시기의 대략적인 기준으로 본인의 생몰년과 엄밀하게 대응하는 것은 아니다)

2. 『태극권경』과 『음부쟁보』

1. 왕종악 『태극권경』은 창술의 비법문

태극권의 명칭은 왕종악(王宗岳)의 비법문(秘法文: 訣文)에서 유래하고, 「태극권」이라는 명칭이 성립됨과 동시에 그 비법문도 또한 『태극권경(太極拳經)』 또는 태극권론(太極拳論)으로 불리며, 태극권의 근본적인 교전(敎典)으로서 정착하게 되었다. 왕종악의 이 비법문은 무우양이 1852년 하남성(河南省) 무양현(舞陽縣) 염점(鹽店)에서 입수하여, 하북성(河北省) 영년현(永年縣)으로 가지고 온 이후 『태극권경(太極拳經)』으로서 널리 알려졌다.

무우양(武禹襄)은 『태극권경』과 함께 같은 왕종악의 저술에 의해 인쇄된 『음부쟁보(陰符鎗譜)』의 제목으로 창술의 비법문을 입수하였다고 한다. 이러한 정설에 따르면 왕종악은 권법과 창술의 달인이며, 두 종류의 비법문을 남긴 것이 된다.

그러나 결론적으로는 『태극권경』도 『음부쟁보』의 일부분이었을 가능성이 짙고, 진가구(陳家溝)에서 양로선(楊露禪)에게 전해진 실기(實技)로서의 태극권과 왕종악의 비법문(訣文)이란 본래 전혀 무관계였다고 생각한다. 다만 이것은 결코 『태극권경』의 평가를 부정하는 것은 아니며, 단순히 양자의 관계 유무를 논한다면 그것은 본래는 무관계였다는 것을 지적하고 있을 뿐이다.

만일 내용에 대해 논한다면 태극권과 왕종악의 비법문은 모두 유법이념에 의한 무술이라는 한 가지에 공통하고 있다. 권(拳)과 창(槍)이라는 형체를 넘어서 그것을 이용하는 근본이념에 있어서 왕종악(王宗岳)의 창술과 양로선(楊露禪)의 권법과는 완전히 일치하였다. 왕종악 비법문은 창이라는 특수성을 돌파하는 무술 일반에 적합할 수 있는 보편성을 가지고 있었다. 무우양은 바로 이러한 것을 발견한 것이다.

『태극권경』은 전문(全文)이 겨우 4백자에 불과하다. 여기에 전문을 들고 내용을 구체적으로 검토해 보자.

『태극권경(太極拳經)』의 원본은 존재하지 않는다. 모두 초본으로서 전해지며, 20세기에 들어와 활판인쇄에 의해서 단번에 보급되었다. 특히 해설첨부로 원문을 실은 허우생(許禹生)의『태극권세도해(太極拳勢圖解)[12]가 널리 읽혔으며, 『태극권경』을 보급시키는데 영향력을 가졌다. 그래서 여기서는 동서(同書) 소재문(所載文)을 기준으로 그 외 서진(徐震), 양징보(楊澄甫) 등의 저서(著書) 수종을 참조하여 복원하였다. (구독점은 인용자가 부기)

(1) 太極者無極而生。動靜之機、陰陽之母也。
(2) 動之則分、靜之則合。無過不及、隨曲就伸。
(3) 人剛我柔謂之走、我順人背謂之黏。動急則急應、動緩則緩隨。雖變化萬端、而理唯一貫。
(4) 由着熟而漸悟懂勁、由懂勁而階及神明。然非用力之久、不能豁然貫通焉。
(5) 虛領頂勁、氣沈丹田、不偏不倚、忽隱忽現。左重則左虛、右重則右杳。仰之則彌高、俯之則彌深。進之則愈長、退之則愈促。一羽不能加、一蠅不能落。人不知我、我獨知人。英雄所向無敵、蓋皆由此而及也。
(6) 斯技旁門甚多、雖勢有區別、概不外乎壯欺弱、慢讓快耳。有力打無力、手慢讓手快、此皆先天自然之能、非關學力而有所爲也。
(7) 察四兩撥千斤之句、顯非力勝、觀耄耋能禦衆之形、快何能爲。
(8) 立如平準、活似車輪。偏沈則隨、雙重則滯。每見數年純功、不能運化者、率皆自爲人制、雙重之病 未悟耳。
(9) 欲避此病、須知陰陽、黏卽是走、走卽是黏、陰不離陽、陽不離陰。陰陽相濟。方爲懂勁。懂勁後、愈練愈精。默識揣摩、漸至從心所欲。
(10) 本是捨己從人、多誤捨近求遠。所謂差之毫釐、謬之千里、學者不可不詳辨焉。是爲論

---

[12] 許禹生 著『太極拳勢圖解』, 1921년, 台北 中華武術出版社 復刊(1971).

다음에 다시 10개의 단락별로 내용을 검토해 본다.

(1) 태극은 무극에서 생기고, 동정(動靜)의 기(機)는 음양(陰陽)의 모(母)이다.

왕종악은 태극권경 첫머리(冒頭)의 한 문장에서 이 비법문, 즉 자기의 무술론 원점(原點: 출발점)을 분명히 하고 있다. 원점은 무엇인가? 그것은 무술의 움직임도 우주의 움직임의 일부분으로서 존재한다는 것이다. 우주의 에너지를 이해하고 비로소 무술의 움직임도 이해할 수 있다는 것이다.

문장에 따라서 해석한다면 이 한 구절은 "우주는 광대무변하며 그 에너지의 근원에는 끝이 없다. 무궁한 근원적인 근원을 『태극(太極)』으로 명명하였다. 태극은 모든 움직임을 구성하는 음양 두 개의 에너지를 만들어 내는 근원이다"라고 했다. 또한 다른 책에는 「동정의 기」의 문자가 보이지 않는 것도 있다. 허우생(許禹生) 등 후인의 손에 의해서 더해졌을 가능성이 있다.

(2) 이것을 움직이면 즉 나누어지고, 이것을 안정시키면 즉 합쳐진다. 지나침도 미치지 못함도 없고 곡(曲)에 따라서 신(伸)에 나아간다.

왕종악은 여기서 벌써 무술의 구체적 움직임에 대해 논하기 시작한다. 한 번 움직임이 있을 때는 음양 두 개의 에너지가 나누어지고, 조용해지면 합쳐져 되돌아온다. 이러한 법칙에 따라서 움직임이 과도하지 않고 부족하지 않고 곡선이 있으면 그것에 따라서 움직이고, 직선이라면 그것에 대하여 똑 바로 늘어난다(伸)고 하였다. 곡(曲)·직(直)의 상황에 따라서 자유자재로 그러나 필요충분한 만큼만 움직이라는 것이다.

(3) 인(人: 상대·적)을 강(剛)으로 하고, 내(我: 자신)가 유(柔)로 되는 이것을 주(走)라고 한다. 내(我)가 순(順: 순세)으로 하여, 인(人: 상대·적)이 배(背: 배세)로 되는 이것을 점(黏)이라 한다. 움직이는 것을 급하게 하면, 즉 급하게 대응한다. 움직이는 것을 느슨하게 하면, 즉 느슨하게 따른다. 오직 변화만단(變化萬端)이지만 순리(順理)로 일관한다.

"상대가 강하게 공격해 왔을 때 자신은 이것과 부딪쳐 거슬리지 않고 유연하게 대처한다. 이것을 주(走)라 한다. 자신이 순세(順勢: 힘을 발휘하기 유리한 체세)가 되고 상대는 배세(背勢: 힘을 쓰기 어려운 불리한 체세)가 된다. 이것을 점(黏)이라고 한다. 상대의 움직임이 급하면 이쪽도 재빠르게 대응한다. 움직임이 느긋할 때는 그것에 맞추어서 느긋하게 한다. 움직임은 다양하게 변화하더라도 움직이는 법의 원리는 하나이다."

여기에서 중요한 단어는 「주(走)」와 「점(黏)」이다. 「주(走)」를 '달리다', 「점(黏)」을 '달라붙다'라고 읽을 수 있다. 통설에는 상대와 기예를 대련할 때의 요령이라고 하지만, 이것을 만일 양자가 창(槍)을 가지고 대련한다고 해석하면, 주·점의 단어는 한층 움직임에 적합하게 느껴진다. 상대가 창으로 강력(剛力)하게 찔러 왔을 때 자신은 창 끝에서 유연하게 대처하고 그 에너지를 다른 방향으로 '흘린다'. 그리고 창을 얽히게 하여 항상 자신이 발하기 쉽도록 '달라붙는' 것이다. 왕종악의 비법문은 권법이 아니라 창술의 비법문이 아니었을까? 사견의 논거 중 하나는 이 '주(走)'와 '점(黏)'이라는 비법문에서 두 개의 중요한 개념이 권(拳)보다도 창(槍)에 더욱 더 적합하다는 점이다.

(4) 착(着: 技)을 익힘으로써 겨우 동경(憧勁)을 깨닫는다. 경(勁: 굳센 것·힘·기)을 깨달음으로써 다음 단계(段階)는 신명(神明)에 미친다. 그런 후에 힘을 이용하는 노력이 오래되지 않다면 활연(豁然)히 관통(貫通)하지 못한다.

"기술을 습득함에 따라서 서서히 동경을 알게 된다. 경(勁)을 깨달을 수 있게 되면 머지않아 자신이 특별히 의식하지 않더라도 그 움직임이 항상 천리(天理)와 일치한다는 신명(神明)의 단계에 이른다. 그렇지만 힘을 이용하는 것에 대해 오랫동안 연구와 노력이 없다면, 곧 인체(人體)라는 소우주와 대우주가 활연히 관통하는 경지에 도달하지 못한다는 것이다."

「경(勁)」이라는 단어는 현재 태극권에 있어서 가장 중요한 용어의 하나이다.

경(勁)은 무술의 기본용어이지만 태극권의 경우 직접적으로는 이 비법문에 유래한다. 「동(憧)」은 '알다·이해한다'의 뜻이며, 「경(勁)」은 '힘'이다. 따라서 글자 뜻대로의 「동경」은 '경을 알고 경을 이해하는 것'이다. 현재의 태극권에는 일반적으로 이를 테면 상대와 기술을 접한 경우, 그 사람의 공격의지가 들어간 극히 작은 움직임을 가장 초기단계에서 날카롭게 지각할 수 있는 것을 「동경」이라 한다. 이 경우 경(勁)은 상대의 '힘'을 의미하고, 얼마나 기선을 잡을까는 기술적인 것으로 동경을 협의로 이해한 것이다. 그러나 이 비법문에서 설명하는 동경은 이 후의 "「음양상제(陰陽相齊)」하니 바로 동경(憧勁)이다"의 정의에 나타나듯이 음·양 두 개의 에너지를 자유자재로 운용하여 막힘이 없는 기술전환, 움직임의 자유를 얻는 것, 한 마디로 하면 '음·양이라는 근원적인 힘을 파악하는 것'이다. 따라서 왕종악이 말하는 동경은 현재의 태극권적 해석보다는 더 큰 광의에서 원리적인 것을 의미하고 있다.

「경(勁)」은 태극권의 경우, 단순한 「힘」과는 질적으로 다른 것이다. 경과 힘의 대비에 대하여 진염림(陳炎林)은 그 저서 『태극권도검간산수합편(太極拳刀劍桿散手合編)』 경론 중에서 다음과 같이 정의하였다.

> 힘은 뼈에 의해서(動) 견배(肩背)로 빠지므로(沒) 발할 수가 없다. 경(勁)은 근육에 의해서 발하고, 또한 사지에 도달할 수 있다. 힘(力)은 유형(有形)이며, 경은 무형(無形)이다. 힘은 막히고 경은 구애됨이 없다. 힘은 늦고 경은 빠르다. 힘은 분산되고 경은 모인다. 힘은 뜨고 경은 가라앉는다. 힘은 둔하고 경은 날카롭다. 이것이 힘과 경의 차이이다.

요컨대 「힘(力)」은 철(鐵)이나 돌(石)을 깨부수는 강적·경질(强敵·硬質)의 힘이며, 「경(勁)」은 채찍이나 활이 휘어서 발하는 유적·연질(柔的·軟質)의 힘이다. 또한 「힘」은 단순한 힘이고, 「경」은 용수철을 이용한 힘이라 할 수 있다.

(5) 정경(頂勁)을 허령(虛領: 虛靈)으로 하여 기(氣)는 단전(丹田)에 잠긴다. 어느 한 쪽으로 치우치지 않고 금세 숨고 금세 나타난다. 좌측이 무거우면 즉

좌측은 공(虛)이며, 우측이 무거우면 즉 우측은 묘연(杳然)이다. 이것을 쳐들면 즉 점점 높아지고, 이것을 숙이면 즉 점점 깊어진다. 이것을 전진하면 즉 더욱 더 길어지고, 이것을 후퇴하면 더욱더 급박해진다. 깃털 하나도 더할 수 없고 파리도 앉을 수 없다. 상대가 나를 알지 못하고 나 혼자 상대를 안다. 영웅이 가는 곳마다 당할 자가 없는 것은 다 이로부터 이르(도달하)는 것이다.

"목근육(首筋)을 늘리고 잡념을 없애고 머리를 비우고, 기(氣)는 단전에 모이게 한다. 기력은 쏠리지 않고 또한 막힘이 없고 자유롭게 출동한다. 만일 좌측이 무거우면 좌측이 무너지기 쉽고, 우측이 무거우면 우측이 어두워 부자유스러운 상태가 된다. 상대가 밑에서 공격한다면 이쪽은 끝없이 높아지고, 혹은 위에서 공격하더라도 끝없이 깊어져 도저히 상대는 이쪽에 도달할 수 없다. 이쪽이 나아갈 때는 어디까지도 멀리 도달할 수 있으며, 혹은 이쪽이 후방으로 물러날 때는 점점 깊게 상대를 끌어 들일 수 있다. 한 장의 깃털 무게가 더해지는 것을 느낄 수 있으며, 어떠한 작은 곤충조차 마음대로 멈추는 것을 허락하지 않는다. 상대는 이쪽의 동정을 알 수 없지만 이쪽은 항상 상대의 움직임을 파악하고 있다. '영웅이 향하는 곳에 적이 없다'고 히는 것도 결국은 이 도리에 의한다."

「허령정경(虛領頂勁), 기침단전(氣沈丹田)」은 태극권 연무에 있어서 가장 중요한 요령의 하나이다.「허령(虛領)」은「허령(虛靈)」이라고도 쓴다. 양파 태극권의 10대 요결(要訣) 즉「양징보십결」의 첫째는「허령정경(虛領頂勁)」이다.

이 단락은 상대에 대하여 자신이 어떠한 자세, 움직임을 취해야 하는가를 설명하고 있다. 그리고 결론적으로는 자기가 항상 주동성을 확보하는 것이 승부의 요결(要訣)이라고 설명하고 있다. 이 부분도 또한 현재의 태극권의 일반적 해석과 같이 양자가 대련할 때 움직임의 요령보다는 창(槍)과 같이 긴 무기를 잡고서 싸울 때의 요결로서 읽는 쪽이 매우 쉽게 이해된다.

(6) 이 기예(技藝)의 유파는 엄청나게 많다. 세(勢)는 구별이 있다고 하더라도

대략 장(壯)은 약(弱)을 속이고, 만(慢)은 쾌(快)에게 양보하는 것이며, 힘있는 자가 힘없는 자를 치고, 손이 느린 자가 손이 빠른 자에게 양보한다. 이것 모두 선천(先天) 자연(自然)의 능력이며, 힘을 배움에 관계하지 않고 행하는 곳에 있다.

> "이 기술의 유파는 매우 많다. 문파에 따라서 기술에 차이는 있지만, 요컨대 힘이 강한 자가 약한 자를 얕보고, 움직임이 느린 자가 빠른 자에게 지는 것에 불과하다. 힘이 있는 자가 힘이 없는 자를 치고, 혹은 손이 느린 자가 손이 빠른 자에게 지는 것은 원래 하늘에서 받은 자연의 능력이 그대로 나타난 것으로 힘의 용법을 배웠는지 아닌지에 관계없이 생기는 현상이다."

왕종악은 여기서 「기술의 유파」라고 할 뿐, 그것이 권법인가 창술인가를 분명히 언급하지 않았다. 비법문 어디에도 창술이라는 구체적 명칭은 없지만 중요한 것은 「권법」 또는 「권」이라는 글자도 전혀 보이지 않는다는 것이다. 이 단락에서 "손이 느린 자가 손이 빠른 자에게 양보한다"의 한 구가 있어 「손(手)」이라는 글자가 사용되고 있다. 「손」은 물론 일반적으로는 「권(拳)」의 근사어로서 인정할 수 있다. 그러나 창술에 대해서도 손의 느리고 빠름은 중요하다.

또 하나 여기에서 지적해 두고 싶은 것은 차기기술(蹴技)에 대한 요결이 이 비법문에는 없다는 것이다. 태극권에는 앞차기·옆차기·무릎차기, 게다가 뛰어차기 등 다채로운 차기기술이 존재한다. 그럼에도 불구하고 이 비법문에 신법(身法) 혹은 대련할 때의 수법(手法) 요령으로 해석할 수 있는 부분은 있더라도 차기의 요결은 없다. 이것도 또한 이 비법문이 본래는 권법의 비법문이 아니었다고 하는 논거 중에 하나이다.

(7) 살피건대, 사량(四兩: 가벼움)도 천근(千斤: 무거움)을 다스린다는 구에서 힘에 관계없이 승리하는 것을 분명히 한다. 보라, 8, 90의 노인(모질: 耄耋: 90세 모, 80세 질)이 군중을 제어하는 형(形)은 쾌활해지는 어떤 능력도 아니다.

"「사량(四兩: 넉량: 150g)의 가벼움도 천근(千斤: 600kg)의 무게를 다스린다」의 한 구를 충분히 생각해 보자. 힘에 의해서 이기는 것이 아니라는 것이 분명하다. 8, 90의 노인이 다수의 젊은이를 제압하는 장면도 실전에서 자주 본다. 빠르다고 해서 반드시 항상 이기는 것은 아니다."

왕종악은 여기서 전단(前段)을 이어서 승패의 열쇠는 단순한 물리적인 힘과 빠르기가 아니라, 용수철과 지렛대의 원리를 응용한 작지만 큰 효과를 발휘하는 양질의 힘, 혹은 그것을 운용하는 교묘한 기술에 있다고 설명하고 있다. "8, 90의 노인이 군중을 제압한다"는 것도 역시 권법보다 창술의 표현으로서 어울린다. 권각(拳脚)이라는 육체 그 자체에 의지하는 무기보다 창(槍)이라는 무기를 매개로 하는 기술을 운용하는 경우 쪽이 노령이면서 군중을 제압한다는 사실이 보다 많이 있을 수 있기 때문이다.

(8) 세우면 평준(平準)과 같고, 움직이면 차륜(車輪)과 비슷하다. 기울어짐으로 쏠리면 곧 따르고, 쌍중(雙重: 편중)되면 곧 막힌다. 매일 보는 여러 해 순공(純工)하는 것도, 운화(運化)를 할 수 없게 하는 것도, 대개 스스로 사람에게 제압되는 것이다. 쌍중의 병을 아직도 깨닫지 못할 뿐이다.

"서 있을 때는 저울과 같이 평형을 유지하고, 한 번 움직이면 차륜과 같이 원활하다. 발이 한 쪽으로 깊이 실리면 중심은 그 방향으로 쏠리어 체세(體勢)가 무너지고, 양 발 모두 무거우면 전체의 움직임이 곧 막힌다. 여러 해 성실하게 연습하면서 운용이 교묘하지 못한 자는 대개 상대에게 쉽게 움직임이 제압당한다. 이것은 아직 쌍중(雙重)의 잘못을 깨닫지 못하였기 때문이다."

왕종악은 여기서 중심잡는 법과 움직이는 요령을 설명하고 있다. 천칭(天秤) 저울처럼 서는 것은 균형을 유지하는 것도 되지만, 또한 어떠한 미묘한 움직임도 헤아림과 같이 찰지(察知)하라는 가르침이다. 「쌍중(雙重)」도 태극권의 가장 중요한 개념의 하나이다. 이것도 아마 이 비법문 이후 태극권에 들어간 단어일 것이다. 쌍중(雙重)이란 양 발이 모두 무겁게 주저앉는 상태의 것이다. 서있는 발이 안정되어 있는 것만으로는 작용할 수 없다. 안정은 항상 움직임을 포함해야 한다. 안정은 음·양(陰·陽)의 두 가지 에너지가 합친 조용한 한 순간에 불과하며, 그것은 순식간에 동(動: 움직임)으로 전화(轉化)할 수 있어야 한다. 쌍중(雙重)은 이를 테면 음(陰)과 음(陰)이 중첩되어 스스로 움직임의 자유를 잃어버린 상태이다.

(9) 이 병(病: 잘못)을 피하고자 한다면 모름지기 음양을 알아야 한다. 점(黏)은 곧 주(走)이고, 주(走)는 곧 점(黏)이다. 음은 양을 떠나지 못하고, 양은 음을 떠나지 못하므로 음양상제(陰陽相濟)하여 바로 동경(憧勁)을 행한다. 경(勁)은 동(憧)을 이해한 후 점점 단련하면 점점 정교(精巧)해진다. 묵묵히 알고 연구하면 마침내 마음이 바라는 곳으로 따르게 된다.

"쌍중(雙重)의 잘못을 피하고 싶다면 반드시 음양의 상관관계를 알아야 한다. 이를테면 점(黏)은 주, 주(走)는 점이다. 음양은 본래 하나이며, 음양이 서로 보완하고 있다는 것을 알고 양자를 자유자재로 구사할 수 있게 되었을 때 비로소 동경(憧勁: 勁)을 알았다고 할 수 있다. 일단 경(勁)을 깨달으면 그 후에 단련할수록 기술은 정교해진다. 이리하여 묵묵히 연마를 거듭하면 머지않아 생각대로 기술을 사용할 수 있는 심기일체(心技一體)의 경지에 도달한다."

왕종악은 여기서도 동경(憧勁)이 중요한 단계라는 것을 강조하고 있다. 동경은 무엇인가, 이미 제4단으로 명확하지만 동경은 경(勁)의 본질을 알고 힘의 성립과 운용을 아는 것, 즉 힘의 근본적인 사용법을 아는 것이다. 초보적인 연습만으로는 쌍중(雙重)의 결함에 빠진다. 음양의 전환, 그것을 아는 것이 쌍중의 잘못을 피하는 것이다.

쌍중의 벽을 돌파하는 곳에 동경(憧勁)이 있다. 다만 동경은 그 자체가 깨달음의 경지는 아니다. 동경 후 더욱 더 질이 높은 수련을 거듭하면 머지않아 자재(自在)의 경지에 도달하게 된다. 현재 태극권은 「동경이 상대의 움직임을 찰지(察知: 두루 살펴 앎)하는 지각력」으로 단순히 해석하고 있기 때문에 상술(上述)의 의미에서는 원저자인 왕종악의 주장과는 상당한 차이가 있다.

(10) 원래 이 '자기를 버리고 상대에게 따른다(捨己從人)'의 대부분은 잘못 깨달아 가까운 것을 버리고 먼 것을 추구한다. 이른바 차(差)는 호리(毫釐: 가는 털끝)이지만, 잘못은 천리(千里)이다. 배우는 사람은 상세하게 변별하지 않으면 안된다. 이를 논하는 것이다.

"가장 중요한 것은 자기의 일방적인 견해를 버리고 상대와의 상관관계를 파악하는 것이다. 그러나 대부분의 사람은 가까이 존재하는 간단한 진리를 버리고 먼 오해를 동경한다. 근본적인 입장의 일리(一里)에 미치지 못하는 근소한 차이로 천리(千里)의 잘못을 만든다. 무술을 배우는 자는 이 것을 충분히 생각해야 한다. 이것을 본론으로 한다."

이상과 같이 왕종악의 비법문에는 「태극(太極)」의 두 글자는 있더라도 「태극권(太極拳)」은 없다. 구체적으로 권법을 논한 어구도 없다. 이를테면 무술의 원리를 언급하였지만 왕종악에 창술의 비법문이 있다는 것을 전제로 읽으면, 상기 비법문도 권법 비법문보다는 창술 비법문으로서 이해하는 쪽이 어구의 비유적인 표현도 더욱더 어울린다고 느낀다.

왕종악(王宗岳)의 요결을 한 마디로 표현하면, "만물은 변화한다. 변화의 근원은 음양 두 개의 에너지이다. 이 음양 두 개의 에너지를 자유자재로 전환·구사하는 것이 무술의 요결이다. 자아의 작은 힘을 버리고 큰 천리에 몸을 맡기면 근본적인 힘의 이용법을 알 수가 있다"라는 것이다.

이것이야 말로 태극의 철학에 어울린다. 왕종악이 오랜 수련에서 스스로 터득한 천연자연(天然自然)의 도리이다. 양로선(楊露禪)도 청년시절의 격렬한 수련 끝에 이 천연·자연의 도리를 스스로 터득하였다. 왕종악의 비법문이 양로선의 권법에 부합하는 것은 바로 이 공통의 원리에 의한 것이다.

2) 『음부쟁보』 - 왕종악 비법문의 원전

왕종악(王宗岳)의 또 다른 비법문인 『음부쟁보(陰符鎗譜)』는 현재 그 전문을 볼 수 없다. 그러나 당호(堂號), 서진(徐震) 등의 연구서에는 『음부쟁보(陰符鎗譜)』에 기고된 「일명씨(佚名氏)」의 서문이 종종 인용되고, 이른바 일명씨『음부쟁보서(陰符鎗譜序)』[13]에 따르면 왕종악의 경력과 무술 및 『음부쟁보』의 성립을 엿볼 수 있다.

일명씨『음부쟁보서(陰符鎗譜序)』도 또한 모두(冒頭)의 한 구에 태극의 두 글자를 포함한 음양이원론(陰陽二元論)을 설명하는 곳부터 무술론을 전개한다. 전문의 의역을 보자.

> 역(易-周易)에 태극이 있고, 처음 양의(兩儀)를 만들고, 이것을 음양(陰陽)으로 명명하였다. 도(道)의 좋은 부분은 일리백체(一理百體)이며, 그리하여 모든 변화를 안심하는 것은 양(陽)에 없고 음(陰)에 존재한다. 공자는 말한 바 "애벌레가 몸을 굽히는 것은 뻗기 위한 것이고, 용과 뱀이 겨울잠을 자는 것은 몸을 보존하기 위해서이다"고 하였다. 옛날부터 지금에 이르기까지 도(道)를 설명하는 자는 이것을 근본으로 병(病)을 말하는 자도 이것을 원점으로 하지 않는 자가 없다. 세상에 이른바 「무(武)에 선(善)한 자」가 대개 세(勢: 技)를 말할 뿐 도리(理)에 대하여 말하려 하지 않는 것은 한심스럽다. 세(勢)를 말하고 도리(理)를 말하지 않는 자는 오로지 힘의 존재를 알뿐 기술에 교묘함이 있다는 것을 알지 못한다. 이것은 정말로 기(技)를 잘 알고 있는 자라고 할 수 없다.

일명씨(佚名氏)는 이와 같이 "우주(太極)는 음(陰)·양(陽)이라는 두 개의 세

---

13) 徐震(哲東) 著, 太極拳考信錄(1937), 台北·眞善美出版社 復刊 1965년.

계로 나누어져 양(陽)이라는 이른바 움직임의 세계를 준비하는 것은 음(陰)이다. 따라서 무술도 음(陰)을 원점으로 한다. 일반의 무술가는 힘이나 외면적인 기술(勢)에 구애되어 내면적인 원리에 근거한 능란한 용법을 알려고 하지 않는다. 이것으로는 정말로 기술을 이해하고 있는 자라고는 할 수 없다"고 총론을 언급하고 왕종악의 무술이 어떠한 것인가를 예고하고 있다.

일명씨의 서문(序文)이 왕종악의 이른바 『태극권경(太極拳經)』과 완전히 같게 「태극(太極)」의 두 글자부터 설명하고 있는 것은 우연의 일치일까? 본문의 주지(主旨)에 맞추어서 기술하는 것이 서문의 성격이다. 일명씨는 왕종악에 의한 본문의 첫머리에 공감을 가지고, 또한 그것이 음부쟁(陰符鎗)이라는 하나의 문파의 근거지라는 것에서 서문에서도 원저자와 더불어 「태극(太極)」부터 설명하고 독자적 왕종악 창술에 대한 이해에 일조하고 있다. 이와 같이 단순히 생각할 때 양자의 첫머리의 탁월한 일치가 가장 솔직히 이해된다.

> 산우(山右, 山西省)의 사람 왕선생은 어릴 때부터 경서(經書)·사서(史書)는 물론 황제(皇帝)·노자(老子)의 서적, 게다가 병가(兵家)의 서적에 이르기까지 읽지 않는 것이 없고, 더불어 격자술(擊刺術: 치고 찌르는 기술)에 정통하고, 그 중에서도 쟁법(鎗法)에 가장 뛰어났다. 생각컨대 선생은 천체자연(天體自然)의 소장(消長: 성쇠)의 변화를 깊이 관찰하고 신체행동의 절주(節奏: 리듬)를 숙지하고 오로지 수련공부를 거듭하여 스스로 일가를 이루고, 마침내 이것을 음부쟁(陰符鎗)으로 명명하였다. 아, 선생과 같이 음부(陰符)에 깊지 않으면 어떻게 하여 이와 같이 도달할 수 있을까?

여기서 처음 일명씨는 왕종악(王宗岳)을 간결하게 소개하고 있다. 일명씨에 따르면 왕종악은 어린 시절부터 문무에 뛰어나 마침내 천체(天體)의 소장변화(消長變化)와 신체행동의 리듬을 합하여 음부쟁을 발명한 창(槍)의 달인이었다. 음부(陰符)란 『음부경(陰符經)』을 가리킨다. 『음부경』은 「도가의 병서」로 평가되어 당대 이후 각종 주석서가 유행하였다. 「음(陰)」은 우주의 근원적인 힘,

「부(符)」는 부호이며,「음부(陰符)」는 단적으로 말하면「하늘의 계시」이지만, 「부(符)」에는 또「부합하다」의 뜻이 있다. 즉「음부(陰符)」란 우주의 큰 힘과 합치하여 전략·전술을 전개하는 것이며, 현재의 태극권이 자주 주장하듯이 「하늘의 대우주에 인신(人身)의 소우주를 합치시키는」것이다.

> 신해년 왕선생은 낙양(洛陽)에서 나에게 보여준 적이 있다. 나는 그 대략을 알뿐으로 오의(奧義)를 모두 이해할 수 없어 그것을 항상 안타깝게 생각하였다. 향시(鄕試)를 치르기 위해 내가 개봉(開封)에 체재하였을 때 선생도 개봉에 주거지를 옮겨 여가에 또 본고(本稿)를 나에게 보여주었다. 나는 열중하여 이것을 보았다.

이 서문이 만들어진 것은 문장 끝에 기입된 연호에 의해서 건륭 을묘년(乾隆乙卯年) 즉 건륭 60년(1795)이라는 것이 밝혀졌다. 일명씨가 낙양에서 처음 『음부쟁보(陰符鎗譜)』를 본 것은 이보다 4년 전, 건륭 신해년 즉 건륭 56년(1791)이 된다. 이 해는 무리하게 태극권술사와 겹쳐보면 양로선의 탄생 8년 전에 해당하며, 양로선의 스승 진장흥(陳長興)이 20세 때였다.

일명씨와 왕종악은 아마 무술을 좋아하는 독서인으로서 어떠한 계기로 친하게 되었을 것이다. 혹은 모두 오랫동안 과거시험에 뜻을 두고 만학의 여가에 무술을 서로 이야기한 것일까? 왕종악은 비법문을 보여줄 뿐만 아니라 실제로 창(槍)을 잡고서 자기 창술을 몇 번이고 일명씨에게 보여주었을 것이다. 일명씨가 '열중하여 이것을 보았다'는 것이 단순히 비법문에 그치지 않았다는 것은 상기(上記)에 이어서 아래의 문에서도 알 수 있다.

> 선생의 쟁(鎗)은 그 도사릴 때는 구천(九泉: 땅속 깊은 바닥)의 아래에 숨는 것과 같고, 또한 그 발할 때는 구천(九天: 하늘 가장 높은 곳)의 위에 움직이는 것과 같아 상하 끝없이 강유변화(剛柔變化)하고, 그리하여 그 모든 것은 음(陰)의 한 글자에 귀속된다. 정말로「음부쟁(陰符鎗)」의 명명대로이다.

이 짧은 문(文) 중에 왕종악의 창술(槍術)이 생생하게 약동하고 있다. "왕종악의 창은 그 전부가 음(陰)의 한 글자에 귀속된다"고 한다. 즉 정(靜)으로 유(柔)해지는 것이 왕종악 창술의 원점이다. 따라서 시험삼아 창을 가진 왕종악의 모습을 그린다면 그 자세는 표준적인 것이며, 결코 기이하게 흐르지 않고 보기에는 아마 평범한 중단(中段) 자세를 자신있게 하였을 것이다. 서있는 발은 넓지도 좁지도 않고 어깨의 힘을 빼고 손 안에는 부드럽게 창을 꽉 쥔다. 그 조용한 자세는 "마치 지중(地中)에 깊이 잠겨 이 지상에는 존재하지 않는 것과 같고, 그러나 한 번 발하면 자유분방하게 공중을 뛰어 돌아다닌다"는 것이다.

이 한 문장은 이른바 『태극권경』 속에서도 "두정(頭頂)의 경(勁)을 허령(虛領: 虛靈)으로 하고 기(氣)는 단전(丹田)에 잠든다. 좌우로 쏠리지 않고 숨었다고 생각하면 곧 나타난다. 밑에서 올려다보면 한없이 높고, 위에서 내려다보면 한없이 깊다. 타인은 나를 알지 못하고 나 혼자는 안다. 영웅이 가는 곳에 적이 없다"고 설명하는 제5단에 자주 대응한다.

> 원리(原理)라는 것에 대소는 없지만, 그것이 나타나는 도에는 심천(深淺)이 있다. 사람에 따라서 이용하는 부분이 다르더라도 하나의 근원에 도착한다. 『음부경』은 도(道)를 말하는 시작이지만 내용은 넓고 모두를 포함한다. 선생은 그 한 단(端)을 가지고 쟁(鎗)에 이용하였다. 따라서 그 쟁(鎗)을 보면 또 선생의 도(道)를 알 수 있다.

이와 같이 일명씨는 「음부쟁」의 유래를 결론내고 왕종악의 창이 고금을 통하여 뛰어나다는 것을 강조한다.

> 옛날 양씨(楊氏)의 쟁은 자칭 "20년이화쟁, 천하무적(二十年李花鎗, 天下無敵)"이라고 했다. 여성으로서 쟁법에 밝았다 하더라도 그저 그 세(勢)를 아는 것에 불과하며, 반드시 그 극의에 충분히 도달하였다고 할 수 없음에도 세상에 이름을 알리고, 명성은 이렇게 후대에까지 전해지고 있다. 하물며 선생은 삼교(三敎)의 서(書)에 깊이 정통하고 고금의 기(技)에 상세(詳細)하고 정련(精鍊)하여 마침내 음부쟁(陰符鎗)에 달하였으며, 그것으로

천하 후대에 전하는 데에 아무런 부족함이 없다.

마지막에 일명씨는 다음과 같이 서문을 맺고 있다.

> 선생은 평소 나에게 이렇게 말하였다. "원래 쟁보(鎗譜) 따위는 만들 마음은 없었지만, 여러 해 동안에 마음을 쓰고 비로소 다소 스스로 터득하는 것이 있었다. 그 수련의 성과를 조금이라도 정리해 보겠다는 마음이 들었다"고 한 것이다. 그래서 쟁법(鎗法)을 집성하여 비법으로서 그 진퇴 변화의 법을 분명히 하고 서문을 나에게 부탁하였기 때문에 이와 같이 대략을 기술하여 서문에 대신한다.   건륭(乾隆), 을묘년(乙卯年)

이 일명씨 서문에 의해서 왕종악(王宗岳)은 젊을 때부터 창술에 노력하여 수행한지 수십 년 후에 『음부쟁보』를 저술하였다는 것을 알 수 있다. 만일 10세 때부터 30년 또는 40년 수행하였다고 한다면, 서문 말미에 기록된 건륭 을유년, 즉 1795년이며, 왕종악은 40~50세였다. 어쨌든 왕종악은 18세기 후반에 개봉(開封), 낙양(洛陽)에 거주했던 창술을 주특기로 하는 교양풍부한 무술가였다고 할 수 있다.

서진(徐震)의 저서『태극권고신록(太極拳考信錄)』후기에 따르면『음부쟁보』에는 「상평세 7칙(上平勢 七則)」·「중평세 13칙(中平勢 十三則)」·「평하세 11칙(平下勢 十一則)」이 있으며, 상·중·하단의 전법을 구체적으로 논하고 있다. 극히 일부밖에 인용되고 있지 않지만 그래도 왕종악 창술의 실기를 엿보기에는 충분하다. 이를테면 「상평세 제7칙」에는 다음과 같은 문장이 있다.

> 그의 쟁(鎗)이 나의 대문(大門: 正面)을 높이 찔러 왔을 때 나는 뱀이 사물에 엉겨붙듯이 쟁을 싣고, 발과 함께 뒤 쫓아서 두 번 굴러 그의 쟁을 끌어들여 힘을 실어서 아래로 떨어뜨리고 즉시 나의 쟁을 한 손으로 내지른다.

또한 「중평세 1칙(中平勢 一則)」이 다음 한 문장에 소개되고 있다.

몸은 바르게 세우는 것을 필요로 하고, 쟁(鎗)을 평평하게 하여 배꼽 위에 둔다. 그의 중단(中段)의 쟁(鎗)이 나의 대문(大門)을 찔러 왔을 때 나는 권법(圈法)을 이용하여 그의 쟁(鎗)을 권개(圈開)하고 한손(單手)으로 떠밀어낸다.

게다가 「하평세 1칙(下平勢 一則)」에는 다음과 같이 기록되어 있다.

그가 이화곤수쟁(梨花滾袖鎗)으로 나를 찌르려고 할 때, 나는 음양수(陰陽手)를 이용하는 위로, 또는 아래로 향하여 그의 쟁(鎗)을 가볍게 치고, 발과 함께 후퇴하여 그를 찌르려고 한다. 그가 쟁을 바꾸었을 때 나는 앞손(前手)을 버리고 한 손으로 떠밀어낸다.

상·중·하단의 모든 전술에도 공통되는 것은 방어의 유(柔), 공격(攻擊)의 강(剛)이라는 것이다. 즉 엉겨붙거나 또는 소용돌이치듯이 상대의 창(槍)을 흘려보내고, 말려들게 하여 반격의 기회를 잡자마자 한 손으로 창을 떠밀어낸다. 한 손으로 찌르는 기술은 양손으로 찌르는 것보다도 긴 거리를 순간적으로 창을 날리듯이 찌른다.

원래 창(槍)은 양손으로 확실하게 손잡이를 꽉 잡고 단순하게 전후로 움직이는 기술이 원초적인 기본기이다. 그러나 체험을 거듭하면 교전(敎傳)에 의해서 창술의 전법은 비약적으로 진보하고 머지않아 "손은 곧잘 쟁을 잊고, 쟁은 곧잘 손을 잊어 버린다"라는 손바닥의 극의가 생겨난다. 이러한 기술의 진보 속에서 순간적으로 창을 날리는 한 손의 찌르기가 개발되었다. 창을 날리듯이 찌르는 단수찰(單手扎: 單手槍)은 그 기법이 탄생한 때는 의표를 찌르는 기습기술이었다. 이 단수찌르기는 양가이화쟁(楊家梨花鎗)의 특기이며, 숭산소림사(嵩山少林寺)의 곤법(棍法)에도 도입되고 있다.

서진(徐震)에 따르면 『음부쟁보』의 마지막에는 창술의 극의를 노래한 4수(四首)의 시가 실려있으며, 그 표현에서 「왕종악 음부쟁」은 『기효신서(紀効新書)』의 영향을 받은 것이 분명하고, 『기효신서』는 또한 양가이화쟁법을 도입하고 있기 때문에 왕종악 음부쟁의 기술적 계보는 결국 양가이화쟁으로 이어진다고 설명하고 있다.

기술적 계보의 지적도 그럴 만하지만 지금 『음부쟁보』의 구성과 내용을 탐구하는 우리로서 『음부쟁보』의 마지막에 시 4수가 실려 있다는 사실도 중요하다. 서진(徐震)의 『태극권고신록(太極拳考信錄)』 후서는 다음과 같이 언급한다.

> 쟁법(鎗法)에 관해서 말하면 (진가구 진씨의) 24쟁은 원래 이화쟁법이었다는 것이 『기효신서(紀効新書)』와의 비교에 의해서 밝혀졌다. 「음부쟁보」의 마지막에는 시가4수(詩歌四首)가 있어 제2수에는 "마음은 모름지기 손을 잊고 손은 쟁(鎗)을 잊어야 한다"이며, 또한 제4수에는 "조용한 곳을 음(陰)이라 하고, 움직이면 즉 부(符)한다"고 했고, 『기효신서』 장쟁총설(長鎗總說)에 "마음은 곧잘 손을 잊고 손은 곧잘 쟁을 잊는다. 신(神)을 원(圓)으로 하여 막히지 않고, 또한 정(靜)보다도 귀한 것은 없다"라고 했다. 이것이 시가의 출전이다. 즉 왕씨쟁법(王氏鎗法)도 또한 이화쟁(梨花鎗)에 도달하는 것이다.

『음부쟁보(陰符鎗譜)』의 일명씨(佚名氏) 서문에 따르면 왕종악(王宗岳)은 고금의 기술을 잘 알고 있었다. 왕종악과 척계광(戚繼光)은 어디까지나 자기수행이나 직접적인 견문(見聞)을 근거로 하여 무술서 고전(古典)이나 사서(史書)에 기록되어 있는 전문 등에 의해서 왕사(往事)의 기술을 연구하였으며, 양가이화쟁(楊家梨花鎗)의 영향이 나타난다고 해서 곧 이화쟁을 그들의 창술원류(槍術原流), 또는 직접적 모체로 결론을 내리는 것은 단락(短絡)에 불과할 것이다.

왕종악이 전대(前代)에 출판한 『기효신서(紀効新書)』를 연구한 것은 상상하기 어렵다. 따라서 "마음은 모름지기 손을 잊고 손은 창을 잊어야 한다"가 동서(同書)의 출전으로 한 것은 명백하다. 그러나 "조용한 곳을 음(陰)으로 하고 움직이면 즉 부(符: 符合)한다"의 한 구는 왕종악의 독특한 표현으로 보아야 한다. 왕종악은 고금의 무술을 널리 연구하면서도 자기수련을 부지런히 하여 수업(修業) 수십년 후에 독자의 경지에 도달하여 『음부쟁보(陰符鎗譜)』를 저술하였다.

여기에서 또 하나 본절의 원점으로 돌아가서『음부쟁보』가 어떠한 내용을 가지고 있는가? 그 구성을 추정하여 복원해서 먼저 최초로 일명씨(佚名氏) 서문이 동서(同書)의 유래와 특색을 소개하고, 마지막에는 창술의 요결을 노래한 4수의 시가 있었다. 또한 본문에는 상·중·하단 및 그 외의 전법(戰法)을 개조서(箇條書)에 설명하고 있다. 이른바 왕종악『태극권경(太極拳經)』이『음부쟁보(陰符鎗譜)』의 일부였다는 사견(私見)이 맞다고 가정하여 이것을 본문의 처음에 두면『음부쟁보』는 다음과 같이 무술서로서 한층 명확한 구성을 가진다.

1. 서문 — 일명씨에 의한 대의(大意) 소개
2. 본문
  1) 쟁술원론 — 저자자신에 의한 총론
     (이른바『태극권경』)
  2) 쟁술전법 — 구체적인 기술
     (1) 상평세 7칙
     (2) 중평세 13칙
     (3) 하평세 11칙
     (4) 천수조수천지탑외탑리 17칙(川袖挑子穿指搭外搭裏十七則)
3. 결론
   시가 4편 - 시가에 의한 쟁술 극의의 정리

이것이 아마 무우양(武禹襄)이 입수한 때의『음부쟁보(陰符鎗譜)』의 원리구성(原理構成)이었을 것이다. 왕종악 비법문 이른바『태극권경(太極拳經)』은『태극권』이란 명칭 발생이전의 문(文)이며, 그 자체가『태극권경(太極拳經)』이라는 제목이 붙지 않았었다. 왕종악 비법문의 최초에 '태극(太極)'의 두 글자가 있으며, 무우양 등 무파(武派) 일문(一門)에 의해서 그로부터『태극권(太極拳)』의 명칭이 생겨났다는 것은 틀림없다.

왕종악에 관한 역사적 자료는『음부쟁보(陰符鎗譜)』하나뿐이며, 이 자료에서 판단하는 한 왕종악은 창(槍)의 달인으로서 권법의 달인은 아니다. 하물며「태극권」의 발명자도 아니며, 그 중흥의 개조도 아니다. 또한 이 자료에서 판단할 때 왕종악이 진가구(陳家溝)를 방문한 흔적은 없다. 왕종악과 진가구, 혹은 왕종악과 태극권을 결부시킬 수 있는 자료는 전혀 존재하지 않는다. 왕종악이라는 이름조차 진가구의 사람들은 알지 못하였을 것이다. 20세기에 들어서 태극권의 명칭이 확립되자, 왕종악 비법문도 『태극권경(太極拳經)』으로서 정착하였다. 진파(陳派)의 사람들조차 태극권 명칭과 왕종악 태극권 달인설(達人說)을 받아들이게 되었다.

여기에서 처음 "왕종악이 진가구에 태극권을 전했다"고 하는 설과 그 반대로 "왕종악도 진구가에서 태극권을 배웠다"는 설과의 논쟁이 생겼다. 전자는 주로 서진(徐震)이 주장하였으며, 무·오(武·吳) 양파를 포함한 양파 계통의 사람들에 의해서 퍼졌다. 후자는 주로 당호(唐豪)에 의해서 주장되었으며, 진파(陳派) 계통의 사람들에게 채용되었다.

현재도 태극권의 원류에 관한 논고는 일반적으로 왕종악과 태극권의 결부를 전제로 한다. 그렇지만 이 전제를 제거하고 논쟁의 출발점을 무우양(武禹襄) 이전으로 되돌리지 않는 한 태극권의 원류에 도달하는 것은 불가능할 것이다.

3. 내가권(內家拳)의 계보

1) 내가권(內家拳) 개조의 전설

오늘날 내가권(內家拳)은 태극권(太極拳)·팔괘장(八卦章)·형의권(形意拳) 등 내공적(內攻的)인 수련을 중요시하는 권법의 총칭으로서 불리어지고 있다. 그러나 내가권은 원래 명말기·청초기에 실재(實在)한 유파명(流派名)의 하나에 불과하였다.

인물계보 및 실기구성도 내가권은 본래 태극권과 무관계의 권법이었다. 19세기 말부터 20세기 초기에 걸쳐서 소림권 등에 대항하여 처음에는 오로지 태극권 문파로서 독자성을 강조하기 위해 주로 양파(楊派) 계통(系統)의 인물들에 의해서 내가권의 전설이 이용되었다.

당호(唐豪)는 『내가권적연구(內家拳的硏究)』 서문 속에서 "태극권은 내가권으로 표방하는 것인즉, 30여년 간의 일이며, 민국(民國: 1912~1949년까지의 중국) 이전에는 아직 듣지 못하였다"고 언급하였다.14)

내가권이 청초기(淸初期)에 실전(失傳)되었음에도 불구하고 그 유파명이 20세기까지 전해져 태극권의 원류로서 유행된 것은 명말·청초의 저명한 문인 황종희(黃宗羲, 1610~1695)가 저술한 『왕정남묘지명(王征南墓誌銘)』에 의거한다.15) 그의 묘지명(墓誌銘)은 다음 한 문장으로 시작된다.

> 소림은 권용(拳勇)을 가지고 천하에 유명해졌다. 그렇지만 사람을 치는 것을 주로 하기 때문에 사람은 또한 이것에 편승할 수 있다. 이른바 내가(內家)는 정(靜)을 가지고 동(動)을 제압하고, 침범하는 자를 응수하여 즉시 무너뜨린다. 때문에 소림을 별도로 외가(外家)로 본다. 생각컨대 송(宋)의 장삼봉(張三峰)에 의해 시작된다.

이 황종희(黃宗羲) 『왕정남묘지명』 책 첫머리의 한 문장에 의해 처음 외가권(外家拳)과 내가권(內家拳)의 구별이 생겼다. 또한 내가권의 개조를 장삼봉(張三峰)으로 하는 설도 여기에서 생긴 것이다.

『왕정남묘지명』은 태극권 문파로서 이용가치에 풍부한 자료였다. 먼저 첫째로 내가권을 소림권보다도 고급권법으로 다루고 있다는 것이다. 「소림(少林)」의 명성은 종교계(宗敎界)·무술계(武術界)에 멈추지 않고 일반사회까지 침투하였기 때문에 그것에 필적하는 권위를 가질 수 있다는 점에서 『왕정남묘지명』은 태극권 문파로서 더할 수 없는 좋은 자료였다. 하물며 "소림은 「사람을 치는 것」, 즉 강적(剛的)으로 공격하는 것을 전문으로 하기 때문에 특히 자신의 힘으로 오히려 체세(體勢)를 무너뜨리거나 틈이 생길 수 있다. 반면 내가권은 「정(靜)으로서 동(動)을 제압」하고 공격하려고 하는 자를 일격으로 제압한다"고 설

---

14) 唐豪 著 『內家拳的 硏究(1935)』, 香港·麒麟図書公司 復刻, 1969.
15) 黃百家 著 『內家拳法』: 昭代叢書所藏, 黃宗羲 著 『王征南墓誌銘』: 南雷文定 前集卷之八所藏(내가권의 달인 王征南의 전기와 그 기법을 전하는 자료 참조).

명하고 있다. 이것은 태극권이 지향하는 부분과 궤도(軌道)를 같이하고 있으며, 마치 달인 양로선(楊露禪)의 권법을 집약한 것과 같다. 양파(楊派)의 사람들은 그와 같이 생각하였을 것이다.

내가권의 달인 왕정남의 전기와 그 기법의 자료

또한 내가권의 개조를 무당산(武當山)의 선인(仙人) 장삼봉(張三峰)으로 하고 있는 것은 소림파가 개조로 숭상하는 숭산 소림사의 『달마대사(達磨大師)』와 대조적으로 개조의 전설로서 어울린다. 20세기 초두에 태극권이 내가권의 전설을 수용한 이후 장삼봉 태극권 개조설은 일거에 퍼져 태극권 결사가 일부러 장삼봉 탄생일을 명목으로 성대한 축하연을 개최하기에 이르렀다.

『왕정남묘지명(王征南墓誌銘)』의 내용도 그럴 만하지만 묘지명의 저자가 황종희(黃宗義)라는 유명한 학자라는 것도 새로운 전설을 만드는데 안성맞춤이었다. 대학자가 보증하는 역사자료로서 사람들에 대한 설득력을 가졌다. 허구의 전설을 만들어 내는데 '학술적 근거'로서 이용할 수 있었다. 더욱이 황종희는 명말기·청초기의 정치적인 동란기에 마지막까지 명조에 충절을 다한 애국자로서 유명하였다.

20세기 초두(初頭) 청조(淸朝)가 멸망하고 다시 명조(明朝)와 같은 한족 중심의 국가가 근대적 단장을 근거로 되살아나려고 할 때 황종희와 같은 명말기・청초기의 애국적인 모든 학자의 저서와 사적이 다시 사람들에게 유행하였다. 황종희의 『명이대방록(明夷待訪錄)』은 청말기의 동란기, 정치적으로 관심이 강한 청년층에 특히 애독되었다.

황종희가 『왕정남묘지명』을 저술한 목적은 당연하지만 왕정남의 사적을 분명히 하는 것이었다. 왕정남에게 직접 이어지는 내가권의 계보에 대해서는 후술하듯이 인물명을 들어서 구체적으로 기술하고 있다. 그러나 장삼봉에 대해서는 전술의 서문에 이어서 다음과 같이 언급하고 있는 것에 불과하다.

> 장삼봉은 무당산(武當山)의 도사이다. 송(宋, 960~1279)의 휘종제(徽宗帝)가 이분을 초빙하고자 하였으나 길이 험하여 나아가지 못하였다. 밤, 꿈에 원제(元帝)로부터 권법을 전수받아 날이 새자 단신으로 백여 명의 적을 격살하였다.

장삼봉은 상당히 옛날부터 민중 속에 친숙해진 도교(道敎)의 선인이며, 내가권이 자파의 권위를 높이고자 하였으므로 언제부터인가 개조가 되었다. 황송희는 이러한 내가권의 개조설을 전설로서 소개한 것에 불과하다.

『명사(明史)』 방기전(方伎傳)에는 다음과 같은 「장삼봉전(張三峰傳)」이 있다.

> 장삼봉은 요동(遼東) 의주(懿州) 사람으로 이름을 전일(全一), 또는 군보(君寶, 아명)라고 한다. 삼봉은 그의 호이다. 겉치레에 신경쓰지 않았기 때문에 「털털이 장」으로도 불렸다. 말라서 키가 크고, 큰 귀・둥근 눈을 하고, 빳빳한 수염을 가진 얼굴이었다. 더위도 추위도 한 장의 옷으로 지내고, 일승일두(一升一斗)를 가볍게 먹어 치웠으나 혹은 여러 날에 한끼도 좋고, 혹은 수개월 먹지 않아도 까딱없었다고 한다. 서책은 한 번 읽으면 암기하고, 가는 곳이 정함없고 하루 천리를 걸었다고 한다. 놀이와 농담도 능란하고, 자주 방약무인(傍若無人)으로 행동하였다.
> 옛날에 무당산 각소(各所)에 놀러가서 "이 산은 언젠가 반드시 융성할

것이다"고 사람들에게 이야기하였다. 당시 무당산의 오룡(五龍)·남엄(南巖)·자소(紫霄)의 각처가 전화(戰火)에 의해서 파괴되었다. 장삼봉은 제자들과 가시넝쿨과 와력(瓦礫: 깨진 기와조각)을 치우고 암자를 지어 얼마 동안 살았지만 머지않아 그곳을 버리고 떠났다. 태조(太祖)는 일찍이 그의 이름을 듣고 홍무(洪武) 24년(1391) 사자를 파견하여 초빙하고자 하였지만 그곳을 알지 못하였다.

그 후에 삼봉은 보계(寶鷄)의 금대관(金台觀)에 살았다. 어느 날 스스로 "머지않아 죽을 것 같다"고 하며, 죽음의 노래를 남기고 죽었다. 촌민들은 공동으로 관을 만들고 시체를 거두어 바로 관을 묻으려고 할 때 관에서 소리가 들렸다. 열어 보니 삼봉이 되살아났다. 그로부터 삼봉은 사천(四川)으로 가 유람하다가 촉(蜀)의 헌왕(獻王)과 대면하고, 다시 무당산(武當山)으로 돌아갔다. 양(襄), 한(漢)의 땅을 두루 거쳐 주유하였으므로 족적은 점점 파악하기 어려워졌다.

영락(永樂) 연간, 황제 성조(成祖)는 내시 주상(朱祥)에게 새서(璽書: 옥새가 찍힌 문서)와 하사품을 주어, 급사(給事: 내시벼슬) 중 호형(湖濙)을 사자로 파견, 벽지에 이르기까지 찾아보았지만 몇 년이 지나도 찾을 수 없었다. 그래서 공부시랑(工部侍郞) 곽연(郭璉), 융평후(隆平候) 장신(張信) 등에게 명하여 30여만명을 동원하여 백만의 자금을 투자하여 무당(武當)에 일대도관(一大道觀)을 조영(造營: 건축)하였다. 완성후 태화태악산(太和太岳山)의 이름을 내리고 관청을 설치하고 도장(印)을 주조하여 수호하게 하였다. 일찍이 삼봉이 예언한 대로 되었다.

별설에 따르면 삼봉은 금대(金代)의 사람으로 원(元) 초기에 유병충(劉秉忠)과 스승을 같이 하고, 후에 녹읍(鹿邑)의 태청궁(太淸宮)에서 수도하였다고 하지만 모두 확실한 것은 없다. 천순(天順) 3년(1459) 황제 영종(英宗)으로부터 통미현화진인(通微顯化眞人)의 이름을 받았지만 그 존망(存亡)은 막연하여 측정하기 어렵고 결국 명확히 할 수 없었다.

이 『명사(明史)』의 기술이 장삼봉 전설의 원점이다. 이 이후의 사료(使料)·

도교(道敎)·권법(拳法)의 관계서적은 대부분 모두 이『명사』'장삼봉전'을 전승, 이것을 각각의 입장에서 적당히 개변한 것에 불과하다.

『명사』가 기술하고 있듯이 장삼봉은 그 존재조차 불확실한 도교의 선인이며, 하물며 권법에 관련된 전설은 전혀 존재하지 않는다. 장삼봉의 이름이 세상에 유포된 것은 역대 황제 중에 장삼봉에 대하여 관심을 가진 자가 많았기 때문일 것이다. 그 중에서도 영락(永樂) 연간, 성조(成祖) 황제(永樂帝)에 의한 대대적인 장삼봉 탐색행으로 삼봉의 이름이 더욱 더 높아진 것이다. 그러나 당호(唐豪)의『소림무당고(少林武當攷)』에 따르면 성조(成祖)로서 장삼봉 탐색행은 겉으로 드러나는 명목에 불과하며, 그 배후에는 또 하나의 정치적 목적이 숨겨져 있었다.

성조(成祖)는 명조(明朝)의 창건자 홍무제(洪武帝)의 4번째 아들이다. 일찍부터 홍무제의 신뢰를 받고 베이징(北京)에 연왕(燕王)으로서 봉해져 북방을 수호하였다. 본래라면 장남인 황태자가 후계자가 되어야 하지만 병약하여 부친에 앞서 사망하였다. 그래서 홍무제는 어쩔 수 없이 황태손(皇太孫)을 후계자로 하였으나 연왕(燕王)들의 왕자들에게는 이것에 불만을 느끼고 있었다.

홍무제가 홍무(洪武) 31년(1398)에 세상을 떠나자 황태손은 정식으로 제2대 황제로시 즉위하여 건문제(建文帝)가 되었다. 건문제는 아직 16세의 소년이었다. 나이가 어린 신왕을 보좌하는 측근들은 황제와 혈육으로 연결된 모든 왕을 극도로 경계하고 한 사람씩 제거시키려 하였다. 연왕(燕王)은 이것에 대항하여 거병하고 4년간에 걸친 숙부와 조카 사이의 골육전쟁이 시작되었다. 이른바 「정난(靖難)의 변(變)」이다. 연왕(燕王)은 건문(建文) 4년(1402) 마침내 남경성(南京城)을 함락시키고, 스스로 황제에 즉위하고 성조(成祖) 영락제(永樂帝)가 되었다.

성조(成祖)가 남경성을 총공격할 때 건문제(建文帝)는 궁전(宮殿)에 불을 질러 자살하였다. 그러나 후에 지하도를 통하여 가신과 함께 멀리 달아났다는 소문으로 성조는 이것을 걱정하였다. 죽음에 몰아넣었던 건문제(建文帝)가 실은 그 신화와 함께 살아 있어 비밀리 재흥(再興)을 도모하고 있는 것은 아닐까라는 의심에 빠져 있었다.

성조(成祖)는 건문제(建文帝)의 생사를 확인하고 싶었으나 민심의 동요를 막기 위하여 겉으로는 장삼봉이라는 뛰어난 신선을 찾고 있다고 비정치적인 명목을 근거로 호영(胡濴) 일행을 파견하여 벽지에 이르기까지 빈틈없이 탐색하게 하였다.

『명사』호영전(胡濴傳)에 다음과 같이 기록되어 있다.

> 호영(胡濴)의 자는 원결(源潔)이며, 무진(武進) 사람이다. 건문(建文) 2년(1400) 병과급사(兵科給事) 가운데 영락(永樂) 원년(1403) 호부도급사(戶部都給事) 가운데 하나가 된다. 혜제(惠帝: 건문제)는 불 속에서 사망하였거나 또는 도망하여 많은 신화(神話)가 생겨났다. 영락제는 이것을 의심하였다. 그래서 호영(胡濴)에게 어제조서(御製詔書)를 지니게 하여 사자로서 파견하고 장삼봉 선인을 찾아서 천하의 주·군·향·읍(州·郡·鄕·邑)을 두루 걸어가며 건문제(建文帝)의 소재를 비밀리 정찰하게 하였다.

이 때문에 호영(胡濴)은 모친의 장례시에 돌아오는 것조차 허락되지 않았으며, 전후 약 20년간「장삼봉을 찾아서」각지를 찾아 다녔다. 성조(成祖)는 건문제(建文帝)가 국내에서 발견되지 않는 것은 해외로 망명하였기 때문이라는 새로운 설을 믿고서 정화(鄭和) 등 여러 사람에게 해외 탐색행을 명하였다. 중국항해사(中國航海史) 상(上)에 이름을 남긴 정화(鄭和)의 해외원정도 표면적으로는 해외에 중국의 위명을 떨치라는 사명을 가지고 있었지만, 사건의 발생은 성조(成祖)의 의심에서 생긴 건문제(建文帝) 일파를 찾는 탐색행에 있었다.

『명사(明史)』정화전(鄭和傳)에 다음 같이 기록되어 있다.

> 정화(鄭和)는 운남(雲南) 사람으로 세상에 이른바 삼보태감(三保太監)으로 불렸다. 처음 연왕(燕王)을 모시고, 후에 군공(軍功)에 의해서 태감(太監)으로 발탁되었다. 성조(成祖)는 혜제(惠帝: 건문제)가 해외로 도망하였다고 의심하여 그 족적을 찾고, 또한 이역(異域)으로 중국의 부강을 알리기 위하여 영락 3년 6월에 정화(鄭和)·왕경홍(王景弘) 등을 서양으로 보냈다.

장삼봉이 족적을 남겼다는 무당산을 중심으로 한 일대는 현재에도 하남(河南)·합서(陝西)·호북(湖北) 3성의 경계에 있는 험악한 산악지대로 옛날부터 각지의 유랑화(流浪化)한 농민과 반역자들이 도피하는 토지였다. 명(明)의 태조(太祖)는 스스로 대군을 이끌고 이 일대를 평정하고 국가금령으로 각지에서 농민이 유입하는 것을 금지할 정도였다. 중앙권력으로서는 대대로 불온한 지역이었던 것이다. 영락제(永樂帝)의 사후 40년 후에는 「형양(荊襄)의 난(亂)」으로 불리는 대규모 반란이 발생한다. 호형(胡濙)은 장삼봉은 물론 건문제도 발견하지 못하였다. 그러나 불온한 지대를 정성껏 시찰함으로써 민심을 위무하고 각지의 정세를 상세하게 정찰하여 반정부의 싹을 자른다는 정치적인 성과는 충분히 거둘 수 있었다. 그리고 가령 명의상(名義上)의 문제라 하더라도 장기에 걸친 칙명에 의해 공공연하게 장삼봉을 추구한 것은 국내에서 삼봉의 이름을 그야말로 「벽지에 이르기까지」 보급시킨 것이다. 지금까지는 환상의 선인에 불과하였던 장삼봉도 이리하여 적어도 명칭만은 사회적으로 정착하게 되었다.

무술사가(武術史家) 당호(唐豪)는 이것을 비아냥거리며, 『소림무당고(少林武當考)』 속에서 다음과 같이 언급하였다.

> 당시, 중앙권력은 선문제를 찾는 것에 급급해 있었다. 우민(愚民)은 이것을 알지 못하고 전설에 부회(附會: 억지 맞춤)하는 것은 날이 갈수록 심해졌다. 명말기(明末期) 이후가 되면 삼봉을 내가권의 시조로서 숭상하는 자까지 생겨나서, 이것이 오늘의 이른바 무당파(武當派)를 형성한 것이다. 장삼봉은 정말로 행운아이다.

2) 내가권의 계보와 왕정남

장삼봉 개조(張三峰 開祖) 전설(傳說)은 그만두고 내가권(內家拳)의 실전계보에 대해서는 황종희(黃宗羲)가 『왕정남묘지명(王征南墓誌銘)』에서 구체적으로 인명을 기록하고 있다.

> 삼봉의 기술은 백년후, 합서(陝西)로 퍼졌다. 왕종(王宗)이 가장 유명하

였다. 온주(溫州)의 진주동(陳州同)은 왕종에게 사사받고 이것을 고향에 전하였기 때문에 온주로 퍼졌다. 가정(嘉靖) 연간(1522~1566)에는 장송계(張松溪)가 온주에서 가장 유명하였다. 송계에게는 3, 4명의 제자가 있었지만 사명(四明)의 엽계미근천(葉繼美近泉)이 가장 뛰어났다. 그래서 사명(四明)으로도 퍼졌다. 사명에는 근천(近泉)의 전(傳)을 얻은 것은 오곤산(吳崑山)・주운천(周雲泉)・단사남(單思南)・진정석(陳貞石)・손계차(孫繼搓)이며, 모두 각각 전승자가 있었다. 즉 곤산(崑山)은 이천목(李天目)・서대악(徐岱岳)에게 전해지고, 천목(天目)은 다시 서시중(徐時仲)・오칠랑(吳七郞)・진술굉(陳茂宏)에게 전했다. 운천(雲泉)은 노소기(盧紹岐)에게 전했다. 정석(貞石)은 동부여(董扶輿)・하지계(夏枝溪)에게 전했다. 계차(繼搓)는 자원명(紫元明)・요석문(姚石門)・승이(僧耳)・승미(僧尾)에게 전했다. 그리고 단사남(單思南)의 전을 전승한 자가 왕정남(王征南)이었다.

삼봉을 전설상의 인물로서 제외하면 내가권의 제1대는 왕종(王宗)이다. 이른바 태극권의 달인 왕종악(王宗岳)과 겨우 한 글자 차이이다. 이것도 또한 태극권 문파로서 형편 좋은 재료이다. 그러나 왕종과 왕종악이 동일 인물이었을 가능성은 전혀 있을 수 없다. 왜냐하면 왕종악(王宗岳)은 청대(淸代) 건륭(乾隆) 연간(1736~1795)의 사람이며, 왕종(王宗)은 명대(明代) 가정(嘉靖) 원년(1522~1566) 이전의 사람이라는 것이 확실하기 때문이다. 시대적으로 이백년 이상의 시대차가 있다. 또한 왕종은 합서성(陝西省)의 사람이며, 반면 왕종악은 산서성(山西省)의 사람이다. 지역도 시대도 전혀 다르다.

왕정남(王征南)의 생몰년에 대해 황종희(黃宗羲)는 묘지명에「모년(某年) 정사(丁巳) 삼월 오일에 태어나 모년(某年) 기유(己酉) 이월 구일에 사망하였다. 나이 53」으로 기록하였다.16) 이 생몰년은 1617년~1669년을 의미한다. 청조(淸朝) 지배하에서 연호를 명기하는 것을 피하여 억지로「모년(某年)」으로 기록한 것이다. 지금 다시 연표를 읽으면 왕정남이 태어난 1617년에는「만력(萬曆) 45년과 후금 천명 2년」이 병기되어 있다. 후금이 국호를 청으로 바꾼 것은 이로

---

16) 唐豪 著, 少林武當攷, 民國 19年(1930).

부터 19년 후의 일이며, 영명왕(永明王)이 운남(雲南)에서 살해되어 명이 완전히 멸망한 것은 1662년이다. 왕정남은 이 때 이미 45세였다. 사망한 연도 1669년은 명의 멸망 후 7년, 청(淸)의 강희(康熙) 8년에 해당한다. 왕정남은 생애의 대부분을 명(明)의 멸망기에 보낸 무술가였다.

왕정남(王征南)의 본명은 내함(來咸)이며, 정남(征南)은 그 호이다. 권법 외 활(弓)을 좋아하고 궁술의 솜씨로 군직을 얻고 임산(林山)의 파총(把總: 千總에 이은 무관)이 되었다. 명군(明軍) 패퇴 후 청조에 봉사하는 것을 깨끗하게 거절하고, 은거하여 농지를 개간하고 빈궁하더라도 자기의 의지를 관철하였다. 묘지명(墓誌銘)에는 전문에 의한 2, 3개의 무술적 에피소드가 전해지지만 황종희(黃宗羲)는 그러한 무술면보다도 명조에 대한 그의 충절을 생애(生涯)에 관철한 왕정남의 정신에서 동지적 공명을 느꼈다.

황종희(黃宗羲)는 묘지명의 마지막을 다음과 같은 명문으로 끝맺었다.
> 기술이 있는 것 이와 같으며 하나로서 쓰지 않는다. 또한 마침내 기술을 팔지 않음에 그 의지를 슬퍼해야 한다. 물은 얕고 산은 오래되고, 이 호분(弧墳) 누군가 유지하지 못한다. 이 명장(銘章)을 보는 자 간절히 바란다면 생각이 없을 것인가.

이 결문(結文)을 억지로 의역하면 "이와 같은 뛰어난 무술을 가지고 있으면서 결국은 명조(明朝) 흥륭(興隆)을 위해 도움이 되지 못하였다. 그렇지만 패한 후에도 일생 그 기술을 팔아서 입신출세하지 않았다. 그 뜻과 슬픔을 알아야 한다. 강물도 언젠가는 마르고 산조차도 노쇠할 때가 있다. 이 호분(弧墳: 묘지)을 언제까지 누가 지켜 줄 것인가? 만일 이 명문이 눈에 들어오면 원컨대 그 뒤에 숨겨진 우리의 깊은 뜻을 살피자"고 호소하고 있다.

황종희(黃宗羲)의 아들 황백가(黃百家)는 소년시절 왕정남을 동경하여 그의 문을 두드렸다. 왕정남은 원래 무분별하게 기술을 사람에게 보이지 않았다. 특히 다음과 같은 다섯 종류의 인간, 즉 '마음이 험악한 자, 싸움을 좋아하는 자, 술에 미친 자, 가볍게 기술을 보이는 자, 허약지둔한 자'에게는 기술을 전수하지 말아야 한다는 방침을 가지고 있었다. 운좋게 황백가는 왕정남의 허락을 얻고 겨우 단 한 사람의 제자가 되었다. 정남의 거실이 좁았기 때문에 그 집 가까운 곳의 철불사(鐵佛寺)에서 수행하게 되었다.

> 선생과 연습한 후, 우리들은 자주 탁주 여러 잔을 기울이고 산책을 즐겼다. 산마루에 달이 뜰 무렵 시냇물 소리를 들으면서 선생은 옛날을 말하고 지금을 논하여 때로는 격렬하게 세상의 불의를 비판하였다. 내가 도창검극(刀槍劍戟)의 법에도 흥미를 가지자 선생은 이렇게 말하였다.
> "권법조차 가능하다면 그 외는 거의 어렵지 않다. 여기를 이렇게 하면 창(槍)이 되고, 여기를 이렇게 하면 검극(劍戟)의 법이 되는 것이다."
> 선생은 병사의 훈련, 진루(陳壘)의 규모 등에 이르기까지 조금도 아낌없이 나에게 가르쳐 주었다. "지금까지 전해야 할 자가 없었지만 지금은 모든 것을 그대에게 전한다"고 선생은 말하였다.[17]

그러나 부친 황종희는 백가(百家)가 너무 무술에 열중하여 학문을 등한시하는 것을 두려워했다. 황백가 스스로도 집의 어려움을 보기 힘들고, 또한 태평스러운 세상에 무술이 얼마만큼 도움이 되는지, 장래 처신방법에 불안을 느꼈다. 결국 황백가는 권법수련에서 멀어지고 학문에 몰두하였다. 어느 때 왕정남이 성 안에 가는 김에 황백가의 서재로 방문하여 친히 내가권의 진수를 말하고, 또는 무술가로서의 마음가짐을 설명하였다.

예를 들면 선생은 이렇게 말하였다.
> "권법은 기술의 많음이 중요하지 않다. 성숙해지는 것이 중요하다. 기술을 연마하여 성숙된다면 이를테면 육로(六路)의 기본형도 많은 수의 용법이 생긴다. 먼저 그 가운데 기술이 음양(陰陽)으로 나누어져 18법(十八法)이 되고, 다시 49수로 변화하는 것이다" 혹은 "권법은 교화퇴(絞花槌: 초록빛 꽃방망이)와 같고 좌우·중·전후 모두 골고루 미쳐야 하며, 한 면만 구애되어서는 안 된다"고 말하며, 또한 다음과 같이 말하였다.

---

17) 黃百家 著『內家拳法』, 東京大學 東洋文化硏究所藏, 昭代叢書(別集所取)

"권법은 넓음보다 간단함에 귀착한다. 72질(七十二跌: 즉 장권:長拳, 곤작:滾斫, 분심십자:分心十字 등의 각종 타법)에서, 35장(三十五掌, 즉 작:斫, 삭:削, 과:科, 개:磕, 고:靠) 등, 그리고 18법(十八法: 즉 육로의 18법)에 이른다. 18법에서 12법은 '도(倒), 환(換), 차(搓), 나(挪), 곤(滾), 탈(脫), 견(牽), 관(綰), 궤(跪), 좌(坐), 과(摳), 나(拿)'로 12에서 모두가 마음을 간직해야 하는 5자(五字: 즉 경:敬, 긴:緊, 경:徑, 경:勁, 절:切)로 귀착하는 것이다."[18]

왕정남의 기대에도 불구하고 더 이상 황백가(黃百家)의 가슴에 무술에 대한 흥미는 솟아나지 않았다. 그리고 왕정남도 어려운 가운데 병을 얻어 옛날의 모습은 잃어가고 있었다. 왕정남의 사후, 황백가는 지난 일을 뒤돌아보며 스승에 대한 추모의 마음을 실어 후세에 왕정남의 가르침을 전해야 한다며 『내가권법』을 저술하였다.

3) 내가권의 실기

황백가『내가권법(內家拳法)』에 의하여 내가권(內家拳)의 기법체계와 왕정남의 무술관 및 왕정남이 어떠한 술기(術技)를 전문으로 하였는가를 우리들은 오늘날에도 충분히 엿볼 수 있다. 과연 내가권은 태극권(太極拳)의 원류로 할 정도의 공통성을 가지고 있는 것일까?『내가권법』에 의해 구체적으로 검토한다. 먼저 내가권에는 수법(手法) 35, 보법(步法) 18이 있다. 조목별로 열거하면 각각 다음과 같다.

가) 수법(手法)
(1)작(斫) (2)삭(削) (3)과(科) (4)개(磕) (5)고(靠) (6)로(擄) (7)핍(逼) (8)말(抹) (9)삼(芟) (10)고(敲) (11)요(搖) (12)파(擺) (13)살(撒) (14)렴(鐮) (15)효(攪) (16)두(兜) (17)탑(搭) (18)전(剪) (19)분(分) (20)도(挑) (21)관(綰) (22)충(衝)

---
18) 黃百家 著『內家拳法』, 東京大學 東洋文化硏究所藏, 昭代叢書(別集所取)

(23)구(鉤)　(24)륵(勒)　(25)요(耀)　(26)태(兌)　(27)환(換)　(28)념(拈)　(29)기(起) (30)도(倒)　(31)압(壓)　(32)발(發)　(33)삽(揷)　(34)삭(削)　(35)조(釣)

나) 보법(步法)

(1)척보(甃步) (2)후척보(後甃步) (3)년보(碾步) (4)충보(沖步) (5)살보(撒步) (6)곡보(曲步) (7)답보(躐步) (8)렴보(斂步) (9)좌마보(坐馬步) (10)조마보(釣馬步) (11)연지보(連枝步) (12)선인보(仙人步) (13)분신보(分身步) (14)번신보(翻身步) (15)추보(追步) (16)핍보(逼步) (17)사보(斜步) (18)교화보(絞花步)

이러한 수법(手法)과 보법(步法)을 합친「응적타법(應敵打法)」으로서 다음의 기법명이 열거되어 있다.

다) 기법(技法)

(1) 장권(長拳) (2) 곤작(滾斫) (3) 분심십자(分心十字) (4) 파주핍문(擺肘逼門) (5) 영풍철선(迎風鐵扇) (6) 기물투선(棄物投先) (7) 추주포음(推肘捕陰) (8) 만심저늑(彎心杵肋) (9) 순자투정(舜子投井) (10) 전완점절(剪腕点節) (11) 홍하관일(紅霞貫日) (12) 오운엄월(烏雲掩月) (13) 원후헌과(猿猴獻果) (14) 관주리고(綰肘裏靠) (15) 선인소장(仙人昭掌) (16) 만궁대보(彎弓大步) (17) 태환포월(兌換抱月) 18) 좌우양편(左右揚鞭) (19) 철문산(鐵門閂) (20) 유천어(柳穿魚) (21) 만두동(滿肚疼) (22) 연지전(連枝剪) (23) 일제금(一提金) (24) 쌍가필(雙架筆) (25) 금강질(金剛跌) (26) 쌍추창(雙推窓) (27) 순견양(順牽羊) (28) 난추마(亂抽麻) (29) 연태시(燕抬腮) (30) 호포두(虎抱頭) (31) 사파요(四把腰)

라) 투로(套路)

내가권의 투로형(套路型)은「육로(六路)」와「십단금(十段錦)」의 두 종류뿐이다.「육로」는 손과 발을 단단하게 죄어 연출하고,「십단금」은 손과 발을 개전시켜서 연출한다. 황백가는 가결(歌訣)과 함께 동작 요령에 대해 상세하게 주기(注記)를 달았다. 이것으로 즉시 이 투로(套路)를 복원하는 것은 어렵지만, 적어도 내가권이 어떠한 권법이었던가, 그 움직임의 특징을 이해하는 것은 가능하다. 그래서 여기서는「가결」과「주기」를 최대한 원문에 충실하게 번역해본다.

(1) 육로(六路)

① 「우신통비최위고(祐神通臂最爲高)」: 신(神)이 팔뚝을 도와 가장 높이 행한다. 통비는 장권(長拳=주먹을 바로 뻗음)이다. 우수(右手)는 먼저 장권을 음출(陰出)한다. 좌수(左手)는 젖가슴 옆에 댄다. 합쳐서 4장권(四長拳: 주먹을 4번 길게 뻗음)이다. 발은 연지보(連枝步)로 장권에 따르고, 약간 밀치는 발로 좌우로 이동한다. 장권(長拳)은 모두 손등을 곧게 해야 한다. 권(拳: 주먹)이 안으로 혹은 밖으로 향하는 것은 잘못으로 이것을 착권(戳拳)이라고 한다.

② 「두문탐쇄전영호(斗門探鎖轉英豪)」: 두문은 깊이 폐쇄하면 영호(英豪: 영웅호걸)를 바꾼다. 좌측 어깨를 아래로 내리고 주먹은 정면을 향하여 위로 친다. 우수(右手)는 수평으로 굽혀서 밖으로 향하여 양권(두 주먹)을 대면시킨 형이 두문(斗門)이다. 우측 발의 발뒤꿈치를 들고 앞으로 비스듬히 기울여서 좌측 발의 뒤꿈치 뒤로 붙이는 것을 연지보(連枝步)라고 한다. 우수(右手)는 두 손가락으로 좌권 옆에서 구진(鉤進: 끌면서 나아감)하고, 또한 구출(鉤出: 끌면서 내보냄)하는데 이것을 난추마(亂抽麻)라고 한다. 우측 발도 또한 우수를 따라서 좌측 발 앞으로 구진·구출하고, 작게 답보(蹋步: 밟는 걸음)가 되어 연지보(連枝步)로 돌아간다.

③ 「선인입기조천세(仙人立起朝天勢)」: 선인이 일어나서 조천세(朝天勢)를 취한다. 좌수(左手)의 장권을 우측 귀 뒤로 가져가 좌측 앞 아래로 내리친다. 이어서 젖가슴 옆에 댄다. 좌측 발은 좌측으로 끄는 발, 우수(右手)는 좌측 귀 뒤로 가져가 우측 앞 아래로 내리친다. 구기(鉤起: 끌면서 일으킴)하여 좌권(左拳) 등에 놓는다. 우권(右拳)은 비틀어서 정면 코 앞에 둔다. 조천세(朝天勢: 검을 머리 위로 올려 두 손으로 잡은 자세)와 비슷하다. 우측 발뒤꿈치를 물리고 정면에서 밖으로 향해 옆으로 차고, 좌측 발 앞에 붙이고 정(丁)자와 같이 한다. 이것이 선인보(仙人步)이다. 모든 서있는 발은 허리를 낮추어야 한다. 몸을 직

립시키는 것은 잘못된 자세이다.

④ 「살출포월부상요(撒出抱月不相饒)」: 살출(撒出)하여 포월(抱月)하면 서로 허용 않는다. 우측 발을 우측에서 뒤로 크게 살보(撒步)한다. 그것과 함께 좌측 발을 우측으로 바꾸면 좌마보(坐馬步)가 된다. 양권을 음(陰: 손바닥 아래, 손등 위)으로 하고 수평으로 서로 마주보게 하는데 이것이 포월(抱月)이다. 다시 앞손(前手)을 비비고 두문(斗門)으로 돌아가고 발은 연지보(連枝步)로 돌아간다. 마찬가지로 4장권(四長拳)이다. 좌우의 주먹을 거두고 강하게 가슴 앞으로 교차한다. 손을 양면으로 우(右)가 밖, 좌(左)가 안, 양발목의 힘줄 좌우에 붙인다.

⑤ 「양편좌우인난급(楊鞭左右人難及)」: 양편, 곧 좌우로 휘두른다면 사람이 접근하기 어렵다. 발을 비비(문지르)고 뒤로 바꾼다. 우측 발이 앞, 좌측 발은 뒤로 한다. 우측 발을 전진시키고 추보(追步)로 한다. 우수는 양에서 음으로 발한다. 어깨는 똑바로 팔꿈치를 수평으로 굽히고 앞으로 해서 가로로 놓는다. 각척(角尺: ㄱ자 모양으로 굽은 자)과 같은 형이 된다. 좌수를 뒤로 당기고 옆구리에 댄다. 거두거나 아니거두거나 면을 바꾸어서, 좌수를 양에서 음으로 발한다. 좌측 발을 전진시키는 것은 위와 같다.

⑥ 「살추충로양시요(煞鎚衝擄兩翅搖)」: 살추·충로·양날개(손: 兩翅)를 흔든다. 살추(煞鎚)는 좌수를 음(陰)으로 해서 수평에 옆으로 굽히고, 우수를 후방으로 포함하여 좌장(左掌: 왼손바닥)에 이른다. 우측 발은 우측 손에 따라서 같이 나아가고, 좌측 발의 뒤에 이른다.

충로(衝路)는 뒤로 몸을 뒤집으면서 우수로 바로 친다. 우측 발은 그것에 따라서 뒤로 옮긴다. 좌측 발을 들고 좌측 주먹으로 아래 쪽을 찌르고, 좌측 무릎 위에 붙여서 조마보(釣馬步)로 한다. 이것은 오로지 소림파의 「누지알금전(摟地挖金磚)」(땅을 잡고 금 벽돌을 우벼낸다) 등의 기술을 파괴하는 법이다. 우측 손은 좌측 발꿈치 힘줄을 잡고, 좌측 손을 우측 손의 내측에서 세로로 일으켜 세운다. 좌측 발 앞으로 나아가 핍보(逼步)가 된다. 우측발도 그것에 따라서 전진시킨 후 연지보(連枝步)로 되돌아간다.

양손은 두문(斗門: 양 주먹을 마주 보게 한 형)으로 되돌아가, 양손을 요동시킨다. 양발은 우측으로 끌고 좌마보(坐馬步: 좌기마식)가 되고, 양 주먹을 수평의 음으로 하여 가슴에 붙인다. 먼저 우측 손을 똑바로 수평으로 열고 또한 가슴으로 받는다. 좌측 손도 같이 실시한다.

(2) 십단금(十段錦)

① 「입기좌산호세(立起座山虎勢)」: 일어나고 앉는 산 호랑이의 기세(座山虎勢)는 두문(斗門)으로 형이 일어난다고 한다. 연지(連枝)의 발은 우측으로 끌어서 좌마(坐馬)가 되고, 두 주먹을 음(陰)으로 하여 수평으로 가슴에 붙인다.

② 「회신급보삼추(廻身急步三追)」: 몸을 돌려서 급히 삼추보한다. 우측 손을 벌려 전신(轉身)하고, 좌측 손 장권(長拳)을 내는 것은 육로(六路)와 같다. 다만 육로(六路)에는 연지보를 이용한다. 차족(搓足: 휘둘러차는 발)으로 방각(方角)을 바꾸었을 때도 역시 우측발이 앞에서 연지보(連枝步)로 한다. 여기서는 진퇴에 염보(斂步)를 이용한다. 기술을 반복하여 삼진(三進)한다.

③ 「가기쌍도염보(架起雙刀斂步)」: 양수를 앞으로 평행하게 올려서 쌍도처럼 자세를 취하고, 서서 염보자세가 된다. 좌측 어깨를 밑으로 내리고, 주먹은 똑바로 세워서 앞을 향한다. 우측 손은 수평으로 굽혀서 밖으로 향하고, 좌측 발을 내측으로 비비고 양발은 강하게 하는 것을 염보(斂步)라 한다.

④ 「곤작진퇴삼회(滾斫進退三廻)」: 곤작하여 진퇴를 삼회한다. 앞 손(방어하는 손)을 밑으로 감추고, 뒤 손으로 작(斫: 쪼갬·찍음)하여 나아간다. 마찬가지로 삼진하고 삼퇴한다. 모든 작법(斫法)에서 상단은 원(圓)으로, 중단은 직(直)으로, 하단은 역시 원(圓)으로 부월(斧鉞: 도끼)과 같다.

⑤ 「분신십자급삼추(分身十字急三追)」: 분신십자하여 급히 세 번 거듭한다.

양손을 가슴에 붙인다. 좌측 손으로 벌리고 좌측 발을 좌측 손에 따라서 나아가고, 우측 손으로 장권(長拳)을 낸다. 삼권(三拳)을 순환시킨다. 우측 손을 가슴에 붙인다. 우측 손으로 벌리고 좌측 발로 전면(轉面: 얼굴쪽으로 돌림)하여, 좌측 손으로 장권을 낸다. 또한 삼권(三拳)을 순환시킨다.

⑥ 「가도작귀영채(架刀斫歸營寨)」: 가도(架刀)를 작(斫)하여 영채(營寨)로 돌아간다. 우측 손은 다시 좌측 손의 안에 교차한다. 작법(斫法)은 전과 같은 곤작(滾斫)의 기술이다. 다만 전면(轉面)해서 3작(三斫)한다. 우측 손을 이용하여 전신(轉身: 몸 이동)한다.

⑦ 「유권년보세여초(紐拳碾步勢如初)」: 권(拳)을 묶고 년보(碾步)하면 세(勢)는 처음과 같다. 권(拳)은 밑으로 내려뜨리고, 좌측 손을 약간 내고, 우측 손은 아래에서 내어 위로 나아간다. 함께 음면(陰面: 손등이 위로)이다. 좌측 발은 좌측 손에 따르고, 우측 발은 우측 손에 따라서 차족(搓足: 휘둘러 차는 발)으로 옮긴다. 전면(轉面)하지 않고 권(拳)을 두 번 묶는다.

⑧ 「곤작퇴귀원로(滾斫退歸原路)」: 곤작(滾斫)하여 원로(原路)를 퇴귀한다. 좌측 손으로 몸을 뒤집어서 삼작(三斫: 3번 찍음)하여 퇴보해 돌아간다.

⑨ 「입보도수전진(入步韜隨前進)」: 걸음을 떼어 돌며 따라서 전진한다. 좌측 손을 수평으로 가슴에 붙인다. 평직(平直)으로 조금 벌린다. 우측 손으로 주먹을 덮고 위에 감싸고, 좌측 손목에 멈춘다. 좌측 발은 좌측 손에 따라서 들어간다. 염보(斂步)로 몸을 뒤집는다. 우측 손도 또한 수평으로 가슴에 붙이고 같은 모양으로 한다.

⑩ 「곤작귀초비보(滾斫歸初飛步)」: 곤작(滾斫)하여 처음으로 돌아가는 비보(飛步)와 같다. 우측 손으로 작(斫)한 후 우측 발을 차는 발(搓足)로 옮긴다.

⑪ 「금계독립긴반궁(金鷄獨立緊攀弓)」: 한발서기 자세인 금계독립하여 견고

히 활을 휘어 당긴다. 우측 손으로 다시 작(斫: 쪼갬)하고 우측 발로 휘둘러 차고 바꾼다. 좌측 주먹을 위에부터 아래로 민다. 좌측 발은 조마보(釣馬步)로 반보 나아간다. 우측 발을 따라서 연지보(連枝步)로 돌아간다. 즉 육로(六路)의 충권조마보(衝拳釣馬步)이다.

⑫「좌마사평양고(坐馬四平兩顧)」: 사평(四平)으로 좌마(坐馬)하고 양고(兩顧)해야 한다. 즉 육로(六路)의 양시요파(兩翅搖擺)이다. 두문(斗門)으로 돌이킨다. 좌마(坐馬)하여 요파(搖擺)한다(양손을 흔든다).

※ 내가권의 실기해설

수법(手法)·보법(步法) 등의 기본기(基本技), 이들을 조합한 대적기법(對敵技法), 또한 그 기법을 단련하기 위한「육로(六路)」·「십단금(十段錦)」이라는 두 개의 연습용 투로(套路: 型) 등에서 판단하면 내가권의 특징으로서 다음과 같은 점을 들 수 있다.

먼저 기법은 손기술이 중심이다. 35개의 수법(手法)이 있으며, 18개의 보법(步法)이 있음에도 불구하고, 차기 등의 발기술은 하나도 없다. 다음에 움직임은 긴밀하여 듬이 좁나는 것이나. 또한 투도(형)는 매우 소박하다. 다채로운 차기기술을 가지고 음악에 맞추어서 무용처럼 실시하는 현재의 태극권과는 전혀 대조적이다. 그리고 뜻밖인 것은 이러한 내가권의 특징은 현대의 이른바 남파소림권(南派少林拳)의 기본적 성격과 공통된다.

중국권법(中國拳法)은 일반적으로 내가권(內家拳)과 외가권(外家拳)으로 분류된다. 내가권의 전형이 태극권(太極拳)이며, 외가권의 전형이 소림권(少林拳)이다. 소림권은 다시 양자강(楊子江)을 중심으로 남북으로 나누어져, 북파(北派)는 손과 발을 다채(多彩)롭게 전개하고, 남파(南派)는 손기술을 중후(重厚)하게 이용하는 것에 특색이 있다.

따라서 태극권(太極拳)과 남파소림권(南派少林拳)은 권법의 성격에서 보면 가장 인연(因緣)이 먼 대조적인 유파일 뿐이다. 그렇지만 내가권이 유파권법(柔派拳法)이라던가 태극권과 밀접한 관계가 있다는 등, 현대에는 더 이상 정설화한 견해를 일단 배제하고 황종희(黃宗義)의 『왕정남묘지명(王征南墓誌銘)』, 황백가(黃百家)의 『내가권법(內家拳法)』이라는 내가권을 직접 언급하는 1차사료에 의해서, 다시 실재의 내가권을 객관적으로 분석한다면, 내가권은 오히려 남파권술의 특성을 갖춘 단타계통(短打系統)이라고 결론을 내릴 수 있다.

내가권(內家拳)은 진주동(陳州同)이 합서성(陝西省: 산시성)의 왕종(王宗)에게 배워서 고향의 온주(溫州)에 가져갔다고 한다. 합서성은 물론 「북파(北派)」에 속한다. 그러나 온주는 절강성(浙江省)의 연안지대에 위치하고 복건성(福建省)에 인접해 있다. 복건성(福建省)은 물론 광동성(廣東省)과 더불어 많은 남파소림권(南派少林拳)의 실기와 전설을 만든 남파권술(南派拳術)의 양대 온상지(溫床地)이다. 복건성은 또한 고주류(剛柔流)·우에치류(上地流, 우에치 칸분: 上地完英이 중국에서 체류하여 배운 복건무술형) 등 남파소림계를 모체로 하여 성립한 일본공수도(日本空手道)와 모든 유파의 원류지이기도 하다.

내가권은 온주(溫州)에서 사명(四明)으로 전해졌다. 왕정남은 사명의 2대 단사남(單思南)에게 교전(教傳)을 전수하였다. 이 사명(四明)은 절강성의 영파(寧波)와 소흥(紹興: 항저우만의 도시)의 경계에 있다. 왕정남은 「봉화(奉化)에서 은(鄞)으로 이주한 사람이다」[19] 봉화(奉化)·은(鄞)은 현재의 영파시(寧波市) 남쪽에 소재하는 지역이다. 왕정남은 임산(臨山)에서 파총(把總: 무관직명)이 되었으나 이 지역도 또한 영파에 현존한다.

요컨대 내가권이 실제로 유전(流傳)된 온주(溫州)·영파(寧波)는 상하이(上海)와 복건성에 끼인 절강성의 연안지대이며, 애초에 지리적으로는 남파권술의 영역 내에 있었다. 또한 역사적으로 보더라도 온주에는 상무(尙武)의 정신을 기르고, 실전적인 무술을 발전시킬 만한 사적(史的) 조건이 있었다.

예를 들면 절강성(浙江省) 항주대학(杭州大學)·계건성(季建成)「온주남권(溫州南拳)」[20]에 따르면, 「온주남권(溫州南拳)」은 절강성의 남파권술의 중요한 구성부분이다. 역사적·지리적 요건에 의해 온주(溫州) 일대는 옛날부터 무(武)를 배우고 몸을 단련하는 기풍이 왕성하였다. 소박한 모습으로 풍부한 내용을 감

---

19) 黃宗羲 著 『王征南墓誌銘』, 南雷文定 前集卷之八所 所藏
20) 雜誌 中華武術, 1986년 6号

춘 독특한 특징이 오늘날에 이르기까지 전해지고 있다.

또한 이 문서(文書)에 따르면 동도(銅刀)·동검(銅劍) 등의 출토상황에서 보아 온주(溫州) 일대의 무술활동은 기원전의 전국시대(戰國時代)에까지 거슬러 올라갈 수 있다. 그 이후의 역사적 발전단계에 대하여 동문서(同文書)는 4단계를 지적하고 있다.

요약하면 먼저 제1단계로서 남송시대(南宋時代)의 정치·경제·문화의 남천(南遷)과 함께 무술도 보급되었다. 이어서 제2단계로서 원말명초(元末明初)의 이민족의 통치에 반대하는 유지(有志)가 절남(浙南)에 결집, 「명교(明敎: 大雲光明敎: 마니교)」를 조직하고 무술을 전수하였다. 「명교」의 제당(齊堂)은 온주 일대에만 40여 곳이 있었다.

더욱이 제3단계로서 명(明)의 홍무(洪武)연간 「남만(南蠻)」으로 불린 온주(溫州) 산악지대의 주민은 각지에서 종종 격렬한 폭동을 일으켰다. 엄격한 지리적 환경과 더불어 사회적인 격동이 이 지역 인민에게 상무구생(尙武求生: 생을 지키기 위해 무예를 숭상함)의 욕망을 강하게 하고, 지금도 "남아로서 무술을 배우지 않는 자는 호한(好漢: 의협심이 강한 사나이)에 없다"로 할 정도의 호전적인 기풍을 이 지역 인민에게 싹트게 하였다. 명조(明朝) 300년간은 또한 이 부근 일대, 왜구의 침략에 의해 고통을 받은 것이 도리어 무술의 발전을 재촉하게 되었다. "생사를 건 전쟁소용돌이에 의해서 온주의 무예기술은 화려함이 없는 소박하고 실용적인 것이 되었다."

그리고 제4단계로서 청조(淸朝) 중기(中期)에는 반청(反淸)조직 삼합회(三合會)의 일부가 복건성(福建省)에서 온주(溫州)·평양(平陽) 일대로 흘러들어 무술 전수의 명목 하에 세력을 구축하였다. 그 결과 "이 지역의 기법은 남파소림계와의 결합을 강하게 하여 오늘날 온주에서 가장 유전(流傳)하는 호문권법(虎門拳法)·강유문권법(剛柔門拳法)·오계문권법(五鷄門拳法)·학형문권법(鶴形門拳法)에 그 일반을 엿볼 수 있다"고 한다.

황백가(黃百家)의 「내가권법」에는 용어·기법도 신체부위의 명칭으로 남방적 표현이 짙게 나타난다. 이를테면 「작(斫)」과 「쟁(睜)」이 그 가장 좋은 예이다. 「쟁(睜)」은 북파권에서는 용례가 보이지 않는다. 반면 남파권술에는 오늘에도 유파를 넘어서 일반에게 통용되는 용어이며, 주관절(肘關節)을 포함한 중완부(中脘部)의 「팔」을 의미한다.

① 「쟁(踭)」의 글자는 「쟁(爭)」에 신체의 부분을 의미하는 「월(月)」을 배합하여 합성한 것이다. '싸운다'에는 '힘으로 대항한다'의 의미가 있다. 여기에서 '힘을 주어 버틴다'는 의미가 되고, 다시 몸을 지탱하여 버티는 팔꿈치 부분을 나타내기 위하여 「쟁(踭)」의 글자가 만들어진 것이다. 다만 권위있는 『대한화사전(大漢和辭典)』에 따르면 고대 음운서 『집운(集韻)』을 근거로 하여 「쟁(踭)」은 다음과 같이 발근육(足筋肉)으로서 정의되어 있다.

「쟁(踭)」은 「족근근야(足跟筋也)」: 쟁은 발뒤꿈치의 근육(힘줄)이다.

쟁(踭)은 「팔·발」의 「뒤꿈치」 부위이지만, 남파권술의 「쟁(踭)」에 필자가 해석하듯이 '버티다'의 뜻이 포함되어 있다고 한다면, '족근근야'로 하는 「집운(集韻)」의 풀이와는 공통점이 있다. 그러나 어쨌든 동 자전(字典)이 전거(典據)로 한 「집운(集韻)」은 10세기에 편집된 서책이며, 현대의 일반적인 중국어 사전에는 더 이상 「쟁(踭)」의 글자는 거의 보이지 않는다.

② 「작(斫)」은 십단금(十段錦)의 제4로 「곤작진퇴삼회(滾斫進退三回)」의 원주(原註)에서 황백가(黃百家) 스스로 「모든 작법에서 상단은 원(圓)으로, 중단은 직(直)으로, 하단은 역시 원(圓)으로 부월(斧鉞)과 같이 이용한다」고 설명했듯이 수도(手刀)로 격렬하게 자르도록 치는 기술이다. '자르는·베는 손' 등으로 번역할 수 있다. 덧붙여 『대한화사전(大漢和辭典)』에는 다음과 같이 해석하고 있다.

"작(斫)은 '치다, 쏘다, 자르다'이다."

「작수(斫手)」는 권법의 수법 한 가지이다. 양손의 손가락을 뻗고 손바닥을 벌려 펴고, 좌측 손은 뒤로 우측 손은 밑을 향하여 치는 방법이다.

「작(斫)」은 내가권의 가장 대표적인 기법이다. 수법(手法) 35의 첫째로 들고 있는 투로(套路) 중에서도 중심적 기법이다. 그것은 왕정남이 가장 잘하는 기법이었다. 황백가(黃百家)의 「내가권법(內家拳法)」은 왕정남의 추억을 말하는 가운데 이것에 대하여 다음과 같이 언급하였다.

선생의 기법 중에서 범기(凡技)를 엄청나게 초월한 것에 반작(盤斫)이 있었다. 작(斫)은 권법가가 가장 중요시하는 기법이다. 작(斫)에는 4가지 종류가 있다. 곤작(滾斫)·유엽작(柳葉斫)·십자작(十字斫)·뇌공작(雷公斫)이다. 선생에게는 이 외에 반작(盤斫)이 있었다. 그것은 작(斫)을 가지고 작(斫)을 파하는 기술이었다. 반작(盤斫)은 선생이 오랫동안 숙련한 후에 활연히 깨달은 독창적 기법이다.

"작(斫)으로서 작(斫)을 파한다"는 상대의 공격을 손으로 받으면서 그대로 돌진하여 반격으로 바꾸는 기법이다. 반작의 「반(盤)」에는 "원형으로 힘을 짜내어 받고 공격한다"의 뜻이 포함되어 있는 것은 아닐까. 이러한 공격 일체의 기법도 실은 남파소림권에 특징적으로 나타나는 기술이며, 이것을 일반적으로 남파에서는 「연소대타(連消帶打)」라고 한다. "소(消: 받다)와 타(打: 치다)를 연대시킨다"의 뜻이다. 일반 무술에서 말하는 「공방일체(攻防一体)」에 상당한다.

「작(斫)」도 또한 무술기법 명칭으로서는 태극권은 원래 그 외 북파(北波)의 주요 유파에 거의 용례가 나타나지 않는 용어이다. 현대의 남파(南派) 권술에서도 일반적이라 할 수 없다. 그러나 청말(淸末)부터 민국(民國) 초기(初期)에 걸쳐서 유포된 남파 소림계의 권법서『소림권술비결(少林拳術秘訣)』(1915)에는 주요기법의 하나로서 종종 들고 있다. 다음「통행재수법(通行裁手法)」에서 보면 장(章)의 모두(冒頭)에「이 하나 도수(挑手)·작수(斫手)·난수(攔手)·절수(切手)"로서 다음과 같이 해설하고 있다.

> 도(跳: 挑)는 적의 손을 위로 튀겨 올리는 것이다. 작(斫)은 기세에 따라서 밑으로 쳐내는 것이다. 난(攔)은 적의 손과 물건(무기)을 뿌리치는 것이다(原注: 횡수:橫手이다). 절(切)은 기회를 보아서 수직으로 내려치는 것이다(原注: 격수(格手)이다). 이들은 천(川)·검(黔)·상(湘)·초(楚)에 걸쳐 공통의 공격수법이다.

천·검·상·초(川·黔·湘·楚)는 각각 현대의 사천(四川)·귀주(貴州)·호남(湖南)·호북(湖北)에 해당한다. 양자강(楊子江) 유역의 모든 성이며, 남파권술로서 전형적인 복건(福建)·광동(廣東) 두 성(省)과 북파권술을 대표하는 산동(山東)·하남(河南) 두 성(省) 및 합서성(陝西省)과의 중간지대에 해당하지만 남파계 색채가 강한 지역이다.

『소림권술비결(少林拳術秘訣)』의「기격입수법(技擊入手法)」에도 작(斫)에 대하여 다음과 같은 해설이 있다.

「작도수(斫挑手)」— 칼(刀)로 물건을 작절(斫切: 절단)하듯이 손을 이용하기 때문에 절수(切手)라고도 한다. 이 수(手)에는 쌍작(雙斫)과 단작(單斫)이 있다. 단작(單斫)은 한손으로 쳐들면서 또 한 쪽 손으로 적의 옆구리 및 맥근(脈根: 혈맥), 이부(耳部), 또는 하퇴(下腿)를 작격(斫擊)하는 것이다. 쌍작(雙斫)은 양손을 장단(長短)으로 동시에 내며, 도(挑)를 묶고 작(斫)을 묶는 법이며, 기민하여 더할 나위 없는 기법이다. 이 수(手)의 조법(操法)은 전수(剪手: 가위손)와는 약간 다르며「절수(切手)」라고 불리지만, 손을 낼 때는 전체적으로 몸을 옆으로 반신이 되며, 손바닥의 손가락을 나란히 경사지게 자르는 것이야말로 비로소 힘을 발휘할 수 있다.

당호(唐豪)는 "북방인은 권(拳)을 추(鎚)라고 한다. 최근에는 추(搥)라고 적는다. 내가권의 제육로(第六路)에 살추(煞鎚)의 단어가 있지만, 이것은 모두 북방의 방언이며, 남방인은 사용하지 않는다. 따라서 언어학적 견지에서 보면 내가권은 분명히 북방권법이다"[21]라 단정하고 있지만, 이것은 상술의 근거에서 적절한 견해라고는 인정할 수 없다. 하물며「추(鎚)」는 남파에서도 사용하고 있는 단어이다.

내가권(內家拳)은 태극권(太極拳)과는 발생적으로 전혀 관계가 없는 유파이며, 기법적으로도 상반하는 부분이 많은 대조적인 권법이었다. 기법적·지리적 요소를 합쳐서 생각하면 내가권은 남파권술에 속한다고 거의 단정할 수 있다. 그러나 인접한 복건성에 나타나는 남파권술의 전형(典型)인 이른바「남파소림권(南派少林拳)」이라고 단정하기에는 아직 두세 가지의 문제점이 남아있다.

---

21) 唐豪 著『內家拳的 硏究(1935)』, 香港·麒麟図書公司 復刻, 1969.

예를 들면 내가권은 남파소림권과 많은 공통항을 가지면서「쌍수제출(雙手齊出)」이라는 기법상의 중요한 문제에 대하여 상반하는 생각을 가지고 있었다. 「쌍수제출」은 '양수(兩手)를 동시에 낸다는' 뜻이다. 수기(手技)가 장기(長技)인 남파소림권은 종종 양손으로 동시에 공격하거나, 또는 한 손으로 받으며 한 손으로 공격하는 등 모두 양손을 동시에 사용하는 기술을 장기로 한다. 남파소림계로서「쌍수제출」은 기본적인 움직임의 하나이다. 그러나 내가권은「쌍수제출」을 병법(病法)의 하나로 들고, 이른바 금수(禁手)로 하고 있다. 내가권에는 무엇이 병법(病法)으로 간주하고 있었는가. 이것은 권법사적으로도 흥미있는 문제이기 때문에 겸하여 여기에 열거하고 간단한 의역을 첨부해 둔다.

(1) 난산지완(嬾散遲緩) : 집중력이 떨어져 동작이 늦어지는 것
(2) 왜사한견(歪斜寒肩) : 상체가 뒤틀려 어깨가 올라가 있는 것
(3) 노보전흉(老步腆胸) : 발걸음이 흔들려 가슴이 돌출하는 것
(4) 직립연퇴(直立軟腿) : 곧추 서거나 서 있는 발이 연약하여 허리가 꼿꼿하지 못한 것
(5) 탈주약권(脫肘戳拳) : 팔꿈치와 손목이 굽어서 직선적으로 찌르지 못하는 것
(6) 유둔곡요(紐臀曲腰) : 허리가 좌우로 뒤틀려서 전후로 굽어 있는 것
(7) 개문착영(開門捉影) : 틈이 많아 무턱대고 손을 뻗는 것
(8) 쌍수제출(雙手齊出) : 양손을 동시에 뻗는 것

내가권은 스스로를 소림권에 대립하는 것으로서 평가하였다. 『왕정남묘지명』・『내가권법』의 둘 다 먼저 유파의 유래를 언급하고, "소림권을 외가(外家)로 하고, 이것에 뛰어난 것으로서 내가권이 있다"고 강조하였다. 또한 『내가권법』은 「육로(六路)」의 원주(原註)로 "충로(衝路)는 오로지 소림과 『누지알금전(摟地挖金磚)』(자의면에서 생각하여, 아래부터 허벅지 사이인 고간:股間을 공격하는 기술로 상정된다)의 기술을 파괴하는 기술이다"고 명기하고 있다. 내가권의 일문이 소림파에 강한 라이벌 의식을 가지고 있는 것은 명확하다.

내가권은 도대체 역사적・유파적으로 어떻게 평가해야 할까? 하나의 가능성

으로서 다음과 같이 생각할 수 있다.

먼저 내가권의 연원(淵源)에 대해서는 합서성(陝西省)에서 전파되었다는 설을 부정하는 자료가 없기 때문에 이것을 사실로서 인정한다. 그렇다면 내가권의 원류는 북파의 단타계권법(短打系拳法)의 한 종류였다고 할 수 있다. 또는 양자강 유역에는 단타계통(單打系統)이 많았을 것으로 추정할 수 있기 때문에 이것을 "양자강유역과 공통하는 단타계권법의 일종이었다"고 말을 바꿀 수 있다.

내가권은 온주(溫州)에 유행한 이후 남방인의 기질·체격에 맞추어 발전하여, 직접적 또는 간접적으로 근린지역의 모든 유파에 영향을 미쳤다. 왕정남(王征南)에서 황백가(黃百家)로 전해진 내가권은 실전(失傳)되었으나, 이것은 반드시 내가권의 모든 것이 사라졌다는 것을 의미하는 것은 아니다.

원래 단사남(單思南)에서 왕정남(王征南)으로 전해진 내가권 계통은 내가권 전체에서 보면 한 분파에 불과하였다. 무술 유파의 생성소멸의 일반적 경향에서 생각하면 유파명(流波名)은 사라지더라도 실기의 일부는 다른 유파 속에 전승되었을 가능성이 있다. 내가권은 소멸하였다기보다는 모든 유파 속에 매몰되었다고 해야 한다.

그리고 내가파(內家派)와 가까운 혈연관계에 있는 남파권술 중에서 후에 이르러「남파소림권(南派少林拳)」의 전설이 생겼다. 즉 이 경우 역사적으로는 소림(북파) → 내가권 → 남파소림권의 순서로 출연하였다.

내가권 사료(史料)가 말하는 소림파는 남파소림이 탄생하기 전의 북파권법 일반을 가리키는 속칭이었다. 마찬가지로 소림의 이름을 쓰더라도 북파와 남파는 현재에도 강한 대항의식을 가지고 있다. 이런 의미에서 내가권이「북파소림(北波少林)」과 대립하고 있어도「남파소림(南派少林)」과 공통기반을 가진다고 지적하는 것에 어떠한 모순도 생기지 않는다.

이러한 관점에서 한 마디로 총괄하면 내가권은 북파(北派) 단타계(短打系)가 남파소림권으로 생성·발전하는 하나의 중간 항목이었다고 할 수 있다. 따라서 태극권의 원류로 평가할 수 없다. 오히려 태극권은 북파(北派) 장권계(長拳系)로 간주할 수 있기 때문에 기법적으로 내가권과 태극권은 완전히 대조적인 문파이었다.

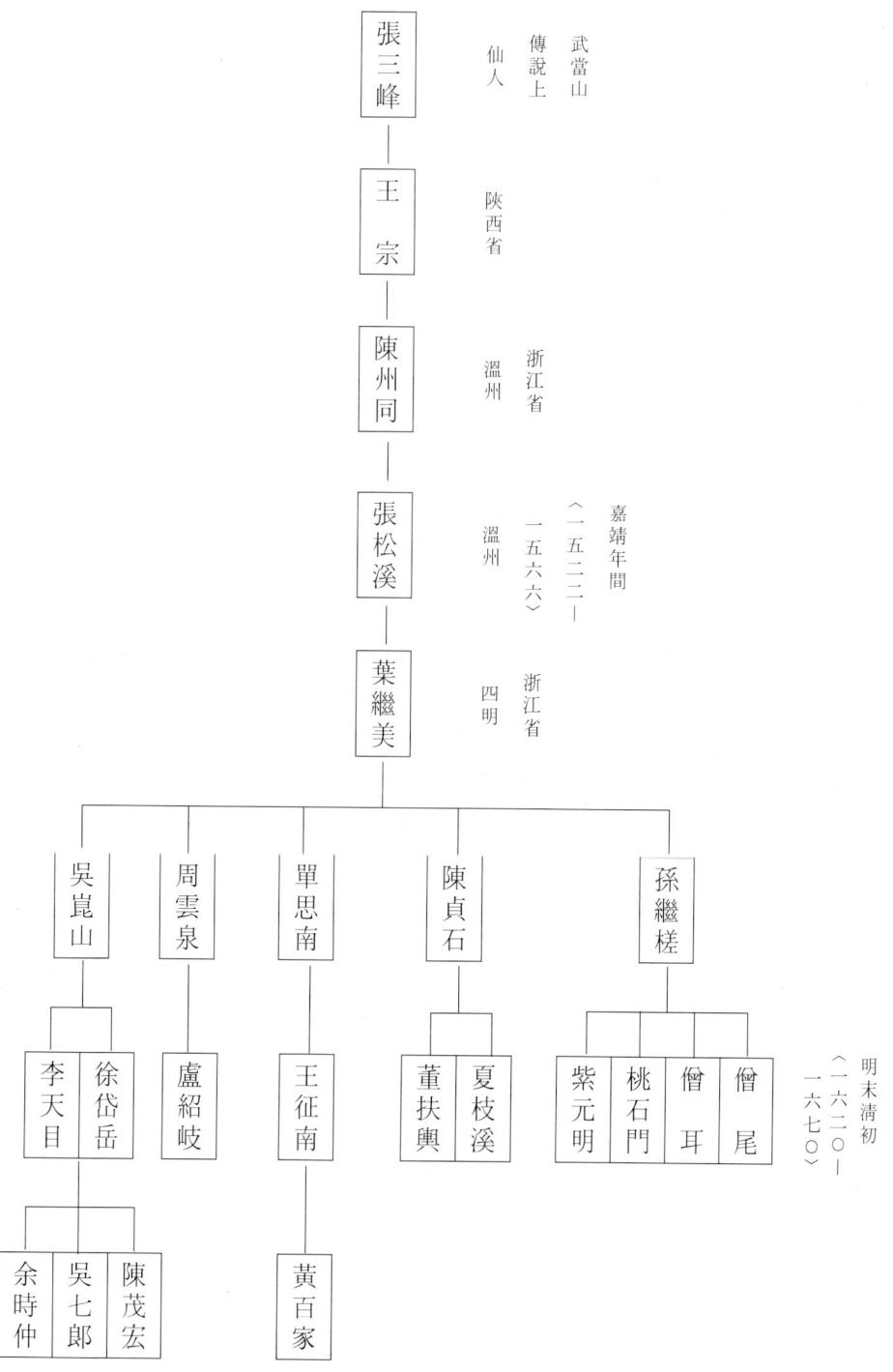

내가권(內家拳) 계통표 「왕정남묘지명(王征南墓誌銘)」에서

4. 『영파부지』

1) 내가권 사료로서의 장송계전

내가권(內家拳)을 말할 때 『왕정남묘지명(王征南墓誌銘)』과 함께 반드시 인용되는 것이 『영파부지(寧波府志)』 장송계전(張松溪傳)이다. 『왕정남묘지명』은 내가권의 계보를 소개하는 가운데서 "가정(嘉靖) 연간 장송계가 가장 유명하였다"고 기록하고 있다. 이것으로 장송계(張松溪, 1507~1566)의 실존이 확인시되지만 『영파부지(寧波府志)』에 장송계의 독립된 전기가 기록되고, 게다가 그 중에 장송계가 소림승과 싸워 이겼다는 기술(記述)이 있기 때문에 장송계는 후세에 더욱 더 유명해졌다. 그리고 근대 이후 내가권, 나아가서는 내가권을 전승한다고 자칭하는 태극권 모든 유파의 사람들에 의해서 자신들의 유파가 소림파를 이긴다는 것을 나타내는 역사적 근거로서 이 『영파부지(寧波府志)』 장송계전(張松溪傳)을 들고 있다.

『영파부지(寧波府志)』 장송계전은 내가권(內家拳)의 원류, 즉 장삼봉개조설, 왕정남에 이르는 내가권의 계보 및 내가권의 특징 등에 대해서는 대부분 『왕정남묘지명(王征南墓誌銘)』·『내가권법(內家拳法)』에 의존하고 있으며, 단지 다음 3곳에서만 앞 두 사람에게 보이지 않는 새로운 내용이 있다.

  (1) 장송계는 은(鄞: 절강성)의 사람이다. 권법에 뛰어났다. 스승은 손십삼로(孫十三老)이다.

  (2) 장송계는 유학자와 같이 신중하고 항상 경의를 가지고 사람을 대하였다. 몸차림도 검소하고 눈에 띄지 않으며, 사람들이 그 기술을 보기 원하지만 겸허하게 거절할 뿐이었다. 당시, 소림승은 권(拳)으로서 천하에

용맹을 떨쳐 왜구의 난을 진압하기 위하여 초빙된 승려가 70여명이 있었다. 장송계(張松溪)의 이름을 듣고 승려들이 찾아 왔다. 송계는 처음 몸을 숨기고 있었지만 지역의 청년들에게 강하게 호응을 받아 시험삼아 마주하였다. 승려들은 마침 주루(酒樓: 술집누각)의 2층에서 팔씨름을 하고 있었다. 보고 있던 송계는 무의식적으로 웃고 말았다. 승려들은 그가 송계임을 알고 직접 시합을 청하였다. 송계(松溪)는 "시합을 하는 이상은 서로 죽어도 문제삼지 않기로 약속하자"고 말하여 동의하였다.

송계(松溪)는 팔짱을 끼고 조용히 앉았다. 한 사람의 승려가 도약하여 차기를 해왔다. 송계는 슬쩍 몸을 비키고 손을 들어 그를 날려 보냈다. 그러나 승려는 그대로 하늘을 날아서 바닥에 강하게 낙하하여 숨을 거두었다. 승려들은 즉시 두려움을 보이며 경복(敬服)하였다.

(3) 어느 날 장송계는 청년들과 시내로 나갔다. 월성(月城)에서 청년들이 출구를 막고 1열로 나열하여 예를 갖추었다.

"더 이상 나갈 곳은 없습니다. 부디 조금이라도 선생님의 기술을 보여 주시기 바랍니다"

그래서 장송계는 어쩔 수 없이 청년들에게 수백근 나가는 원석(圓石)을 운반하여 쌓게 하였다. 장송계는 말하였다.

"나는 벌써 70세, 쓸모없는 노인, 제군의 웃음이 될지 모르겠지만……"

오른손을 들고 수도로 내리치자 3개의 돌이 모두 두 개로 쪼개졌다. 장송계의 기이한 기술은 물건을 자르는 것과 같았다.

먼저, 위에 예시한 순서는 반대가 되지만 (3)의 에피소드를 검토한다. 1근은 옛날 중량으로는 약 600g이다. 따라서 백근은 약 60kg이다. 「수백근」을 적게 계산하여 2백근으로 계산더라도 하나의 원석이 120kg이 된다. 3개는 360kg이 된다. 이를테면 70세의 노인이 아니라도 수백근의 원석을 수도로 부수는 것은 물리적으로 불가능할 것이다. 내가권은 오늘날 우리들이 상상하는 것보다 강인한 권법이었지만 그래도 방어형(防御型) 권법이며, 적은 힘으로 큰 효과를 발휘하는 것을 중시하였다. 큰 돌을 시험삼아 부순다는 것은 이 의미에서 내가권에 맞지 않다. 또한 황백가의「내가권법(內家拳法)」기법체계에는 이와 같이 시험삼아 부수는 단련법은 없다.

『영파부지(寧波府志)』장송계전 자체도 그 마지막에 내가권의 특징을 요약하여 "외가는 사람을 치는 것을 주로 하고 몸을 움직여 도약하기 때문에 틈이 생겨서 사람들이 이 틈을 노린다. 내가는 장송계전을 정통으로 하지만 그 법은 사람을 막는 것을 주로 하고 상당히 곤궁하게 내몰지 않는 한 기술을 발하지 않는다. 그 대신 발하면 반드시 넘어뜨리고 틈을 보이지 않는다. 때문에 내가술(內家術)을 보다 뛰어나다고 한다"고 언급하였고, 다시 "사람을 칠 때는 반드시 급소를 겨냥한다"고 내가권의「혈법(穴法)」을 열거하고 있다. 이러한 내가권의 특징과 큰 돌을 시험삼아 부수는 것은 전혀 이치에 맞지 않다고 볼 수 있다. 따라서 (3)의 에피소드는 후세의 사람 또는 필자에 의한 창작 가능성이 있으며 사실이라고 인정하기 어렵다.

위 (2)의 경우는 어떨까? 날아차기의 강습(强襲)을 가볍게 몸을 비틀어 적(敵)은 스스로 자신의 힘에 의해 자멸한다. ……이 삽화(揷話)는 상술의 내가권의 해석에 어울린다고 할 수 있다. 그러나 잘 생각해 보면 이것도 사실로서는 의심스럽다. 70명의 승려가 전진(戰陣)을 떠나서 겨우 한 사람의 무술가를 만나러 왔을 것인가? 게다가 주루에 올라가 술을 주고받으며, 연석에서 팔씨름을 하고 게다가 목숨을 건 결투를 신청할 수 있을까? 또한 만일 시합에서 앉아 있는 자세가 낮은 상대에 대하여 갑자기 공중을 날아서 찬다고 하는 전법(戰法)을 취했을까? 술에 취해서 무모하게 그렇게 취해 있다면 공중을 나는 것조차 불가능하다. 애초 유학자와 같은 인물의 장송계가 기술을 청해오더라도 겸허하게 거절하고, 그 장소를 피할 것이지 술취한 승려를 상대로 목숨 건 결투를 하였을까? 이와 같이 생각하면 이 에피소드도 "소림은 공격형으로 힘에 의존하여 사람을 치는 것을 주로 하고 몸을 움직이기 때문에 잘못하면 틈이 생겨 사람에게 공격당한다"는 내가권을 묘사한 것은 소림파의 전형적 도식을 그대로 드라마화한 허구의 설화라고 생각한다.

『영파부지(寧波府志)』는 1735년 조병인(曹秉仁)의 편술이다. 즉 황종희(黃宗羲)의 『왕정남묘지명(王征南墓誌銘)』(1669)에서 66년 후, 황백가(黃百家)의 『내가권법(內家拳法)』(1676)에서 59년 후에 성립하였다. 장송계(張松溪)는 왕정남보다 여러 대 이전의 인물임에도 불구하고 그 전기는 왕정남에 관한 사료보다 반세기 이상 후에 출현한 것이다. 장송계의 전기를 기술함에 있어서 작자 조병인(曹秉仁)이 『왕정남묘지명(王征南墓誌銘)』·『내가권법(內家拳法)』을 직접 참조한 것은 확실하다.

따라서 상기 두 가지 설화에 작자가 의식하였는가의 유무에 상관없이 왕정남의 모습이 투영되는 것도 무리는 없었을 것이다. 장송계가 신중한 유학자의 풍격을 가지고 좀처럼 기량을 드러내지 않았던 것은 『왕정남묘지명(王征南墓誌銘)』·『내가권법(內家拳法)』에 기록된 왕정남의 모습 그 자체였다. 왕정남은 내가권의 쇠퇴를 슬퍼하고 소림파에 강한 대항의식을 가지고 있었다. 소림승을 물리친 장송계의 무용담은 소림파를 이기고자 한 왕정남의 소망을 드라마화한 것이라고 할 수 있다.

또한 또 하나의 무용담에는 큰 원석(圓石)을 수도로 부수었다고 한다. 왜「원석」이었을까? 내가권의 주요기술에 작(斫)이 있었다. 작(斫)은 수도로 자르듯이 치는 기술이다. 왕정남은 이 작(斫)을 특기로 하고 작(斫)으로서 작(斫)을 물리치는「반작(盤斫)」의 기술을 창출할 정도이다. 반작의 반은 원반의 반(盤)이며, 글자 뜻대로 해석하면 반작(盤斫)은「원반 자르기」이다. 즉 원석을 자르는 이미지에도 왕정남의 모습이 투영되어 있다.

마지막으로 (1)의 "장송계는 은(鄞)의 사람이다. 권법에 뛰어났다. 스승은 손십삼로(孫十三老)이다"를 검토해본다.

「스승은 손십삼로(孫十三老)」의 기술은 이 『영파부지(寧波府志)』 이외에는 보이지 않는다. 이것만으로는 무용담과 같은 허구성을 가지고 있을지 없을지를 검토하는 것조차 어렵다. 만일 이 기술이 진실이라면 이것은 내가권의 계통도를 일보 풍부하게 하는 귀중한 자료가 된다.

즉 내가권을 온주(溫州)에 가지고 온 진주동(陳州同)과 장송계(張松溪)의 사이에 「손십삼로(孫十三老)」라는 인물을 새롭게 추가할 수 있게 된다.

그러나 "장송계는 은(鄞)의 사람이다"의 기술(記述)에는 큰 의문이 있다. 은(鄞)은 영파의 옛날 명칭이다. 『왕정남묘지명(王征南墓誌銘)』에는 「장송계는 진주동의 고향 온주(溫州)에서 가정(嘉靖) 연간에 유명해진 인물」로 기술되어 있다. 이것을 그대로 읽으면 장송계는 「온주 사람」이어야 한다. 만일을 위하여 이 부분을 ① 『왕정남묘지명』과 ② 『영파부지』의 장송계전의 기술대로 대조해 보면 아래와 같다.

① 『왕정남묘지명』

삼봉(三峰)의 기술은 백년 후, 합서(陝西)에 전래되었다. 왕종(王宗)이 가장 유명하였다. 온주(溫州)의 진주동(陳州同)은 왕종에게 사사받고 이것을 고향으로 전하였기 때문에 <u>온주(溫州)에 전해졌다</u>. 가정(嘉靖) 연간에는 장송계(張松溪)가 온주(溫州)에서 가장 유명하였다.

송계(松溪)에는 3, 4명의 제자가 있었지만, 사명(四明)의 엽계미근천(葉繼美近泉)이 가장 뛰어났다. 그래서 <u>사명(四明) 지역에도 전해졌다</u>. 사명(四明)에서 근천(近泉)에게 전수받은 자는 오곤산(吳崑山)·단사남(單思南)·왕정남(王征南)이었다.

② 『영파부지』 장송계전

삼봉(三峰)의 기술이 후에 가정(嘉靖)에 이르러 그 법은 마침내 <u>사명(四明)에 전해졌지만</u> 장송계(張松溪)가 가장 유명하였다.

<전기 (2), (3)의 무용담을 삽입>

송계에는 3, 4명의 제자가 있었다. 엽근천(葉近泉)이 가장 뛰어났다. 근천(近

泉)에게 전수받은 자는 오곤산(吳崑山)·단사남(單思南)·왕정남(王征南)이었다.

두 사항 ①과 ②를 비교하여, 분명한 것은 『영파부지(寧波府志)』는 내가권을 장삼봉에서 손십삼로(孫十三老)를 거쳐 거의 직선적으로「사명(四明)」의 장송계(張松溪)로 전해졌다는 것이다. 즉 인물의 계보로서는 왕종(王宗)과 진주동(陳州同)을 생략하고, 지역도 합서(陝西)는 물론 같은 절강성(浙江省) 내의 온주(溫州)까지 생략하고 장송계를 온주에서 사명(四明)으로 바꾸었다. 이것은 도대체 무엇을 의미하는 것일까.

『영파부지(寧波府志)』는 장송계를 "은(鄞)의 사람이라 하고, 또한「사명(四明)에서 가장 유명하였다"고 한다. 이 경우의 은(鄞)은 넓은 의미의 영파(寧波)를 의미하였기 때문에 현재의 영파시, 그 교외의 은현(鄞縣), 인접한 사명(四明)을 모두 포함하고 있다. 즉 사명은 은의 일부이다. 따라서 은의 사람이라 하고 사명의 사람이라고 해도 그 진술에 모순은 생기지 않는다. 그러나 온주(溫州)는 현재의 지도를 보더라도 분명하듯이 절강성(浙江省: 저장성)의 태주(台州: 타이저우)의 모든 땅을 경유하여 처음 도달한 토지이며, 게다가 그곳은 모두 복건성(福建省)에 인접하는 이른바「타향의 땅」이었다.

단사남(單思南)·왕정남(王征南)에 의해서 내가권은 영파부 일대에서 유명한 유파가 되었고, 내가권의 보급과 함께 장송계의 이름도 영파에 널리 퍼졌다는 것은 『왕정남묘지명(王征南墓誌銘)』에 의해서도 쉽게 상상할 수 있다. 아마도 『영파부지(寧波府志)』의 작자는 내가권을 고향인 영파 특유의 권법으로 묘사하고 『왕정남묘지명』 등에 의해서 이미 유명한 왕정남을 상회하는 내가권 초기의 달인으로서 장송계의 전기를 완성하고, 이것을 부지(府志)에 수록하고자 한 것은 아닐까? 때문에 내가권의 계보에서 합서(陝西)의 왕종(王宗), 온주의 진주동(陳州同)과 함께 생략하고, 그 대신에 손십삼로(孫十三老)라는 새로운 인물을 개입시켜 내가권은 가정(嘉靖) 연간 이전부터 대대로 영파에 전해진 것처럼 의도적으로 조작했다고 할 수 있다. 삼봉도 송계도 마찬가지로 장(張)씨이다. 같은 성이라는 것은 진실미를 강하게 하는 좋은 자료였을 것이다.

이와 같이 『영파부지(寧波府志)』 장송계전(張松溪傳)은 영파인의 내가권에 대한 뜨거운 몸짓을 짐작할 수 있지만, 황종희(黃宗羲)의 『왕종남묘지명』만큼 정치적 기개도 없고, 또한 황백가(黃百家)의 『내가권법(內家拳法)』만큼의 무술적 자료성도 없고, 게다가 전기(傳記)로서는 날조의 의심조차 있다. 매우 자료 가치가 낮은 것이라는 결론에 이르게 되었다.

이것은 그렇지만 장송계(張松溪) 그 자체의 존재를 의심하는 것은 아니다. 장송계에 대해서는 다른 각도에서 접근이 가능하다.

2) 장송계와 「면장(綿張)」 단타(短打)

장송계(張松溪)는 가정(嘉靖) 연간에 활약하였다고 한다. 가정 연간은 또한 왜구가 양자강 하류지역을 침입하여 그 진압을 위해서 척계광(戚繼光)이 활약하였던 때였다. 즉 척계광은 장송계와 동시대·동지역에서 활약한 무장이었다. 척계광은 당시의 유명한 권법 제 유파에서 뛰어난 기술을 모아서 32세(三十二勢)로 정리하고 이것을 『기효신서(紀效新書)』에 수록하였다. 과연 척계광은 장송계의 이름을 알고 있었을까. 척계광이 기술을 수집하기 위해 참고로 한 제 유파(諸流派) 중에 내가권은 포함되어 있었을까? 이것에 관하여 중국의 태극권 연구가인 심수(沈壽, 1930~)가 근년에 다음과 같은 흥미 깊은 문제를 제기하였다.

『권경(拳經)』의 첩요편(捷要篇)은 "여홍(呂紅)이 팔하강(八下剛)이 된다 하더라도 아직 면장(綿張)이 단타(短打)에 미치지 못한다"고 언급하고 있다. 그 대의는 여홍(呂紅)의 권술팔법은 강맹(强猛)하지만 「면장(綿張)」의 단타(短打)에는 미치지 못한다. 「면장(綿張)」의 기법에 대한 척계광(戚繼光)의 칭찬을 엿볼 수 있다. 여기에서 말하는 「면장(綿張)」은 권술(拳術)의 경로가 유면(柔綿)이라는 것으로 세상에 알려진 내가권의 장송계를 가리키는 것일까? 「단타(短打)」는 내가권의 「육로단타(六路短打)」를 가리키는 것일까? 사료(史料)가 결핍되어 있기 때문에 하나의 현안사항으로서 보다 깊이 고증하는 길밖에 없지만, 다만 단정할 수 있는 것은 척계광과 장송계가 모두 가정(嘉靖) 연간 영파에 거주한 인물로 한 사람은 왜구진압의 장령(將領)이며, 한 사람은 그 지방에서 유명한 권법가라는 것이다. 따라서 「면장(綿張)」은 장송계의 것이 아닐까 의심하는 것에도 일정한 근거가 존재한다.[22]

이미 검토한 대로 장송계는 온주(溫州)의 사람이며, 영파에 거주하였는지 어떤지 단정할 수 없다. 그러나 절강일대의 해방을 임무로 하는 척계광으로서 온주는 영파와 마찬가지로 중요한 예비범위에 들어 있었다. 척계광은 스스로 각종 무술에 정통하고 유파를 뛰어넘어 실전적인 기법에 강한 관심을 가지고 있었다. 하물며 권법에 대해서는 『권경(拳經)』 서문에 "주산(舟山)의 공서(公署)에서 유초당(劉草堂)의 권법을 습득하였다"고 명기하고 있다. 주산(舟山)은 영파와 마주하는 섬(島)이다. 지역 권법가를 통하여 척계광(戚繼光)이 장송계의 이름을 알고 있었을 가능성은 충분히 있다. 무술가를 중시하던 척계광(戚繼光)에 의해서 장송계가 단기간일지라도 직접 초대하였을 가능성은 있다. 즉 척계광(戚繼光)에 의해서 실력을 인정받았기 때문에 한층 이름을 날릴 수 있어 후세에까지 「가정(嘉靖) 연간의 유명한 무술가」로서 장송계의 이름이 남게 되었다고 생각할 수 있다.

문제는 『권경(拳經)』 서문에 높은 평가를 받은 단타(短打)의 「면장(綿張)」이 즉 장송계인가 아닌가이다. 전절(前節)에서 언급하였듯이 내가권이 단타(短打)계의 권법이라는 것이 밝혀진 이상 이 가능성은 충분하다. 양쪽의 장씨 모두 가정 연간의 절강(浙江)에서 이름을 알린 단타계의 권법가였다. 동성·동시대·동지역·동계통이다. 두 사람이 동일 인물이었다는 것을 나타내는 상황증거는 충분히 있다.

그렇지만 부정적 자료로서 다음과 같은 문제점도 지적해두어야 한다. 먼저 첫째 『권경(拳經)』의 서문에 기록된 제 유파 중에 내가권의 이름이 보이지 않

---

22) 沈壽 著 『太極拳法硏究』, 福建人民出版社, 1984)

는 것이다. 맨 처음 이 무렵은 아직 소림파나 소림권 등의 명칭도 없었다. 『기효신서(紀效新書)』에도 「소림사의 곤(棍)」은 있었지만 「소림권」은 없다. 옛날 소림사의 곤(棍)은 유명하였지만 소림사가 권법에도 노력한 것은 명(明)나라 13대 황제 만력(萬曆, 1573~1620)이후이며, 소림권(少林拳)이라는 단어는 명말부터 청초기에 확립되었다고 추정된다.

소림권에 대항하여 붙여진 내가권이라는 명칭도 당연히 명말(明末) 이후에 명명(命名)되고 가정 연간에는 아직 유파에 명칭이 없었다고 생각된다. 『왕정남묘지명』에도 장송계 이후 처음 내가권이 절강(浙江) 각지에 복수계통으로 보급되었다고 기술하고 있다. 이 경우에는 『권경』 서문에 내가권의 유파명이 없어도 장송계와 「면장」을 동일 인물로 하는 것에 모순은 생기지 않는다.

이제 두 번째 의문점으로서 기법명의 문제가 있다. 『권경』의 32세에는 분명히 단타계통의 기법이 나타난다. 이를테면 칠성권(七星拳), 염주세(拈肘勢), 정란사평(井欄四平), 지당세(指當勢), 수두세(獸頭勢), 하삽세(下挿勢), 중사평세(中四平勢), 고사평(高四平), 신권(神權), 안시(雁翅), 요란주(拗鸞肘), 순란주(順鸞肘), 기고세(旗鼓勢) 등은 모두 일반 기법보다는 몸을 접근하여 이용하는 기술이며 모두 단타계의 기법이다.

「면장(綿張)」의 단타(短打)가 채용되었다면 이 중의 몇 가지일 것이다. 그러나 이 중에 내가권의 「응적타법(應敵打法)」 31세의 명칭과 일치하는 것이 하나도 없다. 이렇게 완전하게 기법명이 다른 것은 「면장」의 단타가 장송계의 내가권이 아니라고 생각하는 것이 가장 자연스럽다. 척계광은 유파초월의 입장에 서있지만 채용한 기법의 명칭을 모두 바꾸어 넣었다고는 상상하기 어렵다.

『권경(拳經)』에 「면장(綿張)」의 성명 또는 출신지가 명기되었다면 진일보하여 확정적으로 논할 수 있지만 이 점에 대해 척계광은 아무것도 언급하지 않았다. 따라서 현재의 단계에서는 이 이상의 검토는 곤란하지만, 지금까지 「면장(綿張)」의 단타라든가 장송계와 결부하여 논하는 것은 없었다. 『권경(拳經)』을 태극권의 주요한 원류로 간주한 경우는 만일 「면장(綿張)」과 「장송계」의 두 사람이 일치한다면 내가권과 태극권은 분명히 다른 유파였지만,『권경(拳經)』을 매개로 내가권의 기법이 나돌아 태극권에 유입한 것이 된다.

이런 의미에서『태극권논담(太極拳論譚, 인민체육출판사, 베이징, 2000년)』을 저술한 심수(沈壽)의 지적은 내가권, 나아가서는 태극권의 역사에 새로운 발견을 초래할 수 있는 매우 흥미로운 문제제기라 할 수 있다.

5. 진가구 진씨 일족의 무술전통

1) 명말 무장 진왕정

1930년 연말부터 다음 해 1931년 1월에 걸쳐서 무술사가(武術史家) 당호(唐豪)는 진씨 직계의 권법가 진자명(陳子明)의 안내로 그의 고향, 즉 하남성(河南省) 온현(溫縣) 진가구(陳家溝)를 방문하고 태극권술사(太極拳術史)에 관한 실지조사를 실시하였다. 태극권의 원류지에서 연구가가 직접조사를 실시한 것은 이것이 최초이며, 그것은 태극권의 원류를 해명하는데 획기적인 조사여행이 되었다.

당호(唐豪)는 이 조사에서『진씨가보(陳氏家譜)』·『진씨가승(陳氏家乘)』 등 진씨 일족의 계보를 기록한 귀중한 자료를 입수하였다.23)『진씨가보(陳氏家譜)』에는 1세 진복(陳卜)에서 16세까지의 계보가 기록되어 있다. 주요인물에 대해서는 각종 방주(旁注)가 부기되어, 이를테면 무술에 뛰어난 인물명 옆에는「권수(拳手)」「권사(拳師)」「권수가사(拳手可師)」「권최호(拳最好)」등의 주기(註記)가 있었다.

「권수(拳手)」는「권법을 사용하는 자」란 뜻으로 권법을 습득한 인물을 의미

---

23) 모두 독립해서 간행된 적은 없지만 당호(唐豪)·고류형(顧留馨) 두 사람의 모든 저서와 진흠(陳鑫)『진씨태극권도설(陳氏太極拳圖說)』등에 부분적인 인용이 있다. 원본은 현재 중국국가체육위원회에서 소장하고 있다.

한다.「권사(拳師)」는「직업적인 권법가」, 또는「지도적인 권법가」의 의미로 실제 제자를 거느리고 권법을 교수한 인물일 것이다.「권수가사(拳手可師)」는「권수와 스승이 가능한 인물」로 사람에게는 가르치지 않았지만 권법 솜씨는 권사와 동등하였다고 한다. 이른바「권수」와「권사」의 중간적 평가이다. 그리고「권최호(拳最好)」는 '권(拳)에 가장 뛰어나다'의 뜻으로 그 시대에서 권법이 가장 뛰어난 인물을 뜻한다.

『진씨가보(陳氏家譜)』 속에서 9세 진왕정(陳王廷)의 기록에는 다음과 같은 주기(註記)가 있었다.

> 왕정(王廷) 또는 이름 주정(奏庭), 명말의 무상생(武庠生), 청초의 문상생(文庠生)이다. 산동(山東)에 있어 명수(名手)이며, 군비(群匪: 土匪) 천여 명을 토벌했다. 진씨권수도창(陳氏拳手刀鎗) 창시자이다. 천성이 호걸한 전대도(戰大刀)로 생각한다.

이것을 근거로 당호는「진왕정(陳王廷) 태극권 개조설」을 주장하였다. 그러나 여기에서 우선 강조해 둘 것은 『진씨가보(陳氏家譜)』에 다수의 무술적 주기가 있음에도 불구하고「태극권」이라는 단어가 여기에서도 보이지 않는다는 것이다.「태극권」은 후세에 양로선(楊露禪)의 권법에 부여된 새로운 명칭으로서 현재와 같은 연무법(演武法)에 의한 태극권이 진왕정(陳王廷)의 시대에 존재하였을 리가 없다. 그러나 당호는 "양로선이 진가구의 진장흥(陳長興)에게 『태극권』을 배운 것은 사실이다. 진씨 무술의 시조인 진왕정은 진장흥의 선조이다. 때문에 진왕정이 『태극권』의 개조이다"라고 생각하였다.

또한 진왕정이 남겼다고 하는 한 수의 산문시 중에 "전란의 세상에서 은둔 후 농경의 여가에는 권법을 만들고 일족 자제에게 가르쳤다"고 기록되어 있으며, 당호(唐豪)는 이것도 자설(自說)을 보강하는 유력한 자료로서 소개하였다. 진왕정의 유시(遺詩)는 현재도 종종 인용되고 있지만, 일반적으로는 전반(前半) 밖에 소개하지 않기 때문에 참고를 위하여 전체를 번역(의역)하여 기술한다.

「진왕정(陳王廷)의 유시(遺詩)」

"아. 일찍이 갑옷으로 몸을 단단히 하고 손에는 날카로운 무기를 들고 무리 지은 적을 무찔렀다. / 누차에 걸쳐서 위험을 물리치고 은사(恩賜)까지 받았지만 / 지금은 오로지 나이가 들어 명(命)이 얼마나 남았을까? / 그저 황정일권(黃庭一拳)을 휴대하고 낙향하여 마음이 무료할 때는 권(拳)을 만들고 농사가 바쁠 때는 밭을 간다. / 한가할 때는 자식과 손자에게 가르치고, 용(龍)이 되고 호랑이(虎)가 되고 그저 가는 대로 맡길 뿐이다. / 관량(官糧)이 부족하면 하루라도 빨리 수납하고 사채(私債)를 구했다면 바로 변제한다. / 방자함도 아부도 이용하지 않고 오로지 인양(忍讓)을 우선한다. / 사람이 나를 바보라고 부르던지 또는 사람이 나를 미쳤다고 하더라도 / 나는 항상 귀를 씻고 분노로 머리 위의 관이 흔들리지 않고, / 만호(萬戶)의 제후가 모두 불안에 떨면서 업(業)에 종사하는 모습이야말로 웃음을 멈추게 한다. / 항상 자유로운 내 마음에게는 이기지 못한다. / 명리(名利)는 이미 탐하지 않았고 입신출세(立身出世)는 한단(漢緞: 비단)의 꿈과 사라지는 것을 알아야 한다. / 자, 어수(漁水)에 마음을 즐겁게 하고 산천 이기저기 들러보는 것이 어떨까? / 흉방에 손을 빌리지 않으면 이미 세상은 안태(安泰)와 같다. / 괄담(括淡)으로서 질투하지 않고 바라지 않고, 하물며 인정의 변천에 원망하지 않는다. / 성공실패에 관계하지 않는 / 이것이 신선(神仙)이지 누가 신선이라 하는가."[24]

이 시(詩)에는 국가방위 전쟁에 무인으로서의 본분을 연소시켰음에도 불구하고 천하는 자기가 바라지 않는 방향으로 흘러간다는 어쩌면 명말무장의 공통된 허무적인 비애감이 배여 있다. "마음이 무료할 때는 권(拳)을 만들고 농사가 바쁠 때는 밭을 간다"의 원문은 「민래시조권(悶來時造拳), 망래시경전(忙來時耕田)」(번민할 때는 권을 만들고, 바쁠 때는 밭을 경작한다)이다. 「민(悶)」에는

---
24) 陳鑫 著 『陳鑫의 『陳氏太極拳圖說』, 台北・眞善美出版社 復刊 1964.
  - 附錄 『陳氏家乘』 陳奏庭傳所載.

'우울' '무료'의 두 가지 뜻이 있으며, 여기에서는 '마음이 무료'로 가정하여 구어로 번역하였지만 마음 속은 울컥하는 심정이었을 것이다. 은둔에 참을 수 없는 무인의 울적한 에너지가 권법 창출의 원동력이 되었다고 할 수 있다. 그렇다고 하지만 "마음이 무료할 때는 권을 만들고 농사가 바쁠 때는 밭을 간다"로 단순하게 해석할 수도 있다.

명나라 말기는 안으로는 이자성(李自成)의 반란, 밖으로는 청군(淸軍)의 침략이라는 내우외환인 대동란기(大動亂期)였다. 진왕정(陳王廷)은 이러한 전란 속을 살아남은 무장이었다. 진왕정의 활약은 사서에도 기록되어 있다. 먼저 『회경부지(懷慶府志)』『오종회전(吳從誨傳)』에 다음과 같은 기록이 나타난다.

> 오종회(吳從誨)는 북직예(北直隷)의 사람이다. 숭정(崇正, 崇禎) 말의 온현통치(溫縣統治) 무렵, 하남(河南)의 토구(土寇)가 창궐하여 강을 따라서 온성(溫城)을 직격하였다. 오종회(吳從誨)는 향병수비 진왕정(鄕兵守備 陳王廷), 천총 곽충(千總 郭忠) 등을 이끌고 스스로 모든 강을 방어하고 적선에 불을 지르고 태웠다. 익사하는 자 무수히 많고 적은 마침내 도망쳤다. 곽충(郭忠)은 날아오는 화살에 전사하였다.

『온현지(溫縣志)』 오종회전(吳從誨傳)도 거의 같은 내용으로 진왕정의 이름을 명기하고 있으며, 게다가 『안평현지(安平縣志)』의 오종회전에 의해서 이 전투가 숭정(崇禎) 14년(1641)이라는 것이 확인되었다. 『안평현지』에는 진왕정의 이름은 보이지 않지만 다음과 같이 기술되어 있다.

> (오종회는) 향군을 이끌고 등진(登陳)하여 스스로 시석(矢石)을 무릅쓰고 적선 27척을 불태웠다. 익사하는 자 헤아릴 수 없고 적은 패주하였다. 이후 적은 감히 황하(黃河) 북안(北岸)을 엿보지 않았다. 임오년(壬午年, 숭정 15년, 1642) 적은 황하를 결괴(決壞: 둑을 붕괴시킴)시키고 개봉(開封)을 수공(水功)하였다.

"임오년(壬午年)에 개봉을 수공하였다"라는 이 기술에 의해서 이들의 사서(史

書)에「토구(土寇)」또는 단순히「적(賊)」으로 기록된 무리가 중국사상(中國史上)에 이름 높은 명나라 말기 반역자 이자성 군대라는 것을 확인할 수 있었다.

이자성(李自成)은 온성(溫城) 방위전(防衛戰) 3년전, 숭정(崇禎) 11년(1638) 이미 하남(河南)에 입성하였다. 숭정(崇禎) 12년(1639)에 이자성은 하남(河南) 합현(陝縣)의 서쪽 함곡(函谷)에서 명군(明軍)에게 패하여 일단 호북(湖北)으로 도망하였다.

숭정(崇禎) 13년(1640), 북경(北京)·남경(南京)·산동(山東)·하남(河南)·산서(山西)·합서(陝西)·절강(浙江)은 한해(汗害)에다 대황해(大蝗害: 큰 황충의 피해)의 습격에, 겨울이 되니 "사람을 서로 잡아 먹다" 정도의 엄청난 기근이었다. 굶주린 백성 중에 이자성 군(軍)을 따르는 자가 많았고, 이자성(李自成)은 대군을 이끌고 다시 남하(南河)하였다. 밝아오는 숭정(崇禎) 14년(1641)이 온성(溫城) 방위전이 치루어진 해이다. 이해에 이자성은 낙양(洛陽)을 함락시키고 복왕(福王) 주상순(朱常洵)을 체포하고 그의 시체를 잘게 잘라 사슴고기와 섞어 술과 같이 먹고 마시니「복록주(福祿酒)」로 불렀다. 바로『회경부지(懷慶府志)』가 말하는「토구창궐(土寇猖獗)」의 모습을 회상하게 한다.

이 다음 해 숭정(崇禎) 15년(1642) 이자성(李自成)은 황하(黃河)를 붕괴시켜 개봉성(開封城)을 물로 공격하여 마침내 함락시킨다. 이해 청군(淸軍)은 만리장성(萬里長城)을 부수고 계속하여 67성(城)을 공략하고 곤주(袞州 산동자양:山東滋陽)에 도달하였다. 명(明)·청(淸)·반란군에 의한 삼파전은 이 후에도 종종 계속되었지만 이 무렵 이미 명조(明朝) 붕괴의 운명은 분명해졌다.

온성(溫城) 방위전(防衛戰)은 이러한 명말의 대동란기(大動亂期)에 싸운 격렬한 전투였다. 진왕정(陳王廷)은 이 때「향병수비(鄕兵守備)」로 있었다. 온성 방위전에서는 오종회(吳從誨)의 총지휘하에 천총 곽충(千總 郭忠)이 관군을 이끌고, 향병수비(鄕兵守備)로 진왕정이 향토병 부대를 지휘하였다는 것이다.

그리고『안평현지(安平縣志)』에「오종회는 향병을 이끌고 등진(登陳)하고」라는 것에서 생각하면, 진왕정(陳王廷)이 이끄는 향토병 즉 진가구를 시작으로 하는 근향 각지에서 모집된 농민병의 군대가 이때 싸움의 주력이었다. 아마도 관군은 각지의 전투에 투입하여 병력이 부족하였을 것이다.

또한 연안(沿岸)을 지키기 위해서는 지역의 지리에 밝은 향토병이 실효도 컸다. 오종회(吳從誨)는 이른바 관민일체의 향토방위군을 조직한 것이다.

공격하는 반란군도 또한 농민병이 주력이었다. 농민끼리 생사를 걸고 처참한 싸움을 전개한 것이다. 그리고 이때는 「수공에 대한 화공을」이라는 오종회의 작전이 주효하여 마침내 향토방위군이 승리하였다. 이때의 승리의 성과는 북안(北岸)의 향토병(鄕土兵)들로서는 단순한 일시적인 것은 아니었다. 왜냐하면 반란군은 이후 북상을 표기하고, 남안(南岸) 모든 도시의 공략으로 전환하였기 때문이다. 그리고 이자성은 1643년 마침내 서안을 함락시킨다.

온성 방위전 후 진왕정의 이름은 더욱 더 알려지게 된다. 사후 진가구에는 진왕정의 비가 세워졌다. "묘비에 의하면 진왕정은 강희 연간에 사망하였다. 그러나 묘비는 강희 52년에 세워졌다."[25] 청(淸)의 제4대 황제인 강희(康熙) 52년은 1713년에 해당한다. 온성방어전의 1641년부터 72년 후이다.

온성전투 당시, 이미 진왕정은 충분히 성인이며 사회적인 명망도 있었다. 이때 진왕정의 상식적인 나이는 35세에서 45세 정도로 보면 된다. 그러면 비를 세운 해는 단순 계산으로 107세에서 117세가 된다. 그가 장수하였다고 해도 사망한 해는 약 70~80세일 것이다. 따라서 이 비는 사후 상당히 지나고 나서 건립된 것으로 상상된다. 시험삼아 온성방어전 해를 40세로, 하고 80세에 사망하였다고 가정하면 진왕정의 생몰년은 약 1601년(明, 만력 29년)~1681년(淸, 강희 20)무렵으로 추정할 수 있다.

2) 진가구 역대의 권법가

『진씨가보(陳氏家譜)』에 따르면 9세(世: 代) 왕정(王廷) 후 10세에는 무술적

---

25) 唐豪 著, 太極拳 根源.
 -唐豪·顧留馨 編著『太極拳 硏究』1932年은 康熙 58年이다. 또한『太極拳根源』은 당호(唐豪)의『척계광(戚繼光) 권경(拳經)적 연구 및 그 평가』, 1935년 香港 拳術硏究社가 1963년 복각하였다.

인 주기(註記)가 보이지 않지만, 11세 2명, 12세 5명, 13세 4명, 14세 5명, 15세 4명, 16세 3명으로 부표(附表) 『진씨가보(陳氏家譜)』 무술주기 인물 일람표 대로 다양한 무술적 주기(註記)가 기록되어 있다.

이 주기일람에서 눈에 띠는 것은 15세 중신(仲牲)·계신(季牲)이 "가장 뛰어나다·신수·신묘이다" 등 최고급의 찬사가 주기로서 게다가 여러 번 거듭하여 쓰여 있다는 것이다. 이것에 비교하여 양로선의 스승이며 진가구에서 당시 가장 유명하였던 14세 진장흥(陳長興)은 양로선(楊露禪)이라는 태극권 달인을 만들어냄으로써 후세에 더욱 더 유명해졌음에도 불구하고 「권사(拳師)」라는 평범한 주기만이 기록되어 있다.

『진씨가보(陳氏家譜)』 16페이지에는 「이상 건륭(乾隆) 19년(1754) 보서(譜序), 이하 도광(道光) 2년(1822) 접수(接修)」가 있다. 14세 진장흥의 탄생이 건륭 36년(1771)이며, 건륭 19년은 그로부터 17년 전이기 때문에 『진씨가보(陳氏家譜)』는 약 12~13세(世) 무렵 처음 정리되었다. 또한 『진씨가보(陳氏家譜)』의 표지에는 「동치(同治) 12년(1873) 신정영천씨종파(新正穎川氏宗派)」가 있었다. 따라서 『진씨가보(陳氏家譜)』는 건륭 19년에 처음 만들어져 이후 적어도 3번 이상에 걸쳐서 손을 보고 완성된 것이다. 무술직 주기도 또한 2, 3내에 걸쳐서 보태졌을 가능성이 있다. 그러나 그 대부분은 1931년 당호(唐豪)에게 이 『진씨가보(陳氏家譜)』를 건낸 진삼(陳森)이 스스로 기술하였을 가능성이 크다. 즉 상술한 주기는 최후의 부분에 "우리 고증조부는 모두 문(文)과 권(拳)이 더불어 최고이다"라고 평하였다.[26] 진삼(陳森)은 고류형(顧留馨)의 저술 『태극권술(太極拳術)』에 「비(批)하다」로 명기되어 있다. 「비(批)하다」는 의견 등을 난외에 기술한 것이다.

무술적 주기(註記)가 있는 인물을 중심으로 하여 진씨 일족의 혈통을 살펴보면 8세에서 (Ⅰ) 무민(撫民), (Ⅱ) 수신(受身), (Ⅲ) 기봉(起鳳), (Ⅳ) 가빈(可賓)의 4계통으로 나누어진다.[27]

---

26) 顧留馨 著 『太極拳術』
27) 별게도(別揭圖) 및 고류형(顧留馨)의 『태극권술(太極拳術)』, 付表: 「陳家溝陳氏 拳家世系簡表」참조.

위의 (Ⅰ) 무민(撫民)계에는 무민(撫民)의 자 9세 왕정(王廷, 가보원문에는 王庭) 후의 주기인물로서는 12세에 갑제(甲第)가 있을 뿐이다. 왕정 직계의 혈통에서는 12세에서 무술적 전통이 끊어진 것이다. 왕정의 자(子)와 손(孫)에는 주기인물은 한 사람도 없다. 왕정 자신을 포함하여 주기인물은 계(計) 2명에 불과하고, 4계통 중에서 가장 적다.

만일 왕정이 진씨 무술의 창시자였다면 직계혈통에서도 무술에 뛰어난 인물이 배출되었을 것이다. 왕정 개인이 무술적으로 뛰어난 인물이었다고 하더라도 과연 진씨 전통무술의 창시자였을까 아닐까에 대해서는 이 점에 하나의 의문이 생긴다.

(Ⅳ) 가빈(可賓)계도 12·13·14세에 각 1명씩 계 3명으로 끊어졌다. 무술적 전통이 현저하게 나타나는 것은 결국 (Ⅱ) 수신(修身)계와 (Ⅲ) 기봉(起鳳)계의 두 계통이 된다.

(Ⅱ) 수신(受身)계가 태극권의 직접적 원류가 된 진장흥(陳長興)의 계통이며, 현재의 유파적 분류에 불리는 이른바 진파 태극권「노가식(老架式)」계통이다. 이 계통에는 12세부터 15세까지 각 대에 의해서 주기인물이 나타나 합계 7명으로 주기의 유무가 애매한 병기(竝記)를 포함한 것이다. 16세는 기록되어 있지 않다.

이것에 대하여 (Ⅲ) 기봉(起鳳)계는 이미 17세까지 기재되어 있으며, 주기 인물은 11세부터 16세까지 가장 광범위하게 걸쳐서 나타나며, 게다가 그 수는 13명으로 주기의 유무가 애매한 진유부(陳侑孚)를 포함해서 4계통 중 압도적으로 다수를 차지하고 있다. 이 기봉(起鳳)계는 또한 이른바 진파(陳派)태극권「신가식(新架式)」의 계통이기도 하다. 가보(家譜)의 소지자이며, 최후의 주기자(註記者)인 진삼(陳森)은 이 계통의 16세이다. 그리고 1931년 당호(唐豪)를 진가구에 안내하고 진삼(陳森)에게 대면시킨 진자명(陳子明)은 이 계통의 17세에 해당한다.

이 당시 태극권은 이미 전국적으로 유명한 유파가 되었다. 태극권은 진장흥(陳長興)의 형(型)을 직접 원류로 한다. 태극권이 보급될수록 양로선(楊露禪)의 스승인 진장홍의 이름도 알려져 있었을 것이다. 진삼(陳森)은 당호(唐豪)의 방문 때에 진씨 중에서 자기 계통에 뛰어난 무술적 전통이 있다는 것을 과시하기 위해 가보(家譜)에 마지막으로 손을 댄 사람으로 추정된다. 즉 『진씨가보(陳氏家譜)』는 무술적으로 보면 신가식(新架式) 계통의 입장에서 보정(補正)되어 당호(唐豪)에게 건네졌다고 할 수 있다.

그렇지만 진삼(陳森)이 가보의 마지막에 "우리 고증조부는 모두 문(文)과 권(拳)이 함께 가장 뛰어나다"고 주기한 것은 이 계통에도 무술적으로 자랑할 만한 충분한 역사적 사실이 있었기 때문이다. 청말(淸末)의 동란기에 있어서 청조 치하 최대의 반란활동이 된 태평천국(太平天國)의 북벌군(北伐軍)이 직격(直擊)하였을 때 15세 진중신(陳仲甡)은 일족을 이끌고 태평천국과 싸워서 지역을 방위, 근린(近隣) 여러 성(省)에 용명을 떨쳤다.

3) 태평천국의 난과 진가구 방위전

진가구(陳家溝)의 공방전(攻防戰)에 대해서는 두세 가지의 사료가 있다. 먼저 진가구측의 기록인 『진씨가승(陳氏家乘)』[28] 의 「진중신전(陳仲甡傳)」에 의해서 전투의 경과를 살펴본다.

함풍(咸豊) 3년(1853) 5월 18일, 태평천국의 북벌군(이하「태평군」)은 공현(鞏縣)에서 도하(渡河)를 개시하였다.

진중신은 동생 계신(季甡), 친척인 동생 형산(衡山), 경운(耕耘: 장흥의 자), 장남 요(垚), 조카 묘(淼) 등 당시의 진가구에서 무술에 뛰어난 자를 중핵으로 일족의 자제 수백명, 향용(鄕勇) 약 1만명을 동원하여 향토방위군을 조직하였다. 중신(仲甡)은 이 때 44세이다.

태평군과의 전투는 5월 21일부터 시작되었다. 중신은 스스로 진두에 서서 싸우고 태평군의 지도자 여러 명을 사살하였다. 태평군이 패주할 때 다시 추격하여 수백명을 사살하였다. 5월 22일, 태평군은 마을을 불태워 가며 진군하여 중

---

28) 陳鑫 著 『陳氏太極拳圖說』 卷末附錄

신(仲牲)들의 방위군을 공격하였다. 중신은 이때도 전투가 시작되자 적진으로 들어가 싸워서 「사마(司馬)」의 기를 들고 북을 두드리며 지휘하던 적장을 토벌하였다. 이날 태평군은 흩어져 궤주(潰走)하였다.

다음 날 23일 처음 복병(伏兵)의 계획을 이용하게 되었다. 중신은 일군(一軍)을 이끌고 망하(蟒河)의 북쪽에 매복하고, 요(垚)·묘(淼) 등을 묘당 속에 잠복하게 하였다. 형산(衡山)·경운(耕耘)이 정면에서 태평군을 유인하였다. 태평군이 망하를 건널 때 방위군은 삼면에서 좁히며 공격하였다. 태평군은 단번에 격파되고 무기를 버리고 자기편의 시신을 넘어 도망갈 정도의 패주였다. 그러나 태평군이 본영을 구축한 유림(柳林)에는 아직 대군이 대기하고 있었다. 때문에 다음 날도 반드시 습격이 있을 것으로 보고 중신(仲牲)은 다시 복병의 계획을 이용하기로 하였다. 24일의 전투는 진가구(陳家溝) 자체가 전쟁터가 되고 이 일련의 온현(溫縣) 공방전에 결말짓는 최대의 격전이었다. 『진씨가보』 진중신전(陳仲牲傳)은 다음과 같이 그리고 있다.

24일, 형산(衡山)은 오군촌(伍郡村)에 복병을 두고, 계신(季牲)은 진구의 좌측에, 경운(耕耘)이 진구의 우측에 복병을 갖추었다. 중신공은 조카들을 본체의 좌우 날개로 족형 준덕(峻德)이 이끄는 이남방(李南方)의 한 부대를 원군으로서 방위진을 펼쳤다. 적은 마침내 유림(柳林)에서 대거 공격해 왔다. 중신공(仲牲公)이 먼저 적을 맞이하였다. 모두 두려워하였다. 칼날을 마주하는 전투였지만 중신은 마치 잡초와 같이 적을 베었다.

갑자기 적진에 강적이 나타났다. 적군 중에서도 요장(饒將)으로 알려진 대두왕(大頭王) 양보청(楊輔淸)이다. 신장은 6척, 당당한 체격으로 일찍이 동포(銅砲: 구리로 만든 포)를 옆에 안고 무창성(武昌城)을 뛰어넘어 함락시킨 용사로서 그후 가는 곳마다 적이 없었다고 했다. 지금 배하(配下)의 병사들이 패배하고 있는 것을 본 양보청은 스스로 접전에 나섰다.

중신공(仲牲公)은 무시할 수 없는 적으로 보고 진구(陳溝)로 유인하여 복병으로서 치려고 하였다. 싸움에 지친 적(楊輔淸)은 마침내 도주하였다. 중신공은 추격하여 창으로 그 목을 옆에서 찔렀다. 적은 재빨리 몸을 피하여 등자(鐙子)에 숨었다. 말 배 쪽에서 찌르려고 하자 적은 다시 마상으로 몸을 돌렸다. 기회를 놓치지 않고 중신공(仲甡公)은 한 손으로 창을 적의 목 부분을 찔렀다. 그리고 적이 마상에서 떨어지는 것을 놓치지 않고 달려들어 마침내 그 목을 베었다. 적들은 이것에 놀라 당황하여 허둥거리며 도망쳤다. 그 때 서쪽에는 하늘을 가린 연기가 피어오르고 동쪽에서는 땅을 흔드는 포성이 들려왔다. 방위군은 즉시 2대로 나누어 대항 태세에 들어갔는데 그들은 이문청공(李文淸公)이 이끄는 원군이었다. 이 때 적군은 이미 유림(柳林)으로 도망쳤다.

이 후 태평군은 회경부(懷慶府)를 공격하다 힘을 잃고 산서(山西)로 우회하여 북상하였지만, 결국 북방원정 전투는 태평군으로서는 실패로 끝이 났다. 진중신(陳仲甡)이 이끄는 향토민병에 의한 방위군은 진왕정의 시대부터 200년을 거쳐 다시 스스로의 무력에 의해서 지역을 지켜냈다.

진가구의 격전과 「양보청(楊輔淸)」을 쓰러뜨린 진중신의 활약은 20세기 초기까지 지역의 고로(故老)들이 즐겨 이야기하는 무용담이었다. 진흠(陳鑫)『진씨태극권도설』의 이시찬(李時燦) 시문(1921 記)에는 다음과 같이 기술하고 있다.

> 함풍(咸豊) 3년 월구(粤寇: 태평군) 이개방(李開方)이 10만명을 이끌고 공현(鞏縣)에서 황하(黃河)를 건너 온현(溫縣)의 남쪽, 하탄(河灘)·유림(柳林) 속에 주둔하였을 때, 이문청공(李文淸公)은 민병단(民兵團)을 이용하여 이들을 공격하려고 하였다. 민병단은 오합지졸로 적과 만나면 바로 패주하였다. 진영의선생(陳英義先生: 중신)은 동생 계신(季甡)과 즉시 전진(戰陣)에 들어가 그 수령 양보청(楊輔淸)을 진구(陳溝)로 유인하여 한 손으로 창을 찔러 넘어뜨렸다. 양보청은 구중(寇中)에서 대두왕(大頭王)으로 불리고 공성(攻城)의 명수로서 알려져 있었다. 그가 무너졌기 때문에 사나운 적의 무리는 기력을 잃고 마침내 서쪽으로 도망갔다. 지금까지도 부로(父老)는 "영의(英義: 진중신)가 유림(柳林)에서 적을 죽였다"고 이야기를 하면서 입에 거품을 물고 멈출 줄을 모른다. 이후 대하(大河)의 남북에서

는 권법이라면 반드시 진구의 진씨가 있다고 할 정도가 되었다.

『진씨태극권도설(陳氏太極拳圖說)』에는 서문·부록『진씨가승(陳氏家乘)』 및 후기의 여러 곳에서 진중신(陳仲甡)의 영웅담이 실려 있다. 전투의 대요(大要)는 사실로서 인정할 수 있다. 단, 24일 진가구의 전투에서 진중신이 넘어뜨린 태평군의 실제 용장은 양보청(楊輔淸)이 아니었다.

4) 진중신 무용담의 양보청과 흑력호

양보청(楊輔淸)은 태평천국(太平天國)의 주요간부 한 사람으로서「동왕(東王)」양수청(楊秀淸)의 동생이다. 양수청은 태평천국의 중심인물 홍수전(洪秀全)을 능가하는 군사적·재정적 실권을 쥐고 있었다. 이 때문에 도리어 내부의 실권투쟁 속에서 함풍(咸豊) 6년「북왕(北王)」위창휘(韋昌輝)에게 말살되었다. 양보청도「보왕(輔王)」으로서 태평천국의 왕위에 열거된 간부의 한 사람이지만 태평천국난이 평정된 후에도 살아남았다. 곽정이(郭廷以)의『태평천국사사일지(太平天國史事日誌)』(1946)에 따르면 양보청은 "1874년 8월, 복건 대만(福建 台灣)에서 체포되었다"고 했다. 태평천국이 붕괴되고 10년 후에 체포된 것이다.

양보청(楊輔淸)의 소전(小傳)은 왕문유(王文濡)의『태평천국야사(太平天國野史, 1923)』에도 볼 수 있다. 이책에 따르면 양보청은 형 양수청(楊秀淸)과 일선을 기획하고, 태평천국의 또 한 사람인 최고 간부 석달개(石達開)의 군에 일찍부터 몸을 담고 있었기 때문에 내부투쟁에서 암살되지 않고 마지막까지 태평천국을 위하여 활동할 수 있었다. 난이 진압되자 양보청은 상해(上海)를 경유하여 미국으로 망명하였다. 태평천국 13년(1863) 7월의 일이다. 이 때 양보청은 태평천국의 재흥(再興)을 기대하고 금은재보(金銀財宝) 등 상당한 군자금을 가지고 있었다.

이 군자금을 근거로 양보청은 샌프란시스코에서 비밀결사 미주(미국)삼합회(美洲 三合會)를 창설하였다. 삼합회는「삼점 수(水)를 함께 합한」것으로「홍

(洪)」의 문자를 나타내는 암호이며, 태평천국 회복의 의미가 담겨 있다. 양보청은 미국으로 흘러 들어 온 중국인들을 적극적으로 지원하고 결사의 세력을 확대하고자 하였으나 곧 자금의 고갈과 함께 미국정부에게 내쫓긴 것이다. 미국의 관헌(官憲)은 양보청을 비밀결사의 수령으로서 싫어하였다. 그래서 양보청은 광서(光緖) 10년(1884), 단신 귀국하여 복건제독(福建提督) 나대춘(羅大春)에게 의지하였다.

나대춘(羅大春)은 태평천국의 옛 장수로 난의 평정후 정부군에 귀순하였다. 양보청과 두터운 우의를 주고받는 사이이며 비밀을 지켜 줄 우인이었다. 나대춘의 주위에 있는 부하도 모두 과거의 동지들이었지만, 그들은 양보청에 대하여 군자금건으로서 미국으로 운반한 금은(金銀)의 분할을 요구하였다. 양보청(楊輔淸)은 자금을 이미 지난 20여 년전 비밀결사조직 활동을 위하여 모두 사용하여, 지금은 그저 일신을 친우에게 의탁할 뿐 재보(財寶) 등은 없다고 설명하였다. 과거의 동지들은 이것을 기뻐하지 않고 민독(閩督: 복건성지방 감독청)에게 밀고하였다. 경찰은 즉시 나대춘에 대하여 양보청의 신병을 내어줄 것을 요구하였다. 양보청은 이것도 천명(天命)으로 받아들여 포기하고 나대춘과 함께 출두(出頭)하였다. 경찰은 반년간 양보청을 서에 가두고 지금끼지의 내력과 태평전사(太平戰史)를 완성하게 하고 처형하였다. 급보를 듣고 달려온 나대춘은 유체(遺體: 시체)에 매달려 호읍(號泣)하였다. 그 후 양보청은 나대춘에 의해서 정중하게 매장되었다.

이상이 왕문유(王文濡)의 『태평천국야사(太平天國野史)』에 그려진 양보청의 소전(小傳)이다. 이 책에 따르면 양보청은 태평천국의 붕괴 20년 후에 체포되었지만, 곽정이(郭廷以)의 『태평천국사사일지(太平天國史事日誌)』와는 10년의 간격이 생긴다. 그러나 어쨌든 양보청이 난의 실패 후에도 생존해 있었다는 것을 증명하는데 충분하다.

함풍(咸豊) 3년(1853) 태평천국군은 남경을 함락시키고 이곳을 「천경(天京)」으로 정하고, 즉시 임봉상(林鳳祥)·이개방(李開方)이 이끄는 북벌군을 출발시켰다. 임·이 모두 반란 처음부터 참가하고 항상 실전의 제1선을 이끌어 온 맹장이었지만 태평천국에서의 지위는 양보청보다도 상당히 하위간부였다. 따라서 양보청이 임봉상·이개방의 지휘하에 들어가 온현(溫縣)을 공격하는 일은 있을 수 없다. 또한 임봉상·이개방의 두 사람 모두 1855년에 직례(直隷)·산동(山東)에서 잇달아 체포되었으며, 온현(溫縣)을 공격할 때는 시종 건재하였다. 그러면 온현(溫縣)을 공격할 때 진가구에서 쓰러진 맹장은 도대체 누구인가. 태평천국 난의 전투견문록(戰鬪見聞錄)인 『순비수문록(盾鼻隨聞錄)』 권5에는 다음과 같은 삽화가 기록되어 있다.

> 채(蔡)라는 호남인(湖南人)으로 점복술(占卜術)에 뛰어난 남자가 적에게 투항하여 하남(河南)에 왔을 때, 사람 운세로서 "구(溝)를 만나면 반드시 대장을 잃는다"고 말하였다. 「흑력호(黑力虎)」라 불리는 매우 용맹한 남자가 있었다. 무창성(武昌城)을 함락시켰을 때 가장 먼저 적진에 쳐들어 간 호걸이었다. 용맹스럽게 단신으로 진가구(陳家溝)로 쳐들어가 권봉(拳棒)의 교사 진모(陳某)와 조우하였다. 진(陳)은 2명의 자식을 거느리고 흑력호를 둘러쌌다. 잠시 싸운 후 진가부자(陳家父子)는 패하여 문(門)을 향하여 도망쳤다. 흑력호(黑力虎)가 추격하여 들어서자 17세 정도의 소녀가 창(槍)을 가지고 문 곁에 잠복하여 갑자기 뒤에서 허벅다리를 찔렀다. 흑력호가 땅에 쓰러지자 습격하여 마침내 목을 잘랐다. 적군은 이 때문에 크게 기세가 꺾였다.

아마 이 기술(記述) 쪽이 보다 객관적인 사실을 언급하고 있었을 것이다. "진중신이 무창(武昌)으로 가장 먼저 적진에 뛰어 들었을 정도의 태평군 용장을 진가구로 유인하여 쓰러뜨렸다"는 이야기의 줄거리에서 이 『순비수문록(盾鼻隨聞錄)』의 기술은 진가구에 전해지는 진중신 무용전(武勇傳)과 일치한다. 물론 「권봉(拳棒)의 교사 진모」는 진중신이며, 중신이 지휘한 두 사람의 자식은 장남 요(垚), 조카 묘(淼)였다. 창으로 흑력호(黑力虎)를 넘어뜨린 소녀의 이름은 전해지지 않는다.

흑력호는 단신으로 진가구에 갔다고 하지만 이 점은 역시 상당한 군세를 이끌고 있었던 자로 생각해야 한다. 진가구의 전투는 며칠을 걸쳐서 온현(溫縣) 공방전의 일환으로서 치러진 것이며, 아무리 「용맹스럽게」도 이날 흑력호가 단독으로 진가구에 간다는 것은 부자연스럽다.

흑력호와 진씨일족의 전투를 기록한 『순비수문록(盾鼻隨聞錄)』(國立國會圖書館 所藏)

창(槍)의 소녀는 그 이름조차 전해지지 않고 있지만 매복의 선두에 있었고, 또한 돌입하는 적을 한순간에 막았다는 것으로 판단하면 결코 우연의 배치가 아니라, 당시의 진가구에서는 이름이 알려진 존재였을 것이다. 기술・담력이 없다면 매복의 선두에 서지 못하였을 것이다. 진중신이 평소에 무술・담력 모두 뛰어나다고 인정하고, 이날도 의식적으로 배치한 제자의 한 사람으로 생각해야 할 것이다. 시일의 경과와 함께 집단적인 전투세부가 생략되고, 모두가 지휘자 진중신의 영웅담 속에 수렴되어 전해지게 된 것이다. 그럼 흑력호가 왜 「대두왕(大頭王) 양보청(楊輔淸)」이 된 것인가.『순비수문록』에는 전조에 이어서 간혹 다음과 같은 삽화도 실리어 있다.

> 또한 적군중 강자로 대두양(大頭楊)이 있었다. 즉 양사화상(楊四和尙)이다. 적군 중에서는 무적장군(無敵將軍)으로 불렸다. 임청주(臨淸州)에서 접전했을 때 말이 갑자기 쓰러져 죽었다. 그것을 향용(鄕勇)들이 덮쳐 죽이고 목을 베었다. 수급은 마치 오승두(五升斗)와 같이 컸다. 장대에 높이 쳐들자 적군은 모두 겁먹고 벌벌 떨었다.

즉 영웅담이 성립하는 과정에서 사실의 단순화와 허구의 증식화(增殖化)가 반복되고 진중신이 진가구에서 쓰러뜨린 적장은「흑력호(黑力虎)」에서「대두양(大頭楊)」으로, 그리고 태평천국군의 양씨 중에서 지위 명성이 높은「양보청(楊輔淸)」으로 변화한 것이다.

5) 진중신의 무공록

온현(溫縣)의 공방전으로 진중신(陳仲甡)의 무명은 일거에 높아졌다. 그 후 진중신은 향용(鄕勇)을 이끌고 온현(溫縣)은 물론 민 지역에도 관군의 요청을 받고는 출병하고, 수많은 실전에서 활약하였다.『진씨가승(陳氏家乘)』의 기술에 따라서 출병을 연대순으로 열거해 본다.

① 함풍(咸豊) 6년(태평천국 6년, 1856)

토비(土匪)가 박주(亳州: 안휘성의 보저우市, 亳: 땅박)에서 날뛰었다. 진중신은 전 온현령(溫縣令)의 장예연(張禮延)을 따라서 계신(季甡)과 함께 향용을 이끌고 박주(亳州)로 향하고 5전5승, 며칠 만에 박주를 회복하였다. 잔당이 진주(陳州)로 도망간 것을 추격하고 진주에서 3전3승, 천여 명의 수급을 베고 수차 분량의 군용품을 빼앗았다.

② 함풍 7년(태평천국 7년, 1857)

토비가 육안주(六安州)에 뿌리를 박고 움직이지 않았다. 중신은 관군의 요청을 받고 급하게 출동하여 3일간 주야를 구별하지 않고 연속적으로 공격하여 마침내 성시(城市)를 탈환하였다. 이 공적으로 중신은 육품정령(六品正翎, 翎은 청조에서 공적이 있는 자에게 부여하는 관의 장식 깃털)을 수여받았다.

③ 함풍 8년(태평천국 8년, 1858)

도적이 사방에서 붕기하였다. 장낙행(張樂行)의 한 집단이 범수(氾手)를 침범하였다. 중신은 향용을 조직하여 황하연안 방어에 임하였다. 적군은 여러 날, 도하의 기회를 엿보았지만 방위진(防衛陣)에 빈 틈이 없어 마침내 도하를 포기하였다. 이로 인해 온향(溫鄕)의 안전이 확보되었다.

④ 함풍 9년(태평천국 9년, 1859)

몽성(蒙城)·부양(阜陽)이 함락되었다. 진중신은 관군의 요청을 받고 출진(出陣), 적군을 연파하고 2성 회복에 공헌하였다. 이 전투에서 중신은 5품상화령(五品賞花翎)을 수여받았다.

⑤ 함풍 11년(태평천국 11년, 1861)

장창회(長槍會)·이점표(李占標)가 무리 10만 여명을 이끌고 산동(山東)의 창(彰)·위(衛)·회(懷) 3부를 침범하였다. 진중신은 관군의 요청을 받고 향용을 모집하고 무척(武陟)·목린점(木欒店)에서 반격을 준비하였다. 적군은 감히 서진하려고 하지 않고 그대로 되돌아갔다.

⑥ 동치 6년(1867, 태평천국 14년에 평정된 후의 반정부군)

토비(土匪) 장총우(張總愚)는 수십만명의 군사를 이끌고 봉(縫)에서 회(懷)로 들어왔다. 중신은 흠(鑫, 3남), 묘(淼, 조카) 일족 및 향용 수천을 이끌고 참전하였다. 12월 14일, 아침 일찍부터 오후까지 전투가 지속되었다. 묘(淼)는 몸에 중상을 입으면서 분전(奮戰)하였으나 마침내 말과 함께 포격(砲擊)당하여 전사하였다. 중신은 비분을 참고 더욱 더 무리를 격려하여 맹장 지휘자 두 사람을 쓰러뜨리고, 예졸 이백여명을 토벌·사살하였다. 밤이 되어 적군은 마침내 회경(懷境) 밖으로 궤주(潰走)하였다.

이리하여 함풍 3년(1853)부터 동치 6년(1867)까지 14년간 진중신은 거듭되는 전란 속에서 일족(一族)·향용(鄕勇)으로 구성된 향토방위군인 일종의 민병군단(民兵軍團)을 조직하고, 국토를 한 때는 이분화할 정도의 세력을 가진 태평천국군, 또는 태평천국에 호응하여 봉기한 국지적인 반정부군, 농민일규군(農民一揆軍), 또는 전란에 틈타 각지를 약탈하려 한 비적(匪賊) 무리 등과 싸워 약체화된 정부군을 지원하고 향토방위에 최선을 다하였다.

진중신(陳仲甡)은 가경(嘉慶) 14년(1809) 정월 27일에 태어나 동치(同治) 10년(1871) 10월 14일에 사망하였다[29].

따라서 이 전란의 14년간은 진중신의 44세부터 58세에 해당한다. 사망한 것은 62세로 『진씨가승(陳氏家乘)』에 기록된 최후의 전투에서 4년 후이다. 이른바 진중신은 생애 후반기의 대부분 실전 속에서 보낸 무술가였다. 사후 지역 사람들의 중의(衆議)에 의해서 「영의(英義)」의 명이 부여되었다. 「의(義)로운 영웅」의 뜻이다. 진중신이 「영의공(英義公)」으로 불리는 것은 여기에 기인한다.

또한 양로선(楊露禪)의 생몰은 1799~1872년이기 때문에 진중신과 거의 동시대이다. 양로선 쪽이 10세 연장이지만 양로선은 진가구에 약 25년간 체재하였기 때문에 두 사람은 가까운 사이였을 것이다. 애초 권법의 형(型)은 양로선이 진장흥(陳長興)의 노가식(老架式)을 전승하고, 진중신(陳仲甡)은 진유본(陳有本)의 신가식(新架式)을 전승하였다고 한다.

진중신(陳仲甡)은 군사적 전략, 무술적 재능 모두 뛰어난 무술가였다. 군사적 재능에 대해서는 상술의 전투기록에서 밝혀졌다. 중신은 전투가 벌어지면 과감하게 적진에 들어가 먼저 지휘자를 쓰러뜨리는 것을 목표로 하였다. 또한 적의 힘이 강대하다고 보이면 주저하지 않고 복병전술인 자기진지로 유인하여 집단으로 섬멸했다. 또는 강고(强固)한 방어진을 구축하여 싸우지 않고 적의 힘을 소진시켜 물리친 적이 여러 번 있다.

진중신에게는 요(垚)·염(焱)·흠(鑫)의 세 명의 자식이 있었다. 장남 요(垚)는 무(武)에 뛰어나고, 염(焱), 흠(鑫)의 두 아들은 문(文)에 뛰어났다. 요(垚)에

---

[29] 『진씨태극권도설(陳氏太極拳圖說)』, 所載 진영의공전(陳英義公傳)에 의함.

대해 『진씨가승(陳氏家乘)』은 다음과 같이 언급하고 있다.

> 진요(陳垚), 자는 곤삼(坤三), 중신의 자식이다. 19세 때 무상(武庠)에 들었다. 매년 권(拳)을 연습하길 1만회, 이것을 20년간, 게을리하지 않았다. 부친을 따라서 종종 적군과 싸웠지만 지금까지 패한 적이 없었다.

진흠(陳鑫)은 처음 염(焱)과 함께 문(文)의 길을 걸어 세공(歲貢)의 관리가 되었다. 문인이었지만 어린 시절부터 권법을 배우고 동치(同治) 6년(1867) 진묘(陳淼)가 장열하게 전사한 장총우(張總愚) 반란군과의 싸움에는 부친과 함께 종군하여 실전을 체험하였다. 만년에 이르러 권법연구에 몰두, 광서(光緒) 34년(1908)부터 민국(民國) 8년(1919)까지 12년간을 투자하여 진가구 최초의 권법서를 완성시켰다. 이것이 『진씨태극권도설(陳氏太極拳圖說)』이다.

6) 『진씨태극권도설』 성립의 사적 의의

『진씨태극권도설(陳氏太極拳圖說)』을 예로 든 것 같이 권법의 형(套路)은 진장흥(陳長興)이 양로선에게 전한 형과 본래는 같은 것이다. 즉 진가구에 전해지는 여러 종의 투로 중 일반적으로 두투권(頭套拳)으로 불리던 형이다. 그러나 동작의 각 부분에 이동(異同)이 있고, 연무(演武)의 속도, 힘의 강약 등도 다르기 때문에 일반적으로는 진장흥계의 형을 노가식(老架式), 『진씨태극권도설』에서 소개된 형은 신가식(新架式)으로 부른다.

노가식은 찌르기·차기·진각(震脚: 강하게 땅을 밟는 동작으로 날숨 호흡에 맞추어야 한다) 등 힘을 주어야 할 곳은 전신에 힘을 주고, 또한 속도가 필요한 동작은 빠르게 연기한다. 그 만큼 노가식은 동작의 원초적인 의미와 연무방법이 일치하고 있다. 따라서 그 형은 기복(起伏)·강약(強弱)에 풍부하고 일반적으로 소림권으로 불리는 표준적인 북파 권법과 조금도 다른 바가 없다.

이것에 비하여 신가식(新架式)은 힘의 강약·기술의 쾌속이라는 연무방법은 포함하더라도 노가식에 비교하면 매우 유적(柔的)인 요소가 많고, 이를테면 힘을 주어서 빠르게 찔러야 할 곳을 의념(意念: 염원하는 마음)을 가지고 느긋하게 실시하는 등, 하나의 동작을 단순하게 완성하지 않고 그 동작의 세세한 과정도 충분히 완미(玩味: 음식을 잘 씹어서 맛봄)하듯이 연무한다. 그 만큼 신가식은 정적·내면적이며, 연무법에 「양파태극권(楊派太極拳)」과 공통하는 부분이 있다.

신가식은 진장흥과 동세대(同時代)의 사람으로 진중신의 숙부에 해당하는 진유본(陳有本)이 정리한 것이라고 한다. 진흠(陳鑫, 1849~1929)이 그것을 부친 중신(仲甡)으로부터 형(兄) 요(垚)와 함께 직전(直傳)으로 배운 것이라는 것은 『진씨 태극권도설(陳氏太極拳圖說)』의 「격지추(擊地捶)」의 페이지에 주기된 체험기를 통하여 엿보고 알 수 있다.

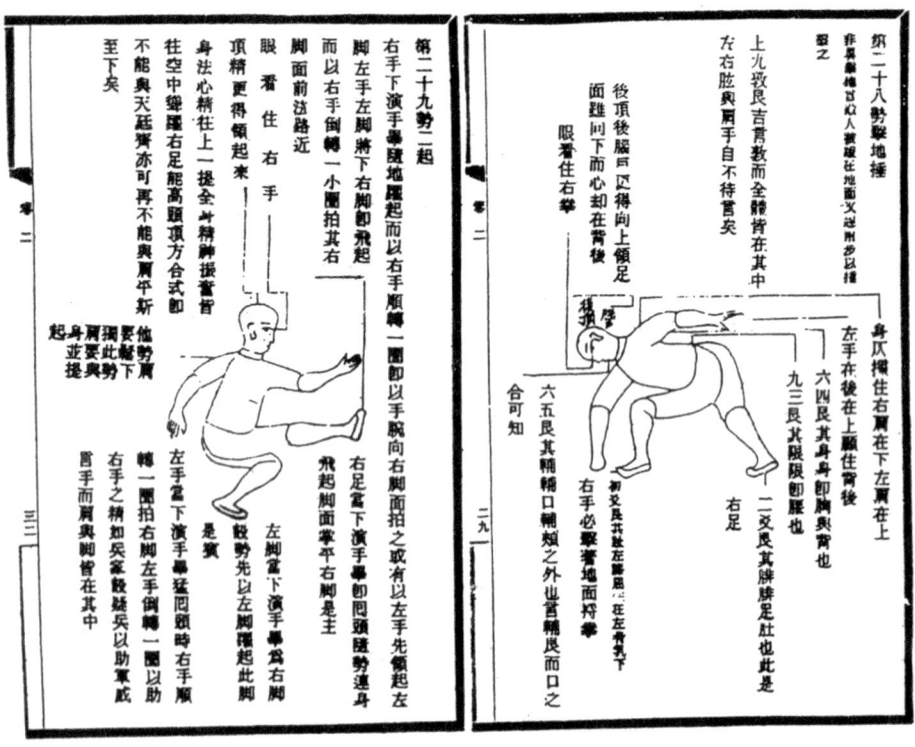

격지추12기각의 연속기 바깥쪽으로 찬 양손을 쳐, 몸을 뒤집어 후방으로 날아친다

「격지추(擊地捶)」는 어떠한 기술인가? 형 속에서는 전후의 적에게 포위되었

다고 가상하고 먼저 전방의 적을 앞차기로 쓰러뜨린다. 이어서 후방으로 돌아서는 형태로 후방의 적 하복부(下腹部)에 뒤꿈치 차기를 한다. 그리고 지상에 비틀거리며 쓰러지는 적에게 마지막 일격을 가하기 위해 2, 3보 바싹 뒤쫓아 상대 몸에 올라타듯이 자신의 몸을 낮게 하고 땅을 향하여 내리찍는다. 이 결정타가 격지추(擊地捶)이다. 이후 다시 후방으로 돌아 이번에는 공중으로 날아 찬다는 형 속에서는 가장 기복이 풍부하고 운동량이 격렬한 부분이다.

    (격지추의 동작에 대해 해설한 후에) 옛날 내가 아직 소년이었을 때, 선대인(先大人, 부친)은 이 형(型) 대로 몸을 낮추고 우리들 형제 둘을 등에 붙이고 온힘을 다하여 아래로 꽉 누르도록 하였다. 그러나 선대인이 살짝 몸을 비틀자 둘 모두 동시에 튕겨 쓰러졌다. 그 때 나는 이 기술의 열쇠가 어디에 있는가를 깨달을 수 있었다. 위(上)는 정정(頂精: 頭頂의 기력)을 똑바로 영도(領導)하고, 아래는 당정(膽精: 서있는 발의 기력)을 원(圓)으로 벌리고, 양발은 땅을 확실하게 디디고, 중간 요정(腰精: 허리의 기력)으로 한 번 비틀어 바꾸면, 아무리 많은 사람이라도 밀어붙일 수 없다. 하물며 우리 형제 둘 따위는 물론이다. 이것이 이른바 "중기(中氣: 중심기력)에 만족하게 관철한다면 사물이 오는 속도로 사물에 응하는 다른 것은 없다"의 가르침이다.

이 짧은 주기(註記)는 또한 중신(仲甡) 부자, 나아가서는 당시의 진가구(陳家溝) 사람들에 의한 권법수련(拳法修練)이 어떠한 것이었던가, 그 한 단면을 여실히 우리들에게 보여주고 있다. 양로선(楊露禪)도 또한 이러한 분위기 속에서 어린 시절부터 권법에 익숙했을 것이다. 『진씨태극권도설(陳氏太極拳圖說)』에 의해서 우리는 지금도 19세기 중엽의 진가구 무술을 접할 수 있으며, 아버지에서 아들에게 몸에서 몸으로 전승된 진중신 권법의 형(型)을 음미할 수 있다. 이 형의 계통은 현재에도 전해지고 있으며, 『진씨태극권도설』은 수족의 움직임을 놀라울 정도로 상세하게 기록하고 있기 때문에 거의 당시 그대로 복원하는 것도 그렇게 어렵지 않다. 이와 같이 진씨무술을 교본으로서 기록한 부분에 『진씨태극권도설』의 큰 의의를 확인할 수 있다.

그러나 무술사적으로 보아 더욱 더 중요한 의의는 『진씨태극권도설』에 의해서 「태극권」이라는 명칭도 그 원형이 된 진가구의 권법이 여기에 비로소 공공연히 결합되었다는 것이다. 이른바 「진파태극권」은 이 시점에서 성립되었다고 할 수 있다.

본래 태극권(太極拳)의 원형이 된 진가구 권법은 진장흥계(陳長興系)의 노가식(老架式) 형이다. 그러나 노가식의 사람들은 자신들의 파(派)에서 하나의 지류(支流)로서 파생한 양파 일문(陽派 一門)이 태극권이라는 독특한 권법을 확립시키고, 그 주류(主流)가 된 것에 일종의 라이벌 의식을 가지고 있었다. 따라서 노가식의 사람들은 자신들이 중앙에서 활약하게 되어서도 태극권(太極拳)이라는 명칭과 유연(柔軟), 또는 정적(靜的)인 연무법(演武法)을 이용하는 것은 저항 또는 거부감이 있었을 것이다.

진씨(陳氏) 권법이 널리 공개된 것은 남경중앙국술관(南京中央國術館)이 성립하고, 중국무술의 근대적인 조직화와 보급이 통일적으로 이루어지려고 한 때부터이다. 진씨 권법은 태극권의 원류에 관심을 가진 사람들, 혹은 부드러움 일색의 연무법에 의문을 가진 사람들에 의해서 환영을 받았다. 비로소 진자명(陳子明, 17세), 진적보(陳績甫, 18세)에 의해서 주요 도시에 소개되어 진장흥계 17세 진발과(陳發科, 1887~1957)가 1928년에 직업적인 권법가로서 베이징에 진출한 이후 각지로 급속하게 보급되었다. 현재 각지에 나타나는 진파 태극권의 대부분은 이 「진발과(陳發科) 만년의 형(型)」에서 파생된 것이다.

7) 진씨 권법의 원형 – 달인 진발과

무술사(武術史) 연구가로서 저명한 주검남(周劍南)의 회상록 『수집국술사료경과(蒐集國術史料經過)』 「7, 진발과 선생을 방문하여 비로소 진파 태극권을 본다(台灣 武壇, 1974년, 23・24기)」에서, 민국 37년(1948) 당시의 진발과(陳發科) 권법에 대하여 다음과 같이 기술하고 있다.

진선생은 자를 복생(福生)이라 한다. 또한 복생(復生)이라고도 쓴다. 하남성 온현(溫縣) 진가구의 사람이다. 태극권의 명문가 진장흥선생의 증손에 해당한다. 일찍이 중화민국 17년(1928) 북평(北平: 北京)에 나와 태극권을 가르쳤다. 중화민국 34년(1945) 겨울, 내가 중경(重慶)에 있었을 때 장계동(章啓東)씨의 소개로 홍무중(洪懋中) 형(兄)과 심가정(沈家楨)씨를 방문한 적이 있다. 심씨는 과거 북평(北平)에서 진발과 선생에 대하여 진파태극권(陳派太極拳)을 배운 적이 있었고, 그는 진(陳發科)선생을 매우 존경하고 있었다. 그리고 진(陳)선생의 수련을 매우 상찬하고, 이를테면 진(陳)선생이 금강도대(金剛搗碓)의 기술로 발을 한 번 밟으면 창문이 흔들릴 정도라고 말하였다.

나는 북평(北平)에 도착하자마자 진선생이 아직 북평에 있는지 없는지를 묻기로 하였다. 하남회관(河南會館)에서 듣기로 진선생은 라마시(騾馬市) 대가(大街) 89호 중주회관(中州會館)에 살고 있다고 한다. 그래서 중주회관을 방문하여 보니 진선생은 마침 심심풀이로 3명의 부인들과 마작을 하고 있었다. 진(陳發科)선생은 곧 마작을 멈추고 나를 상대해 주었다.

진(陳)선생은 중간 정도의 키로 튼튼한 몸에 나이는 60세 정도였다. 나는 그에게 태극권을 조금 보여주기를 청하였다. 그는 "나는 운기(運氣)를 하지 않지만…" 하고, 두투권(頭套拳)을 연무하였다.

연무시(演武時) 그 움직임은 빠르고 혹은 느리고, 또한 강하다고 생각하면 부드럽게 변하였다. 발경(發勁: 기력을 집중하여 힘껏 기를 발함)할 때 그 기세는 사람을 놀라게 할 정도였다. 찌르는 주먹은 바람을 띠고, 한 번 진각(震脚)하여 땅을 밟자 창문은 움직이지 않았지만 분명히 그 정도의 기세가 있었다. 이전에 본 적이 있는 양징보(楊澄甫)·오감천(吳鑑泉) 두 사람이 전하는 연법(練法)과는 크게 달랐다. 보통 무술을 연마한 사람이 그가 주먹을 단련하는 이 수련 정도를 보았다면, 아마 감히 그와 겨루는 일은 하지 않았을 것이라고 생각하였다. 또한 옛날 양로선(楊露禪)선생이 명가(名家)가 즐비한 베이징(北京)에서 왜 그러한 명성을 수립할 수 있었는지 비로소 이해할 수 있었다. 당시는 금전을 내면 살 수 있다는 선전도

구는 없었다. 이름을 날리기 위해서는 진짜 실력에 의지할 수밖에 없었으며 수많은 대련(對鍊: 鬪)의 시련을 거쳐 비로소 명성을 얻을 수 있었다.

진(陳發科)선생은 연무(演武) 후에 태극권의 전사경(纏絲勁: 온몸을 비틀어 힘을 실은 권법)의 중요성을 반복하여 강조하였다. 끝으로 선생은 왕향재(王向齋)선생과의 사이에 생긴 마찰을 이야기하였지만 마작(麻雀)을 오랫동안 중단시켜 죄송하여 곧 나는 예를 갖추고 떠나왔다.

진발과(陳發科)선생은 왜 연무하기 전에 일부러 "나는 운기(運氣)를 하지 않지만…"하고 뜸을 들인 것은 아마 검남(劍南)이 태극권 일반에는 이미 상식화된 독특한 용어·개념을 이용하여 질문한 것에 대하여, 자기 권법이 그것과는 구분된다는 것을 강조한 점으로 보아 진발과의 일반적인 태극권에 대한 생각을 알 수 있었다. 왕향재(王向齋)와의 갈등도 아마 이러한 무술적 이념, 기법의 차이에서 생겼을 것이다.

왕향재(王向齋)는 형의권(形意拳)을 더욱더 내면화시키고 의념(意念)의 수련을 중요시하였다. 그 의미에는 왕향재의 형의권은 태극권 이상으로 태극권적이었다. 왕향재의 권법도 포함하여 이 당시 형의권(形意拳)·팔괘장(八卦掌)·태극권(太極拳)의 3문(三門)은 일괄하여 「내가권(內家拳)」, 또는 「내가문(內家門)」 등으로 불리게 되었다. 「내가권」은 본래의 일류파명(一流派名)을 나타내는 단어에서 벗어나 「내공을 중요시하는 권법」, 이른바 유파권법의 제 유파를 나타내는 일반적인 용어로서 정착하였다.

따라서 "나는 운기를 하지 않지만…"라고 말한 것에 태극권은 처음부터 내가권, 또는 유파권법 일반에 대한 진발과(陳發科)의 반발이 나타나고 있다는 것으로도 해석할 수 있다.

공산당이 1949년 베이징(北京)에서 정권을 수립한 후 태극권도 민족체육의 하나로서 전국적·조직적 연구가 활발하게 되었다. 베이징시에 성립한 민족형식체육위원회(民族形式體育委員會, 주임: 張甄) 주체로 태극권연구위원회의의 좌상, 태극권연구가 오도남(吳圖南)은 진발과가 출석한 것을 보고, "진파의 권법은 『포추(砲捶)』이며 『태극권(太極拳)』은 아니다. 따라서 진발과의 정식 출석은 인정할 수 없다"고 주장하였다. 진발과는 이 주장에 대해 스스로의 권법이 일반적 태극권과 다르다는 것을 인정하고, 단순히 「열석(列席)」, 이른바 참관인(옵저버)의 입장에 만족하였다고 한다.30)

오도남이 "진씨 권법은 포추이며 태극권은 아니다"고 단언한 것은 1917년 스스로 진가구를 방문하여 진흠(陳鑫)과 면담한 경험에 근거한 것이다.

> 진흠(陳鑫)은 우리들에게 상세하게 이야기하였다. 그에 따르면 진가구에서는 매년 가을 수확 후 농작업이 끝나면 광장에서 소림회(少林會)를 연다. 진가구의 사람은 모두 여기서 연습하는 것이 오랜 관습적 약속이었다. 그들 진가(陳家)가 대대로 연마하는 것은 포추(砲捶)이며 소림권에 속한다. 그들은 가전(家傳)의 포추를 배우고 전하는 것에 수백년의 역사를 가지고 마을에서는 그들을 포추진가(砲捶陳家)로 불렀다.31)

현재의 진파(陳派) 중에는 포추형을 「태극권 제2로(太極拳 第二路)」로 부르는 자도 있으며, 이것은 포추가 태극권화(太極拳化)되었다는 것을 나타낸다. 그 반대로 진가구의 전통적 견지에 서면 "원래 포추의 일부가 태극권으로 변화한 것에 불과하다"로 말을 바꿀 수 있다. 진발과의 권법은 현대중국이 민족적 체육건강법으로서 완전한 태극권화(太極拳化)도 장려하였기 때문이다. 진발과(陳發科)는 1957년, 70세로 사망하였다. 진발과가 이른바 「운기를 이용하여」 연무를 유연화한, 즉 진씨 권법을 「태극권화」한 것은 실제로는 1950년 무렵이며, 이 때가 63세 무렵이었을 것이다. 현재, 진발과 계통의 사람들이 그 형을 진발과 「만년의 형」에 근거한다고 종종 말하는 것도 이러한 사정을 의미하는 것이다.

「운기(運氣)」는 유파권법이 가장 중요시하는 단어이다. 운기는 기를 체내, 손가락 끝 여기저기에 보내는 것으로 내면에 에너지를 축적할 수 있고, 이러한 내면적 에너지에 근거하여 외측에 나타나는 기(氣)는 예를 들어 그 움직임이

---

30) 吳圖南 講授・馬有淸 編著 『太極拳之硏究』, 商務印書館香港分館(1984).
31) 주 30) 상게서(上揭書)

적어도 강대한 힘을 발한다는 사고이다.

이 「운기」에 대하여 앞에서 인용한 『검남회상록(劍南回想錄)』의 삽화에 있어서 진발과는 「전사경(纏絲勁)」을 강조하고 있다. 전사경은 현재에도 진파 태극권에서 가장 중요시되고 있는 이념의 하나이다. 전사경은 음양(陰陽) 2개의 에너지가 체내를 나선상으로 돌아 이것이 기와 함께 외측으로 방출되어 강대한 힘을 발휘한다는 생각이다. 기력(氣力)의 원천은 외측에서 파악할 수 있는 근골(筋骨)의 기계적인 동력이 아니라, 눈에 보이지 않는 내측에 축적된다는 점에서 두 가지는 공통적이지만 「운기」의 정적인 이미지에 대해 「전사경」은 동적인 이미지를 제시하고 있다.

진발과는 라선경과 발경을 중시했다(沈家楨等編 『陳家太極拳』)

8) 진파 태극권 전사경 이론

진파(陳派) 태극권의 기본이념인 전사경(纏絲勁)은 그 원천을 찾으면 진흠(陳鑫)의 『진씨태극권도설(陳氏太極拳圖說)』에 도달한다. 같은 책 권두(卷頭) 다수의 그림 속에 진흠은 「태극권전사경도(太極拳纏絲勁圖)」로 제목을 붙이고 음양을 상징하는 실선·점선 2개의 선이 원 중심을 향하여 나선상(螺線狀)으로 그림을 그리고 그 밑에 다음과 같이 기록하고 있다.

　　　　나는 제자(諸子)의 태극권도(太極拳圖)를 읽고 전사경을 깨달았다. 태극권을 연무하기 위해서는 반드시 전사경(纏絲勁)을 이해해야 한다. 전사경이란 중기(中氣: 중심의 정기)를 운반하는 법문(法門: 妙法門)이다. 이것을 이해하지 않으면 권(拳)을 이해할 수 없다.

이를 계속하여 진흠(陳鑫)은 「인신전사정면도(人身纏絲正面圖)」・「인신전사배면도(人身纏絲背面圖)」에 의해서 전사의 에너지가 단전에서 손가락 끝까지 어떻게 인체를 도는가? 그 기본노선을 명시하고, 다시 「태극권전사정론(太極拳纏絲精論)」・「태극권전사법(太極拳纏絲法)」 시사수(詩四首)에 의해서 자기의 전사경(纏絲勁) 이론을 상세하게 논하였다.

진흠은 「전사정(纏絲精)」이라고 하지만 후년의 진파 전사경(陳派 纏絲勁)의 이론은 모두 여기에 발한다고 보아도 틀림없다. 즉 진파 전사경 이론은 진흠의 『진씨태극권도설』에 의해서 확립된 것이다. 여기에 같은 책의 하나 더 큰 의의를 확인할 수 있다.

양파(楊派)를 중심으로 성립한 태극권은 근대 중국 무술계에 큰 영향을 끼쳤다. 그리고 태극권 제 유파가 합쳐서 하나의 거대한 세력을 형성함으로써 태극권은 분류(奔流: 세찬 흐름)가 되어 그 원류시인 진가구에 환류(還流)하였다.

노가식 계통과 일보 거리를 두고 있던 신가식 계통의 진흠(陳鑫)은 오히려 강한 본가의식(本家意識)에 눈을 뜨고 가장 빨리 태극권의 명칭을 채용하였다. 기본이념은 처음부터 형(型) 동작의 작은 부분에 이르기까지 모두를 태극이론으로 해명하려고 하였다. 그 결실이 『진씨태극권도설』이었다. 이른바 태극이론에 의한 진씨권법의 재구축이야말로 『진씨태극권도설(陳氏太極拳圖說)』 성립의 가장 큰 무술사적 의의가 존재한다.

진흠(陳鑫)은 「태극권(太極拳)」을 조부 전래의 것으로 진술하고, 진씨 무술의 시조를 진가구 진씨 일세(一世) 진복(陳卜)으로 거슬러 올라가 찾았다.

명(明) 홍무(洪武) 7년, 시조 복(卜)은 농경독서(農耕讀書)의 여가에 음양개합(陰陽開合)으로서 전신을 운전시키는 것을 자손에게 가르치고, 이를

소화음식법(消化飮食法)이라 하였다. 그 이념이 태극에 근거하였기 때문에 명명하기를 태극권이라 하였다. 32)

여기서 홍무 연호는 명(明)나라 태조 홍무제를 가리킨다. 홍무 7년은 1374년에 해당된다. 즉 진흠은 진복 태극권개조설(陳卜 太極拳開祖說)을 주장하였다. 따라서 당호(唐豪)에 의해서 개조(開祖)가 된 제9세 진왕정에 대해서는 같은 책 말권 부록『진씨가승(陳氏家乘)』의 최초에 그 약전을 게재하였으나 태극권과의 관계에 대해서는 그저 "태극권에 정(精)하다"고 밖에 기술하고 있지 않다.

진흠의 자서(自書)는 이어서 진복(陳卜) 창시의 태극권이 진흠의 증조부 13세 공조(公兆)에 전해지고 조부 유항(有恒), 숙조부(작은 할아버지) 유본(有本)에 다시 전래되고, 다시 부친 중신(仲甡), 숙부 계신(季甡)에게 전해졌다고 하며, 자기의 계통을 진씨 무술의 본류(本流)로 평가하였다.

그러나 지금까지 진씨 일족에는 진복(陳卜)과 무술을 연결하는 전승은 전혀 없었다. 진흠(陳鑫)도 그것을 의식하였기 때문에 진복 창시의 태극권을「소화음식의 법」, 즉 일종의 건강법이었다고 하고, 그것이 무술로서 발전한 것이라고 주장하였을 것이다.

진흠은 지나치게 자기의 저술 구석구석까지 태극이론(太極理論)으로 정합성(整合性)을 가지게 하였기 때문에 오히려 일부에 뒤틀림이 생기고, 그것이『진씨태극권도설(陳氏太極拳圖說)』의 이론적 한계가 되었다. 그러나 예를 들면 진흠의 소론(所論)이 때로 극론(極論)으로 달리는 경우가 있더라도 그것은 오히려 같은 책에 강렬한 개성을 부여하는 결과가 되었다. 이점이 무술사상에 이채를 띠는 태극권의 이론서(理論書)로서 현재에 이르기까지 유파를 초월하여 애독되는 원인이 되고 있다. 그 의미에서도 역시『진씨태극권도설』은 태극권 원류지 진가구가 만든 획기적인 권법서였다.

---

32) 『陳氏太極拳圖說』自序

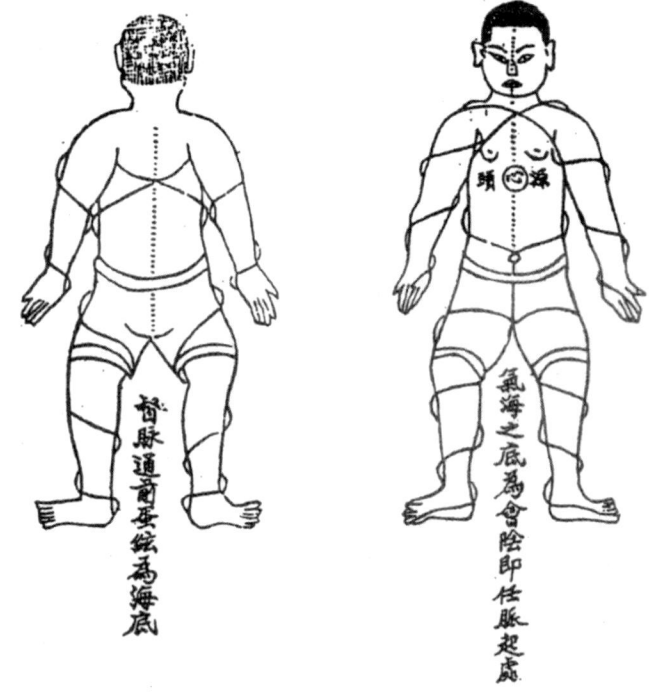

人體纏絲圖
인체전사도

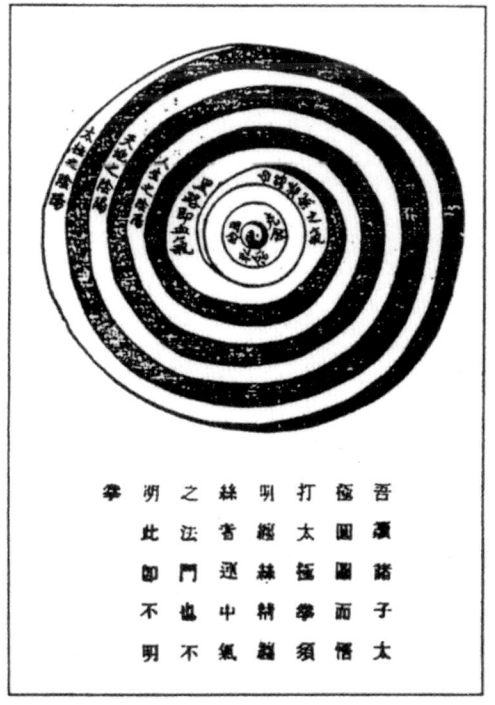

진파 나선경이론의 원전에 있는 태극권 전사정도(纏絲精圖: 진흠 『진씨태극권도설』

9) 진가구 진씨무술의 체계

　진씨(陳氏) 무술은 다른 제 문파와 마찬가지로 권법뿐만 아니라 각종 무기술(武器術)을 포함하고 있다. 서진(徐震)의 『태극권고신록(太極拳考信錄)』에 따르면 과거 진자명(陳子明)은 서진(徐震)에게 진씨 무술의 권보(拳譜)·가결(歌訣: 노래결구)·투로(套路: 형) 등을 수집한 여러 종류의 초본(抄本)을 보이고, 또한 진자명 자신이 『진씨세전권계휘편(陳氏世傳拳械彙編)』을 저술하였다고 한다. 서진(徐震)은 여러 종류의 진씨(陳氏) 초본 중 『진양의당기(陳兩儀堂記)』 및 『문수당(文修堂)』으로 기록된 2책을 가장 중요하다고 생각하여 각각 『양의당본』·『문수당본』으로 부르고, 이 2책과 진자명의 『진씨세전권계휘편(陳氏世傳拳械彙編)』을 합쳐서 『태극권고신록(太極拳考信錄)』에서 상세한 비교·고증을 전개하고 있다. 우리들은 오늘날 이러한 원본을 볼 수 없지만, 『태극권고신록(太極拳考信錄)』에 의해서 진씨무술의 체계를 대략 이해할 수 있다.

　이하 같은 책에 의해서 진씨(陳氏) 무술을 종류별로 채록(採錄)해본다. 다만 권보(拳譜)의 상세한 고증에 대해서는 원저에 양보하고, 여기서는 어디까지나 진가구 진씨무술에는 어떠한 권법·무기술이 있는가? 그 특징은 무엇인가 등 무술체계의 전체상을 보면(譜面)에 의해서 파악하는 것을 주안으로 한다.

(1) 권법(拳法)

　우선, 태극권의 원형이 된 「두투13세(頭套十三勢)」 외, 「2투(套)·3투(套)·4투(套)·5투(套)」라는 일련의 권형이 있었다. 「3투(套)·4투(套)·5투(套)」는 권보(拳譜)만 남아서 실제상 일찍부터 실전된 것 같다. 「2투(套)」의 문수당본(文修堂本)은 실전(失傳)되었지만, 「양의당본(兩儀堂本)」은 「5투(套)」의 권보(拳譜)에 이어서 「이투포추십오홍십오포주권(二套砲捶十五紅十五砲走拳)」으로 제목을 붙이고 독립된 권보(拳譜)를 기록하고 있다. 「문수당본(文修堂本)」도 일련의 형과는 전혀 별개로 「포추(砲捶)」의 권보(拳譜)를 싣고, 「포추가자십오홍십오포주

권심용(砲捶架子十五紅十五砲走拳心用)」으로 제목을 붙였다. 이것이 현재, 진파의 일부로「포추(砲捶)」, 또는「태극권 제2로(太極拳 第二路)」로 불리우고 있는 형이다.

즉 어느 쪽의 초본에도「포추(砲捶)」가 기록되어 있지만,「양의당본」은 이것을「2투(二套)」로 취급하고,「문수당본」은 완전히 독립된 형으로서 존재하였다. 이것으로 서진(徐震)은 두투권(頭套拳: 원형태극권)과 포추(砲捶)는 다른 계통의 권법이라고 추론하고 있다.

양의당본(兩儀堂本)은 게다가「태극권」의 권보(拳譜)를 게재하고 "태극권, 일명 두투권(頭套拳), 일명 13세(十三勢), 즉 13석(十三析), 또한 13섭(十三摺)이다"라고 제목을 붙이고 있다. 진씨 일족이「태극권」이라는 유파명을 받아들인 것은 20세기에 들어서이기 때문에 양의당본에 두투권과는 별개의「태극권」권보(拳譜)를 싣고 있는 것은 양의당본이 비교적 새로운 초본이라는 것을 말한다. 참고로 양의당본에 게재되어 있는「두투권」과「태극권」의 권보(拳譜)를 비교하면 기본적으로는 같은 형(型)이지만,「태극권」은「두투권」의 소박함을 벗어나 훨씬 현행 진파태극권(陳派太極拳)의 권보(拳譜)에 가까운 형으로 되어 있다.

예를 들면 이「태극권」권보(拳譜)에는「백아량시(白鵝亮翅)」라고 말하는 기법명이 보인다. 이것은 두투권에는 없었던 기법명이다. 두투권은 처음부터 진씨의 어느 구보(舊譜)에도 보이지 않는다.「백아량시」는 학 등이 날개를 펴듯이 우측 손을 우상방향으로 흔들어 올리는 동작이다. 원래는 독립된 기술이 아니라 형(型) 속에서 기법을 결합하는 연결동작에 불과하였다. 양파 태극권이 형(型)의 어떤 부분도 정성껏 연무하게 된 후부터 지금까지는 단순히 연결동작에 불과하였던 동작도 서서히 하나의 의미를 가진 독립된 기법으로 취급하였다. 「백아량시(白鵝亮翅)」도 양파태극권(楊派太極拳)이 성립되고 나서 각파에 보급된「백아량시」의 영향을 받아 새롭게 진파(陳派)가 채용한 기법명일 것이다. 「양의당본」에「두투권」과「태극권」이 병재(倂載)되어 있음으로써 두투권이 양파(楊派)에 의해서「태극권」으로서 성립되고, 이윽고 원류지(原流地)의 진가구에 환류되고 진파태극권의 성립을 초래하였다는 사적(史的) 결과를 교묘하게 진파(陳派) 자신의 권보(拳譜)가 가리키고 있다.

　상기 외, 진씨(陳氏)의 권법에는 다음과 같은 권보(拳譜)가 있다.

　① 일백단팔세(一百單八勢)

이것은 108세(勢)라는 뜻이다.「장권가결(長拳歌訣)」,「권세총가(拳勢總歌)」로도 쓴다. 일설에 따르면 산서성(山西省) 홍동현(洪洞縣)에 전해지는 통배권(通背拳)과 공통권보(共通拳譜)이며, 홍동현 통배권 쪽이 훨씬 가까운 가결(노래결구)로서 정리되어 있다.

　② 단타(短打)

3종의 단타계(短打系) 권보(拳譜)가 있다. 그 중의 하나는「산수(散手)」로 제목을 붙이고 있다. 산수는 일반적으로 투로를 분해하여 기술을 자유롭게 연습하는 경우를 말하는 형이다.

　③ 육육삼십육세곤질(六六三十六勢滾跌)

팔꿈치를 사용하는 기술이 들어 있지만 스모·유도와 같이 대련(對鍊)하는 접근전용의 형이다.

　④ 금강십팔나법(金剛十八挐法)

나법(挐法)은 이 경우, 금나(擒拿) 즉 관절기 등으로 상대의 수족을 봉쇄하고 접근전용의 기법이다.

　상기 4종은 실전되었거나 단기적으로 진가구에 유입되었지만 실기(實技)로서는 뿌리를 내리지 못하였다. 어쨌든 권보(拳譜)로서 존재하는 것으로 실기(實技)가 진씨 전통무술로서 전해진 흔적은 없다.

(2) 창술(槍術)

권법에 이어서 창보(槍譜)·가결(歌訣) 등이 풍부하다. 서진(徐震)이 진자명

(陳子明)의 『진씨세전권계휘편(陳氏世傳拳械彙編)』에서 인용한 부분에 따르면 다음과 같은 연법(練法) 또는 가결(歌訣)이 있었다. 원문은 「쟁(鎗)」「창(槍)」의 두 글자를 혼용하고 있으나 그대로 인용한다.

① 사쟁대찰법(四鎗對扎法)
서로 대면하여 4종의 기본동작을 반복하여 연습하는 상대연습법이다.

② 「팔쟁명칭(八鎗名稱)」「팔쟁대찰법(八鎗對扎法)」
우선 8종의 기법명을 들고 이어서 상대의 움직임을 상정하고, 그러한 8종의 기법이 실제로 어떻게 이용되고 있는가를 기록하고 있다. 혹은 이것도 연환(連環)하여 훈련하는 것이 가능한 상대연습법인 창보(槍譜)를 표면적으로 비교하는 한, 「사쟁(四鎗)」이 기본적인 동작훈련인 것에 대하여 「팔쟁(八鎗)」은 상대하여 보다 실전적인 기법을 훈련하는 구성으로 되어 있다.

③ 십삼창명칭(十三鎗名稱)
13종 기법명이 열기되어 있다. 단독으로 연습하는 형(型: 套路)을 나타낸 창보(槍譜)이다. 두투권(頭套拳: 태극권)은 13세(十三勢)로도 불렸다. 양자에 관련이 있는가 없는가 참고를 하기 위해 13창(鎗)의 명칭을 채록해 본다.

청룡출수(靑龍出水), 동자배관음(童子排觀音, 原註:일명, 古樹盤根), 아호박식(餓虎撲食), 난로호(攔路虎, 原註:일명, 拗攔槍), 사피횡귀미(斜披橫摜眉), 중심입대(中心入對, 原註:일명, 井攔倒掛), 준조입소(俊鳥入巢), 면전배붕(面纏背崩), 황용삼교수(黃龍三攪水), 면피(面披), 배붕(背崩), 백원타창(白猿拖槍), 면붕괴중포월(面崩懷中抱月, 原註:일명, 琵琶勢) 이다.

이것으로 명확히 알 수 있듯이 "십삼"의 숫자가 우연히 일치하지만 양자에게 공통성은 없다.

④ 「이십사창명칭(二十四鎗名稱)」「이십사창가결(二十四鎗歌訣)」「이십사쟁련법(二十四鎗練法)」

「이십사창명칭」은 이십사종의 기법명을 열거한 것이다.「이십사창가결」은 기법명을 시가(詩歌)에 담아서 투로의 순서를 나타낸 창보이다.「이십사쟁연법」은「가결」과 마찬가지로 투로의 기법명을 그다지 이용하지 않고 수족의 움직임에 중점을 두고서 해설한 노래형식이다.

「이십사창명칭」은 『기효신서(紀效新書)』 소장의 창술「이십사세」와 거의 동일하다.「가결」·「연법」은 『기효신서』에는 보이지 않는다.「가결」의 마지막에 "만일 이 창의 이름과 성을 묻는다면 양가화창이십사(楊家花槍二十四)이다" 즉 여기서 말하는「이십사창」은 역사상에 이름높은「양가이화쟁(楊家利花鎗)」을 의미한다고 한다. 아마 『기효신서』 성립 후에「가결」·「연법」을 정리하여 일파를 이룬 창술이다.

이상「사쟁」·「팔쟁」·「십삼창」·「이십사창」은 창보(槍譜)의 내용에서 판단하여 각각 다른 계통의 유파이며, 실제로 진가구에서 가장 많이 보급된 창술이 무엇인가는 불명하다.

양의당본에는「환후장익덕사창(桓侯張翼德四槍)」「십삼쟁(拾三鎗)」이라는 창보(槍譜) 명칭도 보인다. 창은 간편 또는 유효한 무기이며, 제조도 비교적 간단하기 때문에 태평천국의 고사를 인용할 필요없이 진가구에서 성황리에 연습되었다는 것은 쉽게 상상할 수 있다.

(3) 곤(棍: 봉술)

① 「선풍곤명칭(旋風棍名稱)」

십오(十五)의 기법명이 열기된 곤보(棍譜)로 독연용(獨演用)의 형이다.「무화(舞花)」 즉 곤(棍)을 선회시키는 동작이 많다.「선풍곤」의 명칭은 여기에서 유래한 것이다.

② 「반라봉결어(盤羅棒訣語)」와 「반라봉련법(盤羅棒練法)」

「반라봉결어」는 반라봉(盤羅棒)의 유래와 정신을 시(詩)로서 설명한 것이다.

「반라봉련법」은 투로를 얼마나 연련(演練)하는가이다. 기법과 동작을 순서대로 기록한 것이다. 「결어(訣語)」 중에 "고찰(古刹)·등출(登出)하면 소림사" 또는 "앞에 숭산이 있으면 뒤에 어채(御寨)가 있다"라는 구가 있으며, 마지막에 "이 봉의 출처를 아는 것을 요약하면 반라(盤羅)는 유전(留傳)하여 소능(邵陵)에 있다." 「소능(邵陵)」은 「소림(小林)」을 말한다. 발음이 유사하기 때문에 「소림(少林)」은 자주 「소능(邵陵)」 「소령(邵靈)」 등으로 기록되는 경우가 있다.

반라봉(盤羅棒)이 실제로 소림사에서 창편(創編)된 무술인가 아닌가는 불확실하다. 반라봉과 정종유(程宗猷)의 저서 『소림곤법천종(少林棍法闡宗)』을 비교하면 양자에 공통성이 없기 때문에 각각 다른 계통의 곤(棍: 봉술)이라는 것이 분명하다. 관심의 「소림(小林)」을 「소능(邵陵)」으로 오기(誤記)하고 있는 부분에서 생각하더라도 소림사(小林寺)에서 직접 전래된 것은 아닐 것이다.

(4) 장도류(長刀類)

① 「대전박겸가결(大戰朴鎌歌訣)」

「박겸(朴鎌)」은 장병(長柄) 즉 자루가 긴 일종의 대도이다. 「가결(可訣)」로 그 연련(演練)의 투로(套路)를 노래하고 있다. 16구로 구성된 어조로 비교적 잘 정리된 호쾌한 가결이다.

② 춘추도결어(春秋刀訣語, 原註: 일명, 언월도: 偃月刀)

이것도 일종의 대도술(大刀術)이다. 「결어」는 28구로 구성된 투로의 가결이다. 「춘추도」는 현재에도 표연(表演)되는 경우가 있다. 당호(唐豪)는 『왕종악고(王宗岳考)』[33]에서 「춘추도보(春秋刀譜)」에 대해 언급하고 있으나 "그 도법은 지금까지도 진가구에서 전습되고 있다"고 언급하고 있다. 당호(唐豪)는 민국(民國) 20년(1931) 진가구를 탐방했을 때에 「춘추도보(春秋刀譜)」를 입수하였다.

진왕정의 『진씨가보(陳氏家譜)』 첫머리에 첨부된 주기에 "천생호걸(天生豪傑), 전대도(戰大刀)가 있다" 하였다. 진왕정이 대전박겸(大戰朴鎌), 또는 춘추

---
33) 唐豪 著 『王宗岳考(1935)』, 香港·麒麟圖書公司 復刻, 1969.

도(春秋刀)와 같은 대도술(大刀術)을 특기로 한 것은 많이 있었다고 한다.

(5) 도검류(刀劍類)

① 단도명칭(單刀名稱)

단도는 하나의 칼을 한 손으로 조작하는 도술(刀術)이다. 투로(套路)의 순서대로 13기법명이 열거되어 있다.

② 쌍도명칭기가(雙刀名稱曁歌)

「기(曁)」는 「및, 함께, 다다름」의 뜻이다. 쌍도술의 명칭을 포함한 가결 24구가 기록되어 있다. 쌍도술(雙刀術)은 양손으로 두 개의 칼을 조작하는 무기술이다.

③ 쌍검명칭(雙劍名稱)

14기법명이 투로(套路)의 순서 대로 기술되어 있다. 쌍검은 쌍도와 마찬가지로 양손으로 검을 사용하는 무기술이다.

④ 쌍간명칭(雙鐧名稱)

간(鐧)은 직선의 금속봉(金屬棒)에 검과 같은 자루를 붙인 무기이다. 고대병기를 모방한 것이다. 쌍간은 양손으로 2개의 간(鐧)을 조작하는 무기술이다. 여기서는 14기법명이 투로의 순서대로 기록되어 있다.

이러한 도검류 중 단도 이외의 쌍도・쌍검・쌍간은 단련방법으로서는 유익하지만 실전적 무기술이라기보다 표연용(表演用) 무기술의 형으로 해석해야 한다.

이상과 같은 진씨 무술의 구보(舊譜)를 종합하여 그 특징 및 문제점을 요약하면 다음과 같이 말할 수 있다.

우선 첫째로 진가구(陳家溝) 진씨는 외래무술을 적극적으로 흡수하고 있었다는 것이다. 진파(陳派)의 입장에 의한 종래의 설에는 "태극권은 진가구에 기원한다"고 하며, 진씨무술은 모두 진가구 내부에서 창조・육성되어 그것이 일방적으로 외부에 유출되는 경우는 있더라도 외래무술이 유입하는 일은 없었다고 설명하는 것이 많았다. 그러나 진씨 스스로가 소림(少林)의 봉술(棒術), 또는 양씨(楊氏)의 창술(槍術) 보면(譜面)을 채록한 사실은 오히려 진씨 일족이 근대에 이르기까지 외래무술의 흡수에 적극적이었다는 것을 증명하고 있다.

보다 뛰어난 무술에 대한 호기심과 그것을 최대한 배우고 싶은 욕구는 무술을 배우는 자가 가진 가장 기본적인 마음가짐이다. 무술계에는 「곤(棍)은 소림, 쟁(鎗)은 양씨」로 소문났고, 각각 가장 저명한 유파로서 명성이 정착되었다. 따라서 진씨일족이 이러한 저명(著名) 유파(流派)의 보(譜)에 강하게 관심을 가진 것은 어떤 의미에서는 당연한 것이다.

진가구에서 뛰어난 무술이 발생하여 순수 배양되었다는 주장은 「태극권(太極拳)」이 진가구에 환류(還流)되어 진가구 진씨가 태극권의 원조로서 명성을 획득한 후에 비로소 설득력을 얻게 되었다. 지금까지 진가구에서는 내가(內家)·외가(外家)의 설에 영향을 받지 않고 모든 유파에 대하여 편견을 가지지 않고 뛰어난 무술을 추구하였다. 무용(武勇)의 역사를 자랑하는 것은 있어도 그들은 진씨의 이름을 쓰고 조직적으로 한 유파를 세우는 것은 생각하지 못하였을 것이다. 근대 이전의 진씨 일족으로서는 각 개개인의 실력이야말로 가장 중요하기 때문이다.

다만, 여기서 지적해 둘 것은 수집된 보(譜)는 반드시 진가구의 무술실태를 나타내는 것은 아니라는 것이다. 외래무술의 흡수에 적극적이며, 소림반라봉(少林盤羅棒)·양씨창술(楊氏槍術)의 보(譜)가 있다고 해서 반드시 그들의 실기(實技)가 모두 전래된 것은 아니다. 보(譜)와 실기(實技)가 유리(遊離)되고 있다는 것을 파악해 두지 않으면 진씨무술의 실태를 오인하게 될 것이다.

보(譜)는 무술의 문학적 측면이며, 보(譜)의 작성에는 문학적 소양이 필요하다. 무술의 실기적 능력과 보(譜)를 작성하는 능력과는 반드시 일치하지 않는다. 진씨 일족은 문학적 재능이 없었던 것은 아니다. 예를 들면『진씨가승(陳氏家乘)』에는 여러 명이 동지(同知)·지현(知縣) 등 문관(文官)으로서 출세한 사람도 기록되어 있다. 그러나 이러한 문학적 능력이 직접 무술면에 도움이 된

예(例)는 진흠(陳鑫)의 『진씨태극권도설(陳氏太極拳圖說)』까지 거의 보이지 않았다. 중국 농촌의 무술가들은 문맹이 많았기 때문에 아마 진가구에서도 필요 최소한의 기법명과 간단한 결어(結語)를 구두로 전수할 뿐으로 내용이 정리된 가결(歌訣)과 문학적 결문(訣文)은 발달하지 않았다.

둘째로 진씨무술의 특징은 실전성에 있다. 이것은 동란(動亂)에서 종종 향토를 방위해야만 하는 역사적 조건에서 필연적으로 생긴 진씨무술의 기본적 특징이다. 물론 그것은 무술 본래의 성격이기도 하다. 실기우선이라는 진가구의 농민 무술가들에 의해서 보(譜: 계통과 순서를 체계적으로 기록한 것)는 이차적인 존재에 불과하였다고 말할 수 있다.

20세기에 들어 근대국가 형성의 뜨거운 바람 속에서 지금까지 하남(河南)의 한 한촌(寒村)에 불과하였던 진가구는 태극권의 원류지로서 중앙무술계(中央武術界)에서도 주목을 받게 되었다. 새삼 자기의 무술적 전통에 자긍심과 자각을 가진 진가구(陳家溝)의 사람들은 독립문파로서의 내실과 체재를 정리하기 위하여 구두(口頭)・보면(譜面)을 묻지 않고, 또한 그것이 일과성(一過性)인가 실기와 함께 전해진 전통적(傳統的)인 것인가를 묻지 않고, 진가구에서 입수(入手)할 수 있는 만큼의 권보(卷譜)를 수집하려고 하였다. 그 최초의 노력이 양의당본(兩儀堂本) 등의 초본(抄本)이며, 그것이 진자명(陳子明)의 『진씨세전권계휘편(陳氏世傳拳械彙編)』으로서 정리되었다고 보아야 한다.

『진씨가보(陳氏家譜)』무술주기(武術註記) 인물일람표

세대	인명(人名)	무술 주기
9세대	왕정(王廷)	「별명은 주정(奏庭). 명말 무상생. 청초 문상생. 산동의 명수이며, 군비(群匪) 천여명을 토벌하였다. 진씨권수도창시인(陳氏拳手刀創始人)이며, 천생호걸이다. 전대도(戰大刀)가 있다고 생각해야 한다」
11세대	광인(光印) 정여(正如)	「권수가사(拳手可師)」 「권사최호(拳師最好)」
12세대	선지(善志) 계하(繼夏) 갑제(甲第) 절(節) 경백(敬柏)	「권두가사(拳頭可師)」 「권수가사(拳手可師)」 「권수가사(拳手可師)」 「권최호(拳最好)」 「권수가사(拳手可師)」
13세대	공조(公兆) 대흥(大興) 병임(秉壬) 병왕(秉旺)	「권사최호(拳師最好)」, 별주:別注「권수가사(拳手可師), 대가(大家)」 「권가사(拳可師)」, 병주:幷注「대가(大家)」 「권수가사(拳手可師)」 「권수가사(拳手可師)」
14세대	장흥(長興) 유항(有恒) 유본(有本) 손(巽) 붕(鵬)	「권사(拳師)」 「권수대가(拳手大家)」 「권수최고(拳手最高)」, 별주:別注, 자제를 가르치고 대중으로 나갔다 「권수가사(拳手可師)」 「권수가사(拳手可師)」
15세대	경운(耕耘) 백신(伯甡) 중신(仲甡) 계신(季甡)	「권수(拳手)」 「권술최우(拳術最優)」 「무생(武生), 문무개전(文武皆全)」, 「권술최우(拳術最優)」, 「신수(神手)」, 「권사신묘(拳師神妙)」 「권수신묘(拳手神妙)」, 「권술최우(拳術最優)」, 「신수(神手)」, 「권사신묘(拳師神妙)」
16세대	요(垚) 묘(淼) 흠(鑫)	「무생(武生)」, 「권사최우(拳師最優)」 「권사최우(拳師最優)」 「문무개통(文武皆通)」

(註 : 고류형(顧留馨)의 「태극권술(太極拳術)」 소재(所載),「진씨가보(陳氏家譜)」 중 「진씨권수사료(陳氏拳手史料)」에서 작성

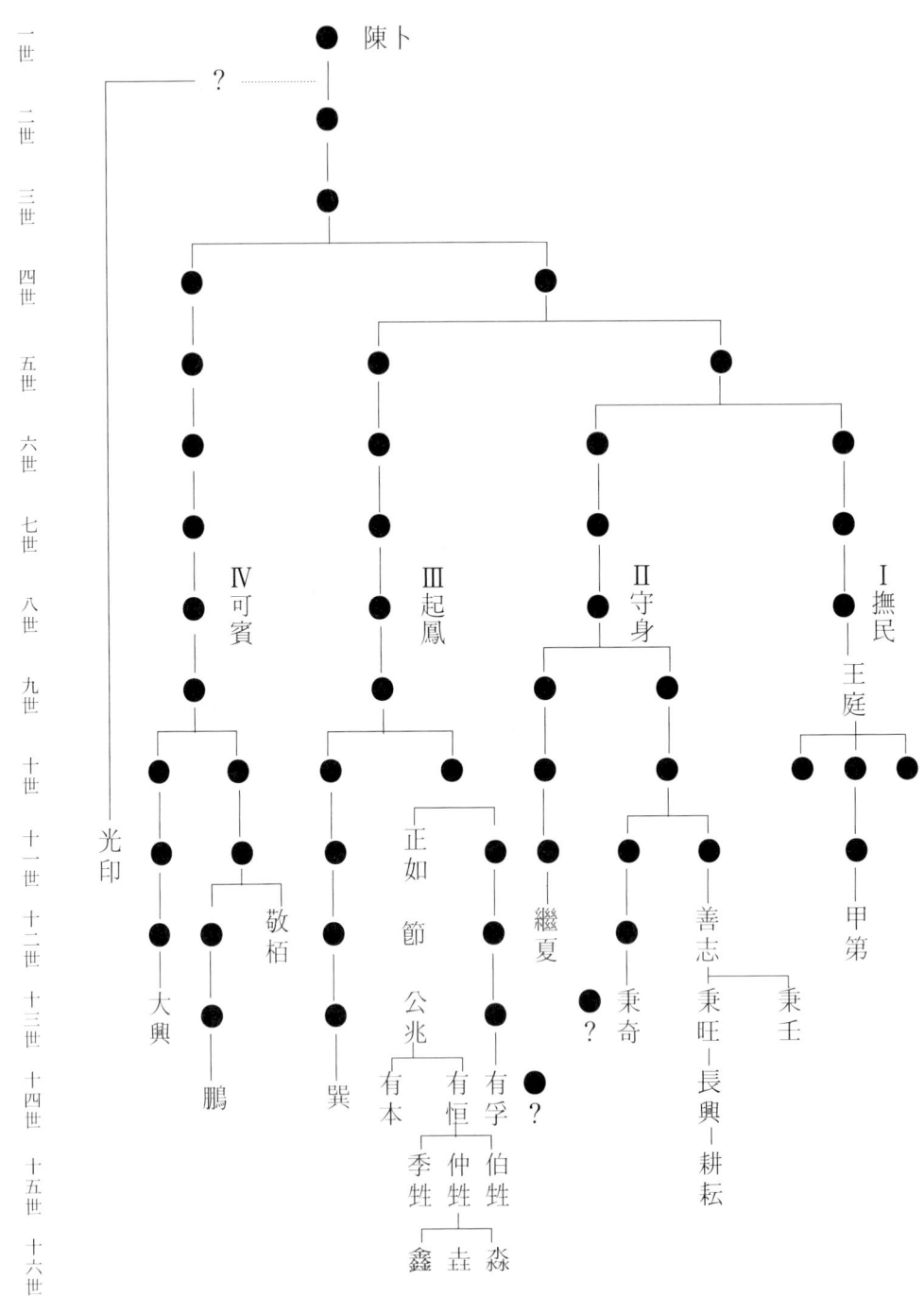

『진씨가보(陳氏家譜)』 무술주기 인물계통도

※ 唐豪·顧留馨 著『太極拳硏究』, 顧留馨 著『太極拳術』, 소장 계통표 등에 의해 작성.
● 표시는 무술주기가 없는 인물로 필요 이외 명칭은 생략하였다.

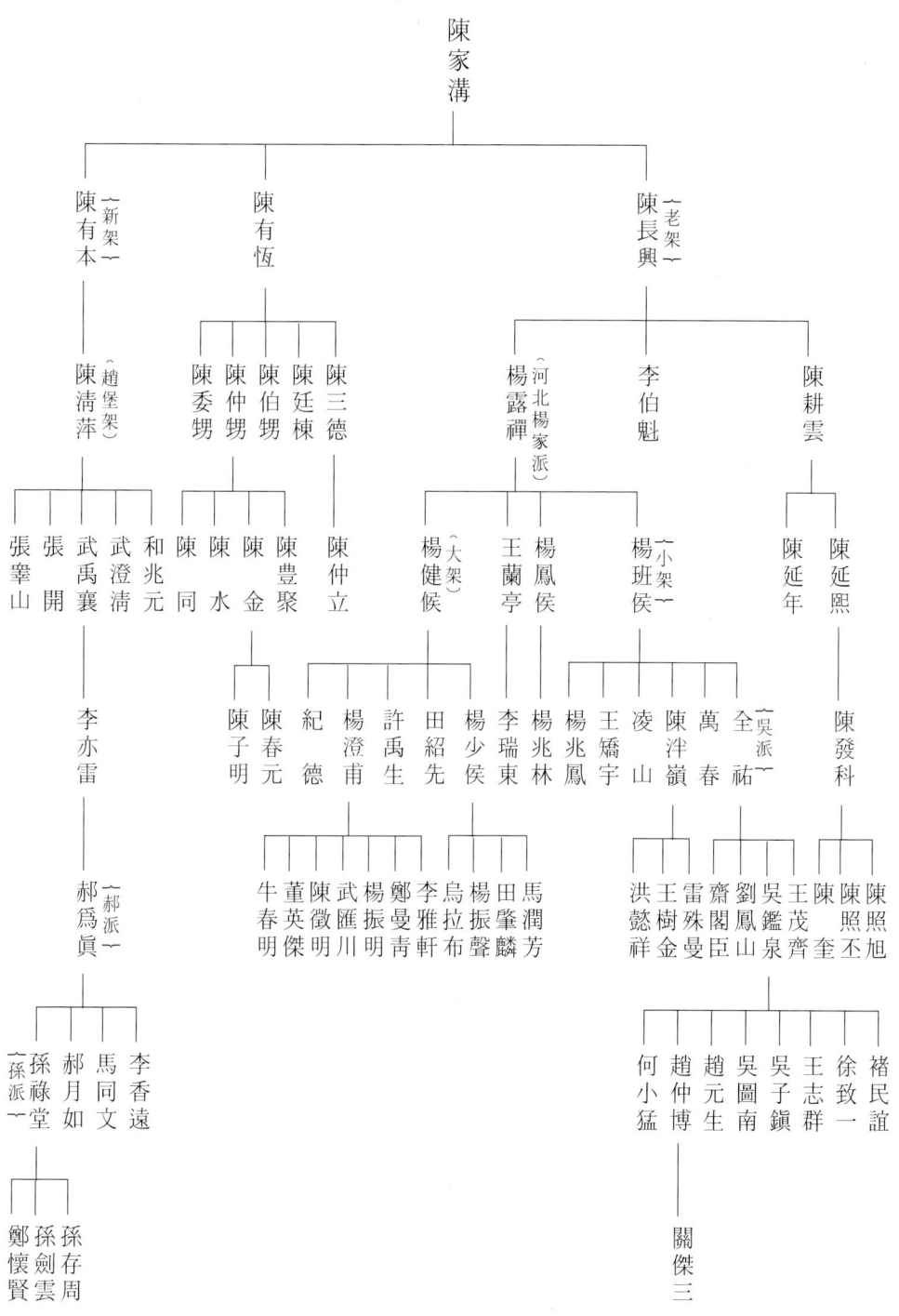

태극권의 계통도표

(註 : 松田隆智 著 『中國武術』, 新人物往來社, 1989, p.137 인용)

제2부
태극권의 특징과 기본원리

1. 태극권에 대한 기본인식

1) 태극권의 특색

우리가 중국을 여행하면 베이징(北京)을 비롯한 여느 도시의 광장이나 공원에서 남녀노소를 불문하고 많은 사람들이 춤추는 듯 아주 느릿한 동작의 운동을 하는 것을 볼 수 있는데 그것이 태극권(太極拳)이다. 보기에는 노령인에게 아주 알맞은 가벼운 춤사위 같으나 실제로 동작을 따라 해보면 조금은 힘드는 운동이다.

태극권의 중국발음은 타이치추안(T'ai-Chi-Ch'uan) 또는 그냥 타이치(T'ai-Chi)라고 하며, 이제까지 정립된 동작의 품새는 24새부터 108새(勢)까지 있다. 이런 기초적인 동작을 양식 24·48식이라든가, 진식 56·64식으로 불린다.

그리고 동작은 태극원리인 음(陰)·양(陽)의 조화를 응용하였다. 음(陰)의 성질인 수동적·소극적 성질과 양(陽)의 성질인 능동적·적극적 성질을 인체적 움직임에 도입하여 각각의 동작이 율동적으로 부드럽게 이어지는데, 발 옮김 자세와 팔 뻗고 내치기 자세의 공격과 방어법은 쿵푸(kungfu: 功夫, 손과 발을 이용하여 동물의 싸움 방식을 모방한 많은 종류가 있다)와 비슷하여 무술로 간주하며, 핵심원리는 유능제강(柔能制剛: 부드러움으로 강함을 제압하는 것)이다.

근래에 와서 이 태극권을 건강증진을 위한 기본자세로 무게 중심을 ① 앞으로 둔 자세, ② 뒷발에 둔 자세, ③ 비스듬히 기울어진 자세가 있다. 응용자세로 동물의 모습으로 곰·새·사슴·원숭이·호랑이·뱀의 공격특성을 형상화한 자세가 있다.

수련인구는 중국을 비롯하여 세계 각국의 약 3억명 정도이며, 중국인이 2억 5천만명 정도이다.

(1) 태극권을 건강체조라는 인식

일본・한국에서는 대부분의 사람들이 태극권을 건강체조(健康體操)로만 생각하고 있다. 그러므로「무술 태극권」・「기공 태극권」과 같은 광고도 볼 수 있다. 태극권을 이와 같이 단적으로 생각하는 현상은 중국에서도 나타난다. 그러나 중국의 일반사전의 태극권에 관한 설명은 역시 "널리 세상에 전해지고 있는 일종의 권법으로 동작은 유연하고 부드러우나 격투기술로도 가능하며, 체질을 증강시키고 각종 질병을 예방 또는 치료하는 작용도 있다"고 했다.

일본의 보통 사전을 찾아보면 태극권을 '권법동작을 느긋하게 하여 건강법 체조로 바꾼 것'으로 해석하고 있다. 중국연구 분야에 권위가 있는 대사전조차도 "중국무술의 일종인 권법이다. 현재는 건강체조로서 유행하고 있다"로 기술하고 있다.

요컨대 태극권이 건강체조라는 인식이다. 일반인의 이러한 인식은 어떻든 간에 문제는 오랫동안 태극권을 수련하고 있는 많은 애호가와 가르치는 입장에 있는 사람들의 견해이다. 우리가 듣기로 이 사람들의 대다수도 태극권이 건강에 도움이 되는 원인을 이론원칙에서 추구하는 것이 아니라, 그저 동작의 느긋함으로 설명하고 있다. 호신술 면을 평가함에 있어서도 당연히 원칙인식에서 출발해야 함에도 다른 권법과 같이 일반 역학원칙(力學原則)으로 판단한다.

태극권을 권법으로서 수련하고 있는 사람도 이론탐구에는 흥미가 없고 오로지 이른바「기술향상」에 집중하고 있으며, 심하게는 태극권 이론의 존재조차 알지 못하고 있다. 물론 우리나라나 일본에서도 태극권의 달인, 조예가 깊은 분들도 많다. 문제는 대다수 사람이 어떠한 상태에 있는가이다. 안타깝게도 중국에서도 정도의 차는 있으나 거의 같은 현상이다.

태극권(太極拳)도 모든 학문과 같이 여기에 종사하는 사람들이 피라미트형 조직구조로 되어있지 않으면 건전하고 지속적인 발전은 없다. 이러한 현상이 나타나게 된 역사적인(주로 중국측) 근본 원인을 알아야 한다. 그러나 그것을 분석하는 것은 제쳐두더라도 태극권을 사랑하는 우리가 걱정하는 것은 이러한 상태가 장기화되고, 여기저기 전파되면서 특색있는 태극권이 장래는 변질 또는 자취 없이 사라지게 될지도 모른다는 것이다.

(2) 무술로서의 태극권 의미

앞에서도 밝혔듯이 태극권은 심신의 건강증진, 또는 질병치료에도 도움이 된다는 것은 틀림없다. 하지만 이것은 건강체조와는 질적으로 다른 훌륭한 무술 중의 한 부류인 권법(拳法)이다. 현재 많은 사람이 어떠한 목적으로 태극권을 수련하고 있는가와는 다른 문제로 태극권 자체는 역시 무술이라는 점이다.

여기서는 먼저 무술 본래의 취지와 목적을 정확하게 이해할 필요가 있다. 역시 한자(漢字)의 설명부터 시작한다. 「술(術)」을 테크닉의 의미, 무술은 「무(武)」의 테크닉이다. 「武」라고 하면 많은 사람은 바로 '무력·폭력·폭력행사' 등을 연상하지만, 실지 한자 「武」는 원래 그러한 의미가 아니다. 학자의 연구에 의하면 이 글자는 한자 구성법의 하나인 「회의(會意)」 원칙에 따라서 만들어진 글자로 「지(止)」라는 글자와 「간과(干戈: 방패와 창)」의 「과(戈)」라는 글자와의 조합으로 이루어져 있다. 「지(止)」는 「그만두다」, 「간과(干戈)」는 창과 방패의 의미에서 바뀌어 '무기·무기사용·전쟁·싸움'의 의미로 사용되었다.

중국어 「대동간과(大動干戈)」는 "크게 무력을 사용하다"는 뜻으로, 「간과사기(干戈四起)」는 "전쟁·전란이 사방에서 발발하고 있다"는 의미가 된 것이다. 즉 「무(武)」라는 글자의 본래 의미는 '무기를 간수하다와 무력과 전쟁을 멈추는 것'이다. 물론 간과(干戈)를 그만두게 하기 위해서도 무술(武術)이 필요하기 때문이다. 그러므로 무술의 근본이념은 타인을 공격하는 것이 아니라, 자신을 보호하고 평화를 유지하는 것이다. 만일 공격을 당하면 그 공격을 무해화시켜 자신을 보호하고, 나아가서 상대에게 공격을 포기하게 하여 평화로운 환경을 만드는 「화간과위옥백(化干戈爲玉帛: 간과를 바꾸어서 옥과 비단으로 한다. 교전상태를 우호교류로 바꾼다)」이 무술원래의 주지(主旨)이다. 이러한 「무(武)」의 정신을 가장 잘 구현하고 있는 무술로서는 먼저 태극권을 들 수 있다.

(3) 무술로서의 태극권 특색

이와 같이 무술의 본질을 이해하고 항상 무술로서 태극권을 수련하고 있는 많은 중국의 민간무술가들 사이에서는 지금도 다양한 전통인 무덕(武德)·계율(戒律)·규칙(規則)·예의작법(禮儀作法) 등이 전면적으로 계승되어 엄격히 지켜지고 있다.

태극권의 수련에서도 이 정신을 엿볼 수 있다. 수련은 대략 투로(套路)와 추수(推手)로 나누어져 있다. 일반적으로 전자 투로(套路)는 자신을 알기 위한 즉 자신이 내면적인 정(靜)을 유지하면서 어떠한 동작(動作)을 취할 때도 중심의 안정과 평형을 유지하는 적응성 단련을 위한 수련이며, 후자 추수(推手)는 상대를 알기 위한 즉 상대의 공격을 통하여 자신의 정확한 대응(對應)을 확인하고, 몸의 안전(安全)을 유지하기 위한 수련이다.

이처럼 태극권은 호신술의 입장에서도 특히 호신(護身)이라는 출발점을 강조한다. 원래 호신술의 근본목적은 다칠 위험을 배제하며, 자신의 안전을 지키는 것으로 다칠 위험을 가지고 있는 상대(적)를 다치게 하거나, 또는 사지(死地)로 내모는 것을 주목적으로 하지 않는다. 원래 친구가 될 사람을 나의 숙적(宿敵)으로 만들어 영원히 유감을 가지게 하는 일이 일어나지 않도록 하기 위하여 태극권은 결코 남을 속여서 공격하지 않으며, 서로 싸우게 되더라도 선수로 공격하지 않는다. 물론 이것은 도피주의(逃避主義)와는 다르다. 최대한 자신의 심신 안정을 유지하면서 평상시 단련한 예민한 감각으로 상대의 힘을 판단하여 그 최초의 공격기세를 피하고, 그 힘을 자신에게 유리하게 바꾸는 것이다. 이렇게 먼저 상대의 공격을 무해화(無害化)시킨 후에 상대의 힘을 교묘하게 이용하여 상대방의 신체균형을 무너뜨리면 그 결과 상대가 관성법칙에 의해서 넘어져 쓰러지거나 날아가게 된다. 또는 단지 몇 번의 상대공격을 무해화함으로써 상대에게 공격을 포기하게 하는 것이다. 이러한 까닭에 태극권은 친구를 만드는 권법, 자신의 인격교양을 높이는 권법이라고 한다.

(4) 「타태극권」의 새로운 의미

「타태극권(打太極拳)」이라는 새로운 표현이 생기고 또한 사회생활 속에서 통용되는 것도 전술과 같은 태극권의 특색을 증명하는 것이다.

중국어 「타(打)」라는 글자는 다양한 의미로 사용되고 있다. 이 글자에 대하여 중국사전은 약 30가지로 해석하고 있다. 그 중 「~하다·종사한다」라는 의미가 있다. 예를 들면 「타권」은 권법을 (수련)한다. 「타일투권(打一套拳)」은 권법의 「투로(套路)」를 한 번 수련하는 것, 즉 「타태극권」은 '태극권을 연무(演武)하는 것'이다.

그러나 사전에는 또한 「타태극권」을 제2의 숙어로 사용되고 있다는 해석이 실려있다. "여러가지로 핑계삼아 사퇴하다, 또는 책임을 회피하다"가 그것이다. 물론 이것은 「언어발전」에서 나타난 새로운 숙어이다. 그러나 사전에 실려있다는 것은 이러한 표현이 이미 하나의 관용숙어로서 인정한 것이다.

이러한 의미의 「타태극권(打太極拳)」은 아무리 봐도 태극권에 대한 칭찬이라고는 들리지 않는다. 그러므로 처음에는 이러한 표현이 태극권 애호가를 불편하게 한 것도 사실이다. 그러나 냉정하게 음미할수록 차츰 이해가 되고, 마침내 이것은 정말로 태극권을 잘 알고 있는 사람이 고안한 표현이라고 생각하게 된다. 즉, 그 의미는 여러 가지로 핑계삼아(교묘하게) 상대의 요구(공격의 목적)를 거부하고(물리치고) 자신의 이익을 지키면서(해를 입지 않도록 가능하면 상대도 상처입지 않도록) 일을 마무리하자는 것이다. 이것은 바로 권법(拳法), 호신술로서 태극권의 의미방식이라 하지 않을 수 없다.

(5) 신체운동문화로서의 태극권

이와 같이 태극권(太極拳)은 다른 권법에 비하여 매우 선명한 특색을 가진 권법이다. 게다가 태극권은 단순한 기능·기예로서의 권법이 아니라, 숭고한 철학이념에 근거한 정연한 이론을 가진 권법이다. 더불어 태극권의 매우 합리적인 수련방법은 「운동 중의 정좌양생법(靜坐養生法)」으로 불릴 정도로 일종의 높은 수준의 휴게운동(休憩運動)이다. 태극권 수련은 신체적 근육발달을 목적으로 하지 않는다. 관절의 유연·원활과 혈행의 활발화를 촉진하는 것을 목적으로 심신에 구애됨이 없는 자유로움의 풍부함을 추구한다.

태극권을 수련할 때는 정신의 안정된 상태를 유지하면서 하나하나의 동작을 의식적으로 느긋하게 완성시키기 때문에 대뇌피질(大腦皮質: cerebral cortex)의 대부분이 가장 좋은 억제상태로 유지되고, 더욱이 깊고 긴 조용한 자연호흡을 하기 때문에 폐의 리듬을 바르게 하는 운동이 촉진된다.

따라서 뇌와 폐의 혈액순환이 개선된다. 의식적으로 각각의 동작을 하기 때문에 신체 국부의 혈액순환, 특히 모세혈관의 순환이 개선된다. 모세혈관의 수축과 확장은 마이크로심장의 역할을 담당하고 있다 할 정도로 인체에 있어서 중요한 것으로 그 개선은 심장의 부담을 대폭적으로 경감한다.

모든 동작에서 관절의 원활화와 유연화에 크게 집중되어 있기 때문에 횡문근(橫紋筋: 수의근이라고도 하며, 눈·귀·혀 등을 움직이는 근육)과 평활근(平滑筋: 불수의적으로 내장 모든 기관 등을 움직이는 근육)의 활동을 활발히 함으로써 위장과 기관지 등의 건강에도 유익하다.

인간의 생체는 공기에 의존하고 있다. 사람의 생명은 자연계의 법칙을 따름으로써 살아간다. 사람의 신체에 고유의 물과 공기의 특성을 살리는 것도 태극권 수련의 한 목적이다. 수련할 때는 자기 자신과의 「대화」로서 보다 충분히 자신의 신체를 알고 정(靜)의 상태가 되어 기혈이 순환하는 통로인 경락을 통과하는 기(氣)의 운행을 순조롭게 하고 신체를 체크한다. 하나하나의 경락이 양호해지면 전신의 상태가 좋아진다.

호신술(護身術) 측면에서 보더라도 태극권은 평화적이고 친구를 만드는 권법이다. 호전적인 적을 만드는 권법이 아니다. 그 호신술의 원칙도 "기선을 제압하는 것을 추구하지 않고 어디까지나 부드러움으로 강함을 극복한다." 「후발제인(後發制人: "적을 상대할 때는 한 걸음 물러서서 그 우열을 살핀 뒤 약한 곳을 제압한다"는 뜻)」을 주축으로 한다. 「제압한다」고 하더라도 상대를 제압하는 것이 아니라, 오히려 상대를 제어하여 그 힘을 무해화(無害化)하는 것이다.

여기서도 물과 공기의 특성을 살리고 있다. 물도 공기도 평소에는 주체적으로 공격하지 않는다. 일정한 압력에 대해서는 그다지 저항하지 않는다. 그렇지만 물도 공기도 무력하지 않고 압력이 한도에 도달하면 상당한 힘을 드러낸다. 태극권도 「강(剛)」의 힘을 사용하는 경우가 있지만 그러한 경우도 항상 상대에게 도망갈 길을 남겨두는 점이 「태극권 마음」의 표현이다.

이처럼 태극권은 자기 신체뿐만 아니라 마음마저 건전하고 부드럽게 하는 권법이다. 태극권으로 확립된 철학이념과 권법이론을 보급시키면 개인의 심신건강과 인격수양(人格修養)에 유익할 뿐만 아니라, 대인관계(對人關係) 또는 인문과학의 각 영역에서도 보다 효과적인 문제해결책을 찾는 데 큰 도움이 된다. 이러한 각 방면의 특징을 가지고 있기 때문에 태극권이 일종의 뛰어난 인간소통의 문화로 간주되고 있다.

2) 명심할 태극권 이론

(1) 태극권 이론 공부의 중요성(육체와 정신의 합일)

대부분의 사람들은 권법에 관한 이론에 반신반의(半信半疑)한다. 믿는 사람도 그것을 하나하나의 「기술(技術)」에 관한 방법론으로 생각한다. 대부분의 사람들이 또한 권법은 '수련만 한다면 숙달되는 것'으로 생각하고 있다. 이러한 생각에도 일리는 있지만, 이것은 적어도 태극권에는 적용되지 않는다. 태극권은 부드럽고 느린 속도로 수련하는 이른바 「내가권(內家拳)」이다. 형태보다도 오히려 내면적인 수련에 중점을 두고 있다.

태극권(太極拳)의 이론서는 내면적 수련을 지도하는 것이다. 태극권에서만 본다면 바른 숙달을 지향하고, 형태만의 작은 성공에 안주하지 않는다면 기본이론 공부는 절대로 피할 수 없는 「필수과목(必須科目)」이다.

이론공부의 목적은 학자가 되기 위한 것이 아니라 실천수준을 높이기 위해서이다. 태극권의 투로(套路)와 이론과의 관계는 예를 들면 인간의 육체와 정신과의 관계와 같은 것으로 양자를 갖추어 서로 의존함으로써 비로소 인간이 성립된다. 육체가 사라지면 인간 모습이 사라진다는 것은 쉽게 알 수 있지만, 정신을 빼더라도 「인간」이 남아있는 것처럼 보인다. 그러나 잘 생각해 보면 그것은 외견뿐으로 이미 참된 「인간(人間)」이라고는 할 수 없다.

인간의 정신을 사상과 기질로 또 기(氣)로, 육체를 근육과 골격으로 또 단백질·탄수화물·미네랄 등으로 분석·분류하여 따로따로 분리하면 인간도 없어진다. 반대로 이들의 「성분(成分)」을 합성하더라도 인간은 되지 않는다. 형태만 갖추고 체조화(體操化) 또는 무용화(舞踊化)된 태극권이 그러한 것이다.

정확한 인식에 근거한 수련이 아니라면 아무리 수련하더라도 참된 숙달은 기대할 수 없다. 대부분의 사람에게 나타나는 기술의 「슬럼프(slump)」현상, 즉 적잖이 태극권 「투로(套路)」를 알고 있으며, 검(劍)·도(刀)·곤봉(棍棒) 등의 사용법도 공부하였지만, 실제 수준이 오르지 않고 심신에 나쁜 영향을 미치고 수련의 흥미도 점차 사라져가는 현상은 바로 이론공부가 부족하다는 증거이다.

기본원리를 뒤돌아보지 않는 맹목적인 수련은 역효과를 초래하는 경우가 많다. 항상 태극권의 경기와 대회에 참가하는 사람 중에 수련에 의한 신체부상을 안고 있거나, 평상시도 서포터(도우미)를 데리고 수련하는 사람이 드물지 않다는 사실이 이것을 말하고 있다. 이러한 결과는 무엇을 위한 태극권인지 알 수 없다. 적어도 현대적 양생태극권이 추구하는 기본이념과 「연년익수(延年益壽)」라는 태극권의 근본취지에 반하게 되며, 단순히 기예를 추구하는 것이 될 것이다.

오랜 역사의 과정으로 검정(檢定)된 이론은 많은 사람들의 오래된 귀중한 경험의 총괄·결정·승화이다. 이론은 각각의 사실과 인식을 통일적으로 설명할 수 있는 보편성을 가진 체계적인 지식이다. 즉 경험이 일단 이론으로 승화되면 다음 단계의 실천을 지도할 수 있다. 그러므로 검증(檢證)된 정확한 이론이 나타난 이상 먼저 그것을 공부하는 것이 우회적인 것 같지만 지름길이다. "급할수록 돌아가라"는 것이다. 이론이 없는 실천은 때때로 맹목적인 실천으로 흘러 기대하는 효과가 나타나지 않을 뿐만 아니라 갈림길에 서게 된다.

실천이 없는 이론은 또한 탁상공론이며 효과가 없게 된다. 이와 같이 이론의 다음 단계는 실천이 필요하다. 정확한 실천을 지도함으로써 자신의 정확도가 검증되고 수정되기 때문에 이론자체도 점차 완벽해진다. 이러한 과정의 반복, 즉 이론과 실천이 서로 강해지고 서로 도와가며 발전해가는 것이 실천과 이론이 추구하는 발전과정이며, 태극권 수련이 추구해야 할 길이다.

태극권은 「내가권(內家拳)」이다. 그러나 내가권은 태극권만이 아니다. 알고 있는 뛰어난 권법인 팔괘장(八卦掌)·형의권(形意拳)도 내가권이며, 그 외에도 또한 내가권법이 있다. 그러므로 태극권의 수련생, 애호가로서는 태극권을 「외가권(外家拳: 격렬한 동작과 신속한 기술을 쓰며 기혈·근력 양성을 목적으로 하는 권법)」에서 구별할 뿐만 아니라, 다른 내가권법에서도 구별할 수 있어야 한다.

여기서 감히 다른 내가권법에 대하여 이렇다 저렇다 말할 생각은 없지만 태극권만은 그 형성과 발전의 역사에서 또한 실천에 대한 지도의의에서 보더라도 경전이론서(經典理論書)의 존재가 매우 중요한 역할을 해왔다는 것은 분명하다.

중국의 일반 권법서(권보: 拳譜)는 대개 「투로(套路)」 각 포즈(pose: 자세)의 명칭 목록이나 혹은 포즈(자세)의 격투법으로서의 구체적인 기술의 설명으로 귀결되어 있지만, 태극권의 경전이론서(經典理論書)는 이것과 달리 먼저 이 권법의 철학적인 기초의 설명부터 시작하여 심신의 건강과 호신술의 양면에 집중하며, 동작을 완성할 때의 내면적 요구와 근본원리를 해석하고 있다. 태극권의 태극권다운 특징도 여기에 있는 것이다. 따라서 기본이론을 알지 못하면 참된 태극권 수련도 할 수 없으며, 그에 합당한 효과도 얻을 수 없는 것은 당연하다.

본서에서 인용된 이론서의 저자는 단순한 무인(武人)이 아니다. 왕종악·무우양 이 두 사람 모두 문무양도(文武兩道)에 뛰어난 연구가이다. 그리고 그들이 남긴 이론서가 지금까지 전해지고, 그리고 많은 사람들에 의해서 연구되어 온 것은 정말로 고마운 일이다.

많은 문헌과 문학작품이 말하듯이 중국의 긴 역사 속에 다양하고 매우 뛰어난 권법이 있다. 그러한 대다수가 후세에 전해지지 않고 사라진 것은 그 귀중한 경험이 비전(秘傳)·구전(口傳)과 같은 방법만으로 전수되어 서책(書冊)의 형태로 정리되지 못한 것이 중요한 원인의 하나이다.

(2) 태극권 판단구별의 기준

태극권의 각 유파 모두가 왕종악(王宗岳)·무우양(武禹襄) 두 사람의 태극권 이론서를 경전으로 받들고 있다. 두 사람의 이론서를 부정하는 유파는 한 곳도 없다. 여기에 반하는 권법은 아무리 뛰어나더라도 다른 권법으로 태극권이라 부르지 않는다. 따라서 태극권의 투로(套路: 형)수련도, 경기(競技)·추수(推手)의 시합도 모두 이러한 이론서와 대조하여 검증·평가되어야 한다.

예를 들면 투로(套路) 검사시의 주안점은 자세의 고저, 동작의 난이도와 우아함, 시간제한의 준수보다도 오히려 동작의 관천(貫穿: 뚫음과 꿰), 전환시의 축(軸)과 윤(輪)의 관계, 허(虛)와 실(實)의 분별, 결함(缺陷)·요철(凹凸)·단속(斷續)의 유무 등에 중점을 두어야 한다. 마찬가지로 경기·시합의 경우도 단순히 「날아갔다·넘어졌다·던져졌다」로 결정하는 것보다도 차라리 우승자가 정말로 태극권의 원칙(점:黏과 주:走의 통일, 사기종인:捨己從人: 나의 결점을 버리고 남의 장점을 좇음 등)을 지키면서 우승하였는가 혹은 힘과 빠르기, 다른 권법의 기술(예: 금나술:擒拿術; 관절기)로 우승한 것인가에도 착안해야 한다.

또한 여기서 특히 주의해야 하는 것은 내가권(內家拳)의 권법가(拳法家) 대부분이 다른 내가권에도 정통하다는 것이다. 서로 싸울 때 자신이 수련한 몇 가지 기예를 순식간에 나누어서 구별해서 사용하는 것은 거의 불가능하다. 그러므로 심판(審判: 레프리)도 특히 패한 쪽도 이 점을 명확하게 구분하고 이해하여 적절하게 평가할 필요가 있다. 특히 후자는 자신이 왜 패했는가, 무엇 때문에 패했는가를 확실하게 해 두지 않으면 교훈으로서 수련에 활용할 수 없기 때문이다.

(3) 태극권과 기공의 관계

태극권과 기공(氣功)은 끊을래야 끊을 수 없는 관계이다. 전술의 「명칭의 유래」에서도 알 수 있듯이 태극권은 지난 400년 동안 왕종악의 『태극권론(太極拳

論)』이 해설하는 태극 음양의 철학을 지침으로 계승·발전해 왔다. 이 태극의 개념도 음양의 철학도 실은 중국고대인의 우주에 관한 인식과 「기(氣)」에 관한 사고, 인체에 관한 사고, 따라서 양생법(養生法)의 원칙에 관한 사고 등과 매우 밀접하게 관련되어 있다. 이러한 인식이 진리에 접근하고 있다는 것은 점차 현대과학의 발전으로 증명되고 있다는 것은 별도의 이야기로 치부한다.

우리들이 태극권을 이해하고 이것을 수련함에 있어서는 마찬가지로 중국고대의 우주관, 「기(氣)」에 대한 사고와 양생법(養生法)의 기본에 대해서도 조금은 알아 둘 필요가 있다.

전술의 「무술로서의 특색」과 「뛰어난 문화」에서도 알 수 있듯이 태극권의 근본이념 자체가 태극권의 특수한, 다른 권법과 질적으로 다른 기공(氣功) 수련도 함께 포함한 수련방법을 규정하고 있다. 무술가의 기공수련(氣功修練)을 「내공(內功)」이라 한다. 모든 내가권(內家拳)이 내공(內功)을 중요시하고 있지만 특히 태극권에서 내공(內功)은 필요불가결한 수련이다.

태극권이 「움직이는 선(禪)」으로 불리는 원인도 여기에 있다. 태극권의 이론서는 주로 내공수련(內功修練)을 지도하는 것이라고 할 수 있다.

내공(內功)은 대개 「참장공(站桩功)」이라는 형태를 취한다. 즉 선생의 지도에 따라서 일정한 자세를 잡고 그 자세에서 움직이지 않고, 장시간 땅에 박힌 말뚝과 같이 우두커니 서있는 것이 된다. 이러한 수련으로 신체의 다양한 내면적인 품성이 단련된다. 물론 반드시 여기에 국한하는 것은 아니다.

권법의 투로(套路) 중에 있는 자세를 취하고 그대로 장시간 서있는 방법도 종종 이용된다. 이것을 "정자세로 선다"고 하며, 마찬가지로 이것도 「참장공(站桩功)」이다.

가령, 현재 수련하고 있는 「오식(吳式) 태극권 37자세」 중의 「예비자세」도 실은 일종의 「참장공(站桩功)」이다. 그러므로 투로(套路)를 수련하지 않고 「예비자세」를 취하고 그대로 서있어도 매우 유익하다.

2. 기공에 대한 기본인식

1) 기공의 개념

대부분의 사람들이 기공(氣功)에서 말하는 「기(氣)」를 인간이 호흡하는 공기, 또는 호흡 자체로 이해하고 「공(功)」을 수련·훈련·트레이닝으로 간주하여 기공(氣功)을 「氣(호흡)의 트레이닝」으로 생각한다. 글자로 보면 당연한 말이지만 실제 이 표현에는 모순이 있다. 주의하지 않으면 옆길로 빠져 바람직하지 못한 결과, 또는 질병에 걸릴 수 있다. 기공수련(氣功修練)을 시작하려는 사람, 이미 시작한 사람이라도 먼저 의식적인 「氣의 트레이닝」은 삼가하도록 권한다.

인체의 복잡한 경락망의 존재도 「氣」의 존재와 그 운행도 최근에 이르러 현대과학의 검증을 거쳐 인증받을 정도이다. 그 전모(全貌)와 구체적 작동원칙 등에 대해서는 아직도 충분히 해명되지 않고 있다. 그러므로 우리들의 어설픈 지식으로 멋대로 기(氣)를 짜내거나(실은 이것도 누구라도 쉽게 할 수 있는 것은 아니지만) 어딘가로 보내지 않도록 권하는 것이다. 그렇게 하지 않으면 만일 「기(氣)」가 조금이라도 다른 곳으로 들어가면, 즉 「미치광이」로 정신상태가 이상하게 되어 버리기 때문이다. 중국에서 기공(氣功)의 붐(boom) 시기에 이러한 일이 종종 있었다.

(1) 기공의 수련

이 문제를 한 마디로 말한다면 기공(氣功)은 인간 체내의 「진기(眞氣)」를 배양하고 살리는 수련이다. 달리 말하면 기공수련의 목적은 수련방법이며, 가장 중요한 핵심은 "마음의 안정을 유지한다"는 한 마디로 귀결된다. 「안정」과 항상 「움직임」이라는 「마음」의 본질과는 본래 틀린 것이기 때문에 "마음의 안정을 유지한다"는 것은 우리들 누구라도 자신의 경험으로 알 수 있듯이 매우 어렵다. 어렵기 때문에 수련이 필요하다. 즉 기공은 일정한 자세를 취하여 먼저 호흡을 진정시키고, 그리고 마음(意識)도 최대한 안정시킴으로써「체내의 진기(眞氣)」를 휴양시켜서 그 예기(銳氣)를 살리는 것이다. 이와 같이 전신 경락의 보수·유지와 기혈의 순조로운 운행을 꾀하여 심신의 건전(健全)을 추구하는 방법이다.

이러한 기공의 수련방법은 수천년 역사를 가지고 있으며, 옛날부터 도인(導引)·토납(吐納)·연기(練氣)·운기(運氣)·정공(靜功)·정좌(靜座)·좌선(座禪)·참장(站桩)·내공(內功) 등 다양하게 불렀다.

비교적 새로운 명칭인「기공(氣功)」은 이들의 총칭이다. 수련의 구체적 목적과 방법의 차이에 따라서 기공은 의가(醫家)의 기공·도가(道家)의 기공·유가(儒家)의 기공·불가(佛家)의 기공·무술가(武術家)의 기공 등으로 나누어지지만, 모두 공통적으로 수련의 근본원리로 사용하고 있다는 점이다.

(2) 진기는 객관적 존재

기공(氣功)에서 말하는「진기(眞氣)」는 우리들이 세상에 태어나 호흡하는 공기, 숨과 다른 의미의 타고난 선천적인 기(氣)를 말한다. 이「진기(眞氣)」의 정체를 현대어로 어떻게 설명하면 좋을까, 아직 정론은 없지만「진기(眞氣)」가 분명히 인체에 객관적으로 존재하고 있다는 것, 그리고 이「진기(眞氣)」를 의식적으로 배양하여 활용하고, 단련하고 증강하여 활발화시키고, 또는 체외로 방출(發氣)하는 것도 가능하다. 그리고 그 방출된「기(氣)」가 객관적 대상물에게 다양한 영향을 미칠 수 있다는 것은 이미 현대과학기술의 방법으로 증명되고 있다. 이러한 것에 대한 보도와 기록은 이미 수십년전부터 출판물에도 나타나고 있다. 요컨대「진기(眞氣)」는 객관적으로 존재하는 것이다.

기(氣)가 존재하지만 형태도 없고 구체적으로 파악할 수 없는, 그리고 어떻게 형용할 수 없는「진기(眞氣)」를 구태여 현대 과학적 용어를 빌려서 설명하면 생명에너지(bioenergy)라 할 수 있을 것이다. 중국에서는 현재도 이론과 실천 모두를 계속해서 연구해왔다. 중국의 의과대학에는 기공(氣功), 침과 뜸을 배우는 학부가 있고, 전문기공학교도 있으며, 큰 병원에서는 기공(氣功)으로 치료하는 기공과(氣功科)가 있다.

2) 기공에서의 「기」

(1) 3종류의 「기(氣)」

옛날 한자에는 같은 「qi(氣)」의 제사성조(第四聲調)로 읽는 3개의 글자가 있다. 즉 기(炁)와 기(气)와 기(氣)이다. 그리고 3개의 글자는 각각 다른 뜻을 가지고 있다.

① 기(炁)는 「체내의 진기(眞氣)·정기(正氣)·원기(原氣)·원기(元氣)」를 의미하고, 즉 현재 우리들이 기공(氣功)에 대하여 이야기할 때 말하는 기(氣)를 가리킨다. 이 글자가 도교(道敎)의 기공수련에 관한 고서(古書)에 자주 등장한다.

② 기(气)는 자연계에 존재하는 공기, 지구를 둘러싸고 있는 대기를 의미한다. 오늘날 우리늘이 사용하고 있는 「합성문장」인 「절기(節氣)」와 「기후(氣候)」의 「기(氣)」도 이 「기(气)」를 사용하였다. 말이 나온 김에 실제 「절(節)」과 「기(气)」와 「후(候)」는 원래 각각의 의미를 가지고 있었다. 즉 5일을 1후(一候)로, 3후(15일)를 1절(一節, 음력 1년은 24절: 365일)로, 6후(候)가 1기(一气: 30일)였다.

③ 기(氣)는 기(气)의 글자에 미(米)자를 더한 형태로서 인간이 모체를 벗어나 입으로 음식(곡물·쌀)을 먹게 되면서 생명을 유지하기 위한 호흡작용을 지탱하는 「숨(息)」·호흡을 가리킨다. 이 기(氣)는 「숨(息)」에 해당한다. "숨을 멈추다"는 중국어로 「단기(斷氣)」라 하며, "숨을 돌리다"는 중국어로 「완과기래(緩過氣來)」라 한다.

즉 동방문명에서는 옛날부터 이미 상당히 발달되고 명확히 구별된 「기(氣)」의 개념이 불교수행에 관한 책에서도 「바람(風)」과 「기(氣)」와 「숨(息)」으로 구별된 3가지 개념이 있다. 그 중「숨(息)」은 대개 도교가 말하는「태식(胎息)」(영아가 모체 속에서 호흡하는 상태)에 상당한다.

근대에 이르러「기(炁)」와「기(气)」의 두 문자는 사용되지 않고, 오로지「기(氣)」자로 3가지의 의미를 표현하게 되었지만 그것이 60~70년대부터 중국에서 추진한 한자의 간자화 운동으로「기(氣)」자가 간자화되어「기(气)」자로 3가지 개념을 대표하게 되었다. 지금 중국대륙에는 모두「기(气)」자를 사용하고 있다.「기(氣)」는 한국식이며,「기(気)」는 일본식이다.

(2) 기(炁)의 정체(正體: 바른 형체)와 정의

앞에서 말한 바와 같이 기공(氣功)에서 말하는 "체내의 진기(眞氣)·정기(正氣)·원기(原氣)·원기(元氣)의 의미를 표현한 것은「기(炁)」이다.「기(炁:氣)」의 의미를 이해하고, 따라서 기공의 극의(極意), 기공의 핵심적 사고를 이해하기 위해서는 여기서 다시 일부 한자의 조자법(造字法) 원칙을 언급할 필요가 있다.

한자는 때때로「상형문자(象形文字)」의 보기로서 들지만, 실제 한자 전체는「상형: 유형물의 형태를 모방하여 만듦」의 원칙으로 만든 글자뿐만 아니라 6가지 원칙에 근거하여 만들어진 것이다. 즉 상형(象形)·지사(指事)·형성(形聲)·회의(會意)·전주(轉注)·가차(假借)의 6원칙이다. 이 6원칙을「육서(六書)」, 혹은「6體」라고 한다. 예를 들면 일(日)·산(山)·수(水) 등의 글자는「상형(象形)」의 원칙으로 만들어졌지만, 단(旦)·동(東) 등의 글자는「회의(會意)」의 원칙으로 만들어졌다. 육서의 다른 4원칙도 유추할 수 있다.

「기(炁)」의 글자도「회의」의 원칙으로 만들어진 글자이다.「기(炁)」의 윗부분「기(旡: 숨막힐기)」는 옛날의「무(無)」자이다. 그 아랫부분「화(灬)」는「불(火)」이다. 그러므로「기(炁)」의 진의는 인체의「무화(無火)」의 상태를 가리키는 것이다.「불(火)」은 여기서는 사람의「마음(心)」,「마음의 작용」의 의미로 사용되고 있다. 이「마음(心)」은 해부학상의 심장이 아니라 다양한 사상·욕망·희노애락 등의 감정이 생기는 근원인「마음(心)·마음의 작용」을 가리키고 있다.

요약하면 「기(炁)」는 「무화(無火)」이며, 「무화(無火)」는 「무심(無心)」의 의미이다. 즉 「기(炁)」는 사람이 무심·무념·무상·무욕의 상태에 있을 때 몸 속에서 되살아나는 것, 즉 인체가 원래 가지고 있는 생명력, 「선천의 기」, 선천적으로 물려받은 생명에너지이다.

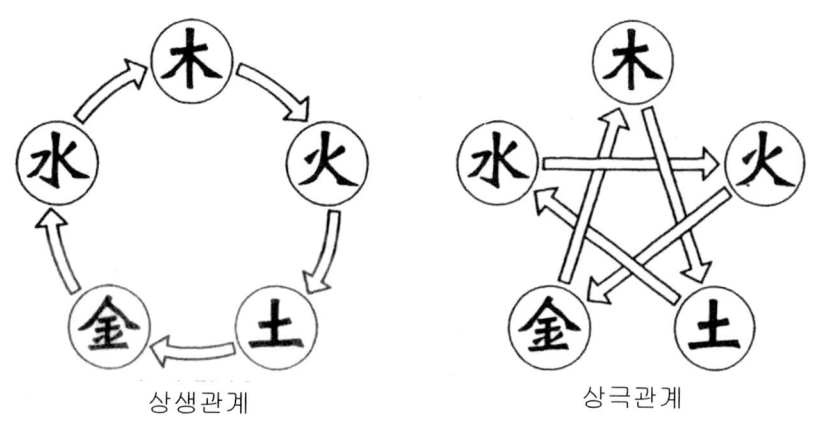

[그림] 상생관계와 상극관계

(3) 「화(火)」는 「마음(心)」

전술의 4개의 점은 「불(火)」로 「마음의 작용」으로 다양한 욕망이 생기기 때문에 그것을 없애지 않으면 수행을 할 수 없다는 것을 알 수 있다. 그러나 「불(火)」을 「사람의 마음」과 결부시킨 부분은 잘 이해되지 않을지도 모른다.

실제 이 부분도 도리에 맞는 극히 자연스러운 결과이다. 이 문제를 설명하기 위해서는 다시 간략하게 중국 전통의학의 우주관·음양오행설과 그 인체관을 언급해야 한다.

중국의 전통의학도 다른 전통학문의 영역과 마찬가지로 「음양오행설」을 그 철학적 기초로 하고 있다. 그것에 따르면 우주만물은 음(陰)과 양(陽)의 두 기운에 의해서 생긴 것으로 만물은 총 5가지의 기본원소인 오행, 즉 목(木)·화(火)·토(土)·금(金)·수(水)로 구성되어 있다. 오행 중 목(木)에서 화(火)를,

화(火)에서 토(土)를, 토(土)에서 금(金)을, 금(金)에서 수(水)를, 수(水)에서 목(木)이 생긴다고 생각하고, 이것을 상생관계(相生關係)라고 한다.

또한 목(木)은 토(土)로, 토(土)는 수(水)로, 수(水)는 화(火)로, 화(火)는 금(金)으로, 금(金)은 목(木)으로 상극으로 생각하고, 이것을 상극관계(相剋關係)라 한다. 천지간 인간사회의 개인 운명마저 포함한 모든 만물의 변화를 이러한 요소의 조합과 그 성쇠와 변화로 해석하였다.

그것에 따르면 인간이라는 생물은 천지의 음양 정화(精華: 精粹가 되는 것)의 응축(凝縮)으로 표현할 수 있다. 그러므로 인간의 몸은 우주의 축도(縮圖)이며, 하나의 소우주(小宇宙)로 간주하고 있다. 그러므로 몸의 주요한 기관인 오장(五臟)도 각각 우주를 구성하는 다섯 요소를 가지고 있으며 그것에 속한다는 것이다. 그 중, 마음(心)은 불(火)에 속하고, 간(肝)・비(脾)・폐(肺)・신(腎)은 각각 목(木)・토(土)・금(金)・수(水)에 속한다고 보았다. 여기서 중국의학에서 말하는 오장의 의미가 내포하는 것은 현대해부학의 시각에서 말하는 그것보다 넓다는 것이다. 예를 들면「마음」은 현대의학이 말하는 심장・중추신경계・자율신경을 일괄하는 개념이다.「불(火)」과「마음(心)」의 관계는 여기에서 나왔다.

(4) 오행의 총체적인 사고와 이론

이러한 인식에 근거한 이론은 지금도 중국 전통의학계에서는 중요시하고 있다. 전술한「마음」의 개념과 같이「간(肝)・비(脾)・폐(肺)・신(腎)」도 모두 서양의학에서 말하는 각각의 기관 개념범위보다 넓다. 예를 들면「간(肝)」이 담낭 기능,「비(脾)」가 위와 췌장의 기능 등을 내포하고 있다. 또한 오행이 서로 상생상극(相生相剋)의 관계에 있다는 것도 고려한다. 즉 인체의 오장도 항상 서로 좋은 혹은 나쁜 영향을 서로 미친다. 각 기관은 또한 중추신경과 자율신경과도 매우 밀접한 관계에 있으며, 인간의 감정과 몸의 건강상태와도 서로 다양한 영향을 서로 미치고 있다.

이를테면 기쁨은 심장(心)에, 분노는 간(肝)에, 사고(思考)는 비(脾)에, 우울함은 폐(肺)에, 공포는 신(腎)에 영향을 미친다고 본다. 그러므로 의사는 치료할 때도 이러한 것을 고려하여 처방한다. 그래서 「폐(肺)」가 약한 사람에게는 대개 동시에 「비(脾)」를 보강하는 약을 주고, 사고하는 것을 줄이도록 하며 우울함과 슬픔을 피하도록 권한다. 즉 중국의학의 사고는 질병의 현상(증상)만에 얽매이지 않고 「치표(治標)」(말단이나 증상만을 개선)할 뿐만 아니라, 항상 「치본治本」(병에 걸리게 한 원인을 치료)에 집중한다. 이른바 여과기로 물을 정화하는 것이 아니라 수원의 정화방법을 중요시하는 사고이다.

한 마디로 중국 고대철학은 언제나 개체를 전체의 한 부분으로 간주하며 개체를 전체 내의 개체로서 생각하고, 그리고 각 개체가 전체 내에서 서로 영향을 끼치고 있다고 생각한다. 즉 총체적인 사고이다. 태극권의 동작원칙(動作原則)도 이러한 사고에서 출발하고 있다.

3) 기(氣)의 수련

(1) 갓난아이의 마음 유지

전술한 바와 같이 기공(氣功)에서 말하는 기(炁)는 인체가 원래 가지고 있는 것이다. 이것이 체내에서 늘 움직이고 있기 때문에 생명이 유지된다. 다만 문제는 자연의 대기가 인류존재에게 필요한 조건의 하나임에도 불구하고 인류가 스스로의 지식부족으로 그것을 끊임없이 오염시켜왔듯이, 젊은이가 즐거운 마음을 탐하기 위해 여러가지 건강을 해치는 일을 하고 있듯이, 우리들이 다양한 집착심의 작용 즉, 불교가 말하는 3독의 「탐진치(貪嗔痴: 욕심·성냄·어리석음)」로 항상 마음을 무의식적으로 망가뜨리고 있다는 것을 알지 못하고 있다. 누구라도 자신의 건강을 중요시하기 때문에 이것을 깨닫고 사후치료도 늦지 않다는 기분으로 지금부터라도 몸의 「진기(眞氣)」 휴양에 집중할 수 있는 기공(氣功)·태극권 수련을 시작한다면 건강상태가 반드시 날마다 좋아질 것이다.

「기(炁)」의 실제 성질로도 알 수 있듯이, 이것은 호흡을 조종함으로써 단련되고 만들어지는 것이 아니라 원래 인간 몸에 있으며, 인간이 사려(생각)가 없는 상태, 무욕·무념·무상의 「정(靜: 고요)」의 상태가 되었을 때 되살아나고 나타나는 것이기 때문에 수련방법도 스스로 결정한다.

　수련법의 첫걸음은 자신의 마음과 몸의 「안정」을 찾는 것이다. 즉 움직이지 않고 보지 않고 듣지 않고 생각하지 않는 말하자면 산과 나무가 있듯이, 정지궤도에 있는 위성과 같이 자신의 몸을 지구운동과 동조(同調)시키는 것이다. 여기서 가장 어려운 것은 마음의 안정을 유지하는 것이다. 아무것도 모르는 갓난아이의 마음을 회복하고 그것을 최대한 유지하는 것이다.

　생각해보면 모든 생물의 생명기능은 「정(靜)」에서, 「정(靜)」의 상태에서 생긴다. 식물의 성장과정이 이 사실을 훌륭하게 보여준다. 씨앗은 「정(靜)」의 상태에서 생명에너지를 충만하게 비축하여 싹을 틔운다. 물론 일정한 조건이 필요하다. 인간의 경우 그 조건은 기공수련(氣功修練)이다. 넓은 의미에서 동물은 인간도 포함한다. 자유롭게 활동하는 것을 특징으로 하는 동물도 그 생명력은 정(靜)의 상태에서 생긴다. 음(陰)과 양(陽)의 결합인 수정란, 「2에서 생긴 3」은 상당히 오랫동안 「정(靜)」의 상태에서 그 생명에너지를 비축한다. 동물이 태어나 폐(肺)로 호흡하고 입으로 영양을 섭취하면서도 그 「동(動)」에 의해서 소모되는 생명에너지를 재생하고 회복하고 치료하고 증강하기 위해서는 또한 항상 「정(靜)」의 상태인 「수면(睡眠)」을 필요로 한다. 어떠한 동물이라도 그 생활에서 수면을 제거하면 생명력은 유지되지 못한다.

　독일의 히틀러(Adolf Hitler, 1889~1945)가 수용소에서 잠들게 하지 않는 방법으로 많은 사람을 희생시킨 사실은 잘 알려져 있다. 곰도 늑대도 여우도 상처를 입으면 동굴로 들어가 때로는 먹이도 먹지 않고 조용히 쉰다. 옛날의 고사성어(故事成語)에서 "아이는 잠잘 때 성장한다"는 이 말은 진리이다. 그렇기 때문에 「자는 아이를 깨우는」 것은 본래의 의미에 있어서도, 다른 의미에서도 매우 합당치 않다.

(2) 정을 찾는 방법

　심신(心身) 모두 정(靜)의 상태가 되는 것을 기공(氣功)에서는 「입정(入靜)」이라 한다. 기공에서 말하는 동(動)과 정(靜)은 다시 「내동(內動)」과 「외동(外動)」,

「내정(內靜)」과 「외정(外靜)」으로 나눌 수 있다. 「외동」과 「외정」은 형태로서 나타나는 것이기 때문에 알기 쉽다. 「내동」은 신체 내부의 움직임, 「내정」은 정신활동의 상대적 정지상태이다. 우주전체가 항상 운동하고 있기 때문에 이론상 절대의 정(靜)은 있을 수 없다. 그러므로 기공에서 말하는 「정(靜)」도 상대적인 정(靜)으로, 우주와 지구의 운동에 대하여 말하는 정지상태이다. 즉 마음도 몸도 스스로 움직이지 않고 지구운동에 동조시키는 것이다. 이것은 모든 잡념이 배제되고 체내부의 음(陰) 양(陽)의 균형이 유지됨으로써 경락이 소통되어 기혈이 순조롭게 운행되고 있는 상태이다. 이것은 일종의 특수한 형태의 운동으로 볼 수 있다. 「외정(外靜)」은 찾기 쉬우나 「내정(內靜)」을 찾기는 매우 어렵다.

그러므로 먼저 「청심과욕(淸心寡慾)」이다. 이것은 2가지인 것 같으나 실은 하나이다. 마음을 맑게 하려면 먼저 욕심을 적게 하는 것이다. 얼핏 보면 그렇게 어렵지 않다. 아욕(我慾: 자기 욕심)을 조금 제거하면 「일본어 아욕(我慾: がよく의 탁음부만 제거하면) '욕심이 적다'는 과욕(寡慾: かよく)」이 된다. 실천하여 보면 이 탁음부 2점을 좀처럼 제거할 수 없다. 불교에서 말하는 「탐(貪)」이다.

뿐만 아니라 우리들의 「마음」 자신의 본질이다. 마음에 작용하는 번뇌·망념의 제압이 어렵다는 것을 당나라 석두대사(石頭大師)가 「심원의마(心猿意馬: 마음은 원숭이 같이 떠들고 말처럼 날뛴다)」라고 하였다. 달리 「의마심원(意馬心猿)」이라 한다. 근대사상에 유명한 사람도 "걸핏하면 뜻하지 않은 곳으로 옮겨간다"고 「마음」을 노래하였다. 이 마음-항상 시끄럽게 구는 「마음의 원숭이」를 어떻게 하면 안정시킬 수 있을까?

이 때문에 우리들의 선조가 다양한 방법을 고안했다. 「청식(聽息)」(자신의 호흡을 듣는다), 「의수규(意守竅)」(선생에게 가르침을 받은 경락에 전념한다), 「관심(觀心)」(가슴·명치·중단·경락 주위에 전념한다. 옛날에는 심장이 가슴 중앙에 있다고 생각하였다). 「의수외경(意守外景)」(어떤 풍경을 바라보면서 방심한다), 「염불(念佛)」(정좌하여 불호를 염불한다, 혹은 염주를 돌리면서 또는 목어를 두드리며 염불한다), 「묵상사의(默想詞義)」(어떤 특정 단어의 의미를 계속 생각한다), 「청고전음악(聽古典音樂)」(고전음악을 듣는다) 등등 다양하였다. 이러한 방법을 전체적으로 말하면 자신의 마음인 의식을 어떤 하나의 일에 집중하는 것이다. 이렇게 함으로써 마음이라는 「원숭이」를 결부시켜 원숭이(자신의 마음)의 움직이는 본질을 살리면서 마음대로 움직이지 않고 일정한 범위 내에서 규칙적으로 움직이게 하는 것이다.

우리들의 경우는 이러한 방법을 대신하여 태극권의 수련으로 마음의 안정을 찾는 것이다. 즉 자신의 하나하나의 태극권 동작에 「심원(心猿)」을 결부시키는 것이다. 태극권의 「예비자세」와 최후의 「끝」은 물론 하나하나의 동작을 완성할 때도 항상 정(靜)의 중심에서 동(動)을 촉발하도록, 동(動)의 중심에서도 정(靜)을 추구하도록 노력하는 것이다. 그러므로 태극권은 권법의 형태를 갖춘 기공(氣功)의 수련이라고 한다.

3. 태극권 이론과 기술의 특징

태극권의 이론은 태극(太極)의 두 글자가 보여주듯이 도교(道敎)에서 말하는 음양오행설(陰陽五行說)과 역리(易理)로 구성되어 있다.

도교에서는 우주에 천지가 성립되기 이전 무색무형(無色無形)의 아무것도 없었을 무렵의 모든 것이 무(無)의 상태였던 때를 무극(無極)이라 하고, 무(無)의 상태에서 한 점의 기(氣)가 발생하여 음과 양으로 나누어지고, 그 모든 것을 포함한 것이 태극이다.

태극(太極)이 음양으로 나누어져 양의(兩儀: 음과 양)가 되고, 양의(兩儀)에서 사상(四象)이 생기고, 사상(四象)에서 팔괘(八卦)가 되며, 그것이 극한에 도달하면 다시 되돌아가 원상태가 된다. 또한 천지(天地) 오행(五行)인 금(金)·수(水)·목(木)·화(火)·토(土)의 5물(五物)의 기(氣)가 얽혀서 모든 물질이 생긴다고 하는 것이 오행설(五行說)이다. 따라서 인간도 우주의 기(氣)에 의해서 생긴 소우주이며, 체내에 기가 있기 때문에 살아있는 것이며, 기(氣)를 많이 축적하면 강대한 힘을 가지게 되고, 우주법칙(宇宙法則)에서 본다면 그것은 최고의 기술이다.

 그렇기 때문에 태극권은 기(氣)를 체내에 비축하는 것과 음양(陰陽)과 역리(易理)로 기법을 실시하는 것이 주안이다. 즉 대자연순행의 법을 실시하는 것이 되기 때문에 태극권을 단순한 권법(拳法)으로 보는 것은 태극권을 한 면만 본 표현이며, 실제로는 불로장생(不老長生)의 건강법을 실시하는 것으로 일변하면서 선행(禪行)을 하는 것이라고 말하고 있다.

 태극권(太極拳)의 기법은 오행팔괘(五行八卦)를 표현한 기법이 기초로 되어진 오행(五行)을 5종의 보법(步法)으로 나타내고, 팔괘(八卦)는 그대로 8방향(八角)을 나타내고 있으며, 그 5와 8을 합하여 13으로서 태극권의 별명으로 붙여「13세장권(十三勢長拳)」이라 한다. 즉 13세(十三勢)의 자세로 구성되어 있는 동작의 권법이라는 뜻이다.

※ 사상(四象)
① 태양(太陽: 日·여름)
② 소양(少陽: 星·봄)
③ 소음(少陰: 辰·가을)
④ 태음(太陰: 月·겨울)

※ 오행(五行: 五步法)
① 전진(前進: 金)
② 후퇴(後退: 木)
③ 좌고(左顧: 水)
④ 우고(右顧: 火)
⑤ 중정(中正: 土)

※ 팔괘(八卦: 八門)
정방향을 가리키는 사정(四正), 사이방향을 가리키는 사우(四隅)가 있다.

<사정(四正)>
　① 진(震: 동) ― 태극권의 제(擠)
　② 리(離: 남) ― 태극권의 붕(掤)
　③ 태(兌: 서) ― 태극권의 리(攦)
　④ 감(坎: 북) ― 태극권의 안(按)

<사우(四隅)>
　① 간(艮: 동북) ― 태극권의 주(肘)
　② 손(巽: 동남) ― 태극권의 렬(挒)
　③ 건(乾: 서북) ― 태극권의 채(採)
　④ 곤(坤: 서남) ― 태극권의 고(靠)

이상의 이론적 기법의 기초를 제공하여 태극권의 각종 각양의 기법이 만들어졌다.

1) 태극권의 특징과 비전

태극권의 특징은 모든 기법이 원형(圓形)을 그리며 실시하는 것이다. 한 점에 중심을 두고 손도 몸(허리)도 기법도 기(氣)도 모두가 원(圓)을 그리고, 원(圓)은 받는 힘을 최소화할 수 있으며, 사량발천금(四兩撥千金)이라 하여 작은 힘으로 큰 힘을 소화할 수 있다.

역학상(力學上)으로 설명하면 상대의 공격을 받을 때는 분력법(分力法)이며, 공격은 순간적인 합력법(合力法)이다.

순간적인 합력법을 발경(發勁)이라 하며, 발경법을 알지 못하면 수년 동안 연습하여 기공을 쌓더라도 무술로서의 진전을 얻지 못한다. 체내에 축적된 강력한 에너지를 단숨에 폭발시키는 것을 발경(發勁)이라 하며, 비전(秘傳)한다.

태극권으로 10년 공을 쌓으면 자연스럽게 발경을 회득(會得)할 수 있는 사람도 있지만, 생애 회득(會得)하지 못하고 끝나는 사람 쪽이 많고, 교사(敎師)라

하더라도 알지 못하는 사람이 많다.

그리고 태극권은 실전(實戰)을 치를 때는 먼저 상대와 접촉하는 것이 제1단계로 이것을 점경(粘勁)이라 한다. 이어서 접촉한 부분의 감각을 움직여 상대의 움직임을 찰지(察知)하는 이것을 청경(聽勁)이라 한다. 그리고 청경(聽勁)을 움직여 상대가 공격해 온다면 채(採)·제(擠)·리(攦) 등의 기법으로 상대를 흔들어 즉시 반격한다. 상대가 손을 뻗거나 후퇴하려 할 때는 상대에 따라 붙어서 공격으로 바꾼다.

2) 태극권의 기(氣)와 경(勁)

(1) 인체의 내(內)와 외(外)

중국 권법에는 인체 자체를 무기로 생각할 때 두 가지의 견해가 있다. 하나는 인체를 고체물(固體物: 무기)로 생각하는 것이고, 또 하나는 인체를 유체물(流體物: 기혈)로 생각하는 것이다.

인체를 고체로 생각하는 사람들은 되도록 근골(筋骨)을 단련함으로써 강한 타격력을 익혀 몸에 지니려 한다. 그러나 그들은 때로는 지나친 외적 수련에 의해 신경과 내장과의 리듬을 붕괴시켜 자신의 몸을 망치는 경우가 있다.

태극권을 배우기 시작했을 때 관수(貫手: 꼿꼿이 모아 편 손가락끝)를 단련시켜선 안되고, 주먹을 너무 단단하게 하면 간장(肝腸)이 약화되므로 자신의 주먹과 발을 단단한 물체에 부딪치게 하면 안된다고 가르치고 있다.

손가락 끝은 시신경에 통하고, 당수(唐手)에서 말하는 주먹에 박힌 위치는 간장(肝臟)에 통하고 있다는 것이다.

무술로서 태극권을 연마하는 경우 근육을 단련시키는 것이 역시 중요한 일이다. 그러나 이런 경우에도 외적인 충격에 의해 타율적(他律的)으로 단련시키는 것이 아니라, 항상 인체 내부와의 조화를 유지하면서 자율적(自律的)으로 단련시키지 않으면 안된다.

인체(人體)란 한 마디로 기(氣: 기체와 신경)·혈(血: 혈액과 분비액)·체(體:

골격과 근육)에 의해 유기적으로 구성된 놀랍도록 정밀한 통합체(統合體)라고 할 수 있다.

인체를 더욱 근원적으로 생각하면, 인체 그 자체로서는 존재할 수가 없다는 점이다. 이를테면 단순한 1대1의 싸움인 경우에도 그들은 육체적으로 싸우고 있을 뿐 아니라, 서로의 정신도 격렬하게 투쟁하고 있다.

옛날 무인(武人)들은 모두 육체적인 수련이 격렬할수록 마음(정신)의 수양을 위해 힘썼다. 만일 그렇지 않으면 기혈(氣血)의 격렬한 흐름을 억제할 수 없게 됨으로써 이른바 고혈압형(高血壓型)이 되어 사소한 일에 대해서도 흥분하게 되는 단순한 인간으로 되어 버리기 때문이다.

흔히 이런 사람을 '호걸(豪傑)'로 불리는 경우가 있는데, 중국에서 말하는 대인(大人)이란 육체적인 외양과는 관계없이 정신세계가 큰 사람을 가리키는 것이다.

태극권을 단련하는 사람은 쓸데없이 육체적인 '공(功)'을 이루려는 초조한 마음을 버리고, 인체의 내부와 외부를 항상 통일적으로 파악하면서 자기자신을 귀히 여기는 마음가짐이 중요하다.

호흡을 중요시함으로써 유유자적하며 자신을 단련시키는 것이 정신수양뿐 아니라 무술수련에 있어서도 가장 중요한 일이다.

(2) 의(意)의 사용

태극권의 비결 중 하나로 "의를 사용하되, 힘을 사용치 않는다"라는 말이 있다. 의(意)라는 것은 의지(意志)를 뜻하는 것인데, 그보다는 의식(意識)이라고 옮기는 것이 적당한 것으로 여겨진다.

예컨대 손을 앞으로 내밀 때 그저 손만 내미는 것이 아니며, 또한 놀라고 당황하는 동작으로 내미는 것이 아니라, 자기의 의식을 손가락 구석구석에까지 담으며 내뻗는 것이다.

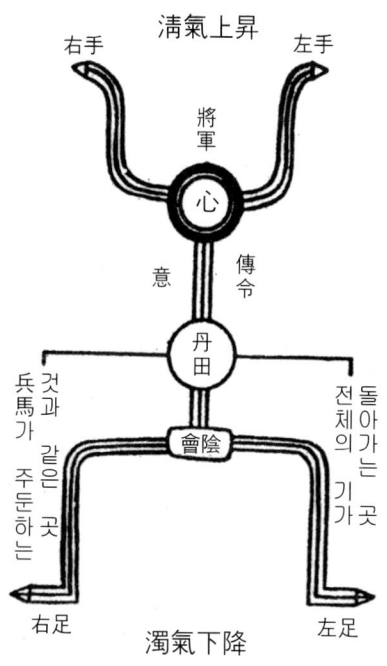

진가식 태극권 인체의 운동기기도

초심자들은 자칫 손에 힘이 들어가 도리어 손가락 끝의 힘이 느슨해 있는 경우가 많다. 그러나 숙달이 된 사람의 손가락 끝, 특히 집게손가락은 보기 좋게 뻗어있게 된다.

의(意)의 작용으로 기술의 사용방법을 연습하는 편이, 공연히 힘을 들여 연습하는 것보다도 훨씬 더 몸의 움직임을 바르게 이해하는 동시에, 드디어는 힘을 바르게 갖는 방법도 몸에 익히게 되는 것이다.

(3) 내적 경(勁)인 에너지

경(勁)도 의(意)와 마찬가지로 중국권법을 배울 때 가장 먼저 배우게 되는 단어이다. 경(勁)이란 의식을 깃들여서 기혈(氣血)의 흐름에 맞추어 내는 일이다. 이를 특히 내경(內勁: 氣力)이라 한다.

양파(楊派: 楊家太極拳)인 진염림(陳炎林)은 단순한 힘과 내경에 의한 힘을 비교해서 이렇게 말하고 있다. "힘은 뼈에 의지하면서 어깨 뒤쪽으로 함몰해서는 힘을 내지 못한다. 경(勁)은 힘줄에 의지하여 사지 구석구석까지 미치면 힘을 잘 낼 수 있다. 힘은 형태로 나타나고 경(勁)은 무형이다. 힘은 막히고 경은 내뻗는다. 힘은 늦으며 경은 빠르다. 힘은 둔하고 경은 예리하다"

또 내경에는 축(蓄)과 발(發)의 두 단계가 있다. 기력(氣力: 내경)을 충분히 모은 단계를 축경(蓄勁)이라 하고, 기술과 함께 바깥쪽으로 발하는 것을 발경(發勁)이라 한다. 태극권 비결에 "축경은 활을 당김과 같고, 발경은 화살을 쏘는 것과 같다"라고 한다.

의(意)나 경(勁)도 말하기는 쉽지만 실제로 몸에 익히면서 이해하기란 어려운 일이다. 이상과 같은 비결을 염두에 두고 끊임없이 연구하도록 한다.

(4) 중국권법의 비전

일반적으로 태극권을 포함하여 중국 권법의 수행단계는 형(形)·의(意)·법(法)으로 나아가지만, 첫째인 형은 바른 자세와 바른 움직임이다. 바른 형이 되지 않으면 아무리 노력하더라도 진리(眞理: 참된 이치)를 향하여 나아갈 수 없다. 자세도 동작도 머리끝에서 발끝까지 모두 각기 한 가지씩 원칙(原則)이 있으며, 어느 한 가지라도 빠져서는 안 된다. 또한 중국 권법의 기법은 맹호출동(猛虎出洞)·포호귀산(抱虎歸山)·백원헌과(白猿獻果) 등의 명칭이 붙어 있어 수행하는 자에게 기법의 느낌을 형(形)으로 포착하기 쉽도록 되어 있다.

권법 형(形)의 주의·특징을 시가(詩歌)로 표현한 것이 있으며, 그것은 가결(歌訣)로 형(型)을 익힌 후에 받게 되는 것이다. 이러한 비결을 얻고 바른 형이 가능해지면 이어서 기법의 실전상에서의 사용법을 배우게 되며, 이것이 둘째 의(意)의 단계이다. 즉 기법의 바른 의미를 이해하는 것으로 실전에서 승리하기 위한 가장 유력한 비결을 얻는 것이다. 비결은 선인(先人)이 목숨걸고 체험한 생사의 경지 속에서 얻은 것을 다시 몇 대를 걸쳐서 완성된 것이며, 평화로운 시대에 도장(道場) 속에서 머리로 생각해 낸 것이 아니다.

이리하여 의(意)를 습득하면 마지막으로 법(法)을 배우게 된다. 그러나 법은 최고철리로 해석되어 있어, 의(意)의 단계에서 배웠지만 한층 심오한 것으로 어느 정도 재능이 필요하다.

이상의 단계에서 기술습득을 마치게 되지만, 이상의 것은 모두 형과 움직임, 즉 외측(外側)의 것으로 이른바 내용이 동반하지 않은 외측으로 화약이 없는 탄환, 현(弦: 활줄)이 느슨한 활과 같다. 아무리 백발백중의 솜씨를 가지고 있더라도 표적에 화살이 꽂히지 않으면 실전기술로서의 가치가 없듯이 권법의 경우도 아무리 공방기술이 능숙하더라도 일타필도(一打必倒: 일격에 반드시 넘어뜨림)의 위력이 없으면 무술로서의 가치는 없다. 분명히 긴 수행을 계속하면 그만큼의 위력은 양성되지만, 그것은 어디까지나 외면적인 근골의 힘이 증가한 것뿐으로 이 세상에는 자신이 2, 30년을 단련하여 얻은 힘(勁)을 처음부터 그대로 가지고 있는 자도 있다.

중국에서는 외측수련도 중요하지만 내면수련을 하지 않으면, 소(小)가 대(大)를 제압하는 힘은 얻을 수 없다고 한다. 내외의 힘을 경(勁)이라 한다.

경(勁)의 단어에는 다양한 해석이 있으며, 사용범위도 넓기 때문에 일률적으로 말할 수 없지만 근력과는 다른 내외(內外)의 합쳐신 전신의 힘, 또는 기(氣)의 힘으로 해석되고 있다.

경(勁)에는 화경(化勁)·청경(聽勁)·촌경(寸勁)·차경(借勁)·발경(發勁)·주경(走勁)·합경(合勁)·첨경(沾勁)·전사경(纏絲勁) 등의 많은 사용법이 있으며, 권법의 혼이라고 할 수 있다. 예로부터 일본에서도 기합(氣合)·기검체(氣劍體)의 일치 등의 무술어가 있으며, 현재에는 '기합'을 '구호'와 혼동하고 있으며, 기검체의 기를 투지(鬪志: 의지)로 오해하고 있다. 기합은 내면의 에너지를 한 번에 폭발시켰을 때에 그것이 자연스럽게 음성이 되는 것으로 용기(勇氣)를 불어넣거나 위협을 위한 구호는 아니다.

중국에는 경(勁)을 양성하면 기술 등은 지엽말절(枝葉末節: 중요하지 않는 것)이라고 하지만, 중국 권법사범(拳法師範)이라도 경(勁)의 바른 사용법은 알지 못하는 사람 쪽이 많다고 할 정도의 비중(秘中)의 비(秘)이다. 이와 같이 경

(勁)을 배우지 않으면 아무리 일반 사람들의 몇 배로 수행하더라도 어느 정도까지는 숙달되지만 결코 진전을 얻을 수 없다. 즉, 권법 수련은 내면 수련과 외면적인 근골 측면의 수련을 합하여 수행을 완성시키는 것이 중국권법의 비전(秘傳)이다.

(5) 발경(發勁)의 원리

예컨대 발경(發勁)에 의한 힘을 발하는 방법에는 두 가지 방법이 있다. (가) 격하게 숨을 들이마셨다가 멈추고 전력으로 힘을 발하는 방법, (나) 부드럽게 호흡하면서 가속적으로 힘을 집중시켜 발하는 방법이다.

(가)의 방법을 기계식(機械式)이라고 하면, (나)의 방법은 유압식(油壓式)이라고 할 수 있을 것이다.

태극권은 물론 (나)의 방식을 이상적으로 하고 있으며, 실제로는 대부분의 중국 권법이 이같은 호흡법을 사용한다.

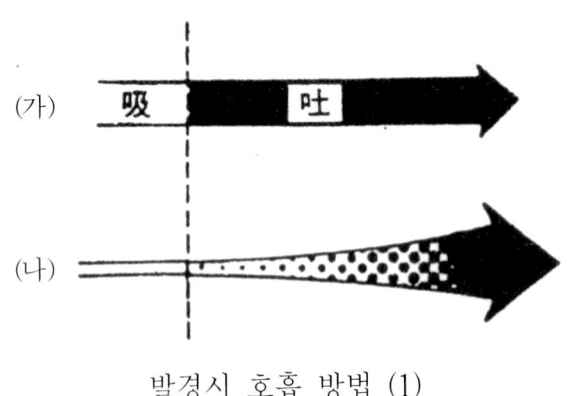

발경시 호흡 방법 (1)

힘을 발하는 것은 순간적인 것이지만 굳이 미시적으로 분석한다면 (나)의 방식은 다음 네 가지 단계로 나눌 수 있다. ① 처음에 부드럽게 숨을 들이마시고, ② 이어서 숨을 토해낸 다음 기력으로써 기술을 발한다. ③ 이때 유압호스가 가득찬 것처럼 손발에 기력이 넘쳐 순간적으로 숨이 멈춰진다. ④ 그리고 남은 숨을 가볍게 뱉는다. 다음 순간 폐의 내외 기압의 차이에 의해 사람은 자동적으로 숨을 쉬게 된다.

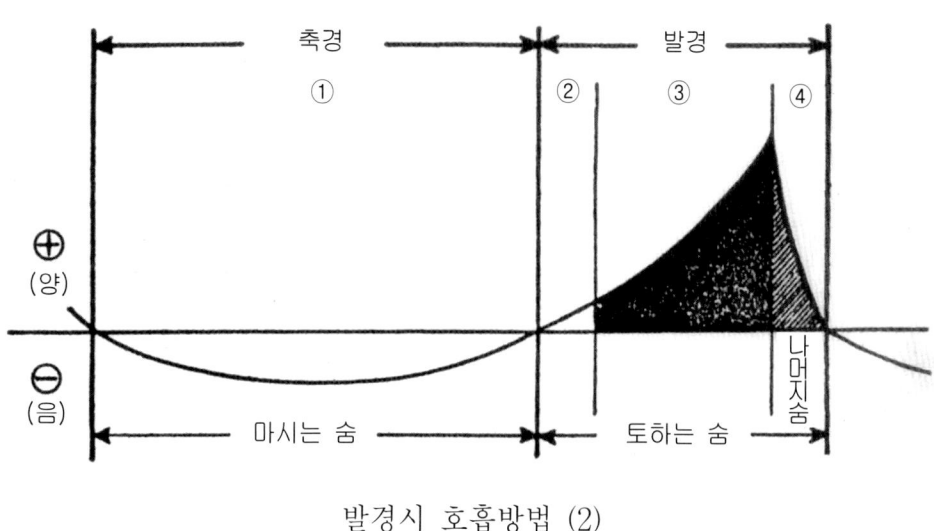

발경시 호흡방법 (2)

강적(剛的)인 호흡법은 심한 단련인 경우 자기 내부의 조화를 깨뜨리는 동시에 혈압을 높이는 결과가 되어 내장을 손상시키기 쉽다. 이에 비해 유적(柔的)인 호흡법은 연마함에 따라 호흡력을 증가시킴으로써 결국에는 강한 생명력을 몸에 익혀 지니게 된다. 그러므로 이같은 면에서도 태극권의 수련은 양명(養命)에 결부되고 있다.

또 태극권은 일반적으로는 양명법으로만 알려진 것이므로 소림파(少林派) 만큼 발경(發勁)에 대해 언급되는 점은 적지만 근대(近代)『남경제정형태극권(南京制定型太極拳)』의 편자인 진반령(陳泮嶺) 전(前)남경중앙국술관부관장은 다음과 같이 설명하고 있다.

"먼저 의를 사용하되 힘을 구하지 않고, 이윽고 심의(心意)와 힘이 서로 합해지기를 기다려 발경연습에 들어간다. 만약 태극권을 수련하여 발경을 구하지 않으면, 단지 사람을 받아넘기기만을 알고 공격하는 것이 불가능해진다." －진반령 저『중화국술태극권 교재』에서－

3) 태극권의 기본원리 *

(1) 태극권의 본질적 연습 원리

태극권은 다양한 스타일과 형태를 가진 복잡한 기예이다. 이런 태극권의 다양함에도 불구하고, 건강과 내적 에너지(氣)를 증진시키는 엄청난 힘은 그 본질적 원리에서 나온다.

우리가 태극권을 배우고 연습할 때 이 원리들을 마음에 품는다면, 시작부터 태극권을 더 효과적으로 수행할 수 있다. 이런 원칙들을 제대로 따르고 있는지를 보기 위해서, 비디오 모니터·대형거울 등을 활용할 수 있고, 친구나 강사에게 점검을 받을 수도 있다.

① 멈추지 말고 천천히 움직인다.

동작이 마치 흐르는 강물과 같이 연속적으로 지속되게 한다. 갑자기 움직이지 말고 처음부터 끝까지 같은 속도를 유지하라는 것이다.

② 저항력을 느끼며 움직인다고 상상한다.

이는 연습자의 내적인 힘(氣)을 함양시키는 것이다. 우리 주위에 공기의 밀도가 높다고 상상하므로 마치 물에서 움직이는 것처럼 행하는 모든 동작들이 부드러운 저항력을 느끼게 한다.

③ 체중이동을 자각한다.

이동성은 신체조정과 균형의 향상에 매우 중요하다. 몸의 체중을 옮길 때의 발걸음을 의식한다. 예를 들어 앞으로 나가는 동작을 취할 때, 입신중정(立身中正: 몸을 직립하여 수직선상으로 섬)을 유지하며, 한쪽 다리에 체중을 싣는다. 다른 발의 뒤꿈치를 부드럽게 바닥에 접촉하고, 서서히 발전체를 바닥에 닿게 한다. 그리고 체중을 앞발에 실은 후, 천천히 의식하며 체중을 앞으로 옮긴다.

④ 입신중정을 유지한다.

---

* Dr. 폴램(Paul Lam)저·황수연 역, 『태극권의 효율적 교수법』(도서출판 밝은 빛, 2010) p.172~179, 재인용 편집

유연한 입신중정(立身中正)은 우리가 생각하는 것보다 훨씬 어려운데, 특히 무릎을 굽힐 때 더욱 그렇다. 대부분의 사람들이 무릎을 굽힐 때 몸의 정렬(整列)이 흐트러지게 된다. 거울 앞에서 처음은 거울을 보지 말고, 무릎을 굽힌 후 거울을 본다. 태극권 연습시 등이 바닥으로부터 수직선상에 놓여있는가? 이 동작을 취할 때 몸의 바른 정렬을 유지하는 좋은 방법은, 무릎과 고관절을 굽히며 허공에 있는 의자에 앉는다고 상상하는 것이다. 가끔씩 이 방법으로 거울을 보며 연습하고 스스로를 점검해 본다.

연습시 처음에는 많은 사람들이 올바른 몸의 정렬을 유지하지 못하며, 그것에 대해 인식하지 못한다는 것을 나중에서야 깨닫는다. 이것이 입신중정을 유지하는 것이 생각했던 것보다 어렵다고 말한 이유이다. 하지만 한 번 제대로 실행된다면 몸 속의 기(氣)의 움직임이 입신중정의 상태에서 가장 원활하기 때문에 태극권의 연무(演武)가 많이 향상된다. 등을 구부려 몸을 굽히는 것은 기(氣)의 움직임을 방해할 것이고, 몸의 균형을 조절하려고 뒤로 기울이면 척추에 또 다른 압박이 생긴다. 그래서 모든 태극권 동작에서 입신중정의 자세를 유지하라고 말한다.

⑤ 몸의 각 관절을 송(鬆: 몸을 쭉 켜서나 굽혀 근육을 긴장 또는 이완시켜 몸을 부드럽게 하는 체조동작)으로 한다.

태극권을 연습할 때 반드시 긴장을 이완시켜야 하지만, 근육을 축 처지게 하라는 것은 아니다. 이를 자각하며 부드럽게 각 관절을 안으로부터 신전(伸展: 스트레칭)이 일어나도록 내부에서 확장시키는 것처럼 한다.

팔의 긴장을 풀고 완화시키는 것을 연습하기 위해서는, 가슴 앞에 팔로 반원의 형을 만들고, 모든 관절들이 안으로부터 밖으로 부드럽게 스트레칭된다고 상상한다. 만일 어깨관절을 바깥쪽으로 스트레칭시키면, 어깨관절의 중간부분에 움푹 들어간 곳을 볼 수 있게 된다.

척추의 긴장을 풀려면 가느다란 줄을 양쪽의 끝에서부터 바깥쪽으로 부드럽게 당긴다고 상상한다. 다리의 긴장을 풀려면 무릎을 굽히고 몸을 쪼그리고 서야 하며, 엉덩이를 바깥쪽으로 신전해서 아치(arch)모양을 만들어야 한다. 허벅지의 모양이 아치형인지 거울 앞에서 살펴본다. 다리의 각 관절들이 안으로부터 부드럽게 신전될 것이다.

⑥ 움직임의 동작에 집중한다.

우리가 조용하고 고요한 환경에 있다고 상상하면 마음도 평온해져서 조용하고 고요하게 된다. 그리고 자신을 태극권의 연습·동작·호흡·신체의 균형과 정렬에 집중시키고, 어떠한 마음의 흐트러짐이 없게 한다.

(2) 동작 속도의 변화

앞에서 언급한 것처럼 태극권 동작은 멈추지 말고 천천히 움직인다. 마치 흐르는 강물과 같이 연달아 동작이 이어져야 한다. 갑자기 움직이지 말며, 처음부터 끝까지 같은 속도를 유지해야 한다.

좀 더 심화된 단계에서 움직임의 속도조절은 처음부터 끝가지 같은 속도를 유지하는 것보다 속도의 균형과 연관이 있다. 진가태극권(陳家太極拳)에는, 동작의 느림과 빠름이 섞여 있는데, 발경(發勁)과 같이 힘이 전달되는 동작은 더 빠른 속도가 필요하다. 진가식에서의 모든 속도의 변화에는 균형이 있다. 서로 다른 속도 안에서의 이 균형은 자신의 힘 속에 있는 탄성을 개발하는 것이 키포인트가 된다.

양파(楊派)나 손파(孫派)의 태극권에서의 모든 동작들이 같은 속도인 것처럼 보이나 각 동작 사이에 거의 지각할 수 없을 정도의 속도변화가 있다. 유명한 태극권 명인들이 저술한 고전을 보면, 태극권 각각의 동작 끝부분에는 정지하는 것처럼 보이는 부분이 있다고 하지만 실제로 그런 '정지'는 없다. 다만 그 부분에서 동작의 미묘한 변화가 있어서, 마치 정지하는 것처럼 보일 뿐, 실제로는 그렇지 않다는 것이다.

모든 태극권 동작의 본질은 에너지를 모으고 전달하는 순환작용이다. 흡기(吸氣: 들숨)는 마치 활시위를 당기는 것처럼 에너지를 모은 것이며, 호기(呼氣: 날숨)는 화살을 쏘는 것처럼 에너지를 보내는 것이다.

호기의 마지막 부분에 변화가 일어나는 발경(發勁)의 단계가 있다. 이 발경

(發勁)의 단계에서 속도가 더 빨라지게 된다. 진가태극권이 특히 그러하다. 하지만 양가나 손가 태극권처럼 좀더 부드러운 스타일에서는 그런 차이가 매우 미묘하여 거의 지각할 수 없다. 힘이 전달되자마자, 동작은 정지하지 않은 상태로 계속 곡선을 그리며 움직여, 다시 에너지를 모으기 시작하게 된다. 동시에 속도는 마치 정지한 것처럼 아주 잠깐 느려진다.

만약 동작에 있어서 정지가 있었다면, 에너지의 흐름을 끊어버려 태극권의 힘을 약화시킬 뿐이다. 에너지의 연속적인 흐름이야말로 태극권의 특징이며, 이러한 속도의 변화가 에너지의 전달(傳達)과 축적(蓄積) 사이의 과도기 상태가 부드럽게 이어지고 계속 연결되는 것이다.

초보자의 단계에서는 동일한 속도로 전체 동작을 실행하는 것이 몸과 마음의 조정과 통합을 조절하는 능력을 기르게 해준다. 나중에 이 미묘한 속도의 변화가 자신의 내적인 힘(氣)을 향상시키게 한다.

우리가 어떤 동작을 할 때 에너지의 축적과 전달(속도의 변화에 맞춘 에너지를 전달)을 항상 자각하도록 노력해야 한다. 양가나 손가처럼 좀 더 부드러운 태극권에서는 아주 미세하게 동작해야 한다. 또한 동작이 정지하지 않음을 자각하는 것도 중요한 일이다.

힘(勁)이 완만한 곡선 밑바닥에서 부드럽게 위쪽 곡선으로 튀어올라 새로운 동작을 만들어 내게 한다. 한 동작 내 거의 지각하기 힘든 이런 속도의 변화가 힘을 재생시키는 요인이 된다. 태극의 문양을 생각하면, 음의 곡선이 작아지며 사라질 때 양의 곡선으로 이어지고, 상호보완적인 음·양의 에너지가 힘의 연속성을 나타낸다.

태극권의 동작을 흩트리지 않고 고르게 할 수 있게 된 후에는 동작 중의 미묘한 속도변화가 태극권을 더욱 향상시키는데 도움을 주게 된다.

동작의 시작부분에서는 미세하게 속도를 낮춰 에너지를 축적하고, 이 축적된 에너지를 전달하기 위해서는 속도를 조금 높여야 한다. 그리고 모든 동작을 충분히 표현해야 하고 동작을 줄이거나 다음 동작으로 넘어가기 위해 결코 서둘러서는 안된다. 동시에 동작을 멈추지 않아 에너지가 연속적으로 흐르게 해야 하는 것이 요점이다.

(3) 태극권의 4가지 원리

태극권의 4가지의 본질적인 개념을 정(靜)·송(鬆)·침(沈)·활(活)로 설명할 수 있다. 이 4가지 개념은 서로를 상호 보완하는 관계이기 때문에 한 개념을 배우고 다른 개념으로 넘어갈 때, 앞의 동작에 완벽히 능숙해질 필요는 없다. 또한 이 개념은 서로에게 긍정적인 영향을 미치는 관계이므로 한 개념에 대해 더 많이 알수록 다른 개념을 이해하기가 쉬워진다. 적어도 몇 주 동안은 한 개념의 이해에 집중하여 배우고 나서 다른 개념으로 넘어가야 한다.

정(靜)·송(鬆)·침(沈)·활(活) 개념의 내용 중 일부분은 우리가 바로 명쾌하게 이해할 수 없을지도 모르지만 걱정할 필요는 없다. 우리가 태극권에 더 많은 진전을 보이면 그 개념을 쉽게 이해할 수도 있다. 태극권 수준이 향상되었을 때, 그 개념은 약간 다른 의미로 받아들여질 수 있게 된다.

아무도 이 4가지 개념의 궁극에 다다를 수 없다는 사실을 명심해야 한다. 다만 태극권 수련을 진행하는 것이 중요한 것이다.

① 정(靜: 고요할 정·편안할 정·쉴 정)

정(靜)은 '정신적 고요' 또는 '평온'을 의미한다. 우리가 마음 속 깊은 곳에서부터 고요함을 얻으면 마음은 평온해진다. 그러나 항시 주위환경을 지각하고 있어야 한다. 태극권을 연습할 때 그런 정신적 틀 안에 자신을 두도록 노력해야 한다. 이를 실천할 수 있는 좋은 방법은 한 번에 한 동작만 집중 연습하는 방법이다. 앞에서 언급한 본질적 원리인 입신중정·체중이동·관절의 송개(鬆開: 관절의 이완) 등에 유념한다. 정(靜)의 상태를 유지하며 한 번에 하나의 원리에 집중한다. 이들을 꾸준히 연습한다면 내부로부터 평온함을 느끼게 되고, 몸의 움직임에 대해 조금씩 자각하게 된다.

어떤 일정수준 이상의 경지에 이르기 위한 정신적 고요함을 얻으려면 시간이 걸리게 된다. 하지만 일단 그 수준에 오르기만 하면 마음이 그 상태를 기억하게 된다. 마음 연습 때 상대적으로 빠른 시간 내에 고요한 마음의 상태를 만들 수 있게 된다. 연습을 많이 할수록 더 높은 수준으로 올라갈 수 있다.

'고요함의 상태'로 쉽게 돌아갈 수 있는 좋은 방법은 단어활용의 의념화에 있다. 연습이 끝날 즈음 이 정(靜)의 상태에 있을 때 '정(靜)'이란 단어에 대해 스스로 생각한다. 그 후 다음 연습시간을 시작할 때 '고요할 정(靜)'이란 단어를 상기시키는 것은 자신을 그 상태에 빠르게 이끈다.

'정(靜)'은 몸의 이완과 정신적인 집중을 향상시킨다. 차례차례 근육의 긴장을 해소하고, 신체조정 능력을 향상시켜, 태극권연습을 더욱 효과적으로 만들어간다.

태극권에서 얻는 정신적 고요함은 사람들이 주변환경을 지각하지 못하는 고립된 장소에서 수련하는 명상과 같은 것에서 얻는 고요함과는 다르다. 내적 평온을 얻는 '정(靜)의 상태에서는 주변환경을 지각할 수 있고, 우리가 주변환경과 의사소통을 할 수 있다. 그 때가 우주와 조화를 이루든지, 또는 적과 마주하고 있든지 간에 상관없다.

그것은 마치 우리가 실제로는 주변의 현실세계에 속하나 내부에 작은 세계를 가지고 있는 것과 같다. '정(靜)의 상태를 활용하는 것은 무술시합을 하는 것뿐 아니라 현실에서의 여러 가지 위기대처에도 도움이 되는 것이다.

② 송(鬆: 더벅머리 송·거칠 송)

송(鬆)은 흔히 '이완(relaxation)'으로 번역되는데, 이는 중국어로 '쑹'이며, 머리카락이 어지럽게 엉킨 상태를 뜻한다. 이는 긴장을 이완하는 것으로 표현되나, 느슨해짐과 스트레칭의 의미도 내포한다. 우리가 각 관절이 느슨해지거나 바깥쪽으로 스트레칭되는 것, 또는 내부로부터 부드럽게 신전되는 것을 상상해 본다. 그런 후 어깨관절을 바깥쪽으로 스트레칭시키면, 어깨관절의 중간 부분에 움푹 들어간 곳을 느끼게 되고, 다시 어깨관절을 긴장시키면 없어진다.

다음 이 테크닉을 다른 각 관절에 적용해 본다. 관절이 느슨해짐을 시각화(시각적 상상)한다. 팔 부분에 팔꿈치로부터 바깥쪽으로 부드럽게 신장시키듯이 스트레칭함으로써 팔꿈치·팔목, 그리고 손가락의 관절들을 느슨하게 풀어본다.

몸통에서는 이러한 이완을 수직방향으로 행해져야 한다. 또 척추를 스트레칭하면서 척추를 가느다란 줄이라고 생각하며 줄을 양쪽의 끝에서부터 바깥쪽으로 부드럽게 당겨준다고 시각화한다. 다리 부분에서는 무릎을 굽히고 몸을 쪼그리고 서며, 엉덩이의 고관절과 무릎관절을 바깥쪽으로 스트레칭해서 아치모양을 만들어준다.

몸을 느슨히 풀어주는 방법은 부드럽게 각 관절을 스트레칭하므로 '송(鬆)'을 얻게 된다. 신체가 송(鬆)의 상태에 있을 때, 스트레스로부터 생긴 긴장이 해소된다. 송(鬆)은 기의 흐름을 더 좋게 만들고, 내적인 힘을 만들어내고, 또한 신체의 유연성을 향상시켜 '정(靜)'을 향상시킨다. 우리의 몸이 송의 상태에 더 익숙해질수록, 마음이 '정(靜)'의 상태가 되고, 마음이 더 정(靜)의 상태가 될수록, 송(鬆)의 상태를 더욱 발전시킬 것이며, 양 쪽의 순환 사이클을 구축한다.

③ 침(沈: 잠길 침·가라앉을 침)

침(沈)은 '가라앉힘'을 의미한다. 아마도 우리가 '기침단전(氣沈丹田: 기를 단전에 가라앉힌다)이라는 용어에 익숙할 것이다. 단전(배꼽 아래로 3치 부분)은 우리가 태극권을 행할 때 모든 것의 중심이 되는 부분이다.

날숨은 기(氣)를 단전으로 가라앉히는 것을 용이하게 한다. 즉 마음을 정(靜)의 상태로 유지시키고 각 관절을 느슨히 풀어준다. 우리가 단전호흡법을 활용하면 기(氣)의 감각을 쉽게 느끼게 된다. 이 감각은 사람마다 다르지만, 숨을 내쉴 때 각 관절을 느슨히 풀어주면 단전에서 따뜻하고 묵직함을 느낄 수 있다. 이것이 바로 기를 가라앉히는 느낌이다. 처음에 이런 느낌을 못 얻더라도 동작과 함께 호흡을 조정하며 이를 계속 연습하고, 날숨 때 단전(丹田) 부근에 의식을 집중하면, 결국 단전의 기(氣)를 느끼게 되고 기침단전의 방법을 알게 된다.

침(沈)은 안정성, 송(鬆)은 기(氣)의 개발을 향상시킨다. 단전을 의식하는 것은 우리 몸 속의 내적 구조를 강화하며, 내적인 힘을 향상시킨다.

④ 활(活: 살릴 활·활발할 활)

활(活)은 '민첩성' 또는 '움직임을 빠르게 하는 능력'을 의미한다. 강해지려면 강력한 기(氣)를 가져야 하며, 건강한 정신적 상태를 유지하는 것이 필수적이고, 여기에 민첩성이 첨가된다면, 강력한 기의 상태는 훨씬 더 효과적일 수 있게 된다. 민첩성은 올바른 자세·체중이동·절제된 동작·관절의 송개('관절을 뺀다'는 의미로 '신축성·탄력성'을 뜻함)이며, 기(氣)의 단련을 돕고, 유연성을 향상시킨다. 강한 내적 힘 등은 규칙적인 훈련으로부터 나온다.

4) 태극권 연습의 내용

(1) 기본권가(基本拳架) : 현재는 생략하는 문파가 많다.
(2) 태극권(太極拳 : 혼자서 하는 권법 형으로 세상에서 말하는 태극권이다. 다른 이름은 13세장권(十三勢長拳)이라 한다.
(3) 추수(推手) : 두 사람이 상대하여 기본기를 연습하는 방법이다.
　① 정보추수(定步推手) : 두 사람이 발을 고정하고 실시하는 것으로 추수 종류는 단(單)·쌍(雙)·평원(平圓) 등이 있다.
　② 활보추수 : 두 사람이 이동하면서 실시하는 것으로 여러 종류가 있다.
(4) 내리(大攦) : 활보추수(活步推手)의 변형으로 사우(四隅: 사이방향)로 움직이며 연습하는 것이다.
(5) 산수(散手) : 약속 또는 자유롭게 공방을 실시하는 실전적인 연습법이다.
(6) 기타 태극권 연습 : 만련(慢練)과 쾌련(快練)이 있다.
　① 만련(慢練): 슬로모션(slow motion)처럼 느긋한 동작 연습방법이다.
　② 쾌련(快練): 발경(發勁)을 동반한 빠른 연습방법이다.

전술(前述)한 『중화국술태극권교재』는 다음과 같이 기술하고 있다.
　"태극권을 연습하려면 제1단계는 처음에 만련(慢練)을, 다음에 쾌련(快練)을 수련한 후 다시 쾌련에서 만련으로 옮긴다. 처음의 만련에 의해 전신의 근골(筋骨)·혈맥(血脈)을 유동시켜 기혈의 유통을 촉진시킨다.
　제2단계의 쾌련(快練)은 유(柔)를 단련시켜 강(剛)으로 하고, 제3단계는 또 만련(慢練)으로 돌아가 강(剛)을 단련시켜 유(柔)로 하게 한다. 그 결과 만련(慢練)이라 하더라도 쾌련(快練)으로 하여 유(柔) 가운데 강(剛)이 있게 되는 것이다."

만련(慢練)은 태극권 특유의 것이 아니다. 이를테면 소림비종권(少林秘宗拳)은 흔히 소림만쨔즈(少林慢架子, 쨔즈: 架子는 형태를 의미한다), 즉 느긋이 실시하는 소림파의 권법형태를 말하며, 연무법(鍊武法)은 태극권과 같다.

서화·가무·음곡 따위의 예도(藝道)는 본래 기계기구 등 노동용구의 사용법을 수련하는 경우에도 개개의 동작을 세밀히 분석하여 연습하는 것으로 자연스러운 가운데 이루어진다. 한 동작의 과정을 미시적으로 확대하여 보다 정확하게 동작을 배우는 것이 만련(慢練)의 목적이다.

쾌련(快練)에 관해 주의해야 할 것은 그것이 만련(慢練)과 결코 동떨어진 것이 아니라, 만련의 연장선 위에 쾌련이 있다는 점이다. 따라서 만련과 같이 호흡에 맞추어 연결동작(과도식: 過渡式; 구분동작)을 중히 여기고 발경 순간에만 기력을 들여 다시 다음 동작에 이르기까지 유연하게 움직이도록 해야 한다.

(7) 포구(抱球): 큰 공을 안고 있는 듯한 형상을 하고, 좌우로 이동시키는 과정에서 다리·허리·팔 부분이 나선형으로 비틀면서 기(氣)를 이끌어내는데 좌포구·우포구 동작이 있다.

포구동작의 중간과정으로 항상 숨을 들이쉬며 가슴과 하복부의 중간 정도 높이에서 어깨너비로 벌려 장심(掌心: 손바닥의 중심)이 서로 마주보며 호응케 하는데, 큰 공을 잡고 있는 듯한 느낌의 동작을 취한다.

5) 태극권의 기본연습

(1) 준비운동

태극권의 준비운동은 역시 호흡법과 연결시켜 조용하고도 부드럽게 한다. 입선(立禪)·점춘(點樁)·풍수(風水)·팔단금(八段錦) 등 모두 보기에는 단순하지만 이것만으로도 독립하여 양명법(養命法: 건강·장수의 비법)이 되는 효과가 있는 운동이다.

(2) 단련(單鍊)

단(單)은 '홑단·홀로단'이다. 이처럼 각 동작을 개별적으로 몇 번이고 반복하여 연습한다. 초심자가 투권(套拳: 형)을 익힐 때, 또는 무술적 동작을 익힐 때 연습의 중심이 되는 중요한 기본훈련법이다.

(3) 투권(套拳)

투권은 형(型)의 연무(鍊武)이다. 투권(套拳)을 익혀서 되풀이하는 것만으로도 뛰어난 양명권(養命拳)이 된다. 원래는 무술적인 형(型)이므로 내용에 변화가 있으며, 만련(慢練)으로 연무하면 15분 정도 걸리므로 자신도 모르게 전신을 운동시켜 정신을 집중시킬 수 있다.

(4) 추수(推手)와 대리(大攦)

태극권의 상대연습은 주로 추수(推手)와 대리(大攦)에 의해 단련하는데, 추수(推手)는 손을 내민다는 뜻이고, 대리(大攦)는 크게 받아넘김을 뜻하는데 이는 추수(推手)보다도 큰 몸집을 상대하는 것을 목적으로 단련한다.

(5) 산수(散手)와 대타(對打)

산수(散手)란 공식에 구애되지 않고 자유로이 기술을 발휘하는 것이다. 장수(掌手)를 서로 자유로 맞잡는 것과 같다. 대타(對打)는 두 사람이 약속한 것에 따라 서로 기술을 발휘하는 상대연습 형태이다. 연습에서 산수(散手)는 일상적으로 하지만, 대타(對打)는 별로 하지 않는다.

이밖에 태극권에도 여러 가지 무기법이 있으며, 현재에도 태극검의 형태가 전해지고 있다.

6) 태극권의 무술적 연습

(1) 투권(套拳, 대련: 對練)의 의의

투권(套拳, 형의 연무)은 자기의 기혈유동에 따라 움직인다. 이것을 무술적으로 보면 적이 반드시 자기가 바라는 대로 움직이고 있다는 것을 전제로 한다. 즉 가상 적(敵)에 대해 주관적으로만 싸우는 셈이다.

대련의 목적은 적(敵)과 나와의 상대적 관계에서도 자기가 바라는 대로 움직일 수 있도록 단련하는 것이다. 즉 투권에서의 주체적인 움직임을 객관화하는 것이 대련(對練)의 목적이다. 따라서 대련(對練)을 투권(套拳)과 분리하여 생각해서는 안된다. 오히려 대련과 투권의 거리를 조금이라도 접근시키도록 노력해야 한다. 실제로 상대방(敵)과 마주했을 때도 마치 투권을 연무하고 있는 듯이 자기가 주동적으로 움직일 수 있도록 연구하는 태도가 중요하다.

투권(套拳)과 대련(對練)의 차이가 적어지면 적어질수록 태극권의 비경(秘經)에 가까워진 것이라고 할 수 있다. 참고로 형의권의 요결(要訣)에도 다음과 같은 말이 있다.

> "투권(套拳)을 할 때는 사람이 없는데도 있는 듯이 하고, 사람과 손을 마주할 때 사람이 있음에도 없는 듯이 한다."

(2) 투권(套拳)의 종류

① 추수(推手)

서로 손을 걸고, 밀거나 받아 넘기는 연습법(약속된 대련)이다. 처음에는 정보(正步: 그 자리에 섬)로서 배우고, 환수환보법(換手換步法: 되받아치기 법)을 익힌 후, 활보(活步: 전진·후퇴)의 연습에 들어가고, 이어서 산보(散步: 자유로움직임)로 나간다. 또한 단수추수(單手推手: 한쪽 손 추수)·쌍수추수(雙手推手)로 나눠지고, 또는 손의 운동선(運動線)에 따라 입원추수(立圓推手), 또는 평원

추수(平圓推手) 등으로 분류되는 경우도 있다.

두 사람이 서로 오른발(또는 왼발)을 내고 있을 경우에는 '합보(合步)'라 말하며, 한 쪽이 오른발을, 다른 한 쪽이 왼발을 앞으로 내고 있을 때는 '순보(順步)'라 한다.

쌍수추수법(雙手推手法) 중 남작미(攬雀尾: 태극권 체용을 갖춘 모양)의 '붕·리·제·안(掤·攦·擠·按)'을 사용해서 하는 방법을 사정추수(四正推手)라 한다. 일반적으로 태극권의 추수(推手)라 하면 이 사정추수를 말한다.

② 대리(大攦)

추수(推手)가 주로 수법에 따라 단련하는 방법임에 대해, 대리는 신법(身法)을 가지고 크게 움직이는 상대연습이다. '대리'란 상대방의 몸을 크게 받아 넘긴다는 뜻이다. 이 커다란 동작의 다룸에 편승하여 상대방을 신법으로 고격(靠擊)해 온다. 고(靠)란 몸을 기댄다는 뜻으로 쉽게 말하면 '몸을 세게 부딪치는 것'이지만, 항상 상대방의 실(實)을 피하고, 허(虛·死角)를 찾아 문자 그대로 몸을 기대듯이 앞으로 쳐들어간다. 실제로는 대리대고(大攦大靠)의 반복연습인 것이다. 또 추수(推手)·대리(大攦)가 문파에 따라 약간 다른 점이 있다.

③ 대타(對打)

서로의 약속에 따라 권각(拳脚: 주먹과 다리)을 교환하는 상대 연습용의 형을 대타라 한다. 이것은 유명한 진염림(陳炎林, 양파)의 권보에서 주요부분을 뽑아내어 각각 독립하여 연습할 수 있도록 한 것이다. 태극권의 일반 문파에서는 대타(對打)는 별로 연습하지 않는다.

④ 산수(散手)

서로가 약속의 권형에 구애되지 않고 자유롭게 상호간 기술을 발휘하는 연습법이다. 대타는 별로 찾아볼 수 없으나, 산수(散手)는 태극권을 무술적으로 단련하는 문파에서는 매우 왕성하다. 다만 당수(唐手: karate·空手道)의 자유조

수(自由組手: 자유대련) 만큼 격렬하지는 않고, 서너 수로 승패를 다투는 일종의 「겨루기 시도」와 같은 것이다.

(3) 투권(套拳)의 요령

"뜻을 사용하고, 힘을 사용하지 않는다"라는 것이 대련의 경우에도 가장 중요한 요령(要領)이다. 마치 부드러운 깃털을 서로 닿게 하듯이 손을 서로 걸고, 서로 느린 동작에 의한 만련(慢練)으로 조금씩 수련을 쌓아나가는데, 결코 공격을 서둘러서는 안된다.

또한 "그가 움직이지 않으면 나도 움직이지 않고, 그가 약간 움직이면 내가 먼저 움직인다" 즉 수세·공세에 있어 항상 자기를 유리하게 이끌어 나가고, 상대방을 불리하게 몰고 가는 주체성이 간직되어야 한다.

허리를 중심으로 하여 무릎을 부드럽게 하고, 어깨·팔꿈치·손목의 관절을 풀고 팔을 길게 사용하도록 한다. 한 번 움직일 때는 전신의 각 부위가 골고루 협조하여 움직인다. 늘 몸과 마음을 유유히 크게 물결이 출렁이듯 움직이는 편이 몸전체의 사용방법을 이해하기 쉽다. 그렇게 하면 이윽고 어떤 미묘한 동작에도 전신의 체력이 집중되어 부드럽고, 섬세한 동작이면서도 강한 기력을 발할 수 있게 된다. 이 단계를 '동경(憧勁)', 즉 상대방의 '기력을 깨달음'이라는 것이다.

7) 태극권의 연무(演武) 자세

(1) 입선(立禪)

내공(內攻: 내면의 수련=기의 수련)을 중시하는 권법에서는 물론 좌선도 하지만, 연습할 때는 흔히 입선(立禪)을 한다. 투권연무(套拳演武) 전후에 최저 3분에서 길 때는 10분 정도 실시한다. 편한 자세로 자연스럽게 서면 되지만, 쉬운 일은 아니다. 초심자들은 미간에 주름이 지고, 무릎 뒤쪽이 꼿꼿해지기 쉽다. 볼을 느슨하게 갖는 한편 미간을 펴는 것이 중요하다.

(2) 참춘(站椿)

입선(立禪)보다 더 무술적인 권법선(拳法禪)이다. 입선은 오직 정적인 마음의 집중을 도모하는 것이지만, 참춘(站椿)에서는 다리와 허리의 단련을 겸한다.

문파에 따라서는 선법(禪法)이 여러 가지로 다르다. 수휘비파세(手揮琵琶勢)를 사용하는 것이 일반적이다. 뒤쪽 다리가 피로해짐에 따라 앞쪽, 또는 비스듬하게 앞쪽으로 걸음을 옮겨 반대 자세를 취한다.

참춘(站椿)에서 가장 중요한 것은 단전을 바른 위치에 두고 배와 등을 지키는 일이다. 항상 하복부를 약간 치켜 올리듯이 한다. 즉, 허리뼈에 무리가 가서 신경을 다치게 하는 자세보다는 하복부를 치켜 올려 등쪽으로 약간 둥그스름하게 하는 것이 옳은 자세이다. 이 상태를 '함흉발배(含胸拔背: 가슴을 오그리고 등을 둥글게 함)'라 한다.

(3) 유요수평운동(柔腰水平運動)

양손을 흔드는 독특한 운동이다. "슈와이쇼우(摔手: 솔수)"란 중국어로 '손을 흔든다'는 뜻이다. 보기에 단순한 것 같지만 효과는 크다.

호흡법에 의한 몸의 준비운동과 함께 팔을 들어 좌우로 흔드는 이 '슈와이쇼우(摔手)'를 일상적으로 하게 되면 6개월 정도 지나면 허리가 완전히 좋게 된다. 특히 어깨 결림이나 요통을 호소하는 사람들에게는 이 두 가지 운동을 시험삼아 거울 앞에서 반나체로 이 운동을 해보면 자기의 팔·어깨·허리·무릎 등이 등뼈를 중심으로 얼마나 교묘하게 움직이고 있는가를 관찰할 수 있다. 이 몸이 마치 등뼈에 얽히듯이 비틀렸는가 하면, 또 다시 교묘하게 원심력에 의해 풀려 나간다.

힘을 빼고 처음에는 작은 동작으로 하다가 이윽고 크게 몇 분 동안 되풀이하며, 마지막으로는 또 서서히 작은 동작으로 하다가 조용히 마치도록 한다.

(4) 유요수직운동(柔腰垂直運動)

중국에는 예부터 '팔단금(八段錦)'이라고 불리는 호흡법에 의한 유연체조가 있었다. 금(錦)은 힘줄이란 뜻으로서, 즉 팔단금이란 여덟 개의 근육운동이라는 것이다. 고대 인도 요가의 흐름을 받아들인 것으로 생각되지만 현재 전해지고 있는 것은 송대 이후의 것이다. 좌식과 입식이 있으며, 입식은 다시 또 북파와 남파로 분류된다.

유요수직운동(柔腰垂直運動)은 움직임이 쉬운 남파에 속하며, 19세기 후반에 널리 보급된 팔단금의 제6단째에 해당하는 운동이다.

우선 양손 손끝을 앞쪽으로 향한 후 조금 위로 당기고, 숨을 들이쉬면서 양손을 머리 위로 올린다(구령 1~4). 조용히 숨을 내쉬면서 허리로부터 상체를 앞쪽으로 구부려 양손으로 부드럽게 자기 발등을 쥔다(5~6). 다시 숨을 들이쉬면서 상체를 일으켜(7~8), 조용히 숨을 내쉬면서 양손을 내린다(9~10). 이것을 약 8회 되풀이한다.

허리 뿐만 아니라 굴신에 따라 내장을 부드럽게 하고, 또 머리의 힘을 빼고 아래쪽으로 내려뜨림으로써 요가의 물구나무와 똑같은 효과를 가져 온다.

(5) 독각선회운동(獨脚旋回運動)

무릎을 들어 천천히 발끝을 편다(구령 1~2). 이때 발등을 뻗치고 손가락 끝은 아래로 향한다. 다음에 발은 그대로 둔 채 발가락 끝만을 위로 굽히고(3), 다리를 수평으로 하여 몸과 함께 천천히 돌린다(4~5).

다리 좌우를 차례 대로 되풀이 한다. 10회쯤 되풀이한 후, 이 때 다시 위의 2부터 3으로 발가락 끝을 뒤로 돌리게 한 후에 다시 그대로 발뒤꿈치를 내밀고, 발목을 한껏 굽혀 무릎 위쪽을 편 채 천천히 선회하는 것을 되풀이한다.

(6) 파각단련법(擺脚鍛練法)

'파(擺)'란 휘두른다는 것을 말한다. 즉 파각(擺脚)이란 '돌려차기'를 말한다.

역시 발차기인 선풍각(旋風脚)과 함께 북파 권법에 반드시 등장하는 발 기술이다. 일반적으로 밖으로 돌려차기(1~2)를 '파각'이라 하며, 양팔을 어깨 높이로 올리고 양손 바닥이 밖으로 보이게 하고 앞쪽으로 전진하며 좌우 다리를 번갈아 안으로 돌리기(3~4)는 현재 '이합퇴(理合腿)' 등으로 불리고 있다.

"유요백절(柔腰百折)이 뼈가 없는 듯이 전신이 회초리가 되어 내리친다"(양징보: 楊澄甫)는 발과 함께 허리를 부드럽게 쓰면서 손과 함께 자유자재로 휘두를 수 있도록 연습한다. 호흡도 역시 부드럽게 사용하되, 숨을 들이마신 채로 차서는 안된다. 발로 찼을 때 손과 세게 부딪치게 한 다음 다시 부드럽게 나머지 숨을 내쉬면서 몸을 편하게 갖는다.

(7) 금강도대와 그 변화

'금강도대(金剛搗碓)'는 진가 태극권의 대표기술이다. 그러나 태극권의 다른 문파가 모두 이 동작을 생략했다. 동작이 지나치게 격렬하기 때문이다. 그 대체로 생겨난 것이 십자수(十字手) 및 제수상세(提手上勢)이다.

십자수(十字手)는 양손의 움직임을 보면 알 수 있듯이 쳐 내린 왼손과 쳐 올린 오른손이 도중에 십자로 교차되어 있다. 양파(楊派)의 십자수는 이 부분을 딴 것이다.

또한 오파(吳派)의 제수상세도 이 동작을 간소화시킨 것이다. '제수상세(提手上勢)'는 들어올린 왼발끝을 안으로 45° 돌려서 딛고 무게를 왼발에 옮겨 두므로 몸을 왼쪽으로 돌린다. 오른발을 들어 왼발 앞에 한 걸음 내딛고 발꿈치를 무릎에 댄다. 발끝은 자연스럽게 살짝 든다. 오른 무릎을 살짝 구부리면 우허보(右虛步)가 된다.

몸을 돌릴 때 오른손 갈고리를 펴서 왼손과 함께 좌우 양옆에서 팔굽을 낮추어 두 손을 합쳐 모운다. 오른손은 앞에 눈썹 높이로, 손바닥 왼쪽의 왼손은 뒤에 가슴높이로, 손바닥 오른쪽의 오른팔굽 관절과 마주한다. 눈은 앞을 바라본다. 양파·오파의 권보와 진가식의 그것을 비교해 보면 금강도대(金剛搗碓)의 부분은 십자수이거나, 제수상세의 어느 것으로도 된다. 양파(楊派) 제수상세에서 오른쪽 발끝을 위로 올리는 것은 금강도대의 자취이다.

(8) 남작미

금강도대는 진가(陳家)가 간판으로 내건 것이라면, 양가(楊家)의 간판에 해당하는 것이 남작미(攬雀尾)이다.

진가(陳家)에서는 남찰의(攬擦衣)라 쓰고, 또 그 원류에 해당하는 명대의「권경(拳經)」에서는 난찰의(懶札衣)라 하였다. 중국어에서는 글자는 달라도 같은 발음이다.

양가의 남작미(攬雀尾)는 '작은 새의 꼬리를 잡는다'는 뜻으로서 꼬리를 잡고 자유자재로 가지고 노는 것처럼 상대방을 마음대로 다루는 기술을 뜻하는 것이라고 한다.

양가(楊家)가 남작미를 중요시하는 것은「붕·리·제·안」의 4세(勢)가 모두 이 기술로 갖추어져 있기 때문이다. 진가(陳家)는 남찰의(攬擦衣) 그 자체에 이 4세(勢)가 없다. 그러나 이 정식(正式: 격파하는 형)에 이르는 과도식(過渡式)과 정식 후의 한 동작을 맞추어서 생각해 보면 양가와 동일한 동작이 된다.

양가는 진가의 격렬한 동작을 간소화했으며, 또한 유연한 요소를 크게 발전시킨 것이다.

여기에「붕·리·제·안」의 4세(勢)에 관해 진가의 입장에서 귀중한 견해를 나타낸 책이 있다. 진발과(陳發科)에게 사사하여 직계의 진가태극권을 배운 반작민(播作民)은 그의 저서『태극권내경외공정의(太極拳內勁外功正義)』속에서 다음과 같이 설명하고 있다.

"태극권의 꺼쇼우(搊手: 갈수, 추수의 옛 명칭)는 경(勁)의 운용을 연습한다. 붕·리·제·안은 태극권의 동작 하나를 말하는 것이 아니다. 한 마디로 말하면 전사경(纏絲勁)이며, 이것을 세분하면 붕·리·제·안으로 된다. 즉 태극권의 어떠한 기술에도 포함되어 있으며, 다만 상대(적)에 따라서 나타날 뿐이다."

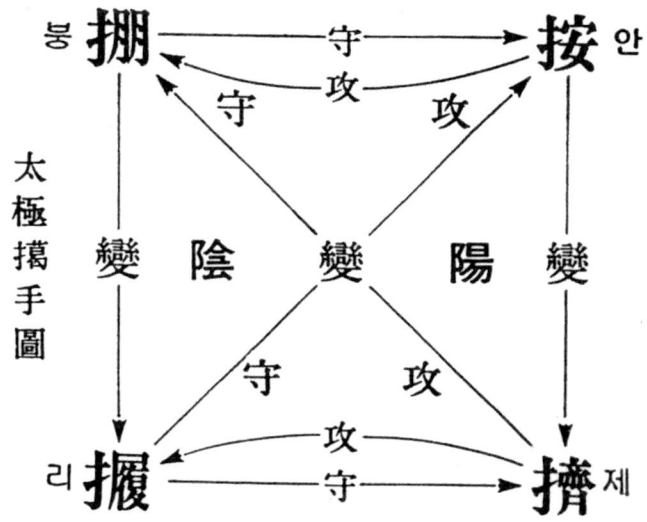

위쪽은 먼저 양, 후에 음이다.
그가 나를 안(按)하면 나는 이를 붕(掤)한다.
그가 나를 제(擠)하면 나는 이를 이(攦)한다.
내가 그를 안(按)하면 그는 이를 붕(掤)한다.
내가 그를 제(擠)하면 그는 이를 이(攦)한다.
아래쪽은 먼저 음, 후에 양이다.

- 반작민(潘作民) 저「태극권의 내경외공 정의」에서 재인용 편집

(9) 누슬요보(摟膝拗步)

누슬(摟膝)이란 '무릎을 감싼다(또는 누른다)'는 뜻이다. 원래 진가에서는 백학량시(白鶴亮翅) 후에 쌍수(雙手)를 작게 신전시켜 왼쪽 무릎을 높이 올리고, 왼손으로 올린 무릎을 감싸듯한 상태로 된다. 이어서 앞쪽(오른) 발을 내딛고, 장(掌: 손바닥)을 세운 채로 앞쪽으로 발한다.

양가(楊家)는 앞쪽 발은 가볍게 올릴 뿐 양손을 크게 신전시키고, 장력(掌力)은 부드럽게 발한다. 또한 양가는 초동(初動)의 백학량시(白鶴亮翅)도 진가(陳家)보다 크고 느긋하게 자세를 취한다.

누슬요보는「권경(拳勁)」에서는 요단편(拗單鞭)에 해당한다. 여기 또 한 가지

중요한 것은 양가(楊家)에서는 호구(弧口: 엄지손가락과 집게손가락 사이의 벌어진 입구)를 벌리고 있으나, 진가(陳家)에서는 엄지손가락을 집게손가락에 붙여 호구를 닫아 버리고 있다. 그러나 진가의 장(掌: 손바닥)에서도 집게 손가락을 똑바로 펴서 그 손가락 끝에 이르기까지 기력이 넘치게 하고 있다. 호구(弧口) 그 자체는 살아있다고 할 수 있다.

(10) 권각(拳脚)의 대가(大架)와 소가(小架)

진·양 2파 모두 분파를 만들고 있는데, 일반적으로 진가(陳家)는 동작이 작고 긴밀하여 보법(步法)과 선법(線法)이 영민한 소가식(小架式) 연무이며, 양가(楊家)는 동작이 부드러우면서 크게 전개시키고 가벼우면서도 영민하며 가라앉은 안정적인 연무를 주류로 한다.

또한 가식(架式)이란 자세·기술·형 등을 뜻하는 권법용어이다. 예컨대 등각(蹬脚)→반란추(搬攔捶)의 연속기를 들어 양자를 비교해 보면, 양가의 여유있는 동작에 비해 진가는 등각 때 양권을 가슴에서 좌우로 격렬하게 나누어 벌림과 동시에 등각(蹬脚: heelkick: 발끝을 당긴 상태로 발을 뻗어차는 동작)을 하고, 그 자리에서 힘껏 오른발을 낙하시키면서 양손을 쳐내리고, 숨도 쉬지 않고 추격으로 옮겨 간다.

(11) 칠촌고(七寸靠)와 포호귀산(抱虎歸山)

진가(陳家)에는 칠촌고(七寸靠)라는 진기한 기술이 있다. 양쪽 다리를 크게 벌려, 몸을 되도록 낮춘다. 오른쪽 어깨를 오른쪽 무릎 아래에까지 내린다. 무릎을 한 자(一尺)로 친다면 그 한 자의 높이에도 미치지 않는다는 뜻으로 일곱 치(七寸)라는 것이다. 몸을 이렇게 낮추어 상대방의 하복부에 아래로부터 몸을 힘껏 부딪쳐서 유도의 어깨메치기처럼 상대방을 던져 버린다.

양가에서는 포호귀산(抱虎歸山, 일명 포호추산)이란 기법의 이름으로 남작미를 한다. 그러나 가능하면 본래의 뜻을 본받아 첫 동작의 누슬요보는 깊이 사용하는 것이 좋다.

(12) 도권홍(倒捲紅)

양파(楊派)에서는 퇴보(退步)로 물러나면서 한 손으로 내밀고 한 손으로 머리를 누른다고 해서 도련후(倒攆猴)라 한다.

축세(畜勢: 준비자세)는 누슬요보와 마찬가지이다. 다만 도권홍(倒捲紅)은 후퇴하여 장격(掌擊)을 가하는 기술이다. 뒤쪽으로 재빨리 물러나 쳐내리는 손도 동시에 뒤쪽까지 끌어당기지만, 체중(體重)은 더욱 앞으로 기울어지게 하여 앞쪽 손으로 격렬하게 장타(掌打)한다. 뒤쪽 발은 발뒤꿈치를 힘껏 올리고, 허리를 순식간에 낮추는 것이 원형이었지만, 현재는 진·양 2파가 모두 동작을 쉽게 하여 원형의 호쾌함을 잃어가고 있다.

(13) 섬통배(閃通背)

양파(楊派)는 섬통배(閃通背)를 독립기법으로 다루지만, 그 원형인 섬통배에서는 몸을 일단 낮춘 후에 뒤쪽으로 뒤집을 때의 과도식(過渡式: 도중동작)에 지나지 않았다. 양파는 이 재빠른 동작을 부드럽게 하기 위해서 동작을 셋으로 나누어 해저침(海底針)·선통배(扇通背)·번신별신추(翻身撇身捶)라고 했다.

무술적으로는 전신(前身)하여 허리를 낮춘 순간에 추격으로 옮겨 갈 수 있는 진가(陳家)의 동작이 훨씬 더 자연스럽다.

(14) 격지추(擊地捶)와 이기각(二起脚)

격지추(擊地捶)는 그 이름과 같이 땅을 치듯이 치는 것이다. 이기각(二起脚)은 당수에서 발하는 2단차기로서 뛰어차기의 일종이다. 어느 것이나 모두 강한 기술이다. 양파(楊派)는 격지추를 유화하여 재추(栽捶), 즉 땅에 묘목을 심는 것과 같이 찌르는 기술이라 했고, 이기각(二起脚)을 간소화하여 찌르기와 등각(蹬脚)의 연속기로 했다. 다만 이러한 유화·간소화를 기법의 퇴화라고 생각해서는 안된다. 양가 초대의 양노선은 진가태극권의 달인이었다. 강(剛)을 수십년 단련하여 유(柔)로 되게 한 그의 동작은 기술적으로는 간단하게 보여도 법칙으로는 깊은 곳에 있다. 달인이란 자고이래(自古以來: 오래 전부터 내려 오면서)로 강(剛)으로부터 유(柔)에 통달한 사람을 말하는 것이다.

(15) 십자각(十字脚)과 지당추(指膛捶)

진가(陳家)에서 말하는 십자각(十字脚)이란 단파련(單擺蓮)을 말하며, 몸을 비틀어서 차기를 안에서부터 밖으로 돌린다. 양가는 이것을 간소화시켜 먼저 몸을 비틀어 뒤쪽으로 돌리고, 이어서 등각(蹬脚)하는 등의 2단계 동작으로 바꾸었다. 따라서 다음의 지당추(指膛捶: 하복부를 찌르는 기술)는 한 걸음 전진하여 찌르지 않을 수 없다. 진가(陳家)는 차낸 순간 찌르기의 자세에 들어가 있으며, 왼발을 강하게 내딛고, 기력을 단전에 단단히 모아 발을 내디딤과 동시에 찌르는 것이다.

(16) 선풍각(旋風脚)

파각(擺脚: 다리를 바깥쪽 시계방향으로 원을 그리며 감아차는 발기술)과 선풍각(旋風脚)은 북파권술의 대표적인 발차기기술이다. 파각(擺脚)은 현재의 태극권에서도 왕성하게 활용되고 있으나, 선풍각(旋風脚)은 진가에서마저도 생략, 또는 간소화되어 있다. 선풍각은 몸을 비틀어 뛰어 올라서 공중에서 밖으로부터 안(시계반대 방향)으로 270° 원을 그리며 돌려 차는 기술이다. 호쾌해 보이나, 그 동작시간은 파각과 다름이 없다.

8) 태극권 연무(演武)의 요결(要訣)

태극권 연무(演武)에서 가장 중요한 것은 기혈의 유동에 맞추어 몸을 움직이는 일이다. 그러기 위해서는 먼저 만련(慢練)에 의해 호흡력을 기르고, 과도식(過渡式: 도중동작)을 정확하게 배우지 않으면 안된다.

천천히 연무(演武)한다는 것은 의외로 어렵다. 호흡에 맞추어서 전신의 각 부분을 협조시켜 연무하지 않으면 안된다. 무릎과 허리를 부드럽게 하고 발목을 붙여 움직이며, 어깨와 팔꿈치를 평정(平靜)시키고, 손목을 부드럽게 사용하며, 손가락 끝까지 부드럽게 해야 한다.

호흡의 요령은 내쉬는 숨을 중요시해야 한다. 물론 코로서 호흡을 하지만, 너무 호흡을 의식하면 내뱉는 숨이 소리로 되어, 형에 나타나 버리므로 주의해야 한다. 입선(立禪)과 마찬가지로 미간을 펴고 볼을 이완시키는 것도 부드러운 호흡을 하기 위해 꼭 필요한 일이다.

연무(演武)의 소요시간은 만련(慢練)에서 약 15~20분 정도이다. 초조하지 말고 유유히 만련(慢練)에 의하여 단련시켜 가는 태도가 중요하지만, 쾌련(快練)의 연무(演武)를 시도해 보고 싶은 때는 먼저 차기의 결정되는 것만을 빠르게 하고, 그 뒤로는 부드럽게 만련(慢練)으로 한다. 그 요령을 터득하면 차차 쉬운 것부터 어려운 것으로 쾌련(快練)의 부분까지 늘려 간다. 그러나 어디까지나 쾌만(快慢) 상태가 이상적이지만 실제 쾌만(快慢)의 형은 있을 수 없다.

쾌련(快練)으로 투권(套拳) 전체를 할 때도 과도식(過渡式)은 만련(慢練)이며, 또한 쾌만(快慢)의 사이에 단절이 있어서는 안된다. 호흡에 개합(開闔), 기술의 축발(逐發: 응축된 힘을 발경하기 위한 신체적 권술), 그리고 투권(套拳)에 쾌만(快慢)이 있어 비로소 자연스러운 것이다. 만일 그렇지 않으면 반드시 기혈의 유동과 균형이 무너지기 때문이다.

9) 태극권 연습의 단계

(1) 긴 안목과 수련단계

수신(修身)·양생(養生)·호신술(護身術)을 겸하고 예능적인 면과 학문적인 면을 함께 가진 심오한 태극권을 공부하기 위해서는 방법론적으로 정확하게 수련할 필요가 있다. 급하면 돌아가라. 긴 안목으로 보면 아리송한 지름길을 가는 것보다도 조금 멀리 돌아가더라도 착실한 방법을 택하는 것이 결국 빠르게 목적지에 도착한다. 방법이 바르지 않다면 중국 속담인「사배공반(事倍功半: 배의 노력을 하여 반쯤의 결과를 얻는다)」이 되는 것과 같다.

모든 학문과 마찬가지로 태극권의 수련도 순서에 따라서 나아가는 것이 중요하다. 일반적으로 수련을 3단계로 나누는 것이 현명하다. 즉 기초(基礎)를 만드는 제1단계, 깊은 내면세계(內面世界)를 엿보는 제2단계, 깊이 연구하여 독립수행으로 정치경지(精緻境地)로 나아가는 제3단계이다. 물론 이러한 단계는 명확히 구별할 수 있는 것도 아니다. 대략적인 기준이다.

"학문은 강의 흐름을 거슬러 배를 젓는 것과 같다. 끈기있게 지속하지 않으면 퇴보한다. 태극권은 신의 조화도 신비적인 것도 아니다. 그러나 일정한 성과를 얻기 위해서는 선생의 올바른 지도와 수련생의 장기적이고 끈기있는 노력이 절대로 필요하다."

(2) 각 단계 공통의 기본요구

① 제1단계 기공수련 : 먼저 기공수련(氣功修練)을 항상 염두에 두는 것이다. 전술과 같이 태극권 속에는 기공수련이 포함되어 있기 때문에 첫 형태를 파악하는 단계에서도 마찬가지로 기공수련으로 이어진다는 것을 유념해야 한다. 이 단계에서는 「기(氣)」에도 호흡에도 집중하지 않으며 모든 것을 자연스럽게 맡기고, 다만 항상 자신의 단전(丹田)을 생각하면서 정신이 편안하고 안정된 상태를 유지하도록 노력한다. 투로수련(套路修練)을 시작하기 전 예비자세는 마찬가지로 순수한 기공수련이기 때문에 최대한 이때 완성한 심신이 평온하고 조용한 상태를 유지하면서 수련하면 좋다. 동작을 거의 익혔다면 최대한 몸에서 크게 움직이는 부분의 경락을 이미지화한다. 그러나 「기(氣)」가 구체적으로 어떠한 통로로 운행되고 있는가 등에 대해서 생각할 필요는 없다. 그리고 크게 움직이는 손과 발의 말초에 최대한 집중한다.

② 제2단계 선도작용 : 다음은 의식의 선도작용(先導作用: 동작에 앞서 意識을 선행시킨다)에 집중하는 것이다. 태극권의 수련에는 항상「선재심(先在心), 후재신(後在身)」(먼저 마음에 있고, 그다음 신체에 있다)라는 원칙을 지켜야 하

기 때문에 의식 선도작용의 중요성은 아무리 강조하더라도 지나치지 않다. 즉 어떤 동작을 할 경우, 행동을 일으키기 전에 먼저 머리 속에서 그 동작(손과 발이 움직이는 노선·방법·순서·목적 등)을 의식적으로 상상하고 마음의 준비를 한 후에 비로소 동작으로 옮긴다. 예를 들면 동작을 1, 2, 3, 4로 나눈 경우, 먼저 머리 속에서 제1의 동작요령을 상상하고 그 동작이 완성되고 끝날 때, 머리는 이미 다음 제2의 동작을 이미지화한다. 이처럼 각각 동작의 처음과 끝만을 생각하는 것이 아니라 동작의 전 과정을 의식적으로 실시하는 것이다. 동작 하나하나의 작은 과정에 대한 집중력이 오히려 중요하며 효과적이다.

③ 제3단계 태극태 유지 : 여기서는 동작을 최대한 부드럽고 풍부하게 완성하는 것이다. 태극권의 근본이념은 자신만의 「태극태(太極態)」를 유지하는데 노력하는 것이다. 태극태란 수련을 거듭해서 몸놀림이 자연스럽게 태극권다워지는 상태를 말한다. 그러므로 먼저 근육과 신경의 긴장을 없애는 것이 중요하다. 수련시는 항상 최대한 힘을 빼고 가볍고 부드럽게 실시하도록 한다. 물론 이것은 단순히 무기력하게 동작을 완성시키는 것이 아니라 힘을 빼고 있으며, 동시에 동작을 풍부하게-공기가 부족한 풍선(나양한 형태로 만들어진 풍선)에 공기를 보충하면 풍선이 서서히 팽창해가는 것처럼-완성된다. 다른 대부분의 권법에는 직선적인 동작이 많고 동작의 중점은 대개 처음과 끝에, 특히 끝에 두고 있지만, 태극권에는 동작의 중점이 있는 특정한 부분을 강조하지 않고 처음부터 끝까지의 전 과정에 집중하도록 한다.

④ 제4단계 호형선 집중 : 제4단계는 모든 동작이 그리는 호형선(弧形線: 원의 일부인 호선)에 집중하는 것이다. 태극권의 호형선 운동은 몸의 외형뿐만 아니라 신체내부 힘의 운행에 대한 원칙이다. 신체내부 힘의 운동곡선은 나선형을 그리고 있다. 태극권의 운동노선은 이를테면 탄환운동과 같은 것이다.

㉠ 탄환이 날아가는 방물선(放物線, 抛物線), ㉡ 탄환자체의 표면이 그리는 원(圓), ㉢ 그 내부운동이 그리는 나선선(螺旋線)이라는 3가지 곡선을 생각할

수 있으며, 그것도 매우 비슷하다. 물론 힘의 작용방향은 다르다.

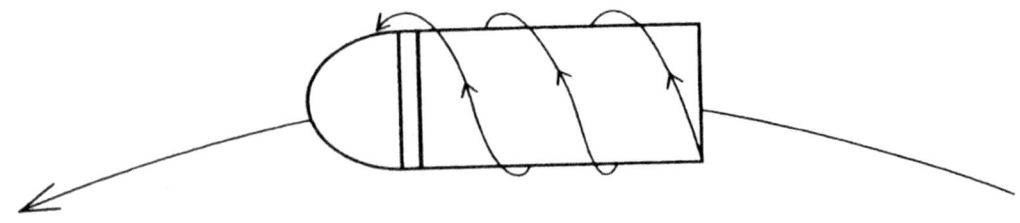

태극권의 운동로선 비유

여기에서 자신이 그리는 원(圓)의 동작은 최대한 완전한 원이 되도록 이미지화한다. 그리고 가능하면 자신의 몸 각 부분이 형(形)을 만드는 곡선(曲線)도 모두 완전한 원이 되도록 이미지화한다. 예를 들면 양 겨드랑이 밑에 공을 안고 있는 것처럼 양 겨드랑이가 호(弧)를 그리고, 양 무릎 뒤에 공이 붙어 있어 무릎 뒷면이 호를 그린다. 양팔도 어깨에서 손가락 끝까지 큰 호를 그린다. 양손의 「호구(弧口)」도 호를 그리도록 이미지화하고 최종적으로는 자신의 몸 전체가 큰 원구(圓球) 속에서 많은 원구들이 움직이고 있듯이 이미지화한다.

바른 연습 단계

◆ 제1단계
- 기초를 만든다
  요 령 : ① 편안하게 ② 가볍게 ③ 느긋하게
◆ 제2단계
- 깊은 내면의 세계를 엿보다
  요 령 : ① 차분하게 ② 활발하게 ③ 일체(一體)로서
◆ 제3단계
- 독립수행으로 정치(精緻)의 세계로
  요 령 : ① 허실의 변화 ② 호흡의 조정 ③ 의식의 이용

> **각 단계 공통의 기본 요구**
> 그 하나 : 기공 으로서의 수련을 의식한다.
> 그 하나 : 의식 의 선두작용에 집중한다.
> 그 하나 : 동작 을 부드럽게 풍부하게 완성한다.
> 그 하나 : 모든 동작이 그리는 호형선에 집중한다.

(가) 제1단계의 요령 – 기초 만들기 단계

제1단계는 기초를 만드는 단계이다. 우선은 각 자세 하나하나의 동작을 정확하게 익힌다. 처음은 외견(外見)의 움직임을 익히기 위하여 상당한 관심이 필요하기 때문에 아무래도 일종의 유연체조(柔軟體操)·예술체조(藝術體操)·미용체조(美容體操)의 느낌이 강해진다. 그러나 외형에 대한 다양한 요구를 지키고 신중하게 수련함으로써 서서히 각 동작을 이해할 수 있게 되어 태극권 본질에 대한 인식과 이해를 두텁게 할 수 있다. 여기에 수반하여 기공수련과 권법내용이 둘 다 동작에 녹아들게 되어 우신은 양생법(養生法)의 효과가 오른 후 호신술의 효과도 몸에 배이게 된다. 이 단계는 이후 수련에 필요한 체력보강도 되며 물론 건강에 유익하다. 그러나 오히려 가장 중요한 것은 앞으로의 보다 깊은 연수와 수행을 위한 기초로서 반드시 통과해야 할 과정이라는 것이다. 이것을 염두에 두고, 매일 짧은 시간이라도 게을리하지 않고 끈기있게 지속하는 것이 중요하다. 이 단계는 대략 3개월에서 6개월의 기간이 필요하다.

이 단계에서 습득해야 할 것은 「편안하게·가볍게·느긋하게」 3단어로 요약할 수 있다. 이것은 태극권 술어로서 단어 본래의 의미와는 약간 다르다.

① 편안하게

이것은 초심자에게는 매우 중요하며 어려운 요구일 것이다. 정말로 편안하게 태극권을 할 수 있는 수준에 도달하기 위해서는 상당한 기간을 소요하여 알맞은 경험을 쌓아야 한다. 이것은 기운이 없는 뒤틀린 상태도, 힘이 없는 약한 상태도 아니며, 활기가 없고 기운이 없는 상태도, 주의력이 산만하고 멍한 상태도 아니다. 반대로 기운이 충만하고 힘이 들어있고 정신을 집중한 신중하고 활기 넘치는 상태를 말한다.

말을 바꾸면 기력도 주의력도 모자람이 없지만, 전신 어디에도 구속과 어색함을 느낄 수 없는 긴장이 이완된 여유가 있고 구애됨이 없는 상쾌한 상태이다. 이것은 외견자세의 편안함과 신체내부・관절내부의 편안함을 결합한 것으로서 의식작용으로 근육의 긴장을 푸는 것이다. 신체가 이러한 상태가 되었을 때 두뇌가 명석해지고 심경(心境)이 차분해져 전신기혈의 운행이 가장 부드러운 상태가 된다. 태극권 수련에 앞서「예비자세」는 바로 이러한 상태를 체내에 만들기 위한 수련이다. 최대한 이러한 상태를 유지하면서 동작을 하나하나 완성해간다. 이것은 단순한 명상이 아니라 수련자가 자신의 몸 각 부분이 편안해지는 것을 실감할 수 있는 상태이다.

② 가볍게

여기서「가볍게」라는 말은 힘의 작용이 전혀 나타나지 않는 상태가 아니라, "의식적으로 힘의 작용을 피한다"는 것을 가리킨다. 다만, 이것은 제1단계 수업과정에서 요구되는 것으로 최종목적은 아니다. 단계가 진행되면「차분하고 여유가 있으며 중후한 힘」을 수련해야 한다. 장래 그 중후한 힘을 수련 또는 사용할 때, 그 힘이 미치는 급소를 알고 근육의 힘을 헛되게 쓰지 않는다. 정말로 경첩기민(輕捷機敏: 가볍고 능란하고 날쌔고 재빠름)한 태극권의 힘이 되기 위해서는 첫 단계에서「가볍게」를 수련할 필요가 있다.

"무술은 힘의 경합이며 권법인 이상 그 동작에는 아무리 해도 힘이 들어가지 않을 수 없지 않을까"라는 의문이 생길 것이다. 그러나 태극권의 중요한 특색인 "부드러움으로 강함을 이긴다"의 원칙을 실현하기 위해서는 우선은 자신 각 부분의 감각을 민감하게 할 필요가 있다. 이 민감함을 양성하기 위해서는 지금까지의 헛된 힘을 사용하는 습관에서 벗어나야 한다.

우리들이 어떤 동작을 힘주어 실시할 때는 몸을 그만큼 긴장시켜야 한다. 근육을 긴장시키면 감각이 둔해진다는 것은 대개 아는 사실이다. 이를테면 통증을 참을 때는 주먹을 쥐고 이빨을 깨문다. 반대로 뜨겁고 날카로움을 확인할 때는 주의깊게 가볍게 만진다. 그러므로 감각이 둔해지지 않도록 하기 위해서는 투로(套路)의 모든 동작을 가볍게 최대한 힘을 빼고 완성하도록 수련해야 한다. 즉 시작은 먼저 양손을, 다음에는 양팔을, 그리고 전신을 동물의 촉수(觸手)·촉각(觸角)·촉모(觸毛)처럼 민감하게 단련해간다. 태극권에 특징적인 호형선(弧形線)과 나선선(螺旋線)의 동작을 완성하기 위해서도 동작은 항상 가볍게 해야 한다. 이렇게 함으로써 동작 때 국부 경락의 자기 마사지효과도 올라간다. 특히 초심자는 마음을 다해 가볍게 해야 한다.

물론「가볍게」는 동작을 되는 대로 태평스럽게 하는 것이 아니다. 손과 발이 반드시 가야 할 곳까지 가야 한다. 동작의 가벼움은 최종목적은 아니지만 처음부터 가볍게 하는 습관을 양성하지 않으면 최종목적인 민첩함을 요하는 태극권을 단련할 수 없다.

③ 느긋하게

「느긋하게」는 편안하게 신체내부의 감각을 즐기면서 동작을 차례차례 수련해가는 기분을 의미한다. 태극권의 동작은 급속하게 명쾌하게 규칙을 정확하게 율동적으로 깔끔하게 완성하는 것이 아니다. 반대로「하늘의 구름이 유유히 흘러가듯이」「강물이 느긋하게 흘러가듯이」서두르지 않고 같은 속도로 상쾌하고 자연스럽고 구애받지 않고 완성해가는 것이 중요하다. 마치 영화의 슬로모션과 같이 완만(緩慢)한 움직임으로 동작의 세부사항과 그 변화해가는 과정을 표현함으로써 모든 동작이 의식에 이끌려 완성된다.

수련자의 동작이 그리는 호형선(弧形線)·나선선(螺旋線)을 점선으로 상정하면 한점 한점에 따라 다음에서 다음으로 거의 같은 속도로 움직인다. 곁에서 보면 수련자의 몸 각부가 언제부터인가 서로 협조하여 변해가는 것을 알뿐이다. 그 변해가는 순서·법칙을 곁눈으로는 알 수 없다.

한편, 수련자 자신은 스스로 각 동작의 순서와 움직이는 법칙을 충분히 이해하더라도, 만약 동작에 동반하는 다양한 요구, 이를테면 시선·주의력의 집중점, 기혈이 통하는 경락, 힘을 운반하는 방법, 중심의 안정과 그 옮기는 방법 등을 생각하면서 그것을 지키고 신중하게 수련하고자 한다면 실제 빠르게 움직이고 싶어도 움직일 수 없다. 하물며 초심자는 "한쪽에 마음을 빼앗기면 다른 쪽이 소원해진다"는 경향이 있다. 그러므로 특히 마음을 진정하고 서두르지 않고 편안하게 움직일 필요가 있다.

이렇게 해서 동작의 노선을 명확하게 자각하고 동작함으로써 서서히 태극권에서 말하는 「내경(內勁)」을 단련할 수 있다. 또한 기혈이 지나는 도상에 있는 각 경락(經絡)이 자연스럽게 마사지되어 몸 각각의 부분 모세혈관활동이 활발화되어 전신의 혈액순환이 개선된다. 마찬가지로 번뇌스러운 생각을 집중하고 정신의 안정을 도모하기 때문에 여러 가지 잡다한 일로 피곤해져 있는 대뇌의 신경부분이 휴식할 수 있다. 두뇌 피로가 사라지고 활력이 회복된다. 이와 같이 태극권의 수련을 통하여 건강증진·질병치료 등의 효과를 올릴 수 있다.

(나) 제2단계의 요령 — 심오한 세계를 엿보는 단계

동작의 형태를 익히고 각 단계의 공통적 기본요령도 자연스럽게 익혀지면 정말로 태극권의 심오한 세계를 맛볼 수 있는 다음 단계로 들어간다. 이 시기에는 수련할 때 중점을 어디에 두는가에 따라 변하기 때문에 내면적인 요구에 보다 많이 집중해야 한다.

수련자가 이 단계에 도달하면 이미 수련자 스스로가 다양한 동작의 수련으로 그 내용을 느끼고 점점 흥미진진해져 날마다 태극권의 전면적인 효과를 얻을 수 있게 된다. 이 단계를 통과하기 위해서는 개인적인 차는 있지만 대략 2~3년이 필요하다. 그러나 매일 일상생활 속에서 반복하면 자연스럽게 이 단계가 터득될 것이다.

다음에 열거한 요령을 지키면서 항상 큰 강이 끊임없이 흘러가듯이 구름이 유유히 흐르듯이 각 자세 사이의 연결이 자연스럽게 처음부터 끝까지 투로(套

路)를 이루어지면 이 단계의 완성을 의미한다. 이 단계 요령도 결국 3개의 단어인「차분하게」「활발하게」「하나로서」로 요약할 수 있다.

① 차분하게

이것은 제1단계의「가볍게」의 발전·심화 혹은 보충이다. 편안하고 가볍게 수련하는 기간이 지나치게 길어지면, 동작이 견실성을 결여하여 가벼운 상태가 되기 쉽다. 이것은 양생(養生)의 각도에서 보면 기혈의 자연스러운 운행을 방해하고, 호신(護身)의 각도에서 보면 상대의 힘을 감각적으로 측정하기 어려워져 바람직하지 못하다. 그러므로 어느 정도 편안하고 가볍게 하는 습관이 붙으면 다음은 항상 심신의 안정에 집중할 필요가 있다. 그러기 위해서는 다음 세 가지를 실시한다.

ⓐ 우선 "기(氣)를 단전(丹田)에 모운다"는 것에 집중한다. 이것은 기를 단전에서 견고하게 유지시키는 것이 아니라 반대로 단전을 일정한 탄력을 가진 고무공과 같은 것으로 상정하는 것이다. 그리고 그 고무공이 자유롭게 팽창하고 수축하는 것을 상상하면서 동작을 완성한다.

ⓑ 동작의 호형선(弧形線)·나신선(螺旋線)을 명확하게 의식하면서 신체 내부의 힘(어떤 부분의 근육을 고의로 긴장시켜서 내는 힘과는 다르다)이 그러한 선을 따라서 움직이는 것을 이미지하면서 동작을 완성한다.

ⓒ 몸에서 크게 움직이는 부분의 경락을 떠올리고 기혈이 내부의 힘과 함께 순조롭게 흐르는 것을 상상하면서 다음에서 다음으로 동작을 완성한다. 여기저기의 경락이 마치 기혈의 도착을 기다리고, 도착하기 직전에 스스로 자연스럽게 열리어 기혈을 통과시킨다고 상상한다.

② 활발하게

이것은「활기를 띠고」「생생하게」「원활하게」로도 말을 바꿀 수 있다. 제1단계의「느긋하게」를 발전시키고 심화시킨 것이다. 이것은 외형동작의 빠름이라기보다도 오히려 심리적인 자유·자연감에서 생긴 것이다. 원숭이와 같이 민첩하게 뛰어오르거나 분마(奔馬: 빨리 내닫는 말)와 같은 기세가 아니라 자신의 의지를 완전히 내보이지 않는 자신이 충만하고 함축된 임기응변(臨機應變)의 여유를 가진 활발함이다. 그러기 위해서는 다음 세 가지를 실시한다.

ⓐ 지금까지 숙달된 구애됨이 없는 동작을 약간 작게 하여 형태보다도 이미지에 의해서 동작의 종점까지 도달하도록 한다.

ⓑ 하나 하나의 자세 사이에 또한 하나의 자세 중 각 동작 사이에 틈이 생기지 않게 하고, 동시에 지금까지 거의 같은 속도의 움직임을 다시 권법으로서의 「손=기술」이 되는 부분보다 빠른 속도로 움직인다.

ⓒ 허리의 주재작용(主宰作用)에 따라 집중하고 주로 허리 운용으로 사지의 움직임을 이끌도록 동작을 완성한다.

③ 일체조화

다른 권법에서도 동작의 조화가 요구되지만 태극권에서는 이 점이 다른 권법보다도 더욱 더 강조되고 있다. 사지(四肢)의 조화, 사지와 동체(胴體)의 조화뿐만 아니라, 의식·눈빛·호흡·기(氣)운행·경(勁)작용 등 다양한 상호조화가 요구되고 있다. 동작의 일체성은 「일동무부동, 일정무부정」(一動無不動, 一靜無不靜: 한 곳이 움직이면 전신의 움직이지 않는 곳이 없고, 한 곳이 멈추면 전신의 멈추지 않는 곳이 없다)라는 원칙이 있다.

즉 어떤 동작을 완성하기 위하여 몸의 각 부분이 그리는 곡선, 동작의 방향, 호(弧)의 대소, 거리의 장단 등은 각각 다르지만 동조적(同調的)으로 움직이고 동시에 각각의 종점에 도착하도록 노력한다. 게다가 이것은 외견형태에 대한 요구일 뿐만 아니라, 몸 내부의 기(氣)와 경(勁)의 운행마저 포함하는 것이다.

각 자세간의 일관성도 여기에 포함된다. 경(勁)의 근본은 발목 끝(다리)에서 생기고, 다음 발전은 발목 윗부분에서 찾아야 하는 것으로 그것을 주재(主宰)하여 방향을 잡는 것은 허리이며, 외견의 형태로서 나타나는 부분은 손가락이다. 때문에 발목 끝에서 시작하여 위로 올라가 허리에 이르고 이윽고, 그 경(勁)을 사용할 때는 시종일관되게 단숨에 수행해야 한다.

(다) 제3단계의 요령 - 높은 곳의 자유단계

이것은 깊이 연구하여 정치영역(精緻領域)에 도달하기 위한 독립수업이 가능한 단계이다. 여기에 이르면 양생(養生)과 호신(護身), 두 방면의 효과도 얻게 되고 흥미도 넘쳐나 이미 태극권과는 평생 떨어질 수 없는 관계가 된다. 이후 진정으로 정성을 다하여 노력을 계속하고 끊임없이 진보를 추구하는데 집중한다.

이때는 앞의 2가지 단계에 대한 다양한 요구와 요령이 이미 숙달되고 동작도 숙련되었기 때문에 전 단계에서 제시한 점에 하나하나 집중할 필요가 없으며 오히려 그것을 초월하여 보다 자유로운 마음가짐으로 수련을 계속하면 된다.

이 단계에 들어서면 다음 4가지 방면에 주의하면 된다.

① 허실(虛實)의 변화: 항상 허실의 변화를 의식하면서 각 동작을 완성시키는 것이다. 양(陽)이 극점까지 발전하면 음(陰)이 생긴다. 그 반대도 같다.

② 호흡(呼吸)의 조정: 지금까지의 수련으로 숙달된 규칙을 정확하고 깊고 길게 호흡하는 습관을 약간 의식적으로 살리며, 호흡도 몸운동의 한 부분으로서 인식하고, 호흡을 몸 동작의 허실변화에 협조시키는 것이다.

③ 의식(意識)의 이용: 지금까지 강조해온 의식의 지도작용과 조금 다르게 의식의 상상력을 크게 발휘하는 것이다. 이 단계에 들어서면 외견의 동작보다도 의식작용이 주요한 위치를 차지하게 된다.

④ 허정(虛靜)의 탐구: 이것은 조금 어려운 문제이다. 한 마디로 "실 속에서 허를 찾고 동 속에서 정을 구한다"는 연구이다.

이상 열거한 제2, 제3단계의 요령은 간략한 설명에 불과하며 여기에 국한하지 않는다.

10) 태극권 연습상의 주의사항

(1) 허령정경(虛領頂勁)

목덜미의 힘을 빼고, 두정(頭頂)에 기(氣)를 넣고, 두정부(頭頂部)의 머리 위에 올려져 있는 어떤 물건을 밀어올리는 기분이 들게 하며, 경추(頸椎)가 똑바로 되어 아래턱이 자연스럽게 당겨진다. 이때 단지 아래턱만을 당기면 경추가 앞으로 기울어져 부자연스러운 자세가 된다.

(2) 함흉발배(涵胸拔背)

이 자세는 발경(發勁) 준비동작이며, 가슴부위의 힘을 안쪽으로 들인다. 활로 화살을 쏘기 바로 전의 활줄(弦)을 당긴 때와 마찬가지 상태로 공격 면에서의 가장 중요한 자세라고 오해하는 사람이 많다. 구전밀결(口傳密訣)한다.

(3) 송요과(鬆腰胯)

엉덩관절(胯)과 허리(腰)를 딱딱하게 하지않고 부드럽게 한다. 만약 단단하게 하면 기(氣)가 정체되므로 강대한 위력을 발휘할 수 없고 자유로운 변화도 불가능하다. 힘(중심)은 더욱 더 아래로 내리면 발에 힘이 생기고, 하반신(下半身)이 튼튼해진다.

(4) 미려중정(尾閭中正)

미저골(尾骶骨: 꼬리뼈, 또는 尾椎)을 앞으로 내고 엉덩이를 넣으면 등뼈가 위에서 아래로 똑바로 되어 몸의 축이 된다. 허리·척추·경추를 곧바로 펴면 팽이처럼 적은 힘으로 큰 힘을 극복하는 기초가 된다. 또한 등뼈를 똑바로 하면 기(氣)가 바르게 유통한다. 이때 양어깨는 수평이 되게 한다. 입신중정(立身中正)이라고도 한다.

(5) 침견추주(沉肩墜肘)

팔꿈치를 약간 떨어뜨리고 양 어깨는 힘을 빼고 아래로 떨어뜨린 자세이다. 팔꿈치가 너무 늘어나거나 어깨가 올라가 있으면 참된 힘을 발휘할 수 없으며 공격을 받았을 때에도 위험하다.

(6) 용의불용력(用意不用力)

"의념(意念)을 이용하고 졸력(拙力: 뚝심)을 이용하지 않는다" 했으니 근육의 힘에 의지하여 기술을 실시하는 자는 언제까지 연습하더라도 참된 힘(勁)을 얻지 못한다.

(7) 상하상수(上下相隨)

모든 기법을 이용할 때도 손·발·허리가 연관(聯關)하여 서로 일관되게 작용하지 않으면 전신의 힘이 분산된다.

(8) 내외상합(內外相合)

수련 중에는 내면의 기력(氣力: 마음)과 근골(筋骨: 동작)이 함께 협력해야만 참된 힘을 발휘할 수 있다.

(9) 상련부단(相連不斷)

인간의 호흡과 심장이 쉬지 않고 움직이듯이 태극권 기법도 끊임없이 처음부터 끝까지 일관되게 같은 속도로 실시해야 한다. 두로 동작은 식식균균(式式均均: 동작이 균일함), 면면부단(綿綿不斷: 동작이 마치 실이 끊이지 않고 계속 나오는 것)이라고도 한다.

(10) 동중구정(動中求靜)·정중구동(靜中求動)

움직일 때는 항상 정을 찾고, 정지하고 있을 때도 항상 동을 찾으면 호흡이 길고 깊어져 기침단전(氣沈丹田)을 이루고, 나아가 그 시점부터 변화를 일으킬 수 있다.

(11) 허실분명(虛實分明)

손과 발의 동작은 모두 허실(虛實: 음양)을 분명히 함으로써 위력을 발휘할 수 있다. 우수로 강하게 찌를 때는 좌수의 당김도 강하게 하여야만 강력해진다.

(12) 원당합일(圓襠合一)

당(襠)은 잠방이 옷을 말하며, 옷이 사타구니에 걸쳐지므로 이를 속칭한 것이다. 넓적다리를 자연스럽게 원(圓)으로 하면 기의 흐름을 좋게 한다. 허(虛) 상태에 있는 한 쪽 발끝을 안으로 당겨모아서 움직이면 동작이 원활해진다.

11) 태극권에 부수하는 병기술

태극권은 보통 맨손기술이지만 도(刀: 외날 칼)·곤(棍: 긴 막대)·검(劍: 양날 칼)·창(槍: 긴자루 창)을 무기로 함께 사용하는데 문파에 따라서 일정하지 않으나 아래 네 가지 병기술(兵器術)이 있다.

① 태극도(太極刀)
② 태극곤(太極棍)
③ 태극검(太極劍)
④ 태극창(太極槍)

12) 다종권법의 동시수련과 기구사용

(1) 다종 권법의 동시수련

최근, 무술애호가 중에서 몇 가지 권법을 동시에 수련하는 사람이 적지않다. 모두 같은 권법이치에 근거한 이른바「외가권법(外家拳法)」이라면 이러한 수련도 지장이 없지만,「외가권(外家拳)」과「내가권(內家拳)」과의 동시 수련은 바람직하지 못하다. 특히 어떤 권법에도 아직 정통하지 못한 초심자의 경우는 더욱 그러하다.

중국무술의 권법에는 많은 종류가 있다. 분명히 무술가의 대부분은 몇 개의 권법에 정통하고 있는 사람도 있다. 그러나 자세히 보면 다양한 권법에 정통한 무술가도 실은 각각 자신이 잘하는 분야가 있으며, 서로 싸울 때 항상 믿고 의

지하는 것은 그 잘하는 권법뿐이다. 게다가 그들의 다종류 권법습득의 과정을 살펴보면 대개 자신에게 적합한 권법을 찾는 과정 중에서 다양한 권법을 시도한 적이 있거나, 또는 하나의 권법을 습득한 후 식견을 넓히기 위하여 몇 가지 다른 권법을 어느 정도 수련해 보았을 뿐 처음부터 다종권법의 습득을 목표로 한 것은 아니다.

가장 중요한 것은 「외가권(外家拳)」과 「내가권(內家拳)」은 각각에 의해서 이룩한 권리(拳理)인 권법의 기본이념, 동작의 설계원칙, 힘을 비축하는 법과 그것을 발동하는 방법, 전법(戰法) 등이 다르기 때문에 둘 다 동시 수련은 예상했던 효과를 얻지 못할 뿐만 아니라, 반대로 서로 불리한 영향마저 끼칠 수 있다. 특히 태극권에서는 경(勁)의 발동은 근육의 긴장에 의한 것이 아니라 그것을 느슨하게 함으로써 얻는 것으로 태극권 전법(戰法)의 근본원칙은 자신이 설정한 「기술(技術)」로 승리를 추가하는 것보다도 「자기를 버리고 남을 따름(舍己從人)」으로써 상대의 힘을 이용하여 승리를 추구하는 것을 중요시한다. 권리(拳理)가 이와 같이 근본적으로 다르기 때문에 당연히 그 습득방법도 자연히 다르다. 근본적 사고가 다른 두 가지를 동시에 습득하려는 것은 무의미하다.

중년을 넘어시면시부터 태극권을 습득하게 된 권법가는 다양한 권법을 수련한 사람이 상당히 많다. 그러나 청소년시기부터 태극권을 수련한 사람이 후에 다른 권법을 애호하는 사람은 거의 없다.

(2) 다식권법의 동시수련

많은 태극권 애호가는 오랜 수련을 쌓아 온 결과, 진식(陳式)·양식(楊式) 등의 태극권 「식(式)」의 다양한 투로(套路)를 연기할 수 있다. 기구(器具: 劍·刀·棍)를 사용하는 연무도 할 수 있다. 이것은 태극권을 보급하는 시각에서 보면 물론 기쁜 일이다. 그러나 한편 수련자 개인의 시점에서 보면 그가 이런 일 때문에 소비한 시간수와 노력에 비하여 심신양면에서 태극권으로부터 어느 만큼 유익한 효과를 얻었는가를 생각해 보면 의심스러워진다.

지도이론과 내면적 요구를 알지 못하고 또는 그것을 지키지 못하고 형태만의 태극권 수련은 결국 수련의 효과를 얻을 수 없다. 그러므로 개인의 심신건강을 위하여 태극권을 수련하는 것이며, 다른 사람에게 가르치는 입장에 있는 사람이라면 실제 투로(套路)를 많이 익히는 것보다도 그 중의 하나를 중심으로 중점적으로 수련하는 것이 좋다.

바른 길은 동작의 어려움과 소요시간, 자신의 수련목적과 주관적 조건 등을 고려하여 자신에게 적합한 하나의 「식(式)」, 하나의 투로(또는 그 한 부분만)를 선택하고 이론공부로 점차 태극권에 대한 이해를 깊이하면서 바른 수련법으로 조급하지 않고 순서에 따라서 끈기있게 지속하는 것이다. 이와 같이 바른 하나의 「식(式)」, 하나의 투로(套路)를 마스터한다면 다른 투로에 나아가서도 다른 「식」의 투로가 더욱 더 쉬워진다.

(3) 태극권 수련중 기구사용

이것도 형태의 아름다움을 바라보고 무용(舞踊)으로서 즐기는 것을 목적으로 한다면 다른 이야기가 되지만, 태극권 수련의 범주내의 이야기라면 기구(器具: 武具)를 사용하는 수련은 그렇게 빨리 시작할 필요는 없다. 많은 사람은 어떤 투로(套路)의 동작을 일단 익히고 스스로 연습할 수 있게 되면, 즉 상술(上述)의 제1단계의 요구가 대략 가능해지면 다음 단계로 나아가지 않고, 또는 다음 단계가 있다는 것도 알지 못하고 이미 자신이 이 투로(套路)를 마스터하였다고 생각한다. 매일 같은 것을 반복하는 것에 질려 결국 다른 투로(套路)나 기구연습(器具練習)을 하고 싶어한다. 실제 전문에서도 밝혔듯이 이러한 견해는 오해인 것이다.

실질면(實質面)에서 보면 기구(器具)는 자신의 상지(上肢)의 연장이어야 한다. 그러므로 맨손 수련으로 자신의 몸이 하나가 되어 「의(意)·기(氣)·경(勁)」이 손가락 끝에 도달하게 된 단계에서 비로소 기구사용이 의미를 가지게 된다. 이 단계, 즉 상술한 제2단계의 후반에서 기구연습을 시작하더라도 늦지 않다. 거기까지는 실제기구를 응용할 수 없을 뿐만 아니라 기구가 반대로 자신의 동작을 방해하는 일조차 있기 때문에 주의해야 한다.

4. 태극권 전수방법에 관한 사고

1) 현재의 전수방법 문제

전술과 같이 태극권의 습득자체가 오랜 세월 끈질긴 노력을 요구한다. 우리가 태어나서부터 오랫동안에 만들어진 사물에 대한 인식·사고, 몸의 움직이는 습관, 힘을 사용하는 방법 등을 바꾸어서 태극권의 원리원칙에 어울리는 인식·사고, 몸의 움직이는 습관, 힘을 사용하는 방법 등을 숙달하는 것은 짧은 시간에는 불가능하다. 모든 것은 순서를 따라서 나아가야 한다. 그러나 문제는 어떠한 순서로 갈 것인가이다.

현재 보편적으로 채용하고 있는 전수방법은 실질상 과거의 전수법과 다르지 않다. 즉 지도의 중점은 항상 자세의 정확과 동작의 기술적 어려움에 두고 있으며, 근본원리(根本原理)의 해명은 전혀 하지 않거나 또는 매우 협의의 표면적인 것으로 한정되어 있다. 그러므로 습득하는 쪽은 자신의 인식과 이해에 근거하여 주체적으로 배울 수 없고 항상 그저 선생의 요구대로 수련할 뿐, 이른바 수동적 입장에 놓여 있어 능동적 자세를 취할 수 없는 상태이다.

한편, 태극권의 이론자체가 또한 추상적인 내용이 많고 어떤 것이든지 바로 실천으로 입증할 수 있는 것이 아니고, 그 일부의 면에 대해서는 배우는 사람이 상당한 연습을 쌓지 않으면 이해도 체험도 할 수 없다. 정말로 이러한 부분에서 방법론의 역할이 기대된다. 훈련단계를 어떻게 나누고, 각 단계의 내용을 어떻게 계획하면 보다 효율적인가는 모두 여기에서 출발해야 한다.

2) 태극 10년 불출문의 의미

옛날에는 자주 「태극10년불출문(太極十年不出門)」의 의미는 태극권을 시작한 사람은 10년 이내는 다른 유파와 시합을 하지 않는다. 또는 「10년태극불출문」

의 의미는 "10년 태극권을 수련한 사람이 아니면 다른 유파와 시합을 하지 말아야 한다"라는 속담이 있다. 즉 동시에 각각의 권법을 시작한 몇 사람이 다른 유파와 시합하는 경우 10년을 넘지 않고서는 태극권을 수련하는 자가 이길 가능성이 적다고 생각하였다. 패하면 태극권의 우월성에 대한 신념이 흔들려 수련을 그만둔다. 모처럼 여러 해 동안의 노력이 수포로 돌아갈 수 있다. 그러므로 스승이 좀처럼 다른 유파와의 시합을 허락하지 않았다.

이러한 현상은 낡은 전수법 때문이다. 신비주의적인 사도(師道)의 존엄을 의지하여 맹목적 복종을 강요하는 주입식 전수방법이 실로 많은 전문가를 중도에 포기하게 하고, 심각하게는 이른바 「성공하기 한발 앞에서 하찮은 일로 무너진」 예도 있었다.

한편, 이 속담은 확실히 태극권 숙달의 어려움을 토로한 것이다. 태극권을 지향하는 사람은 처음부터 충분히 인식할 필요가 있다. 동시에 이 속담이 지금까지의 전통권법(傳統拳法), 국가 제정 권법(拳法)은 다른 이야기로서의 훈련방법을 다시 생각하게 하는 힌트를 주고 있다.

3) 태극권 전수방법의 반성

(1) 견삼(甄三)의 에피소드

여기서 낡은 전수방법을 검토할 필요가 있다. 그 상징으로서 약 20년 전에 중국에서 상연된 「견삼(甄三)」이라는 영화의 에피소드를 들어본다. 견삼(甄三)은 근대 중국식 씨름(角力)의 명인이었다. 영화에는 그의 스승의 훈련방법을 그린 장면이었다. 견삼(甄三)이 제자로 들어가 관습에 따라서 스승의 집에 거주하며 먼저 머슴 일부터 시작하였다. 착실하고 소박한 견삼(甄三)은 열심히 일을 하였지만 스승은 단 하나의 씨름기술도 가르쳐주지 않았다. 수개월 후 어느 날 스승이 머슴 일을 마친 견삼(甄三)을 불러 넓은 정원 구석에 있는 흙더미를 큰 삽으로 반대측 구석으로 옮기도록 명하였다. 엄청난 작업량이었다. 그러나 견삼(甄三)은 매일 잡무가 끝나자마자 열심히 흙더미를 옮겼다. 3개월 만에 겨우 옮기기를 끝내고 스승에게 고하자, 스승은 흙더미를 원래의 구석으로 다시 옮기도록 명하였다. 이것을 몇 번이고 반복하던 중 벌써 2년이 지나고 제자 수련기간(3년)이 끝나고 있었다. 스승은 도무지 씨름(角抵)의 기술을 가르쳐 주지 않았다. 역시 견삼(甄三)도 참을 수 없어 어느 날 전전긍긍하면서 스승에게 기술을 가르쳐주기를 청하였다. 그러자 스승이 "너는 이미 상당한 기술을 몸에 익혔지 않느냐, 앞으로는 연습을 거듭하여 실전경험을 풍부하게 하는 것이다"고 말하였다. 그래서 명령에 따라서 스승과 대련하였을 때 견삼(甄三) 자신도 자신의 기술에 놀랐다. 흙더미를 옮기는 작업은 하반신을 안정시키고 팔 힘을 단련하고 스스로 허리 사용법을 모색하기 위한 것이었다.

태극권도 다른 많은 전통권법도 비슷한 방법으로 전수되었다. 지금 보편적으로 채용하고 있는 방법도 실질상 이러한 방법이다. 필자가 알고 있는 한 사람의 유명한 태극권가(太極拳家)도 젊은 시절에 스승의 집에서 3년간을「참장공(站樁功)」을 배웠다고 한다.

여기에서 참(站)은 역(驛)의 고어로 '걸음을 멈추고 선다'는 뜻이고, 장(樁)은 '말뚝'을 이른다. 땅에 박힌 말뚝처럼 선 자세로 입정상태에 들어가는 공법(功法)이므로 입식기공(立式氣功: 立功), 또는 입선(立禪)이라 한다. 그야말로 서서 온몸의 힘을 빼고 그런 자세를 유지하는 것이다. 양 다리를 벌리고 선채 양 손으로 커다란 나무를 끌어안은 자세로 세 개의 공을 ① 양무릎 사이에 ② 양팔과 가슴 사이에 ③ 양손바닥 사이에 잡은 것같이 한다. 이것을 삼원식(三圓式) 참장공이며 가장 기본적인 자세이다. 이런 자세를 처음에는 3~5분 정도로 시작한다. 그리고 10분·20분·30분을 실시하며, 40분 정도를 해야 보통 정도이고, 길게는 5~6시간 계속하는 수련자도 있다고 한다. 온몸에 기의 흐름을 촉진시켜 주며 심폐기능이 높아진다.

(2) 낡은 태극권 전수방법의 공죄(功罪)

전통적 전습방법이 통용된 것은 어떤 도리가 있었다. 즉 이것을 지탱하고 있던 도의적 후원자와 사회의 역사적 원인이 있었다. 전자 곧 후원자의 역할을 다한 것은 사도(師道)의 존엄이었다. 유교가 국가와 사회사상의 근저를 이루고 있던 그 시대에는「군사부(君師父)」로 스승의 위치는 임금과 아버지 사이였다. 스승의 명령은 이해할 수 없어도 절대복종할 수 밖에 없었다. 게다가 스승에게 진심으로 따르는 제자들의 성실한 태도였다.

전수의 저해요인으로는 일반적으로 무술에 관한 이론연구의 부족, 전달기술의 낙후, 대다수 무술가의 무학(無學), 그들의 비교적 낮은 사회적 지위, 기예전수(技藝傳授)에 대한 보수사상 등이다. 객관적인 조건이 없다면 전수방법이 통용될 리가 없었다. 현시대는 그것과 다르고 조건이 바뀌었다. 억지로 그러한 방법을 실행하려고 해도 효과를 얻을 수 없는 것이 명백하다.

4) 태극권 전수방법의 개혁

시대가 다르고 이론이 연구되고 정보처리시스템이 발달하고, 사회도덕관념과 사람들의 사고도 바뀌고, 과거의 사도존엄이 말도 되지 않는 오늘날 태극권의 건전한 지속적 발전을 도모하기 위한 인재양성(피라미드구조)에서 생각하더라도, 개인의 건강증진과 권법수준의 순조로운 향상에서 생각하더라도 지도방법을 근본적으로 개혁할 필요가 있다. 한편 이론의 중요성을 강조하고 동시에 그 교조화(敎條化)를 피하고, 뜻도 모르면서 그대로 받아들이는 현상과 기계적 응용에도 주의해야 한다.

만일 태극권의 우월성에 대하여 가르치는 사람의 신념이 있다면 배우는 사람의 이해와 찬성(贊成)은 반드시 쟁취할 것이다. 그러므로 처음부터 그 결심을 굳히고 바른 길을 따라서 한발 한발 심도있게 이끌어 간다면 학습자의 성장속도가 반드시 다른 권법의 수련생보다 못하다고 생각하지 않는다. 반대로 개인 심신의 전면적 건전화와 발전의 시각에서 본다면 반드시 빨라질 것으로 믿고 있다.

그러므로 전술처럼 처음부터 이론과 실천의 병행수업을 실시하여 처음부터 학습자에게 태극권에 대하여 확실한 인식을 가지게 하는 것이 보다 효과적이다. 즉 일찍이 태극권의 기본이론과 주요 특징을 초보적으로 납득시킨다. 그리고 깊은 이해를 기대해서는 안된다. 그것은 후일의 분석을 위해 남겨둔다.

학습자의 관심과 흥미가 생겨 스스로가 공부하여 가는 만물(萬物)에 대한 바른 인식이 있다면 그에게도 단기목적과 장래목표가 뚜렷이 보이게 되며, 장기적 수련의 결심을 정하고 계획적으로 한발 한발 순서에 따라서 공부를 계속할 것이다. 그 후에는 학습자가 자각한 자발적 노력을 전제로 실천을 동반하면서 이론지도를 깊이하면 된다.

제3부

태극권 경전의 강론

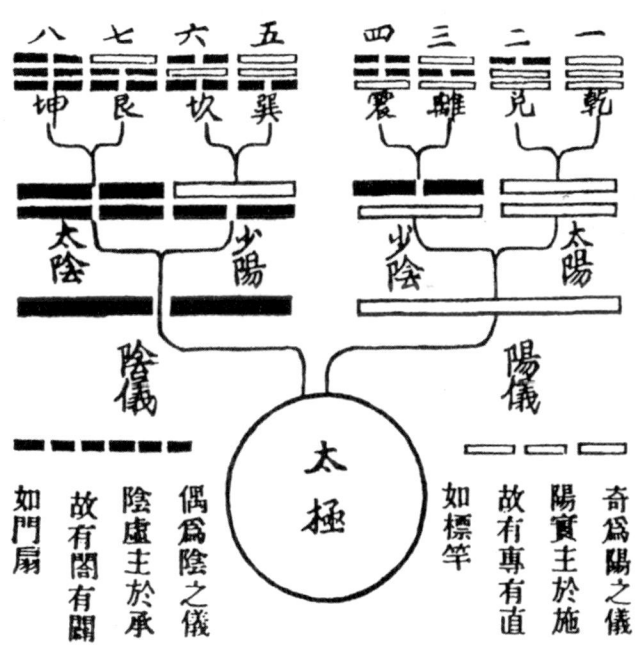

1. 태극권 경전의 개요와 저자

1) 태극권 경전(經典)의 개요

태극권 교실에서 열심히 수련하는 젊은 사람이 이런 질문을 하였다. "선생님은 종종 『태극권론』의 말을 인용하여 설명하십니다만 『태극권론(太極拳論)』이라는 책을 어디에서 살 수 없어요. 몇 군데 책방에서 찾아보고 도서관에서도 찾아 보았습니다만 그런 책은 없습니다"고 했다.

평소 우리들이 『태극권론(太極拳論)』이라 할 때는 일반적으로 왕종악(王宗岳)의 문장 『태극권론』을 가리킨다. 수없이 출판되는 태극권이란 책 속에는 어떤 형태로든 이 문장이 포함되어 있다. 그러나 다른 저자의, 예를 들면 무우양(武禹襄)의 문장도 『태극권론』을 인용하고 있다. 그래서 무우양의 문장과 구별하기 위하여 왕종악의 『태극권론』을 『태극권경(太極拳經)』으로 부르는 경우도 있으며, 무우양의 문장을 무우양의 단문 『13세행공요해(十三勢行功要解)』와 합하여 『13세행공심해(十三勢行功心解)』라는 제명으로 소개하고 있는 책도 있다. 그 외 유사한 타이틀 『태극권해(太極拳解)』·『태극권경보(太極拳經譜)』·『태극권권론(太極拳權論)』·『태극권10대요론(太極拳十大要論)』·『태극권경론(太極拳經論)』 등 종류가 많다. 어쨌든 이들은 모두 매우 간결한 문장이므로 단행본으로서 출판하기에는 어려운 점이 있다.

왕종악의 『태극권론(太極拳論)』은 약 500자의 단문(短文)이다. 그리고 무우양의 문장도 모두 매우 짧다. 그러므로 두 사람 문장의 단행본이 보이지 않는 것은 당연하다. 같은 예로 노자의 『도덕경(道德經)』이 있다. 『도덕경』에 관한 연구논술이 세계각지에서 각종의 언어로 엄청나게 출판되었다. 그러나 전문 5천자밖에 되지 않는 한문 『도덕경』의 단행본은 거의 없다. 중요한 것은 문장의 장단이 아니라 그 내용이다. 고도로 요약된 술어, 때로는 은어와 같은 표현으로 존재하는 깊은 의미를 우리가 어떻게 해명하고 어디까지 생각할 수 있으며, 어떻게 자기수련과 결부시킬 것인가가 우리들이 직면한 문제이다.

본서가 인용기준으로 한 『태극권론』은 지금까지 중국 국내에서 다양한 형태로 전승되어 온, 각 유파의 태극권 명인이 남긴 이론논문(理論論文)의 해석(解釋)·시(詩)·가(歌)·결(訣) 등을 수집, 정리·연구·편찬·고증·교정한 후에 출판한 태극권 이론문의 집대성이다.

보(譜)는 사물을 계통·순서를 매기고 기록하여 또는 종류별로 모았다는 의미에서 「가보(家寶)·연보(年譜)·식보(食譜)·기보(棋譜)·악보(樂譜)」 등과 같이 이것은 『태극권보(太極拳譜)』이다.

2) 태극권 경전의 저자 - 왕종악과 무우양

왕종악(王宗岳)이 태어나고 사망한 연도는 아직까지 자료상 확실하지 않지만 현재 일반적으로 18세기 지금의 중국 산시성(山西省)의 사람이라는 설을 채택하고 있다. 그는 유년시절부터 문학·역사·도교 등에 관한 공부와 탐구하는 한편, 무술노 수련·연구하여 고대병법에 관한 조예도 깊었다고 한다. 무예면에서는 특히 창술(창을 사용하는 무술)과 태극권의 대가로서 유명하였다. 그의 저서 『음부쟁보(陰符鎗譜)』도 유명하다.

한편 무우양(武禹襄, 1812-1882)은 중국 하북성(河北省)의 명문집안 출신으로 어린시절부터 무술을 좋아하여 자신이 양로선(楊露禪, 또는 楊祿蟬, 1799-1872, 지금까지 비전이었던 태극권을 널리 세상에 공개한 사람)을 스승으로 태극권을 습득하고, 후에 또 하남지방(河南地方)의 명인 진청평(陳青萍)에게 사사받았다. 무우양은 태극권이론의 연구와 해명에 큰 공헌을 한 사람으로 후일 그가 자신이 체득한 것과 연구결과를 근거로 「무식(武式)」『태극권(太極拳)』이라는 유파를 창시하였다.

2. 왕종악의 『태극권론』의 이해

1) 『태극권론(太極拳論)』의 원본

"太極者, 無極而生, 動靜之機, 陰陽之母也。動之則分, 靜之則合。無過不及, 隨曲就伸。人剛我柔謂之「走」, 我順人背謂之「黏」。動急則急應, 動緩則緩隨。雖變化萬端, 而理唯一貫。由着熟而漸悟懂勁, 由懂勁而階及神明。然非用力之久, 不能豁然貫通焉!

虛領頂勁, 氣沉丹田, 不偏不倚, 忽隱忽現。左重則左虛, 右重則右杳。仰之則彌高, 俯之則彌深。進之則愈長, 退之則愈促。一羽不能加, 蠅蟲不能落。人不知我, 我獨知人。英雄所向無敵, 蓋皆由此而及也!

斯技旁門甚多, 雖勢有區別, 蓄不外壯欺弱, 慢讓快耳! 有力打無力, 手慢讓手快, 是皆先天自然之能, 非關學力而有爲也! 察「四兩撥千斤」之句. 顯非力勝., 觀耄耋能禦衆之形, 快何能爲!?

立如平準, 活似車輪。偏沉則隨, 雙重則滯。每見數年純功, 不能運化者, 率皆自爲人制, 雙重之病未悟耳!

欲避此病, 須知陰陽; 黏卽是走, 走卽是黏; 陰不離陽, 陽不離陰., 陰陽相濟, 方爲懂勁。懂勁後愈練愈精, 默識揣摩, 漸至從心所欲。

本是「捨己從人」多誤, 「捨近求遠」。所謂「差之毫釐, 謬之千里」, 學者不可不詳辨焉! 是爲論。"

2) 『태극권론』의 번역문

"태극(太極)은 무극(無極)에서 생기고, 동(動)과 정(靜)의 기(機)이며, 음(陰)과 양(陽)의 모(母: 根源)가 된다. 동(動)하면 즉 나누어지고, 정(靜)하면 즉 만난다.

과불급(過不及: 지나치거나 미치지 못한 상태)을 없애고 곡(曲)에 따라 신(伸)에 가세한다. 상대가 강(剛), 내가 유(柔), 이것이 소위 「주(走)」이며, 내가 순(順)이다. 상대가 배(背), 이것이 소위 「점(黏)」이다. 동(動)이 서두르면 즉 서둘러 응하고, 동(動)이 느슨하면 즉 느슨하게 따른다. 변화는 만단(萬端)에 있더라도 도리(道理)는 유일(唯一)하고 꾸준하다. 「착(着: 붙음)」을 숙달하고 그 위에 점차 「동경(憧勁)」을 깨닫고, '동경(憧勁)'을 깨달으면 단계(段階)와 「신명(神明)」의 경지에 이른다. 그러나 노력을 오래동안 쌓지 않으면 활연(豁然)히 통달하는 것은 불가능하다!

「정(頂)」의 경(勁)은 「허(虛)」로 인솔하고, 기(氣)는 단전(丹田)에 잠긴다. 치우치지 않고 편향되지 않고 숨기고 나타난다. 좌(左)가 중(重)이면 즉 좌(左)를 허(虛)로, 우(右)가 중(重)이면 즉 우를 묘(杳)로 한다. 위를 우러르면 즉 더욱 더 높아지고, 엎드리면 즉 더욱 더 깊어지고, 전진하면 즉 더욱 더 길어지고, 후퇴하면 즉 더욱 더 촉구한다. 깃털 하나를 더하는 것도 불가능하고, 파리나 곤충이 멈추는 것도 불가능하다. 상대가 나를 알지 못하고 내가 상대를 안다. 영웅이 가는 곳은 무적(無敵)인 것은 아마 모두 이것에 미친다!

이 기술에는 「방문(旁門)」이 엄청나게 많다. 자세에는 구별이 있더라도, 일반적으로 장(壯: 씩씩함)하지만 약(弱)함을 속이고, 방만함을 즐거워하는 자는 지는 길 밖에 없다. 유력(有力)한 자가 무력(無力)한 자를 치고, 손 내미는 것이 늦은 자가 손 내미는 것이 빠른 자에게 지는 것도 모두 선천・자연의 능력이지 학력(學力)에 관계된 일이 아니다. 살펴보니 "사량(四兩)으로 천근(千斤)을 물리친다"의 구는 분명히 힘으로 이기는 것이 아니다. 모질(耄耋: 나이 80세・90세의 늙은이)이 무리를 막는 광경을 보면 빠름으로 무엇을 할 수 있으랴!?

일어서는 것은 평준(平準)과 같고, 움직이는 것은 차륜(車輪)과 닮았다. 치우침이 침(沈)이 되면 즉 따르고, 쌍변(雙辺)이 중(重)이면 즉 막힌다. 여러 해 순수한 공을 쌓아 운화불능(運化不能)한 자를 매일 보는 것은 대체로 모두 스스로 타인에게 제어당하고 아직 쌍중(雙重: 허와 실의 전환법)의 병을 깨닫지 못함이다!

이 병을 피하기를 바란다면 반드시 음양(陰陽)을 알아야 한다. 점(黏) 즉 주(走), 주(走) 즉 점(黏)이다. 음이 양을 떠나지 않고 양도 음을 떠나지 않는다. 음(陰)과 양(陽)이 상제(相濟)하여 비로소 동경(懂勁)이라 한다. 동경 후에 수련을 쌓아 더욱더 정미(精美)에 이르고 묵묵히 기억에 새기고 생각을 헤아리고 궁구하여 찾으면 점차 마음이 원하는 데로 따르니 좋은 경지(境地)에 이른다.

원래 이것은 "자기를 버리고 타인을 따른다"는 것임에도 대부분은 오해하여 "가까운 곳을 버리고 먼 곳에서 구한다". 이것이 이른바 "매우 근사한 차(差)에서 천리(千里)의 오류를 낳는다"이며, 배우는 자는 상세하게 변별(弁別)해야 한다. 이것으로 논(論)한다.

3) 『태극권론』 간행본의 이해

(1) 원문의 주석 문제

대부분의 간행본에는 상기 원문 뒤에 다음과 같은 「원문의 주석」이 있다.

原書註云: "此係武當山張三峰祖師所著, 欲天下豪傑延年益壽, 不徒作技藝之末也" – 번역하면 "원서를 주석하여 말하길, 이것은 무당산 장삼봉조사의 저서이며, 바라는 것은 천하호걸의 연년익수이며, 그저 기예와 같은 지엽말절(枝葉末節: 가지와 잎처럼 중요치 않은 것)을 위한 것은 아니다"가 된다.

연구자의 의견에 따르면 이 주석은 「원서」에 있었던 것이 아니라, 후인이 다양한 원인으로 덧붙였다. 그럼에도 불구하고 이 「주(註)」가 지금까지 많은 간행본에 남아 있는 것은 그만한 이유가 있다고 본다.

무당산(武當山)은 중국 중부 지금의 호북성(湖北省)에 있는 산이다. 중국 내가권법인 무당파권법의 발상지이다. 태극권 유파에도 「태극무당권(太極武當拳)」이라는 유파가 있으나 그다지 널리 알려지지 않았다. 장삼봉(張三峰)과 장삼풍(張三豊)은 다른 시대의 다른 사람이다. 두 사람을 혼동하고 있는 책도 있다. 전자에 대해서는 다양한 전설과 일화가 남아있을 뿐 확정된 구체적인 역사

자료는 없다.

(2) 용어와 구독점

중국의 옛날 문장에는 지금과 같은 구독점과 단락을 구분하지 않았다. 지금의 고문서 구독점과 단락은 연구자가 읽기 쉽도록 붙인 것이다.

중국어(中國語)는 언어의 행태적 유형에서 보면(굴절어와 교착어와 달리) 고립어(孤立語)에 속한다. 즉 각 단어가 단지 관념만을 표현하고 어형변화가 아닌, 문(文)중의 위치에 따라서 문법적 기능을 가진 언어이다. 그러므로 구독점이 없는 일련의 글자를 어떻게 구분하여 읽어야 할까, 구독점을 찍는 방법에 따라서 의미가 달라지는 경우 때때로 전혀 다른 의미가 된다. 이것은 한국어·일본어로 번역하는 경우도 마찬가지이다.

중국어에는 같은 발음의 글자가 여러 개 있다. 각각의 글자가 당연히 각각의 의미를 가지고 있지만, 그것이 다른 글자와 「합성문장(合成詞)」을 만드는 경우 같은 의미를 가지게 되는 경우도 있다. 예를 들면 『태극권론(太極拳論)』의 구절에서 수곡취신(隨曲就伸)과 이리유일관(而理唯一貫) 중의 「곡(曲)」 대신에 「굴(屈)」이, 「유(唯)」 대신에 「위(爲)」가 사용된 간행본도 있다. 그러나 그 의미는 완전히 같다. 이것은 전사시(轉寫時)에 발생한 문제이다. 일본어에서도 같은 현상이 나타난다. 예를 들면 「츄센: ちゅうせん」은 「중선(中線)」, 「주전(鑄錢)」, 「추선(抽選)」, 「추첨(抽籤)」 등이 있지만, 「抽選」과 「抽籤」은 '추첨'의 의미로 사용되고 있다. 그러나 「選」과 「籤」은 전혀 다른 의미의 글자이다.

본서에서 인용되고 있는 두 사람의 문장에 사용되고 있는 글자와 구독점을 붙이는 방법은 연구자의 의견이 통일된 것이다. 다만 단락의 구분은 사람에 따라서 조금 다른 경우도 있다. 그러나 이것은 문장 의미에 전혀 영향이 없다.

(3) 문장의 중점(重點)과 대상(對象)

여섯 단락으로 되어 있는 왕종악(王宗岳)의 이 문장내용은 태극권의 근본정신을 가장 잘 해명·분석하고 있다고 보는 것이다. 그 중에서도 제1단락은 태극권의 철학적 기초와 기본원칙을 설명한 부분으로서 중요시되고 있다. 이 단락만이라도 정말로 이해하고 자신의 연습과 실용 속에 채택할 수 있다면 더 이상 배울 점이 없다는 선생도 있다.

한 차례의 번역문에서 알 수 있듯이 왕종악의 이 문장은 초심자보다도 일정한 태극권(太極拳)을 수련한 사람을 대상으로 한다. 여기서는 구체적인 수련방법에 관한 논술을 고도로 개괄한 매우 추상적인 몇 개의 구절로 끝내고, 주로 호신술 면의 근본원칙을 해석하고 밝히고 있다.

4) 태극권과 『역경』

태극권의 명칭은 왕종악의 『태극권론』에서 확정되었다. '태극권론'은 '역경(易經)'의 태극음양 철리(哲理: 철학상의 이치)에 근거하여 권법의 도리를 해명한 문장이다. 그러면 '역경'이란 무엇인가? 그 '태극음양의 철리'는 무엇인가?

(1) 「역」과 점술의 차이

「역경(易經)」을 줄여서 「역(易)」이라고도 한다. 「역(易)」이라면 일반인은 바로 점술을 연상하게 된다. 실제로 이것은 「역(易)」에 대한 극히 한 면만 말하고 있다. 「역경(易經)」은 3천년 전 중국의 주(周)나라시대에 대성(大成)한 책으로 『주역(周易)』이라고도 한다. 중국에서는 가장 중요한 5개의 고전 「역경(易經), 서경(書經), 시경(詩經), 예기(禮記), 춘추(春秋)」를 「오경(五經)」이라 하며, 그 중에서도 「역(易)」은 「오경지수(五經之首)」(오경의 우두머리)라 하여 언제나 첫 번째로 언급된다.

『주역』의 내용에 대하여 일본의 「코우지엔(廣辭苑)」사전은 다음과 같이 해석하고 있다. ― "음(陰)·양(陽) 이원(二元)으로서 천지간의 만상(萬象)을 설명하고, 이 이원(二元)은 태극에서 생겼다고 하며, 음·양은 노양(老陽: 여름), 소양(少陽: 봄), 소음(少陰: 가을), 노음(老陰: 겨울)의 사상(四象)이다. 그리고 건(乾), 태(兌), 리(離), 진(震), 손(巽), 감(坎), 간(艮), 곤(坤)의 8괘(八卦)이다. 8괘(八卦)

를 서로 겹쳐 64괘(卦)를 만들고, 이것을 자연현상·가족관계·방위·덕목 등이라 하고, 철학상·논리상·정치상의 설명과 해석을 더한 것으로「역경」은「우주대수학(宇宙代數學)」이라는 아름다운 이름을 부여받을 정도로 옛날부터 각국의 학자들에게 주목을 받았으며 널리 연구되어 왔다.「역학(易學)」이라는 하나의 연구영역이 생겼다. 지금은 역학학회도 각국에서 설립되고 국제심포지엄도 각지에서 열리고 있다.

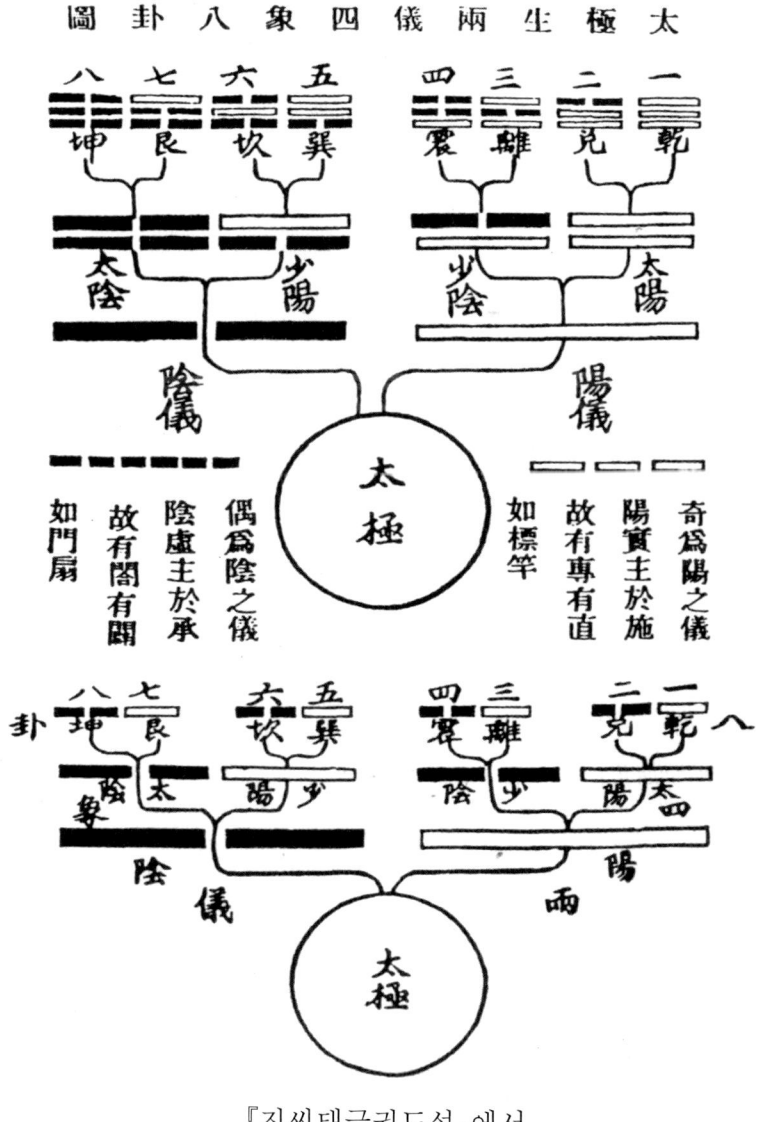

『진씨태극권도설』에서

「역(易)」이라는 글자는 원래「바꾸다・변화하다」는 의미이다. 그러므로 글자 면으로 보면 역경은 변화를 논하는 책이다. 그 내용과 방법에서 보면 분명히 음양팔괘(陰陽八卦)를 설명하고 있다. 그러나 그 실질은 대립물(對立物)의 통일법칙(哲理)을 기초로 변증적인 우주관을 해명하고 있으며, 그리고 이러한 우주관으로 천문・지리・인문・사회의 모든 영역문제를 원칙적・포괄적으로 생각하고, 그 법칙성을 탐구한 저술이다.

이 책에는「음양(陰陽)」의 두 가지 개념으로 한 쌍의 모순을, 서로 모순하는 대립물의 쌍방을 대표하여 우주관의 모든 현상을 설명하고, 인류사회를 포함한 우주만상은 음・양 두 원소의 천차만별의 조합(組合)과 변화(變化)로 본다. 이 법칙 하에서 각각을 인식・해명・파악・예측・예지하는 저술이다. 이러한 음양 변화의 철리에도 매우 정통하고 문무양도(文武兩道)에 뛰어난 왕종악(王宗岳)이 지금까지『장권(長拳)』과『13세(十三勢)』인 권법의 도리를 깊이 규명하고「역(易)」의 철리로 설명하여 이론적으로 정리하고 계통화한 문장이『태극권론(太極拳論)』이다.

(2)「역(易)」과 태극권

전술한 이론에서도 알 수 있듯이 없어서는 안 될 이론이 나타난 이상, 태극권 애호가로서는 스스로 실천하면서 모색하기보다도 먼저(혹은 실천을 계속하면서 동시에) 이론을 알고 있는 편이 손쉽다. 그러므로『태극권론』을 충분히 공부하고 이해하여 자신의 수련을 실행하면서 왜 자신의 진보가 늦고 각 방면의 효과가 바람직하지 못한가를 검토해야 한다. 이를 위해서는「역(易)」의 음양 철리도 역시 공부해야 한다.

바로 이러한 경험을 한 우리를 위하여, 왕종악이『태극권론』에서 다음과 같이 기술하였다. "여러 해 순전히 공을 쌓고도 운화불능(運化不能: 수련활동이 능하지 못함)인 사람을 항상 보는 것은 거의 모두 스스로 사람에게 제압당하고 아직도 쌍중(雙重)의 병을 깨닫지 못하고 있다. 이 병을 피하려 한다면 모름지기 음양을 알아야 한다. 점즉주(黏卽走), 주즉점(走卽黏)이다. 음이 양을 가까이 하고, 양도 음을 가까이 하고, 음과 양이 상제(相濟: 서로 도움)하여야 비로소 동경(懂勁)이라 할 수 있다"고 이렇게 말하는 사람을 보게 된다.

오랫동안 신중하게 공부하고 수련을 거듭해 왔지만 좀처럼 활용할 수 없다는 사람, 이것은 그 사람이 서로 맞붙을 때 스스로 상대에게 제압되어 있기 때문이다. 그 원인은 자신이 '쌍중(雙重)'이라는 결점을 항상 드러내고 있음을 아직까지 알지 못하고 있다. 이 결점을 고치기 위해서는「역(易)」이 가르치는 음양변화의 관계를 알아야 한다.

「점(黏)」은 바꿔 말하면「주(走)」를 말하며,「주(走)」도 즉「점(黏)」이다. 음과 양은 서로 떨어질 수 없는 관계이며, 상호의존하고 서로 표리의 관계에 있다. 양자가 어울려 작용할 때야말로「동경(懂勁)」이며, 즉 정말로 태극권이 말하는「경(經)」을 깨달았다고 할 수 있다.

『태극권론』이 또 "「동경(懂勁)」을 깨닫고 점점「신명(神明)」의 경지에 이른다. 그러나 노력을 오래 쌓지 않으면 활연히 통달하는 것은 불가능하다"고 가르치고 있다. 즉「동경(懂勁)」을 깨닫는 것은 참된 숙달의 시작이지 최종목표는 아니다. 그 후 끊임없이 수련해가면 점점「신명(神明)」의 경지에 도달할 수 있다는 것이다. 그러므로 우리의 당면목표로서는 먼저 음양의 개념 내포를 확실히 알고 자신의 연습실천 중에 수용하여 자신의 동작 중에서 항상 음양이 더불어 작용할 수 있도록 노력해야 한다.

5) 태극권의 근본이념(태극권다운 모습)

(1)「장권(長拳)」,「13세(十三勢)」,「태극권(太極拳)」

태극권이 걸어 온 발전의 길은 전술한「명칭의 유래」에서도 알 수 있듯이, 실제로 이론과 실천의 적절한 관계를 훌륭하게 증명하였다고 할 수 있다. 왕종악이 자신의 논문을 명명한 때의 이론은 분명히 다음과 같다.

이 권법의 권리(拳理), 지도적인 사상, 근본이념은 실제로「태극(太極)」의 철리를 잘 체현(體現)하고 있는 모든 동작의 완성방법·전법(戰法)·전략(戰略)도 모두 「태극(太極)」이라는 관념에 근거하였으며, 이 태극관념으로 시종일관하고 있다. 그러므로 이 권법을 「태극권」으로 불러야 하며, 서명(書名)도 『태극권론(太極拳論)』으로 명명해야 한다고 생각한 것이다.

그리고 실천경험의 승화(昇華)인 매우 적절한 이 「태극권」이라는 명칭이 그 후 대중의 실천을 지도하는 과정에서 이미 검증되고 대중에게 인정되어 지금까지 『장권(長拳)』과 『13세(十三勢)』의 권법이 서서히 모두에게 「태극권」으로 불리게 되어 이후 명칭이 확정되었다.

왕종악이 『태극권론(太極拳論)』을 기술하였을 때는 이 권법이 아직 「장권(長拳)」, 「13세(十三勢)」로 불리고 있었다. 왕종악이 자신의 생각을 풀이해 밝히기 위하여 『태극권석명(太極拳釋名)』을 기술하였다. 그러나 알기 쉽고 기억하기 쉬운 민간가요 형태로 이 권법의 원리원칙을 설명하는 자신의 다른 문장의 타이틀을 결정할 때 지금까지의 습관을 고려하여 역시 『13세가(十三勢歌)』로 명명하였다. 마찬가지 원인으로 무우양(武禹襄)도 자신의 문장을 『13세행공요해(十三勢行功要解)』, 『태극권해(太極拳解)』 등으로 이름을 붙였다.

(2) 태극권의 모두구(冒頭句)와 결구(結句)

『태극권론(太極拳論)』이 모두(冒頭: 글의 첫머리)에서 "태극이란 무극에서 생기고 동(動)과 정(靜)의 기(機)이며, 음(陰)과 양(陽)의 모(母)이다. 동(動)하면 즉 나누어지고, 정(靜)하면 즉 만난다"고 근본원리를 한 마디로 언급하고 있다. 그리고 전문의 매듭구에 "이것이 소위 「호리(毫釐)」의 차이가 천리(千里)의 오류를 만든다"이며, "배우는 자는 상세하게 변별해야 한다"고 성어(成語)를 인용하여 우리를 훈계하고 있다.

이런 구는 중국에서 태극권을 오랫동안 계속하고 있는 사람이라면 거의 알고 있으며 암창(暗唱)도 할 수 있다. 그러나 대부분의 사람은 단순한 일반 철학적 범론(汎論)·개론(槪論)으로서 인식하고, 태극권의 수련실천과는 결부시키지 않는다. 그러므로 무엇이 「동(動)하고 정(靜)하는」 것인가, 무엇이 「나누어지고 만남인가」에 대해서도 그다지 깊이 생각하지 않는다. 이러한 인식법도 타당하다.

그러나 현대인의 논문은 거의 글의 첫머리인 서론부터 시작하여 점차 본론으로 들어가고, 후반 또는 마지막 장이 되어서 비로소 저자 자신의 중핵적 논점(中核的 論點)을 언급하였지만, 옛날의 저자는 그러하지 않았다. 그들이 어떤 사물에 대하여 자신의 사고를 언급할 때, 종종 가장 먼저 자신의 논리근거와 판단은 이러하다고 확실하게 언급한 후, 차례차례 도달한 추리과정을 기술하였다. 또한 매우 문장의 간결함을 중요시하고, 읽을 때의 음성·억양과 쉬어읽기에도 적지 않은 배려를 하였다. 요컨대 모두(冒頭)의 구절을 철학적 범론(汎論)이라는 생각은 큰 오해이며, 태극권 수련의 원점도 바로 여기에서 출발하고 있다.

이 모두(冒頭)의 구절은 범론(汎論)이 아니다. 여기에서야말로 생각도 못한 태극권의 전면적 수련의 중핵이 숨겨져 있다. 따라서 태극권의 이론연구 영역에서는 다음과 같이 주장하는 선생조차 있다.

왕종악의 『태극권론(太極拳論)』은 모두(冒頭) 2구절을 진실로 이해하고 자신의 수련에 활용할 수 있다면 충분하다. 그 이하 문장내용은 권법 방법론이다.

왕종악(王宗岳)이 문장내용의 모두(冒頭)에 먼저 태극권으로 이름을 붙인 이유인 「태극(太極)」이라는 개념을 극히 총괄적으로 해명하고 문장을 시작한다. 그러므로 우리도 태극권을 이해하기 위해서는 먼저 「태극」이라는 개념을 확실하게 알아야 한다.

왕종악의 문장은 전체에 걸쳐 문법적으로는 그렇게 난해하지 않다. 이 1구(一句)도 그러하다. 설명을 필요로 하는 글자는 「기(機)」뿐이다. 「기(機)」는 여기서는 '조짐·싹틈·발단·기세·계기'라는 의미로 이해한다면 전구(全句)를 알 수 있다. 즉 "태극은 무극(無極)에서 생겼으며, 그 자체가 또한 동(動)과 정(靜), 음(陰)과 양(陽)을 품고 있는 발생의 모체이다"는 의미이다.

『태극권론(太極拳論)』을 자유롭게 읽었던 그 시대의 독자로서는 알기에 충분하였다. 그들에게는 이해하기 위한 상당한 예비지식이 있었다는 의미는 현대 형태의 학교가 나타나기 전, 과거 중국의 교육시스템에는 이미 아동교육-중국에서 이른바 「유학(幼學)」-때부터 아이들에게 당시의 주도적인 우주관의 주요한 개념인 '혼돈(混沌)·건곤(乾坤)·기(氣)·음양(陰陽)·동정(動靜)' 등에 대한 지식을 알지 못하는 사이에 기초적인 「상식」으로 주입되었기 때문이다.

그러나 다른 시대에 태어나고 다른 사회문화 배경을 가진 사람들에게는 「무극(無極)·태극(太極)·동정(動靜)·음양(陰陽)」 등의 단어에 대한 예비지식이 없다. 그러므로 이 간단하게 보이는 제1구를 어떤 확실한 설명조차 하지 않고 있다.

수련자로서는 먼저 이러한 개념을 확실히 해두지 않으면 「태극(太極)」이라는 단어가 내포하는 뜻을 이해할 수 없다. 그러므로 먼저 약간의 기본개념을 설명할 필요가 있다.

3. 태극권의 기본개념

1) 개념의 확실성

"추상적인 개념은 필요없다. 우리는 권법의 진수(眞髓)를 알고 싶을 뿐이다"고 말하는 사람도 있을 수 있다. 다른 권법을 제쳐두고 태극권에서 이런 사고는 이치가 거꾸로 된 본말전도(本末顚倒)의 생각이다.

확실한 「태극(太極)」 관념은 태극권을 이해하는 「요점」이며, 태극권 수련에 관한 모든 행동의 출발점이다. 「태극」이라는 근본관념에 어울리는 수련방법을 택하지 않으면 태극권의 건강증진·질병치료도 호신술의 목적도 달성할 수 없다. 더군다나 수련과정에 다양한 의문점이 생긴다. 오랫동안 혼자서 수련을 계속하는 경우에는 알지 못하는 사이에 여러가지 결점, 소위 「버릇」·「고질병」이 생긴다.

또한 앞의 언급과 같이 필요시에는 자신이 선택·판단·구별하는 기준을 알지 못하는 등 문제가 생긴다. 스승이 언제나 곁에 있지 않으며 언제나 의지할 수는 없기 때문에 이러한 모든 문제를 푸는「열쇠」, 모든「고질병」을 치료할「약」을 모두 경전이론에서 찾을 수밖에 없다. 마찬가지로 권법의 진수(眞髓)를 이해하기 위해서도, 기예(技藝)의 지속적 향상을 추구하기 위해서도 경전이론에 의지할 수밖에 없다.

바로 이러한 이유로 왕종악(王宗岳)이 문장 마지막에, 시작할 때의 "극히 작은 실수라도 언젠가 매우 중대한 오류를 초래할 수 있다"고 태극권의 유지자(有志者)에게 경종을 울리고 있다. 그러므로 우리도 경전을 구성하는 기본적인 개념을 먼저 그 모두(冒頭)에 나오는「무극」·「태극」·「동과 정」·「음과 양」·「분과 합」·「강과 유」·「점과 주」등의 개념을 바르게 이해해야 한다.

2) 무극과 태극

(1) 무극(無極), 기(氣)의 일원론(一元論)

글자적 면에서 보면「극(極)」의 글자는 동사로서는「극도에 이르다·다하다」, 명사로서는「최고도·극점·절정」의 의미이다. 그러므로「무극(無極)」은「다할 수 없다·끝이 없다·무궁무진·한이 없다」의 의미이다. 그러나『태극권론(太極拳論)』에서는 이 단어는 보통의 의미가 아니라 철학술어(哲學述語)로서 사용되고 있다.

중국 고대철학의 저서에서 처음「무극(無極)」이라는 개념이 나타나는 것은「노자도덕경」속의「복귀어무극(復歸於無極)」의 구절이다. 그 의미는 "우주의 가장 원시적 상태, 무형무상의 본체로 복귀한다"이다. 이것을 설명하기 위해서는 또한 조금은 기(氣)의 일원론(一元論)을 언급해야 한다.

고대 중국 철학자들의 우주관(宇宙觀)과 자연관(自然觀)에 의하면 인간과 만물이 나타나기 전으로 아직 하늘과 땅으로 나누어지지 않았던 시기인 우주의 가장 원시적인 상태는 혼돈인「기(氣)」의 종합체였다. 즉 애초의 우주는「기(氣)」의 상태였다. 그「기(氣)」속에는 후에 천지와 인류를 포함한 자연의 삼라

만상을 만들고, 생성·발전시키기 위한 모든 성인(成因: 생성원인)과 요소(要素)가 포함되어 있었다.

그러나 아직까지 아무런 형태도 없는(물론 명칭도 개념도 없다), 단지 혼돈인 통합체이다. 이러한 상태를 노자가 「무극(無極)」으로 형용하였다. 그리고 그 「기(氣)」 내의 맑고 가벼운 것이 위로 올라와 하늘이 되고, 탁하고 무거운 것이 아래로 내려가 응고되어 땅이 되었다. 그 후 하늘과 땅의 기에서 음과 양이 생기고, 음양(陰陽)에서 이른바 사상(四象), 「오행(五行)」이 생기고, 그 천차만별한 상태가 '조합·변화·결합'으로 자연만상이 생성되었다. 인간은 음양의 가장 뛰어난 부분이 가장 뛰어난 상태에서 결합한 결과로 만들어졌다고 옛날 사람은 생각하였다.

후에 이 「기(氣)」를 우리들에게는 "보이지 않고 들리지 않고 잡을 수도 없고 감지할 수도 없다"고 생각했다. 그렇지만 만상(萬象)의 생성모체인 원시적인 「기(氣)」를 「공기(空氣)」라는 개념의 기(氣)와 구별하기 위하여 때때로 「원기(原氣)」·「원기(元氣)」·「근원적인 기(氣)」 등의 표현으로 나타나게 되었다.

(2) 도교(道敎)와 태극권

기(氣)와 기공(氣功)의 일원론적(一元論的) 우주관은 동방철학 전체의 근저를 이루는 것으로, 중국의 많은 고서에 이 「원시적인 기」에 관한 기술이 나타난다. 노자가 「기(氣)」의 원시적 혼돈인 종합체를 「무극(無極)」으로 묘사하고, 만상의 생성에 대하여 다음과 같은 구절을 남기고 있다. 「천하만물생우유, 유생우무(天下萬物生于有, 有生于無: 천하의 만물은 유에서 생기고, 유는 무에서 생긴다)」, 「도생일, 일생이, 이생삼, 삼생만물(道生一, 一生二, 二生三, 三生萬物: 도에서 1이 생기고, 1에서 2가 생기고, 2에서 3이 생기고, 3에서 만물이 생긴다)」 등이다.

앞에서도 언급한 「역경(易經)」에는 「일음일양지위도(一陰一陽之謂道: 1음 1양 이것이 도이다)」의 구절이 있으며, 이것을 철학자들이 「역경」이 말하는 「형이상위지도, 형이상위지기(形而上謂之道, 形而上謂之器: 형상 이전의 것을 도라 하며, 형상 이후의 것을 기라 한다)」고 설명하고 있다.

즉「도(道)」는 음(陰)과 양(陽)을 통합하고 조화하는 바 형이상으로 보고 있었다.「열자(列子)」에는「태초기지시야(太初氣之始也: 태초란 기의 시작이다)」의 구절이 있다.「장자(莊子)」와「황제내경(皇帝內勁)」에도 마찬가지로 무형무상(無形無像)의 혼돈인 기(氣)의 상태를 의미하는「태허(太虛)」에 관한 논술이 있다. 이러한 책에 나오는「무(無)」·「도(道)」·「태초(太初)」·「태허(太虛)」는 모두 우주의 초기 상태를 나타내는 단어이며, 노자의「무극(無極)」과 같은 의미를 내포하고 있다.

이러한 우주관에 근거하여 인간도 같은 기(氣)의 응축(凝縮)으로 보았다. 인간은 만물 중에서 가장 뛰어난「영장(靈長)」이기 때문에 몸은 우주자체의 구현이며, 스스로 하나의 작은 우주를 형성하고 우주의 축도(縮圖)로 생각하였다. 수천년의 역사를 가지고 오늘도 위력을 발휘하고 있는 중국의학도 이러한 우주관(宇宙觀)과 인체관(人體觀)의 기초 위에 만들어졌다. 인체의 각 기관, 각종의 약(藥)이 모두 각각 음양오행(陰陽五行)의 성질을 가지고 있다고 한다. 그러므로 중국의학의 의사들이 지금도 질병의 진단·치료·처방에 있어서는 기(氣)의 운행, 체내의 음양(陰陽) 밸런스, 인체의 각 기관간(器管間), 또한 각종의 약(藥, 약초에 한하지 않고)은 모두 상생상극관계 이론을 기준으로 하고 있다.

이러한 의미의「무극(無極)」을 이해하기 위하여 우리가 사고범위를 축소하여 억지로 비유하면 이것을 태풍(台風) 또는 토네이도(tornado)가 발생하기 전의 해상, 또는 육상의 공기상태로 비유할 수 있다. 즉 그 중에는 머지않아 발생할 태풍과 토네이도(머지않아 닥쳐올 모든 결과도 포함하여)를 만드는 모든 성인(成因: 생성 원인)과 요소(要素)가 포함되어 있지만 아직 태풍도 토네이도도 발생하고 있지 않는 상태이다.

이러한 우주관·자연관은 마침내 금세기까지의 중국 교육시스템 속에서는 처음부터 피교육자에게 주입되어 있었다. 예를 들면 학문을 시작하는 아동용 교과서「유학경림」(幼學瓊林)은 명나라 때 정등길(程登吉) 저서로 유학이라고도 하며, 이미 이것에 관련된 어구가 포함되어 있었다. 지금 80세 이상의 중국인들이 받은 교육은 대개 기(氣)의 일원론적 사상이라고 할 수 있다. 그러므로 그 시대의 독자로서는 『태극권론(太極拳論)』은 적어도 난해한 것은 아니었다.

(3) 무극과 태극의 개념

무극과 태극의 개념이 어떻게 다르고 어떠한 관계에 있는가? 이 문제에 대해서는 실제 고대 철학자들은 확실한 해석을 하지 않았다. 「태(太)」의 글자는 '가장·매우·최고의·최대의·가장 먼·대단히·너무나도' 등의 의미이다. 따라서 글자면에서 보면 '태극(太極)은 「극(極)」이 다하다'의 의미가 되고, 실제 무극의 의미가 된다. 글자면을 억지로 현대용어로 표시하면 「무극(無極)」은 무한대(無限大), 태극은 최대(最大)라고 할 수 있다.

「태극」이라는 개념이 처음 나타난 것은 「역경(易經)」의 구절 「역유태극, 시생양의」(易有太極, 是生兩儀: 역에 태극이 있고, 이것은 양의를 낳는다)이다. 양의(兩儀)는 음양이다. 일본의 국어대사전인 '코우지엔(廣辭苑)'의 설명에도 "음·양의 이원(二元)은 태극에서 생긴다"가 있다. 「역경(易經)」이 말하는 「태극(太極)」을 고대 학자들이 「극중지도, 순화미분지기야」(極中之道, 淳和未分之氣也: 극 가운데의 도이며, 순박하고 조화로워 아직 나누어지지 않은 기이다)로 해석하였다. 한 시대 유학자의 대부분은 태극을 「원기(元氣)가 아직 분리되지 않은 혼돈인 일체」를 이룬 상태로 이해하였다. 즉 태극을 「태초(太初)」·「태허(太虛)」·「도(道)」로 이해하였다. 따라서 「무극(無極)」과 동등시하였다.

무극과 태극을 엄밀하게 구별하는 것이 어려워 옛날부터 많은 학자가 「태극자무극지칭(太極者無極之稱: 태극은 무극을 말한다)」라는 설명으로 "「태극」은 무엇이라 이름을 붙일 수 없는 끝이 없는 혼돈인 기(氣)에 붙인 명칭이며, 음과 양의 통일체이다"고 해석하였다.

즉 태극이란 개념을 한 마디로 말하면 극히 클 수 있는 바탕을 지니면서도 극히 작은 상(象)을 나타내는 것을 말한다. 다시 말하면 우주가 음양을 생성하는 상(象)은 양(陽)이 생(生)하려고 할 때에는 그 상(象)은 극히 작은 것이지만 이것이 장차 큰 양(陽)을 나타낼 수 있는 본질을 지니고 있으며, 음(陰)이 성(成)하려 할 때에는 그 상(象)은 극히 작으면서도 장차 큰 음(陰)을 형성할 수 있는 상(象)을 지니고 있는 것이다. 그런즉 양(陽)의 극단(極端)과 음(陰)의 극단은 각각 그 태극의 운동현상인 것이다. 그렇다면 이와 같은 작용은 반드시 본체가 있을 것인 바 그 본체를 가리켜서 태극(太極)이라 한다.

(4) 왕종악의 『태극권론』 이해

『태극권론(太極拳論)』 모두(冒頭)의 「태극이란 무극에서 생기고」의 구절에서 보면, 저자는 분명히 「태극」을 「무극」의 다음 단계로서 무극상태의 발전으로 해석하고 있다. 물론 이것도 왕종악의 독특한 해석이 아니다. 그러나 이와 같이 태극을 해석하는 학자는 많았다.

왕종악의 이러한 해석은 「명칭의 유래」에서 언급하였듯이 그가 주돈이(周敦頤)의 학설(주로 『태극도설(太極圖說)』)에 근거하여 『역경(易經)』의 태극음양철리를 연구한 결과이다.

그러나 실제 분명히 도교의 영향을 받고 있던 주돈이 자신도 그 『태극도설』 속에서 단지 「무극이태극(無極而太極)」으로 기술하고 있으며, 확실히 무극과 태극의 차이에 대하여 언급하지 않았다. 이 구의 「이(而)」는 '누가(累加)·병렬(並列)·전절(轉折)·인과(因果)·조건(條件)' 등의 문법관계를 나타내는 「허사(虛詞)」이다. 이 구를 억지로 한 구로 번역한다면 「무극이면서 태극」과 같아서, 그 의미내포(意味內包)의 윤곽은 애매하고 반드시 전자에서 후자가 생겼다는 인과관계를 나타내지는 않는다. 즉 태극은 무극에서 생겼다는 해석은 주돈이의 『태극도설(太極圖說)』에 대한 왕종악 자신의 이해이다.

모든 학설의 시비논의는 본서의 주제가 아니며 깊이 파고 들 필요도 없다. 그러나 『태극권론(太極拳論)』을 공부하기 위해 알아 둘 것은 고서에 나타나는 「태극」이라는 단어의 어의내포(語義內包)는 저자에 따라서 달라진다. 즉 「태극(太極)」에는 말하자면 광의와 협의의 두 가지 해석이 있다. 왕종악은 그 후자를 채택하고 있으므로 그의 설명을 따른다.

3) 태극관념

(1)「태극」의 상태

그러면「태극(太極)」은 어떠한 상태인가?『태극권론(太極拳論)』 제1구에서 알 수 있듯이「태극은 무극에서 생긴」것으로 거기에 "동과 정의 기이며, 음과 양의 어머니(母體: 根源)이다." 그렇기 때문에 태극단계에서는 아직 동도 정도 음도 양도 생기지 않고 나타나지 않은 것이다. 즉 태극은 혼돈된「원기(元氣: 무극)」속에 이미「움직인다」라는「기(氣, 즉 동인·추세·움직이려는 경향·나아간다)」는 의념(意念)이 생겨 있을 뿐으로, 혹은 그 조건과 준비가 되어 있을 뿐, 아직 아무런 구체적인「동(動)」의 정(靜)·음(陰)·양(陽) 현상도,「동(動)」의 형태도 나타나지 않은 상태이다. 즉 태극(太極)은 동과 정, 음과 양을 잉태한 모체(母體)와 같다.

또『태극권론(太極拳論)』의 제2구에 따르면 "동(動)하면 즉 나누어지고, 정(靜)하면 즉 만난다"이므로 태극의 상태는 동과 정, 음과 양의 양자가 서로 작용(상반운동)하여 당분간은 헤어지지 않는 통합체 상태이다. 말을 바꾸면 양자의 밸런스가 아직 갖추어지지 않은 상태이다. 즉 이러한 상태 스스로는 항상 '변화하자·운동하자'라는 추세를 가지고 있으며, 동시에 또한 항상 밸런스를 갖춘 상태를 '유지하자·복귀하자'라는 추세를 가지고 있다. 이러한 상태를 비유하면 컵에 한가득 찬 물의 표면과 같은 것이다. 당분간은 표면장력에 의해서 안정이 유지되지만, 새로운 물 한 방울이라도 더해지면 안정이 무너져 물이 컵에서 넘쳐흐른다. 그 새로운 물 한 방울이 되는 것은 시작순간의「동(動)」에 관한「의식(意識)」이며, 넘쳐나는 것은 물론 그 물 한 방울은 아니다.

말을 바꾸면 위에 인용한 왕종악이 말하는 태극은『역경(易經)』구(句)의「일음일양(一陰一陽), 도(道)의 것」속의「도(道)」에 상당한다. 또한 노자(老子)의 "도에서 하나가 생기고, 하나에서 둘이 생기고" 속의「하나」에 해당되며, "천하만물은 유(有)에서 생기고, 유(有)는 무(無)에서 생긴다"는「유(有)」에도 해당한다.

(2) 동인과 생성원인

이러한 통합체의 어디에서 어떻게「움직인다」라는 동인(動因), 의념(意念)이 생기는 걸까? 이 문제에서 왕종악은 언급하지 않았다. 옛사람은 이 문제에 대하여 인간의 경우는「마음(心)」에서 생긴다고 믿고 있지만 우주의 경우에 대해서는 역시 명확한 언급을 회피하였다. 또 현대과학에서도 빅뱅(big bang: 대폭발)의 문제, 제1추진력 문제는 미해결이다.

왕종악의『태극권론』에 대하여 상당히 꿰뚫은 깊은 이해를 보인 무우양(武禹襄)도 이것은「마음」에서 생겼다고 보았다. 그러므로 무우양이 자신의 논문 속에서는 반복하여 태극권을 수련할 때(몸의 동작에 대한)「마음・의식」의 선도작용(先導作用)과 주도작용(主導作用)을 강조하고 있다.

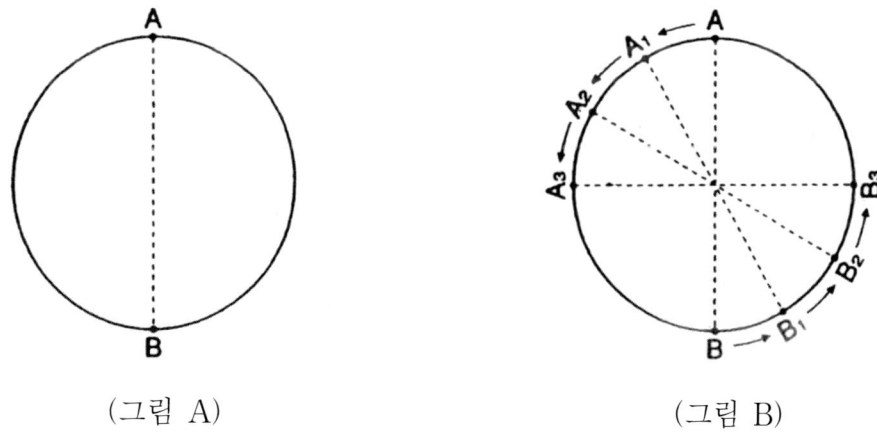

(그림 A)　　　　　　　　(그림 B)

(그림A) - 혼탁한 통일체가 변화발전하기 시작하는 순간, 선회운동이 이루어지는 최초의 원의 직경 양끝(A,B)이 음양의 부분을 내포하고 있다.
(그림B) - A, B 두 점은 모두 고정된 것이 아니라 원주(실은 구면)의 어떠한 점에서도 그곳을 A로 하면, B점은 자연스럽게 결정된다. 음양의 관계는 이러한 것이다.

이러한「무극이면서 태극」의 상태에서 일단「움직임」이 시작되면 동시에「동과 정」,「음과 양」의 서로 모순되면서 서로 의존하고 있는 두 가지 요소로 구분된다. 그 후 이러한 상반되고 서로 의존하는 양자의 관계가 모든 것을 가로질러 끝임없이 지속하여 다종다양한 현상세계를 만들어낸다. 그러므로 태극은 "천하만물의 운동과 변화의 근원이다"와 "천지만물의 생성원리이다"라고 하는 것이다. 또한 "사람에 있어서는 마음이 태극을 이루고, 우주에 있어서는 도가 태극을 이룬다" 등, 학자들이 다양한 시점으로 설명하고 있다.

(3) 태극관념의 현상과 원(○)

태극의 관념은 보통 큰 원으로 표시한다. 중국어에는 습관적으로 「원권(圓圈)」・「원환(圓環)」, 혹은 그저 「권(圈)」・「환(環)」이라 한다.

무극을 옛사람은 문자로만 표시하고 도형으로 표시하지 않았다. 그러나 태극은 큰 원・동그라미・○(圓)으로 표시하였다. 태극권의 이론연구에서는 동(動)과 정(靜)의 정점인 이 ○(圓)이 실제 많은 힌트를 준다.「동과 정」,「허와 실」,「음과 양」에게 실질적으로 다가가는 길도 이 ○(圓)에 감추어져 있다.

여러 책에서 나타나는 ○(圓) 속에 백과 흑의 물고기 형태를 한 2개의 부분이 서로 섞여 있는 이른바「태극도(太極圖)」는 태극에서 음과 양이 생겨, 음과 양의 밸런스를 갖추었다는 관계를 나타내는 것으로 원시 형태인 ○(圓)의 발전이라고 할 수 있다. 그러한「태극도」속 두 마리의 물고기 눈에 해당하는 흰점과 검은 점은 음 속에 양이 포함되고, 양 속에 음이 포함되는 실질(實質: 실제의 바탕)을 나타내는 것이다. 물론「눈」을 이루고 있는 백과 흑도 각각 양 속에 음, 음 속에 양이 포함되어 있으며 이러한 관계가 무한으로 지속된다.「역(易)」의 음・양(陰・陽)에서 8괘(八卦)가 생기고, 8괘에서 무한으로 변화해가는 것과 같다. 태극권의 수련에서는 한 시라도 이 ○(圓)의 관념을 잊지 말아야 한다. 지금부터도 때때로 이 관념으로 귀결된다.

태극권(太極拳)이 건강에 유익한 원인도, 권법(拳法)으로서의 동작원칙도 모두 이 ○(圓)이라는 태극관념의 전개에서 나오고 있다. 그러므로 태극권의 중요한 특징 하나는 그 모든 동작이 호형선(弧形線)과 나선선(螺旋線)의 결합인 것처럼 수련중 항상 몸의 모든 관절부분에 크고 작은 공을 의식하고 공방(攻防)의 동작도 항상「원(圓)」의 운동법칙에 따르도록 스스로가 항상 자신의 구(球)

를 의식하고 구(球)의 중심에 있도록 노력한다.

(4) ○(圓)의 시점

우리가 ○을 생각할 경우 곧잘 학교에서 배운 원(圓)의 정의만을 생각한다. 즉 원(○)은 「한 평면상에서 일정점(중심)에서 등거리(반경: 半徑)에 있는 점(點)의 궤적(軌跡), 또는 그것에 의해 둘러싸인 내부」라는 것으로 생각한다. 그러나 만물의 통상적 정의로만 고집하면 우리의 사고가 구속된다. 왜 선인(先人)이 태극이라는 개념을 ○(圓)으로 표시한 걸까? 실은 다양한 시점에서 ○(圓)을 볼 수 있다.

① 원(圓)은 기점(起點)도 종점(終點)도 없다.

일정한 길이인 하나의 선으로 최대한 많은 공간을 둘러싸고자 하는 경우, 그 선이 완전한 원을 이루는 정원(正圓)이 될 때, 선으로 둘러싸인 공간이 최대가 된다. 하나의 선에는 양단(兩端: 기점과 종점)이 있다. 양단을 A, B로 하면 AB 양단 사이의 모든 점이 A에 가까운 점, 이등분점(二等分點), B에 가까운 점으로 나누어진다. A가 B를 어느 방향으로 당기면 선 위의 모든 점이 같은 방향으로 움직인다. 그러나 일단 이 선이 ○(圓)을 만들면 A와 B가 합동(合同)한다. 즉 A도 B도 사라지고 선 위의 모든 점이 같은 성질을 가지게 된다. 모든 점이 동등하게 기점(起點)·종점(終點)도 이등분점이 된다.

② 원(圓)은 동시에 허(虛)와 실(實)을 가진다.

○(圓)이 아무리 커지더라도 한계가 있다. 한계는 그것을 둘러싼 선이다. 한계는 있지만 ○으로서의 성질은 그 크기에 영향을 받지 않는다. 최대의 ○도 최소의 ○도 모두 같은 ○이다. 한계를 이루는 선(그것이 실선·점선·굵은선·가는선에 관계없이)을 제거하면 ○은 사라진다. 한편 ○이 아무리 작더라도 선 속에 둘러싸인 공간이 있다. 공간을 제거하면 ○이 사라진다. 즉 ○의 성립 조건은 실과 허의 양쪽(실재의 선과 공간, 공허)를 필요로 한다. ○(圓)이 허

(虛)와 실(實)의 양쪽을 동시에 갖는다고 말할 수 있다. 둘로 나누어지지 않고, 나누면 양쪽 모두 질적으로 바뀐다. 여기에서 태극권에서 말하는 허와 실의 실질을 엿볼 수 있다.

③ 원(圓)은 안정과 불안정성을 가진다

○(圓)의 형태는 '완전무결·충실·원만·원활·원숙'의 이미지를 부여한다. 동시에 ○은 또한 동감(動感)·부정착감(不定着感)을 부여한다. 한 곳에 정지하고 있어 지금도 움직일 것 같다. 「태극(太極)」은 바로 이러한 상태이다. 정지하고 있으나 정지하고 있지 않는 움직임을 가지고 있다. 움직이지 않으나 이미 움직이려는 현상이 있다.

여기서 태극권에서 말하는(다음 절에서 설명한다) 동(動)과 정(靜)의 실질을 엿볼 수 있다. 비유한다면 임신을 한 순간의 모체와 같다. 눈에는 아직 보이지 않지만 다음 순간부터의 변화형태는 필연적이다. 우리가 사물을 생각할 때, 때로 그 보이는 변화형태에만 눈에 빼앗겨 모체(母體)의 존재와 수태(受胎)라는 사실발생을 소홀히할 수 있다. 문제도 오산도 때때로 이러한 부분에서 생긴다.

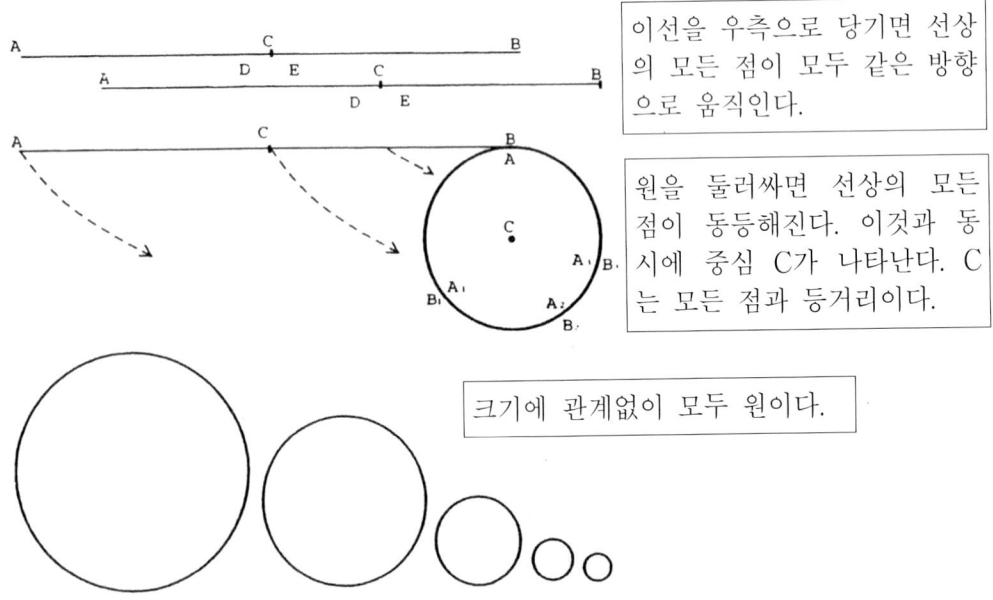

④ 기타 의미

아직 여러 가지로 생각할 수 있다. 하나의 철사가 완전한 원을 만들고 있을 때, 그 각 방면에서 더해지는 압력에 대한 저항력의 강화가 최대이다. ○(圓)에는 시점도 종점도 없을 뿐만 아니라, ○에 대해서는 방향성도 전후·좌우·상하도 말할 수 없다.

우리가 종이 위에서 보는 ○은 평면으로 본 그대로의 면적(面積)이다. 머리 속에서 이 평면의 ○을 회전하면 입체구(立體球)를 상상할 수 있다. 종이 위의 ○으로 둘러싸인 면적(구의 경우의 체적)은 한정되어 있지만 실질적으로 말하면 그래서 상징되고 있는 면적(체적)은 무한이다. 즉 ○(圓)은 무한의 포용성을 상징하기도 한다. ○은 우주대자연의 존재상태이고 그 운동법칙의 상징이며, 또한 물질세계의 최소단위의 물질적 존재상태와 운동법칙의 상징이기도 하다.

(5) ○(圓)의 움직임

○(圓) 자체도 움직임이 있을 수 있다. 대략 3종류로 생각한다.

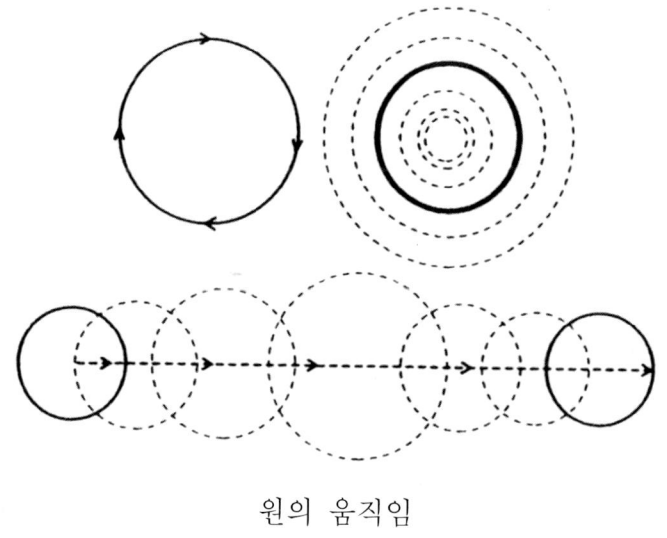

원의 움직임

① 중심위치를 바꾸지 않고 자체만의 움직임 — 선회·팽창·축소하며, 이들이

서로 결합한다.

② 중심위치만의 움직임—전체의 전후·좌우·상하로의 변위한다.

③ 이 양자의 결합—자신이 선회·팽창·축소함과 동시에 변위한다.

어떠한 경우에도 그 ○(圓)인 성질은 변하지 않는다. 바뀌면 ○ 자체가 모든 특징을 잃고 ○이 되지 않는다. 이러한 부분에 관해서는 5) 태극권의「음과 양」에서 설명한다. 태극권에서 말하는 음과 양의 실질을 엿볼 수 있다.

4) 동(動)과 정(靜)

(1) 의미와 문맥의 차이

왕종악(王宗岳)의 『태극권론(太極拳論)』에는 모두(冒頭)의 구(句)와 기타에서 "동(動)이 급하면 즉 서둘러 대응하고, 동이 느슨하면 즉시 느슨하게 뒤따라 간다"는 구(句)가 있다. 그의 『13세가(十三勢歌)』에는 또한 "정(靜) 속에서 동(動)을 촉발하고, 동 또한 정과 같다", "복내(腹內)는 송정(鬆靜: 이완하여 안정시킴)을 유지하고, 기(氣)는 등연(騰然: 자연스럽게 올라감)해야 한다"의 구(句)가 있다.

무우양(武禹襄)의 『태극권해(太極拳解)』에는 "몸은 움직이더라도 마음은 정(靜)을 중요시한다", "동(動)이 되면 동이 되지 않을 수 없고, 정(靜)이 되면 정이 되지 않을 수 없다", "내가 움직이지 않고 그가 미동한다면 내가 먼저 움직인다" 등이 있다. 그의 다른 문에도「동(動)」과「정(靜)」에 관한 여러가지 표현이 있다.

이러한 구(句) 속의「동(動)」과「정(靜)」의 글자는 각각의 경우에 다른 의미로 사용되고 있으며, 상술한 구(句)에서는 "동하면 즉시 나누어지고, 정하면 즉 만난다"의 의미와는 일치하지 않는다. 때로는 깊은 철학적인 의미로 사용되고 있으며, 때로는 극히 세속적인 표현으로서 사용되고 있다. 예를 들면「동(動)」은 몸의 동작을 가리키며, 마음의 흐름도 가리키며, 때로는 오로지 상대의 움직임에 대해 말하고, 때로는 자기 자신의 경우에 대하여 말한다.「정(靜)」에 대해서도 같다고 말 할 수 있다. 그러므로 우리가 태극권의 경전문장(經典文章)을 읽을 때, 이러한 부분에도 주의해야 한다. 이 점을 간과하면 경전문장의 표현이 모순되게 보인다.

(2) 경전에서의 「동과 정」

우리가 동(動)과 정(靜)을 생각할 때 보통은 우선 몸이 움직이는가 가만히 있는가의 상태를 생각한다. 권법(拳法)은 몸을 움직여야 하기 때문에 특히 이와 같이 이해하는 경향이 있다. 그러나 특히 내면적 수련을 중요시하는 태극권의 이론에서는 「동(動)과 정(靜)」은 대부분의 경우 분명히 단순한 몸동작의 유무를 가리키지 않고 오히려 철학적 의미로 사용되고 있으며, 「형태·성질·기능·의미 등의 변화」를 널리 포괄하고 있다. 그러므로 우리가 투로(套路)수련을 하고 있을 때, 선생으로부터 "형태와 힘이 아니다! 의식이다, 의지이다!"라고 주의를 받는 경우가 있다. 즉 태극권에서 말하는 「동과 정」의 어의(語義: 단어나 말의 뜻)에는 내면적인 움직임의 의지·염력·내경 등의 눈에 보이지 않는 동작의 유무도 포함되어 있다.

한편, 우리가 살고 있는 지구에 자전(自轉)과 공전(公轉)이 있으며, 은하계(銀河系)가 태양 등을 이끌고 대우주 속에서 운동하고 있다. 이 의미에서는 우리에게는 절대의 「정(靜)」이 있을 수 없다. 뿐만 아니라 몸이 움직이지 않더라도 이 「마음」이 진정되지 않는 경우가 많다. 하물며 생물체인 우리의 몸이 비록 자신의 능동적인 움직임을 전부 멈출 수 있다고 하더라도 생물체로서의 순환운동·평활근운동·세포운동 등은 멈출 수 없다.

즉 「동(動)」은 절대적이며, 「정(靜)」은 상대적이다. 그러므로 우리는 몸의 움직임과 철학적 의미의 움직임이라는 「양극(兩極)」 사이에서 태극권이 말하는 「동과 정」에 대한 이해를 추구해야 한다.

(3) 「동과 정」의 본질 추구

이와 같이 도교의 사상, "만유(萬有)는 무(無)에서 생긴다", "태극(太極)은 무극(無極)에서 생긴다"의 사고, 기공(氣功)의 「입정(入靜)」에 관한 이론 등과 함께 대조하여 생각해 보면 태극권이 말하는 「동(動)과 정(靜)」에 대해서는 다음과 같이 말 할 수 있다.

① 「동과 정」은 단순한 외견 동작의 유무가 아니라, 양자 모두 내외(內外)인 내면(內面)과 외견(外見)으로 나누어진다. 즉 「내동(內動)과 외동(外動)」, 「내정(內靜)과 외정(外靜)」으로 나누어진다. 양쪽 모두 주로 우리의 능동적인 주체적인 동작의 유무를 가리킨다.

② 「정(靜)」은 우리가 우주와 지구의 운동에 대하여 상대적인 정지상태로, 즉 마음도 몸도 노력하여 능동적으로 움직이지 않고 지구운동에 동조하여 그 움직임에 자신을 완전히 맡긴다. 물론, 생물체로서의 운동은 멈출 수 없고 오히려 스스로 왕성해진다.

③ 외동(外動)은 반드시 내정(內靜)을 동반하지 않는다. 외견의 형태가 움직이더라도 내정이 움직이지 않는 경우도 있다(동 속의 정). 마찬가지로 외정(外靜)은 반드시 내정(內靜)을 동반하지 않는다. 외견의 형태가 움직이지 않더라도 내면이 왕성하게 움직이는 경우도 있다(정 속의 동). 태극권의 수련에는 오히려 이러한 상황이 많다.

④ 외동(外動)과 외정(外靜)은 외견 동작의 유무이기 때문에 이해하기 쉬우며 실천도 어렵지 않다. 내동과 내정은 몸의 내면적인 동작인 '의식·의지·염력·기·경' 등의 보이지 않는 동작의 유무이기 때문에 일정한 수련을 쌓지 않으면 실천뿐만 아니라 이해도 어렵다. 그러나 우리의 몸에서 느낄 수 있는 그렇게 추상적(抽象的)·유심적(唯心的)인 것은 아니다. 첫째 바른 인식이 필요하다.

⑤ 태극권으로서는 보다 근본적인 것은 내동(內動)과 내정(內靜)의 수련과 그 활용에 있다.

⑥ 태극권의 내정(內靜)과 기공(氣功)의 「입정(入靜)」과는 같은 상태가 아니다. 전자는 정신활동(전념·집중한 의미에서 정지)의 상대적 정지상태이며, 후자는 정신활동도 정지상태에 있는 내정이다.

태극권의 외동(外動), 즉 권법의 형태를 수련하는 동작은 그렇게 어렵지 않다. 외정(外靜)은 그 동작의 정지상태이기 때문에 이해하기 쉽다. 내동과 내정은 이해도 실천도 상당히 어렵다. 나 개인의 경험에 따르면 수련의 중점은 내정(內靜)에 두어야 하며, 내동(內動)은 오랫동안의 바른 내정수련으로 배양되고 자연스럽게 생긴다. 수련 중 자신의 몸으로 느끼게 된 후, 점차 의식적으로 조금씩 조성해가는 편이 좋다. 앞의 기공에 관한 부분에서 언급하였듯이 내동(內動)을 성급하게 의식적으로 추구하면 역효과, 또는 질병에 걸릴 수 있기 때문에 주의해야 한다.

5) 태극권의 음(陰)과 양(陽)

(1) 혼동에 대한 이해

앞에서 언급한 『태극권론(太極拳論)』의 구(句)에서 알 수 있듯이 「쌍중의 병(雙重之病)」은 태극권을 숙달하는데 중대한 방해가 된다. 이 「병」을 피하기 위해서는 「음양(陰陽)」을 알아야 한다. 그러므로 「음양」의 개념을 명확히 하는 것은 태극권 수련에서, 특히 그 호신술 면에서의 응용에 매우 중요하다. 이 문제에 앞의 「무극과 태극」, 「태극관념」의 부분에서 이미 언급하였지만 좀 더 설명을 추가한다.

우선 음양개념의 혼동을 피하기 위하여 역시 일본의 사전 코우지엔(廣辭苑)을 살펴보면 「음양(陰陽)」에 대하여 다음과 같이 해석하고 있다. "중국의 역학에서 말하는 상반된 성질을 가진 음·양 두 종류의 기(氣)이며, 만물의 화성(化成)은 이 두 기(氣)의 성쇠에 기인한다. '일(日)·춘(春)·남(南)·주(晝)·남(男)'은 양(陽)이며, '월(月)·추(秋)·북(北)·야(夜)·여(女)'는 음(陰)이 되는 것이다. 음양도(陰陽道)는 일본의 대보령(大寶令, 다이호율령으로 일본고대 아스카시대의 大寶원년인 701년에 반포한 법제)에 규정될 정도로 중요시하였다. 그러나 후에 「서서히 미신적인 신앙」이 되었다. 또 음양도의 「음양(陰陽)」이 전기(電氣)·자기(磁氣)·꽃꽃이 등의 영역에서도 사용되었다고 기술하고 있다.

그러나 태극권에서 말하는「음양」은 이러한 설명 중의 특히 음양도로부터 구별해야 한다.

원칙적으로는 태극권에서 말하는「음양」은 "상반되는 성질을 가진 음·양 두 종류의 기(氣), 만물의 화성(化成)은 이 두 기(氣)의 성쇠에 기인한다"는 설명의 범위 내에 들어가지 못하지만, 이 경우에도 태극권에서 말하는「음양」은 단지「기(氣)」가 아니다. 또한 우리의 일상생활에서는 자주 사람의 몸 앞과 뒤, 손등과 손바닥, 하늘과 땅, 음식물의 성질을 예로 들어「음양」을 설명하는 경우가 있지만, 이러한 구체적인 예에 빠지면 결국 태극권에서 말하는 음양을 이해할 수 없게 된다. 마찬가지로 권법의 술어에는 음장(陰掌: 陰拳)·양장(陽掌: 陽拳)이라는 표현이 있다. 이것도 다른 의미의「음양」이다.

(2) 음양(陰陽)의 개념

앞의 설명에서 알 수 있듯이 태극권에서 말하는 음양(陰陽)은 무언가의 구체적인 의미내포로 한정하여 말할 수 없다. 그러므로 혼돈인 통일체가 변화·발전하기 시작하는 순간, 최초의 ○(圓)이 선회운동을 시작하는 경우, ○(圓)의 직경 양끝(A, B점)이 두 개(성질도 추세도 다르다)의 부분을 대표한다. '음양'은 이 두 부분을 대표하는 총칭이다. 각각을 '음'과 '양'으로 명명하였다고 이해하면 된다.

여기서 우선 ○(圓)의 특성이며, '음양(陰陽)'의 특성인 다음 3가지 점을 생각할 수 있다.

① 원주상(圓周上)의 A, B의 두 점은 모두 고정된 점이 아니라, 원주(실은 구면)의 어떤 점도 중심과 결합된다면 A, 또는 B점이 된다.

② 원주상의 모든 점이 A점도 B점도 될 수 있기 때문에 두 점 내의 한 점이 결정되면, 또 한 점의 위치도 자연스럽게 결정된다.

③ 또, 선회에는 중심이 필요하다. 중심이 있으므로 A점이 있으면 B점이 종이 위에 그려진 형태로서 나타나지 않아도 그 위치를 상정할 수 있다. 그렇지 않으면 원이 되지 않으며 정상적인 선회운동도 할 수 없다.

(3) 음양(陰陽)의 내부상태

회전하고 있는 ○(球: 공)의 내부상태를 잘 생각해 보면 실제「두 부분」의 내부에도 마찬가지로 각각 성질·추세가 상반(相反)하는 음과 양의 두 부분으로 나누어져 있다. 이와 같이 양 속에 또 음이 있고, 음 속에 또 양이 있는 무한으로 지속된다. 즉 음과 양은 두 가지가 상반되어 서로 모순되면서 동시에 또한 일정한 조건 하에서 서로 플러스 작용을 하며, 하나의 상태를 형성하고 있다.

그러므로 이것을「생성·발전하는 두 부분」이라고 하기보다도 두 가지의 요소·성질·동인·추세라고 하는 편이 보다 적절하다. 이것은 비유하면 현대의 컴퓨터에 적용되고 있는 기수법(記數法), 실수를 0과 1의 두개의 숫자로 나타내는 이진법(二進法)과 매우 닮았다. 0과 1이 다양하게 변화·통합하여 다양한 개념을 만들듯이 음과 양이 다양하게 변화통합하여 형태를 만들고 있다.

(4)「음양」과 태극권

그러면 이 음양개념을 어떻게 태극권과 결부시킬 것인가?『태극권본』에는 "음이 양을 떠나지 않고 양도 음을 떠나지 않으며, 음과 양이 상제(相濟: 서로 도움)하여야만 동경(懂勁)이라 할 수 있다"이며, 또한 "위가 있으면 즉 아래가 있고, 앞이 있으면 즉 뒤가 있으며, 좌(左)가 있으면 즉 우(右)가 있다"이다.

투로수련(套路修練)에서도 추수수련(推手修練)에서도 자신의 동작이 시종일관 이 원칙으로 일관하도록 노력한다. 앞의「태극관념」의 부분에서 언급하였듯이 음과 양은 상호의존하여 서로 표리관계이며, 양자가 함께 서로 어울려서 작용할 때야말로 원(圓), ○이 되고 태극권의 동작이 된다. 이른바「동경(懂勁)」은 바로 여기부터 시작된다. 이것을 이해한다면「분(分: 나누어짐)과 합(合: 만남)」,「허(虛)와 실(實)」도 알기 쉬워진다.

6) 분(나누어짐)과 합(만남)

(1) 태극권의 분과 합

『태극권론(太極拳論)』의 제2구절에 "동하면 즉 나누어지고, 정하면 즉 만난다"가 있다. 여기의 「분(分)과 합(合)」을 몸의 동작, 사지(四肢)의 형태전개와 수축과 혼동되는 경우가 있다. 즉 종종 몸을(특히 양팔을) 밖으로 벌리고 펴는 동작은 「분(分: 또는 개(開))」이며, 그 반대는 「합(合)」이라고 오해한다. 마찬가지로 태극권에는 「내삼합(內三合: 心意合·氣力合·筋骨合)」,「외삼합(外三合: 手足合·肘膝合·肩胯合: 어깨와 사타구니의 합)」이라는 표현이 있으며, 특히 투로수련 단계에서 요구되며, 필요하고 중요한 요구이다. 그러나 이 경우의 「합(合)」도 제2구(第二句)에서 말하는 「분과 합」과는 같은 의미가 아니다.

그리고 제2구의 「분과 합」은 움직이려는 의념이 나타나 움직이기 시작하는 순간에 「동(動)」의 상태로 들어가자 마자 동시에 「분(分)」의 상태가 되고, 정(靜)이 되려는 의념이 나타나 정의 상태로 들어가려는 순간에 동시에 「합」이 된다는 의미이다. 그러므로 이것은 몸의 사지(四肢)의 자세를 가리키지 않고, 권법론에서 반복하여 강조하고 있는 마음·의념·기와 내면적인 정(靜)이다. 이들이 헤어지거나 함께 한다.

(2) ○(圓) 동작의 재검토

① 우선 하나의 평면 위의 ○(圓)이 자기선회(自己旋回)하는 경우를 보자. 그림의 실선(實線)인 원주상(圓周上)의 모든 점이 전술과 같이 확실히 동양(同樣)·동등(同等)하다. 그러나 이것은 ○(圓)이 정지된 때의 것으로 일단 그 위의 임의의 점(A점)이 움직이기 시작하면 원주상의 모든 점도 움직이기 시작한다. 따라서 동(動)이 되면 동이 되지 않을 수 없고, 정(靜)이 되면 정이 되지 않을 수 없다. 마찬가지로 움직이기 시작함과 동시에 원주상의 각점이 동양(同樣)·동등(同等)하지 않게 된다. 우선은 A점에서 원의 중심(C점)을 통과하여

반대방향에 B점이 나타나고, 그 위에 이 B점은 A점과 정반대 방향으로 A점과 같은 거리를 움직이기 시작한다.

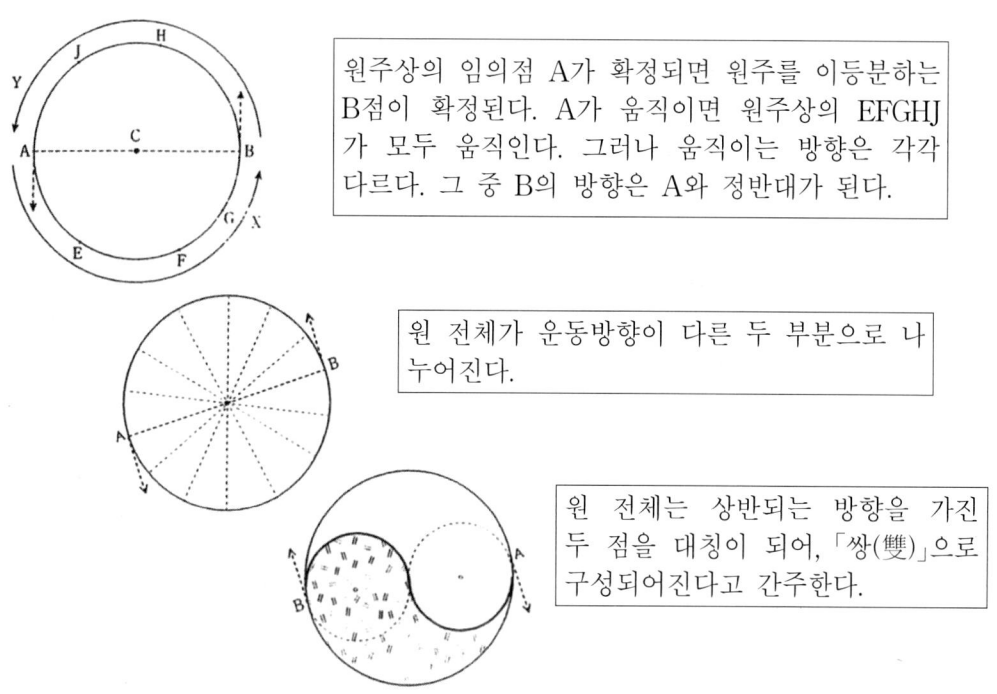

원주상의 임의점 A가 확정되면 원주를 이등분하는 B점이 확정된다. A가 움직이면 원주상의 EFGHJ가 모두 움직인다. 그러나 움직이는 방향은 각각 다르다. 그 중 B의 방향은 A와 정반대가 된다.

원 전체가 운동방향이 다른 두 부분으로 나누어진다.

원 전체는 상반되는 방향을 가진 두 점을 대칭이 되어, 「쌍(雙)」으로 구성되어진다고 간주한다.

이 뿐만 아니라 A에서 B까지의 각점(X부로 표시)이 전체적으로 B의 방향으로 움직인다면 B에서 A까지의 각점(Y부로 표시)은 전체적으로 A의 방향으로 움직인다. 즉 A가 움직이기 시작하면 ○(圓)전체가 운동방향이 다른 X부와 Y부의 두 부분으로 나누어진다(동하면 즉 나누어진다). 다시금 X부와 Y부의 세부를 보면 X부의 각 점이 각각 Y부에 바로 자신과 정반대 방향과 속도를 가진다는 것을 알 수 있다. 즉 ○(圓)전체는 상반하는 방향과 속도를 가진 두개 점을 1쌍(1조)으로 하는 점의 「쌍, 조」로 구성되어 있다. A의 운동이 정지하여 정(靜)이 되면 모든 점이 또한 원상태로 돌아가고 또 모두 동양(同樣)·동등(同等)해진다(정(靜)하면 즉 만난다).

② 다시금 ○(圓)의 내부의 「공간」을 생각하면 여기는 실제 아무것도 없는 것이 아니라, 어떤 분자로 충만해 있다. 그리고 「공간」이 ○(圓)의 분할할 수

없는 한 부분이 되어 있는 이상 A가 움직이기 시작할 때는 이 부분의 모든 분자도 움직이기 시작할 것이다. 게다가 각 분자의 움직임이 각각의 위치에 따라서 방향·기세·속도가 각기 달라진다. 이 의미로도 원래「동양(同樣)·동등(同等)」하였으나 다양하게 나누어지게 된다. 이 눈에 보이지 않는 부분의 동작 상태를 옛사람이 상상하여 그린 그림이 지금 우리가 자주 여러 책에서 보는 이른바「태극도(太極圖)」이다.

(3) 반수(盤水)의 비유

물이 든 일정한 깊이의 원반통(圓盤桶)을 생각하자. 통 속의 물이 정(靜)일 때는 물의 모든 분자는「동양(同樣)·동등(同等)」상태이며 안정되어 있다. 그 물을 하나의 젓가락으로 휘저으면 반수(盤水)도 돌려지고, 원반 속의 물이 움직이기 시작한다. 빨리 저으면 물의 중심에 소용돌이가 생기고 만들어진 소용돌이는 모두 아래로 향하고 있어 젓가락의 운동방향으로 수직이며, 만약 그 물에 협잡물(挾雜物: 불순물)이 포함되어 있다면 그 협잡물이 점점 소용돌이 밑으로 집중되고 있음을 알 수 있다.

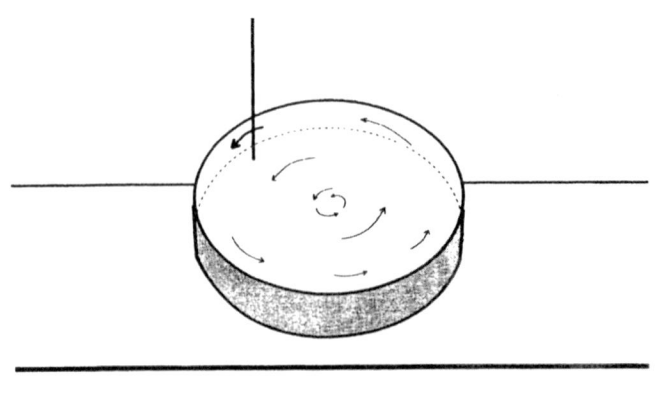

반수(盤水)의 비유

휘저어져 움직이기 시작하는 원반통 속 물 하나하나의 분자가 각각 어떻게 움직이고 있을까, 이것을 문자로 설명하기에는 매우 복잡하고 어렵다. 그러나 일상생활에서의 물을 휘젓는 장면을 생각하면 앞에서 언급한 태풍과 토네이도의「눈」을 생각하게 되므로 우리는 적어도 다음과 같은 사실을 알 수 있다.

① 여기에서는 동시에 원심력과 구심력의 작용이 나타난다.

② 반수(盤水)의 중심에 생긴 소용돌이를 원반상 물의 중축(中軸)이라 할 수 있다.

③ 이 축(軸)은 물의 선회(旋回)에 의해서 만들어지지만 선회 중심을 이루고 있으며, 그 위에 이 중축(中軸)이 항상 일정한 방향, 물의 움직이는 방향과 수직방향을 가리키고 있다.

④ 선회속도가 빨라짐에 따라서 소용돌이가 깊고 물이 없는 공간이 생긴다. 이「공간」도 상당한 힘을 가지고 있다.

(4) 구(球)의 비유

① 평면상의 ○이 중심위치를 바꾸지 않고 자신의 직경을 돌아 360도 회전하면, 그 궤적(軌跡: 남긴 자취)이 구(球)를 만든다.

② 구(球)를 수평 또는 수직으로 절단하면, 그 하나하나의 횡단면은 반경을 달리하는 동심원이 된다.

③ 구(球)도 동감(動感)·부정착감(不定着感)을 주지만 구(球) 특징의 하나는 중립평형을 유지한다. 평형(밸런스)은「여러 개의 힘이 동시에 어떤 물체에 작용하여 그 결과 물체가 정지상태」를 유지한다. 즉 이것은 힘의 균형이 잡혀 있어 물체에 외계환경과의 에너지가 이루어지지 않고 있는 상태이다. 중립평형은 여기 저기에 이와 같은「정지상태」로 있다.

④ 구(球)는 언뜻 정삼각형과 원추체와 같이 불안정한 느낌을 준다. 실제 여러가지 상황을 상정하여 다양한 방향에서의 압력을 생각하면, 구(球) 쪽이 자기보존의 의미에서는 정삼각형과 원추체보다도 매우 안정(안전)적이다.

(5) 모순동작의 비유(比喩)

예를 들어 사람이 절벽 끝에 서고 아래로는 심해(深海), 그리고 눈 앞에 바로 손이 닿을까 말까 한 곳의 위쪽에서 가는 끈으로 작은 꾸러미가 매달려 있다. 작은 꾸러미에는 1억엔이 들어 있어 누구라도 잡으면 자신의 것이 된다고 상정한다.

1억엔의 비유(比喩)는 어떤 문제를 전혀 다른 것과 비교하여 말하기 때문에 마이너스의 한계가 있어 당연히 설명의 완전성을 기대하기가 어렵다. 그렇지만 이 비유가 받아들이기 쉽고 무엇인가의 힌트를 수련자에게 주고 있기 때문에 이 비유를 사용하고 있다. 1억원은 적은 금액이 아니기 때문에 누구라도 매력을 느낀다. 그렇지만 누구라도 바다에 떨어져 죽으려 하지 않는다. 이러한 때 인체의 자세와 머리 속의 의념상태(意念常態)를 생각해보면 알 수 있다.

1억엔의 비유(比喩)

대부분의 사람은 양손을 앞으로 뻗을 때의 위험성을 느끼기 때문에 양손을 뻗지 않고 한 손을 뻗게 된다. 그 자세를 자세히 보면 한 손은 작은 꾸러미를 향하여 뻗어 있고 목도 내밀고 있으며, 눈도 앞의 작은 꾸러미를 보고 있는 몸까지 앞으로 약간 나아가 있다. 그러나 또 한쪽 손과 허리와 뒷발은 뒤쪽을 향하여 힘을 주고 있음을 알 수 있다. 게다가 우리 자신의 생활경험에서도 알 수 있듯이 그 때 사람의 머리 속의 의념은 반드시 자신의 후방으로 돈꾸러미와 정반대 방향을 향하고 있다는 것을 알 수 있다. 그렇지 않으면 바다에 떨어지기 때문이다.

이와 같은 비유에서 앞에 열거한 〇(圓), 반수(盤水), 구(球)의 예에서 태극권에서 말하는 '동(動)하면 즉 나뉘어지고'의 「분(分)」의 진의를 엿볼 수 있다. 이 진의를 자신의 모든 권법동작에 넣는다. 「분(分)」을 이해한다면 그것도 한 쌍의 모순(矛盾)을 이루고 있는 「합(合)」도 이해할 수 있다.

7) 강과 유

『태극권론(太極拳論)』의 제4구(句)는 "상대가 강(剛), 내(我)가 유(柔)이면 이것은 이른바 「주(走)」이며, 내가 순(順), 상대가 배(背)이면 이것은 이른바 「점(黏)」이다". 이 구(句)에 「강(剛)·유(柔)·점(黏)·주(走)」라는 4개의 개념이 있지만 4개 중 가장 오해받기 쉬운 것은 「강과 유」이다. 대부분의 사람은 「강」은 '굳세다, 현명하다, 적극적인 공격적·도발적 동작'으로 생각할 수 있다. 반대로 「유」를 '연약한, 부드러운, 소극적인 방어적·보수적 동작'이라고 생각한다. 이것은 글자의 표면적인 이해라고 해야 한다.

태극권에서 말하는 「강과 유」는 음과 양인 한쌍의 모순을 이루는 것으로 절대의미의 강함과 부드러움이 아니다. 그러므로 상대의 모든 적극적인 동작(그것이 아무리 부드럽고 작아도 비록 단 10kg의 힘이라도)을 「강」으로 간주한다. 예를들면 상대가 단지 10kg의 힘으로 이쪽으로 향한다면 이 때 만약 이쪽이 11kg의 힘으로 그것에 반항한다면 정(頂)이 되고 「유(柔)」라 하지 않는다. 이것은 태극권의 술어로, 힘에는 힘으로 대항하는 것이 추수수련에서의 큰 병(病)으로 간주한다. 반대로 10킬로의 힘으로 공격해 오는 상대를 이쪽이 9킬로의 힘으로 맞이하여 반항하지 않으면 이것은 결국 「유」라고 인정한다. 「유(柔)」는 힘이 없는 것이 아니라 기(氣)를 쓰면서 대항하지 않는 것으로 이해하면 된다.

강유(剛柔)의 개념은 또 「주(走: 달리다)」와 「점(黏: 달라붙다)」의 개념과 밀접하게 관련되어 있다. 이 문제에 대해서는 뒤의 추수(推手)에 관한 부분에서 설명한다.

4. 『태극권론』의 해설

기본개념에 대하여 일단 이해가 되었다면 『태극권론(太極拳論)』을 해설한다. 원 문장은 긴 문장이 아니기 때문에 일거에 전체문장의 의미해설을 하는 것도 가능하지만 부분부분에는 아무래도 자해(字解)·한자(漢字)의 해석을 넣어야 할 필요가 있기 때문에 원문을 단락으로 나누어 설명한다.

1) 제1단락의 이해

太極者, 無極而生, 動靜之機, 陰陽之母也。動之則分, 靜之則合。無過不及, 隨曲就伸。人剛我柔謂之「走」, 我順人背謂之「黏」。動急則急應, 動緩則緩隨。雖變化萬端, 而理唯一貫。由着熟而漸悟懂勁, 由懂勁而階及神明。然非用力之久, 不能豁然貫通焉!

(태극자, 무극이생, 동정지기, 음양지모야。동지즉분, 정지즉합。무과불급, 수곡취신。인강아유위지「주」, 아순인배위지「점」。동급즉급응, 동완즉완수。수변화만단, 이리유일관。유착숙이점오동경, 유동경이계급신명。연비용력지구, 불능활연관통언!)

(1) 자구 해석

이 단락의 가장 중요한 글자는 대부분 앞의 기본개념 부분에서 설명하였기 때문에 남은 부분은 다음과 같다.

「과불급(過不及)」(지나치거나 미치지 못하다)의 뜻이다. 국어성어에「과유불급(過猶不及)」이 있으며 "지나침은 미치지 못한 것과 같다"이다. "진리도 한 발 넘으면 오류(誤謬)가 된다"고 하였다.

중국어 성어에「교왕과정(矯枉過正)」이 있다.「교(矯)」는 '고친다·개선한다·잘못을 고친다', 즉 교정하는 의미이다.「왕(枉)」은 '뒤틀려 있다·바르지 못하다·폐해(弊害)이다'. 위의 이 성어는 "폐해를 고치려고 바른 것을 지나친다"는 의미로 폐해를 고칠 때는 지나쳐서는 안 된다는 교훈이다.

그러나 현대 중국의 어떤 시기에는 이 성어를 일부러「교왕필수과정(矯枉必須過正)」으로 고친 적이 있다. 즉 "폐해를 고치고자 한다면 그것을 철저히 하기 위해서는 반드시 지나치지 않으면 안 된다"는 의미로 해석하였다. 상당히 오랫동안 이러한 슬로건으로 행동한 결과, 대중이 엄청난 일을 겪었다는 것은 지금도 우리들의 기억에 생생하다. 보시다시피 중국어의「필수(必須)」는 한국·일본어의「필수(必須: 꼭 필요로 함)」의 의미와는 다르다.

「곡신(曲伸)」의「곡」은 '굽어 있다·휘어져 있다'이고,「신」은 '늘어나다·늘이다·신전한다'이다. 여기서는「굴신(屈伸)」과 같은 의미로 사용되고 있다.「곡(曲)」의 대신에 같은 발음이「굴(屈)」자를 사용하는 간행본도 있다.

「주(走)·점(黏)·순(順)·배(背)」이 네 글자 모두 태극권의 술어(동사)이다. 태극권 수련생 사이에서는 이들 글자가 옛날에 사용된 의미로도, 현재 일반적으로 사용되고 있는 의미로 사용하고 있지 않다.

한자의「주(走)」는 옛날도 역시 오늘날 사용하고 있는 '달리다·도망치다'의 의미였다. 『손자병법(孫子兵法)』의「36계주위상책(三十六計走爲上策)」은「36계중 도망이 상책」곧, "36계중 도망이 가장 좋다"로 번역된다. 지금 이 주(走)라는 글자는 대략 '걷는다·걷다'의 의미로 사용되고 있다. 중국어의「주거(走去)」는 '걸어서 가는' 의미이며, 도망치는 것이 아니다.

「점(黏)」은 '달라붙다·달라붙는다·따라 다니다'의 의미이다.「순(順)」은 여기서 '순조·걸림이 없다·주체적 태세의 의미'이다.「배(背)」는 여기서 '부조화·불리·걸림이 있다·수동적 태세에 있다'이다.

위의 구(句)는 상구에 이어서 태극권수련의 기본적인 몸자세를 설명하고 있다. 다음은 「점즉시주(黏則是走), 주즉시점(走則是黏)」이라는 표현에서 「점」과 「주」의 통일관계를 설명하고 있다. 여기에서 즉(則)은 즉(卽)과 같다.

「이유일관(理唯一貫)」의 「유(唯)」는 단지 유일(唯一: 오직 하나만)의 의미이다. 이 글자 대신에 같은 발음의 「위(爲)」를 사용하고 있는 간행본(冊)도 있다. 이 경우에도 의미변화가 없다.

「착(着)」의 글자는 일성발음으로 자오(zhao)로 읽고 「초아(招兒)」라는 단어와 거의 같은 발음, 같은 의미이다. '방법·손·자세 연습'을 말한다.

「동경(懂勁)」도 태극권의 술어로 구어에는 「동경아(懂勁兒)」로 읽는다. 「동(懂)」은 '이해할 수 있다·알고 있다'로 이 술어는 「경(勁)」을 이해하고 활용하여 조종할 수 있다는 의미이다. 「경아(勁兒)」는 매우 설명하기 어려운 단어이다. 대사전의 편집자들이 '힘·취기가 돈 술의 힘·의기·의욕·기개·모습·기품' 등 다양한 단어를 사용하여 설명하고 있지만, 이들을 모두 합하더라도 태극권에서 말하는 「경아(勁兒)」라는 뜻에 미치지 못한다.

태극권에서 말하는 「경아」는 간략하게 설명하면 평소에 말하는 몸의 어딘가 일부 근육을 긴장시켜서 내는 힘이 아니라, 반대로 몸의 특정한 일부 근육마저 긴장시키지 않고 몸 전체가 하나가 되어서 평균하여 내부에서 나오는 힘이다. 이것은 비유해서 말하면 활(弓)을 쏘는 힘과 같다. 우리가 활을 쏠 때 활줄이 활을 미는 힘은 활이 걸린 줄 전체가 아니라 활대 전체에서 나오는 힘이다. 그러므로 태극권에서는 몸이 「다섯개의 활」이라는 표현이 있으며, 그 중 특히 「신궁(身弓)」을 중시하고 있다. 이와 같이 「경아(勁兒)」는 어떤 종류의 「맛」과 「유쾌감」과 같으며, 설명하기 어렵다.

「신명(神明)」은 「신(神)」의 의미도 있지만, 여기서는 「신의 조화」처럼 매우 교묘하고 비범한 기예의 의미이다.

「활연(豁然)」의 「활」은 균열이 생기기 때문에 바꾸어, '확 여는' 「활연」은 자신의 마음이 갑자기 개통(開通)되는 것을 말한다.

(2) 원문 번역

태극(太極)은 무극(無極)에서 생기며, 그 자신이 동(動)과 정(靜)의 징조이다. 또한 음(陰)과 양(陽)을 잉태하고 있다. 동(動)이라는 상태이든 아니든, 동시에 「분(分)」의 상태가 되고, 정의 상태이든 아니든 즉시 「합(合)」의 상태가 된다. 수련(싸움)할 때는 의식과 동작의 차례를 멋지게 장악하여 상대가 굴복하면 자신이 성장하고, 상대가 성장하면 자신도 가세하여 굴복해서 지나침이나 부족함이 없도록 한다. 즉 상대에게 저항을 느끼지 않게 함과 동시에 상대로부터 떨어지지 않도록 한다. 상대가 「강(剛)」하면 자신이 「유(柔)」의 태세를 취하는 것을 「주(走)」라 한다. 자신이 순조롭게 자유자재로운 주체적 태세가 되고, 상대가 순조롭지 못하여 장애가 있고 수동적 태세라면, 자신은 「점(黏)」의 태세가 된다.

상대의 움직임이 급하면 급하게 대응하고, 상대의 동작이 느슨하면 나도 느슨한 동작으로 수행한다. 동작의 변화는 만가지라도 오로지 이 도리로 시종일관해야 한다. 하나하나의 투로동작을 숙지하고 숙련한 후에 점점 「경(勁)」의 본질을 깨닫게 되고, 「경」을 깨닫고 자유롭게 활용할 수 있게 된 후부터 한 단계 한단계 기예가 신묘(神妙)·비범(非凡)의 경지로 들어간다. 그러나 이것은 쉽지 않으며, 오랜 세월의 노력을 쌓지 않으면 마음이 갑자기 개통하는 것은 불가능하다"

2) 제2단락의 이해

虛領頂勁, 氣沉丹田, 不偏不倚, 忽隱忽現。左重則左虛, 右重則右杳。仰之則彌高, 俯之則彌深。進之則愈長, 退之則愈促。一羽不能加, 蠅蟲不能落。人不知我, 我獨知人。英雄所向無敵, 蓋皆由此而及也!

(허령정경, 기침단전, 불편불의, 홀은홀현。좌중즉좌허, 우중즉우묘。앙지즉미고, 부지즉미심。진지즉유장, 퇴지즉유촉。일우불능가, 승충불능락。인부지아, 아독지인。영웅소향무적, 개개유차이급야!)

(1) 자구 해석

「허령정경, 기침단전(虛領頂勁, 氣沉丹田)」, 이 구가 제4부 각론에서 하나의 제목으로 채택되어 있기 때문에 여기서는 간단한 설명으로 끝낸다.

「령(領)」은 '인솔하다·인도하다', 「정(頂)」은 '정수리'로 보통 앞에서 본 머리 중심선과 양 귀 위를 연결하는 선과의 교차점 부근이다. 여기의 「경(勁)」은 보통의 힘이라는 의미이며, 술어의 「경아(勁兒)」는 아니다. 잘못하여 여기도 「경아」로 이해하여 정수리로 「경아」를 넣으면 엄청난 일이 발생할 수 있으므로 주의해야 한다. 또한 정수리뿐만 아니라 머리 전체(얼굴의 표정을 포함)의 자세에 대한 요구이다.

「기침단전(氣沉丹田)」은 기(氣)와 마음의 생각을 아랫배에 안정시킨다.

「편(偏)·의(倚)」는 '한쪽으로 치우친다' 뜻이다. 「불편불의(不偏不倚)」는 몸의 중정(中正)을 유지하라는 것이다.

「홀(忽)」은 '갑자기·별안간'이라는 시간적인 개념보다도 오히려 동작이 붙잡을 곳이 없는 예측할 수 없음을 말한다. 이것은 내면적 「경(勁)」의 이야기이며, 외견형태를 말하지는 않는다. 「은(隱: 숨음)」과 「현(現: 나타남)」은 한쌍의 대립적 언어이다. 이것도 외견형태가 아니라 내면문제이다.

「중(重)과 허(虛), 중(重)과 묘(杳)」는 모두 한쌍의 대립적 언어이다. 여기의 「허」와 「묘」(아득한 모습·어두운 모습·확실하지 않는 모습)는 완전히 같은 의미이다.

「앙(仰)과 부(府), 고(高)와 심(深), 진(進)과 퇴(退), 장(長)과 촉(促)」, 이 모두 마찬가지로 각각 한 쌍의 대립적 언어이다.

이 4구 20자 내의 「지(之)」 4글자는 실질적 의미가 없으나 말을 꾸며주는 「허사(虛詞)」이다. 「즉(則)」은 조건을 나타내는 단어, "~하면 …곧"의 의미이다.

(2) 원문 번역

두부(頭部)를 바르게 유지하고, 상공(上空)으로 흡수되는 느낌으로 허(虛)를 위쪽으로 이끌리도록 하고, 기(氣)는 마음을 아랫배에 안정시킨다. 몸은 한쪽으로 치우치지 않고 항상 중정(中正)을 유지하고, 내부의「경(勁)」은 상대의 예측을 허락하지 않고 나타나거나 사라진다. 자신이 좌측에「중(重)」을 느끼면 즉시 좌측을「허(虛)」로, 우측에「중(重)」을 느끼면 즉시 우측을「묘(杳)」로 한다. 상대가 고개를 위를 향하면 자신은 즉시 점점 높아지고, 상대가 고개를 아래로 숙이면 자신은 즉시 점점 깊어진다. 상대가 나아가면 자신은 즉시 더욱 더 멀어지고, 상대가 물러나면 자신은 즉시 최촉(催促: 다그침)한다. 자신의 신체에는 작은 새 깃털 하나 얹히는 것도, 파리 한 마리 앉는 것도 벌레 한 마리 머무는 것도 허락하지 않는다. 즉 만일 놓이고 내려 앉고 머무르면 스스로가 즉시 감지하여 즉시 상응한 반응을 할 수 있도록 해야 한다. 상대가 나를 알지 못하게 하고, 나만이 상대를 잘 알도록 한다. 영웅이 가는 곳이 무적(無敵)인 것을 생각하면 확실히 이러한 곳에서 그 수준(水準)에 도달한 것이다.

3) 제3단락의 이해

斯技旁門甚多, 雖勢有區別, 蓋不外壯欺弱, 慢讓快耳! 有力打無力, 手慢讓手快, 是皆先天自然之能, 非關學力而有爲也! 察「四兩撥千斤」之句, 顯非力勝; 觀耄耋能禦衆之形, 快何能爲!?

(사기방문심다, 수세유구별, 개불외장기약, 만양쾌이! 유력타무력, 수만양수쾌, 시개선천자연지능, 비관학력이유위야! 찰「사량발천근」지구, 현비력승; 관모질능어중지형, 쾌하능위!?)

(1) 자구 해석

「사기(斯技)」는「이 기술」로 읽지만, 이 경우는 태극권이 아니라 권법 일반을 가리킨다.

「방문(旁門)」은 원래 정문 옆에 있는 '작은 곁문·통용구·뒷구멍'의 의미였지만, 후에 이 의미에서 바뀌어 '바르지 못한 것·성실하지 못한 상태'의 의미로 사용하였으며, 중국어에서 「방문좌도(旁門左道)」는 '이단·사도'의 의미이다. 그러나 여기서는 전혀 비판적인 색채가 없고 그저 권법에는 다양한 유파가 있다는 의미이다.

「이(耳)」는 여기에서는 「허사」이며, '그것 만·그것 만의 그 정도'라는 의미이다. 「사량(四兩)·천근(千斤)」의 「량·근」은 중국에서 옛날부터 사용되어 온 중량단위이다. 지금도 이 명칭이 사용되고 있지만, 그 표시되고 있는 실제 중량은 옛날보다 조금 많다. 지금의 1량은 50그램, 1근은 10량으로 500그램이다. 옛날의 1근은 환산하면 대략 지금의 460그램이다. 그리고 1근이 16량으로 나누어져 있었다. 그러므로 「반근팔량(半斤八兩)」이라는 성어는 두 가지가 비슷하여, 그저 차별이 없다. 때로는 '모두 비슷한 사람'이라는 의미를 나타내고 있지만 지금의 젊은 사람들에게는 조금 알기 어렵다. 물론 여기의 「사량(四兩)」도 「천근(千斤)」도 그저 힘의 차가 비교가 되지 않을 정도로 크다는 것을 나타내는 수식어이며, 반드시 1대 4000이라는 구체적 비례는 아니다.

「모(耄)·질(耋)」의 「모」는 70~80세의, 「질」은 80~90세의 사람을 가리키지만, 여기서는 그저 고령노인의 수식어로서 사용되며, 반드시 구체적 연령을 나타내는 단어는 아니다.

(2) 원문 번역

권법에는 다양한 유파가 많다. 각 유파에서 실시하고 있는 수련자세도 다양하고 여러 가지 구별이 있어도 총괄해 보면, 대개 강인한 자가 연약한 자를 이기고, 동작이 느린 자가 동작이 빠른 자에게 패한다. 그러나 힘이 있는 자가 힘이 없는 자를 타파하고, 동작이 느린 자가 공격이 빠른 자에게 패하는 것은 모두 몸이 본래 가지고 있는 힘이 초래한 결과이며, 학습의 축적과는 상관이 없다. 생각컨대 태극권 수련에서 자주 듣는 "사량의 힘으로 천근의 힘을 물리친다"는 구가 의미하는 것은 분명히 힘으로 이기는 상황이 아니다. 80세·90세의 노인이 여러 명을 상대하여 정말 부드럽게 싸우고 있는 광경을 바라볼 때 단지 동작의 빠름에 의지한다면 여기서 무엇을 이야기할 수 있겠는가?

4) 제4단락의 이해

立如平準, 活似車輪。偏沈則隨, 雙重則滯。每見數年純功, 不能運化者, 率皆自爲人制, 雙重之病未悟耳!

(입여평준, 활사차륜。편침즉수, 쌍중즉체。매견수년순공, 불능운화자, 솔개자위인제, 쌍중지병미오이!)

(1) 자구 해석

「평준(平準)」은 여기에서 저울(천칭: 天秤)의 의미이다. 즉 평평하고 정확하여 좌우의 차에 매우 기민하게 반응할 수 있는 상태이다.

「편침즉수(偏沈則隨)」의「편(偏)」은 다음 쌍과 반대로 그저「일방(一方)」의 의미이며,「침(沈: 沈)」은 '무거워진다·무겁게 한다'의 의미이고,「즉(則)」은「卽」과 같다.「수(隨)」는 '따라가다·뒤따르다'의 의미이다.

「쌍중즉체(雙重則滯)」의「쌍(雙)」은 양쪽의 의미이며,「중(重)」은「침(沈)」과 같은 의미이다.「체(滯)」는 '잘 흐르지 못하다·정체·잘 안된다·막히다'는 의미이다. 이 문제에 대해서는 유명한 양징보(楊澄甫)의「태극경중부침해(太極輕重浮沉解)」라는 문장을 참조한 것이다.

(2) 원문 번역

자신의 신체 자세는 언제나 저울과 같이 즉 평평하고 정확하여 좌우의 차에 민감하게 반응할 수 있는 상태가 되어야 한다. 신체동작은 항상 차륜과 같이 즉 활발·기민·원활하게 돌아가게 해야 한다. 한쪽이 무거워지면 물질이 움직이고 따라서 수행할 수 있다. 만일 양쪽 모두 무거워지면 정체, 흐르지 못하는 것은 당연하다. 종종 이러한 사람을 본다. 즉 여러 해 성실하게 태극권을 수련했음에도 불구하고 아직 구체적 상황에 따라 임기응변으로 활용하여 자유롭게 조종하지 못하고 있다. 그러한 사람은 일반적으로 말하면, 모두 스스로 상대에게 제압되어 있기 때문이다. 즉「쌍중(雙重)」이라는「고질(痼疾)」에 대한 인식이 아직까지 확실하지 않기 때문이다.

5) 제5단락의 이해

欲避此病, 須知陰陽., 黏卽是走, 走卽是黏., 陰不離陽, 陽不離陰., 陰陽相濟, 方爲懂勁。懂勁後愈練愈精, 默識揣摩, 漸至從心所欲。
(욕피차병, 수지음양., 점즉시주, 주즉시점., 음불리양, 양불리음., 음양상제, 방위동경。동경후유련유정, 묵식취마, 점지종심소욕。)

(1) 자구 해석
「묵식취마(默識揣摩)」는 묵묵히 인식하고 추량하여 생각하면서 공부한다.
「종심소욕(從心所欲)」은 마음먹은 대로 자유자재로 활용하도록 한다.

(2) 원문 번역
이「쌍중(雙重)」이라는「고질(痼疾: 병폐)」을 피하고 싶다면, 또 이「고질」을 치료하고 싶다면 음양을 알아야 한다.「점(黏)」은 즉 주(走)이고,「주(走)」는 즉 점(黏)이다. 음(陰)이 양(陽)과 함께 하고, 양(陽)도 음(陰)과 함께 한다. 음과 양이 서로 돕고 음·양 양자가 서로 어울려서 작용하게 되면, 비로소「동경懂勁」이 된다.「동경」후, 수련을 쌓아가면 기(技)가 더욱 더 완벽해지고 정실해지고, 이리하여 항상 묵묵히 인식하고 추량전색(推量詮索: 미루어 짐작하고 평론하여 찾아냄)하며 공부해가면 점점 동작이 마음 먹은 대로 자연스럽게 완성된다.

6) 제6단락의 이해

本是「捨己從人」, 多誤「捨近求遠」。所謂「差之毫釐, 謬之千里」, 學者不可不詳辨焉! 是爲論。

(본시「사기종인」, 다오「사근구원」。소위「차지호리, 류지천리」, 학자불가불상변언! 시위론。)

(1) 자구 해석

「본시(本是)」는 '원래의' 뜻이다.

「사기종인(捨己從人)」은 자신을 버리고 자신을 잊고 상대를 따른다. 이 단어도 태극권의 술어이다. 글자적인 의미는 아니다.「추수(推手: 대련방법) 부분을 참조하라」

"사근구원(捨近求遠)은 '가까운 것을 버리고 먼 것을 취한다. 답답한 짓을 한다'는 뜻이다.

「차지호리(差之豪釐)」의「차」는 여기에서 차별의 의미가 아니다. 'cha의 제4성'으로 읽으면 틀린다. '잘못하다'의 의미이다.「지(之)」는 이 경우 다만 앞의 동사와 그 목적어를 엮는 문법상의 역할을 하고 있는「개사」이며, 독자적인 의미는 없다.「호리」는 옛날 도량형(길이·용적·무게)의 '호와 리'에 사용된 매우 작은 단위이다. 옛날에는 소수점 이하의 크기를「분, 리, 호, 사, 홀, 미」의 순서로 불렀기 때문에「분」은 1/10,「리」는 1/100,「호」는 1/1000이 된다. 그러니 여기서는 '매우 작은·아주 작다'는 의미로 구체적 숫자가 아니다.「차지호리(差之豪釐), 류지천리(謬之天里)」는 "처음 작은 실수를 방치하면 머지않아 엄청난 오류로 발전한다"는 의미이다.

「류(謬)」는 '잘못·잘못하는 것'이다. 이 성어를「실지호리(失之豪釐), 류이지천리(謬以之千里)」라고도 적는다. 의미는 완전히 같다.

(2) 원문 번역

사기종인(捨己從人), 원래 이것은 이른바 "자기를 버리고 사람을 따른다"는 것임에도 대부분의 사람들이 잘못 이해하여, 이를테면 "가까운 것을 버리고 먼 것을 찾는다"이다. 이것이 속담에서 말하는 "호리의 차에서 천리의 오류를 낳는다"는 것이다. 이 때문에 배우는 자는 자세하게 변별해야 한다. 이것으로 논한다.

　이 마지막 단락은 전편을 총괄하면서 태극권의 권법으로서 근본정신을 상당히 요점으로 파악한 4 글자-「사기종인(捨己從人)」으로 총괄하고 있다. ('제5부 태극권 추수의 이론과 실천'부분을 참조)

7) 전문의 해설

　태극(太極)은 무극(無極)에서 생기며, 그 자신이 동(動)과 정(靜)의 징조이다. 또한 음(陰)과 양(陽)을 잉태하고 있다. 동(動)이라는 상태이든 아니든 동시에 「분(分)」의 상태가 되고, 정(靜)의 상태이든 아니든 즉시 「합(合)」의 상태가 된다. 수련(투로: 싸움)할 때는 의식과 동작의 차례를 멋지게 장악(掌握)하여 상대가 굴복하면 자신이 성장하고, 상대가 성장하면 자신도 가담하여 굴복되어서 지나침도 부족함도 없도록 한다. 즉 상대에게 저항을 느끼지 않게 함과 동시에 상대로부터 거리가 떨어지지 않도록 한다.

　상대가 「강(剛)」하면 자신이 「유(柔)」의 태세를 취하는 것을 「주(走)」라 하고, 자신이 순조롭게 자유자재로운 주체적 태세이며, 상대가 순조롭지 못하여 장애가 있고, 수동적 태세라면 자신이 「점(黏)」의 태세가 된다. 상대의 움직임이 급하면 급하게 대응하고, 상대의 동작이 느슨하면 자신도 느슨한 동작으로 수행한다. 동작의 변화는 만가지라도 오로지 이 도리로 시종일관해야 한다. 하나하나의 투로(套路)동작을 숙지하고 숙련한 후에 점점 「경(勁)」의 본질을 깨닫게 되고, 「경」을 깨닫고 자유롭게 활용할 수 있게 된 후부터 한 단계 한 단계 기예가 신묘(神妙)·비범(非凡)의 경지로 들어간다. 그러나 이것은 쉽지 않으며 오랜 세월의 노력을 쌓지 않으면 마음이 갑자기 개통(開通)하는 것은 불가능하다.

　"두부(頭部)를 바르게 유지하고 상공(上空)으로 흡수되는 느낌으로 허(虛)를 위쪽으로 이끌리도록 하고, 기(氣)는 마음을 아랫배에 안정시킨다. 몸은 한쪽으로 치우치지 않고 항상 중정(中正)을 유지하고, 내부의 「경(勁)」은 상대의 예측을 허락하지 않고 나타나거나 사라진다. 자신이 좌측에「중(重)」을 느끼면 즉시 좌측을「허(虛)」로, 우측에「중(重)」을 느끼면 즉시 우측을「묘(杳)」로 한다. 상대가 고개를 위로 향하면 자신은 즉시 점점 높아지고, 상대가 고개를 아래로 숙이면 자신은 즉시 점점 깊어진다. 상대가 나아가면 자신은 즉시 더욱 더 멀어지고, 상대가 물러나면 자신은 즉시 재촉한다. 자신의 신체에는 작은 새 깃털 하나 놓이는 것도, 파리 한 마리 앉는 것도, 벌레 한 마리 머물게 하지 않는다. 즉 만일 놓이고 내려 앉고 머무르면 스스로가 즉시 감지하여 즉시 상응한 반응을 할 수 있도록 해야 한다. 상대가 나를 알지 못하게 하고 나만이 상대를 잘 알도록 한다. 영웅이 가는 곳은 무적(無敵)인 것은, 생각하면 바로 이러한 곳에서 그 수준(단계)에 도달하게 된다.

권법에는 다양한 유파가 많다. 각 유파에서 실시하고 있는 수련자세도 다양하고 여러 가지 구별이 있어도 총괄하여 보면, 대략 강인한 자가 연약한 자를 이기고, 동작이 느린 자가 동작이 빠른 자에게 패한다. 그러나 힘이 있는 자가 힘이 없는 자를 타파하고, 동작이 느린 자가 공격이 빠른 자에게 패하는 것은 모두 몸이 본래 가지고 있는 힘이 초래한 결과이며, 학습의 축적과는 상관이 없다. 생각컨대 태극권 수련에서 자주 듣는 "사량(四兩)의 힘으로 친근(千斤)의 힘을 물리친다"는 구(句)가 의미하는 것은 분명히 힘으로 이기는 상황이 아니다. 80세・90세의 노인이 여러 명을 상대하여 정말 부드럽게 싸우고 있는 광경을 바라볼 때 단지 동작의 빠름에 의지한다면 여기서 무엇을 말할 수 있는가?

자신의 신체자세는 언제나 천칭저울과 같이 즉 평평하고 정확하여 좌우의 차에 민감하게 반응할 수 있는 상태가 되어야 한다. 신체동작은 항상 차륜(車輪)과 같이, 즉 활발・기민・원활하게 돌아가게 해야 한다. 한쪽이 무거워지면 물질이 움직이고 따라서 수행할 수 있다. 만일 양쪽 모두 무거워지면 정체되어 흐르지 못하는 것은 당연하다. 종종 이런 사람을 본다. 즉 여러 해 성실하게 태극권을 수련했음에도 불구하고 아직 구체적 상황에 따라 임기응변으로 활용하여 자유롭게 조종하지 못하고 있다. 그러한 사람은 일반적으로 말하면 모두 스스로 상대에게 제압되어 있기 때문이다. 즉「쌍중(雙重)」이라는「고질(痼疾)・

병폐(病弊)」에 대한 인식이 아직까지 확실하지 않기 때문이다.

이 「쌍중(雙重)」이라는 「고질(痼疾)・병폐(病弊)」를 피하고 싶다면, 또 이 「고질・병폐」를 치료하고 싶다면 음양을 알야야 한다. 점(黏)은 즉 주(走)이며, 주(走)는 즉 점(黏)이다. 음(陰)이 양과 함께 하고, 양(陽)도 음과 함께 한다. 음과 양이 서로 돕고 음양(陰陽) 양자가 서로 어울려서 작용하게 되면 비로소 「동경(憧勁)」이 된다.

「동경」이 된 후, 수련을 쌓아가면 기(氣)가 더욱 더 완벽해지고 정실해진다. 이리하여 항상 묵묵히 인식하고 추량전색(推量詮索)하여 공부해 가면 점점 동작이 마음먹은 대로 자연스럽게 완성된다.

원래 사기종인(捨己從人)은 이른바 "자기를 버리고 상대를 따른다"는 것임에도 대부분의 사람들이 잘못 이해하여 이를테면 "가까운 것을 버리고 먼 것을 찾는다"고 한다. 이것이 속담에서 말하는 "호리의 차에서 천리의 오류를 낳는다"는 것이다. 때문에 배우는 자는 자세하게 변별해야 한다. 이것으로 논(論)한다.

5. 왕종악의 『태극권석명』

1) 『태극권석명』의 원문

太極拳, 一名『長拳』, 又名『十三勢』。

長拳者, 如長江大海, 滔滔不絶也。十三勢者, 分掤, 攦, 擠, 按, 採, 挒, 肘, 靠, 進, 退, 顧, 盼, 定也。

掤, 攦, 擠, 按, 卽坎, 離, 震, 兌。四正方也; 採, 挒, 肘, 靠, 卽乾, 坤, 艮, 巽。四斜角也。此八卦也。進步, 退步, 左顧, 右盼, 中定, 卽金, 木, 水, 火, 土也。此五行也。合而言之, 曰『十三勢』。

태극권, 일명 『장권』, 우명 『십삼세』。

장권자, 여장강대해, 도도불절야. 십삼세자, 붕, 리, 제, 안, 채, 렬, 주, 고, 진, 퇴, 고, 반, 정야。

붕, 리, 제, 안, 즉감, 리, 진, 태。사정방야。채, 렬, 주, 고, 즉건, 곤, 간, 손。사사각야。차팔괘야。진보, 퇴보, 좌고, 우반, 중정, 즉금, 목, 수, 화, 토야。차오행야。합이언지, 왈 『십삼세』。

2) 원문의 해설적 번역

"태극권은 일명(一名) 『장권(長拳)』 또는 『13세(十三勢)』라고도 한다.

장권(長拳)이라는 이름은 이 권법 동작이 흐르는 대하(大河)와 바다와 같이 도도히 끊임없는 모습에 나왔다. 13세는 이 권법의 세가 전체적으로 붕·리·제·안·채·렬·주·고·진·퇴·고·반·정으로 나누어져 있기 때문이다.

붕·리·제·안은 즉 감·리·진·태이며, 이것은 4개(북·남·동·서)의 정방향이며, 채·렬·주·고는 즉 건·곤·간·손이며, 이것은 4개(서북·서남·동북·동남)의 경사방위이다. 이것은 8괘이다. 진보·퇴보·좌고·우반·중정은 즉 금·목·수·화·토이다. 이것은 5행이다. 합쳐서 『13세』라 한다"

3) 『태극권석명』의 고찰

(1) 석명에 대한 해설

석명(釋名)이라는 이 두 문자로 경론을 해석할 때 먼저 그 '제목을 풀어서(釋名)' 밝히는 것이다.

여기에서 왕종악이 자신이 왜 『장권』·『13세』를 「태극권(太極拳)」으로 이름을 붙였는가? '또한 『태극권론(太極拳論)』을 저술하다'에 대하여 해명하고 있다. 즉 그가 자신이 말하는 「태극권」은 자신이 발견한 뭔가 새로운 권법이 아니라, 원래 『13세』와 『장권』의 원리원칙이 모두 8괘·5행의 이론에 합치한다는 것을 자신이 발견하여, 그것을 보다 근원적인 철리가 높은 「태극」이라는 고도한 개념에서 종합하여 개괄하였을 뿐이라고 설명하고 있다.

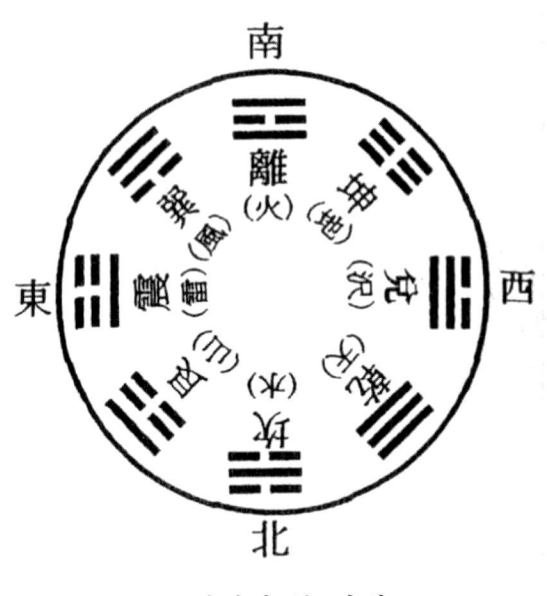

중심에서 본 팔괘

앞에서 언급하였듯이 8괘도 5행도 모두 태극음양 철리에 귀결한다. 중국 고대철학사상, 역(易)·음양(陰陽)·8괘(卦)·5행(行)의 개념이 중국의학과 군사학 영역에서 널리 응용되고 있다는 것은 알려져 있지만, 사실은 사회생활 외의 영역에서도 내가권(內家拳: 형의권·8괘권·태극권)에서도 널리 응용되고 있다. 특히 태극권은 그 기본이론부터 세세한 동작까지 이 사상으로 일관되어 있다고 할 수 있다.

(2) 이해의 각 단계

태극권의 모든 투로(套路)가 일부 세(勢)로부터 각세(各勢)가 또한 몇 가지 동작으로 성립된다. 각 동작에는 각각의 의미, 일정한 목적성이 있다. 이전 사람이 태극권의 모든 동작을 그 성질과 목적성에 따라서 개괄하여 13종류로 나누고, 그리고 이 기본적·종합적인 것을 한자(漢字)의 간소화를 활용하여 겨우

13문자로 표시하였다. 이로써 태극권이 『13세(勢)』로 불리게 되었다.

우리의 경험에 따르면 최초부터 『13세(勢)』의 의미 내포를 전부 상세하게 들더라도 이해할 수 없다. 여기서도 수련자가 반드시 통과해야 하는 몇 가지 단계가 있다.

이것을 예로 들면 우리가 『수(數)』에 대한 인식과 같이 처음은 자연수만이 『수(數)』라고 생각하고 의심하지 않았지만, 서서히 자연수·유리수·무리수·실수·허수… 등의 개념도 알게 된 것이다. 그렇다고 해서 최초의 인식이 틀렸다고는 간단하게 말할 수 없다. 자신이 서있는 전망대의 높이를 높여가면 시야도 넓어지는 것이다.

① 최초에는 대략 『13세(勢)』를 구체적인 「수(手)·기법(技法)」으로서 파악한다. 즉 8가지 팔(腕) 사용법(앞의 8글자)과 5가지의 발(足) 움직이는 법(뒤의 5글자)의 조합으로 이해한다. 이러한 이해에서 13글자(특히 앞의 8글자)에 대하여 여러가지 해석이 발표되었다.

이를테면 「붕(掤)」은 손바닥을 아래로 또는 안쪽으로 하여 손등 또는 상완부로 상대의 몸을 치고, 힘을 위쪽으로 흘려버리는 방법(치기·되받아치기)이다. 「리(攦)」는 손바닥을 마주보고 상대의 힘을 끌어들이는 방법(끌어내리다·끌어들이다)이다. 「제(擠)」는 손바닥을 안쪽으로 하여 손등, 또는 상완부로 치는 방법(밀어내기·밀쳐내기)이다. 「채(採)」는 상대의 팔, 손목을 움켜잡는 방법 등이다.

② 각 세를 너무 구체화하지 않고, 조금 수정설명할 여지를 둔다.
㉠ 「붕(掤)」은 주로 한쪽 손, 또는 양손으로 '앞으로·위로·밖으로 민다'.
㉡ 「리(攦)」는 양손 또는 한 손으로 상대의 힘을 '옆으로 흘리게 한다'.
㉢ 「제(擠)」는 양손이 「T자형」으로 '앞으로·밑으로 누른다'.
㉣ 「안(按)」은 손바닥으로 '앞으로·밑으로 누른다'.
㉤ 「채(採)」는 손바닥으로 '비스듬하게 밑으로 끌어들인다·움켜쥐다'.
㉥ 「진(進)」은 '앞으로 나아간다'.

ⓢ 「퇴(退)」는 '뒤로 물러난다'.
ⓞ 「고(顧)」는 '좌측으로 움직인다'.
ⓩ 「반(盼)」은 '우측으로 움직인다'.
ⓩ 「정(定)」은 '중심에 있으면서 그것을 지킨다'

등과 같이 되지만, 역시 일정한 틀에 박힌 동작으로 파악하고 있다.

(3) 이해의 부족감

위와 같은 이해는 아마 지난 수천년 동안 중국에서 보급되어 온 「추수(推手)의 기본공(基本功)의 연습방법(練習方法)」에서 나왔다. 여기에도 일리가 있겠지만 어딘지 본질이 언급되지 않은 것같아 납득할 수 없는 부분이 많다.

예를 들면 태극권 자체가 『13세(勢)』로 불릴 정도로 태극권의 본질을 나타내고 있는 13세(勢)가 단지 상술과 같은 13가지의 구체적인 틀에 박힌 동작으로 제한한다는 것은 이해할 수 없다. 아무리 임기응변이라고 하나 부족한 감을 느낀다. 이른바 「주신일가(周身一家: 몸이 하나가 되어 움직인다)」는 권법인 태극권의 중요한 원칙이다. 이 원칙에서 생각하더라도 태극권에서는 팔과 다리만이 움직이거나 손과 발이 따로 움직이는 동작은 생각할 수 없다.

상술과 같이 『13세(勢)』를 이해하면 이러한 동작을 각각 다른 일정형의 동작에 대응하기 위한 것으로 파악하게 된다.

즉 예를 들면 상대가 「붕(掤)」을 사용하여 공격하면 자신은 「리(擺)」로 대응하면 된다거나, 상대가 「리(擺)」로 공격하면 자신이 「제(擠)」로 대응한다거나, 상대가 「제(擠)」로 공격하면 자신은 「안(按)」으로 푼다던가라는 자신의 생각이 굳어지면 점점 속박되어 말하자면 방법을 정하므로 자신이 생각에 말려드는 것이 된다. 또한 이것이 『태극권론(太極拳論)』이 말하는 부분의 원칙과도 다르다는 느낌이 든다. 요컨대 납득이 가지 않는 부분의 이해가 남아 있다.

(4) 13 문자(文字)의 이해

위의 문장에서 알 수 있듯이 태극권의 다른 이름인 『13세(勢)』의 13문자는

「붕(掤:pen)・리(攦:lu)・제(擠:ji)・안(按:an)・채(採:cai)・렬(挒:lie)・주(肘:zhou)・고(靠:kao)・진(進:jin)・퇴(退:tui)・고(顧:gu)・반(盼:pan)・정(定:ding)」으로 태극권 투로(套路) 중 「세(勢)」의 구분법이다. 이러한 글자는 모두 태극권의 술어이고, 태극권의 「경(勁)」을 형용하는 조어(助語) 또는 전용어(轉用語: 전이용어)이며, 특히 한정된 의미로서 사용되고 있다.

이것을(특히 앞의 8글자를) 통상용어인 알기 쉬운 단어로 바꾸는 것은 상당히 어렵다. 뒤의 5글자를 왕종악이 해석적으로 「진보(進步)」・「진퇴(進退)」・「좌고(左顧)」・「우반(右盼)」・「중정(中定)」으로 바꾸고 있지만 그 내용을 알 수 없다. 이 13문자를 중국의 수련생들 간에서는 「8문(門)」(또는 기본 8법)과 「5보(步)」로서 알려져 있으며 더불어 「8문 5보」라고도 한다.

8괘(八卦)에는 방향성(方向性)이 있다. 때문에 옛날 전시(戰時)의 병영에 널리 응용되었다(配陣法). 왕종악(王宗岳)이 앞의 8글자를 8괘에 적용하여 8가지 방향을 의미한다고 설명하고 있다. 여기에서 태극권의 추수수련(推手修練) 중의 '4정(四正・推手)'과 '4우(隅)'라는 표현이 생겼다.

5행(五行)에도 방향성이 있다. 게다가 이들의 방향을 일정한 색채로 나타내고 있다. 금・목・수・화・토는 각각 서쪽(백), 동쪽(청), 북쪽(흑), 남쪽(적), 중앙(황)에 해당한다. 지금도 베이징 천안문의 서쪽 중산공원(中山公園)에 천하・대지를 상징하는 「오색토(五色土)」라는 명소가 있다. 이곳은 오색토가 이 원칙에 따라 배치되어 있다.

그러나 여기서 말하는 「방향(方向)」을 단순한 자연 지리적 개념으로서 파악해서는 안된다. 그렇지 않으면, 예를 들면 왜 붕(掤)은 감(坎)으로 북쪽을 의미하고, 리(攦)는 리(離)로 남쪽을 의미하는가 등등은 이해할 수 없고 태극권과도 연결할 수 없다. 양생법(養生法)은 고사하고 호신술에는 일정한 방향성을 가진 동작 등은 생각할 수 없다. 싸울 때는 항상 움직이기 때문이다.

「13세(勢)」는 비유하면 물리와 수학에서 말하는 정리(定理)와 공식(公式)과 같다. 이것은 태극권의 「내경」을 활용하여 호신에 응용하는 기본적・원칙적인 방법이다. 13종류의 「경(勁)」 사용법이다. 숫자는 한정된 것이지만 그 응용의 가능성은 무한하다. 원래 태극권에서 말하는 「경(勁)」은 우리가 일상적으로 사용하는 단어의 「힘」과는 다르다. 후자를 태극권에서는 「졸력(拙力: 쓸데없는 힘)」이라 한다.

유명한 사람들의 말에 따르면 경(勁)이 13종류로 나누어져 있더라도 단독으로 사용되는 일은 매우 적다. 대부분의 경우는 2, 3종류의 경(勁)을 조합해서 사용한다. 그렇기 때문에 「붕(掤)·리(攦)·제(擠)·안(按), 개비사(皆非似: 붕·리·제·안은 어떤 것도 닮지 않았다)라는 표현이 있다. 즉 달인들의 품새를 보면 언제 어떤 동작이 기본8법의 무엇을 사용하고 있는가는 알 수 없다. 이것은 여러 개의 경(勁)을 조합하여 사용하기 때문이다. 게다가 그것이 임기응변적으로 결정한 것이 아니라 단지 몸이 자연스럽게 움직인 결과이다.

※ 8괘·5행·인체

이것을 태극권과 결부시키기 위해서는 또 음양·8괘·5행과 인체의 각 부위와의 대응관계를 알 필요가 있다. 감(坎)·리(離)·진(震)·태(兌)가 각각 인체 경락인 회음(會陰)·조규(祖竅)·내척(來脊)·전중(膻中)에 해당하며, 또한 중국의학에 따르면 인체의 오장(심장·간장·비장·폐장·신장)과 6부(위·쓸개·삼초·대장·소장·방광)이 각각 「음(陰)」과 「양(陽)」에 속하며, 각각 5행의 성질을 가지고 있다.

오행은 또한 「간지(干支)-(10간·12지)」와 서로 관련하여 이것도 모두 인체의 각 부위에 적용된다. 예를 들면 자(子)·묘(卯)·오(午)·유(酉)가 각각 인체의 경락인 명문(命門)·내척(來脊)·조규(祖竅)·전중(膻中)에 해당한다. 5행간에는 상생(相生)·상극(相剋)의 관계가 있다. 12지간에도 서로 맞는가, 서로 충돌하는가의 관계가 있다는 것이다.

왕종악(王宗岳)의 석명(釋名)을 이해하기 위해서는 또한 8괘의 각각이 상징하는 것과 그 성질, 각각을 나타내는 도형(圖形: 음양의 爻를 조합한 것, 卦)을 알 필요가 있다. 예를 들면 「감(坎)」이 상징하는 것은 물(水), 방각(方角)은 북쪽, 도형(圖形)은 상하(上下)가 음효(陰爻), 중앙은 양효(陽爻)의 ☵이다. 「리(離)」

가 상징하는 것은 불(火), 방각(方角)은 남쪽, 도형(圖形)은 상하가 양효(陽爻), 중앙은 음효(陰爻)의 ☲이다. 기타 상세한 내용 등은 「추수의 근본」을 참조하기 바란다.

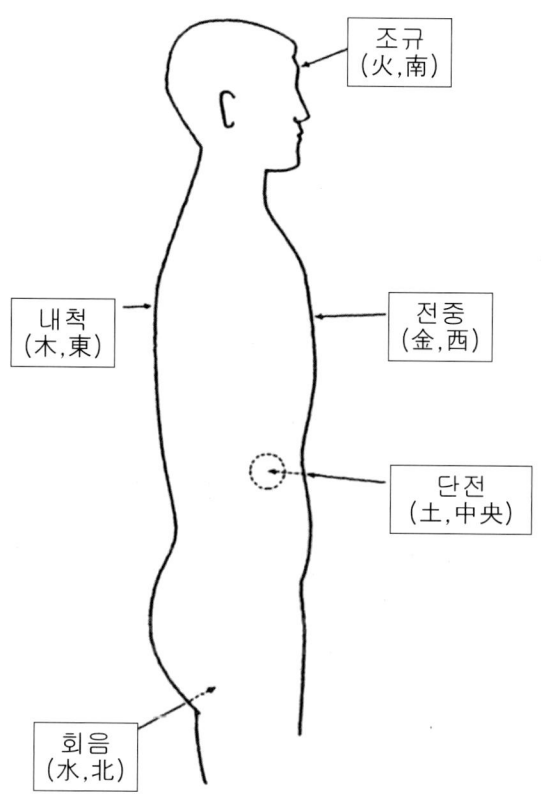

이들은 언뜻 보아 복잡하고 팽대(膨大)한 그물 네트로 생각하게 되면, 특히 초심자가 상당한 어려움 앞에서 뒷걸음칠지도 모른다. 실제는 "귀신은 그려진 만큼 무섭지 않다." 끈기 있는 노력이 필요할 뿐이다.

태극권에서는 매우 내면적 수련(修練)을 중시하고 있다. 오랫동안 수련실천으로 길러진 의념(意念)·염력(念力)·기(氣)의 작용으로 이러한 관계를 교묘하게 조합하여 임기응변으로 활용하는 것이 13세(勢)의 요구이며, 태극권의 최고이상이다.

이른바 "부드러움으로 강함을 극복한다." "넉량의 작은 힘으로 천근의 힘을 이긴다" 등 달인들이 가볍게 상대를 날리는 것은 모두 이러한 신중한 수행으로 점차 그 단계에 이른 결과이다. 그러므로 왕배생(王培生, 1919년 하북 무청현 출생, 오식태극권 수련) 노사가 "태극권을 수련할 때 '두정태극, 회취팔괘, 각답오행(頭頂太極, 懷揣八卦, 脚踏五行: 머리 위에 태극을 이고, 팔괘를 가슴에 숨기고, 발은 오행을 밟는다)'이어야 한다"고 가르치고 있다. 물론, 이것은 의식운용(意識運用)에 관한 이야기로서 외견형태의 문제는 아니다.

일반적으로 수련단계가 높아짐에 따라서 점점 이러한 것의 중요성과 필요성을 느끼게 된다. 수련자가 의념력(意念力)에 의한「내경(內勁)」의 기묘한 효과를 느끼고 싶다면 반드시 이들을 숙지할 필요가 있다. 우리들은 먼저 위와 같은 간단한 이해에 속박되지 않아야 한다. 순서를 따라서 이론공부와 실천을 동시에 진행하는 것이다. 성급은 금물이다. "한 입 먹어서는 살찌지 않는다(一口吃不成胖子: 일구흘불성빈자)"고 중국 속담이 말하듯이 어떠한 수업이라도 한 번에 습득하려는 것은 무리이다.

6. 왕종악의 『13세가』: 일명 『13세행공가』

1) 『13세가(十三勢歌)』의 원문(7언 24구)

十三總勢莫輕視,　命意源頭在腰隙.　（제1행）
變換虛實須留意,　氣遍身軀不稍滯.　（제2행）
靜中觸動動猶靜,　因敵變化示神奇.　（제3행）
勢勢存心揆用意,　得來不覺費功夫.　（제4행）
刻刻留心在腰間,　腹內鬆靜氣騰然.　（제5행）
尾閭中正神貫頂,　滿身輕利頂頭懸.　（제6행）
仔細留心向推求,　屈伸開合聽自由.　（제7행）
入門引路須口授,　功夫無息法自修.　（제8행）

제3부 태극권 경전의 강론   269

若言體用何爲準,　　意氣君來骨肉臣.　　(제9행)
詳推用意終何在?　　益壽延年不老春!　　(제10행)
歌兮歌兮百卌字,　　字字眞切義無遺.　　(제11행)
若不向此推求去,　　枉費功夫貽嘆息.　　(제12행)

　　　십삼총세막경시,　　명의원두재요극.
　　　변환허실수류의,　　기편신구불초체.
　　　정중촉동동유정,　　인적변화시신기.
　　　세세존심규용의,　　득래불각비공부.
　　　각각류심재요간,　　복내송정기등연.
　　　미려중정신관정,　　만신경리정두현.
　　　자세류심향추구,　　굴신개합청자유.
　　　입문인로수구수,　　공부무식법자수.
　　　약언체용하위준,　　의기군래골육신.
　　　상추용의종하재,　　익수연년불로춘.
　　　가혜가혜백십자,　　자자진절의무유.
　　　약불향차추구거,　　왕비공부태탄식.

(원작은 7언시의 형태를 띠고 있다. 7자를 1구로 하면 24구가 된다. 구독점으로 보면 12구이다. 매행 뒤 행수는 필자가 설명하기 위해 붙인 것이다)

2) 대략의 번역문

① 13의 총세(總勢)를 경시하지 말라, 명의(命意)의 원두(源頭)는 허리 틈에 존재한다.

② 변환과 허실에 유의해야 하며, 기(氣)는 신체에 두루 미치게 하여 조금의 지체도 없게 한다.

③ 정(靜) 속에서 동을 촉발시키고, 동(動) 또한 정과 같다. 신기(神奇)를 나타내는 것은 적의 변화에 따른다.

④ 세(勢)의 하나하나 마음에 새기고, 「용의(의념)」를 추량(推量)해야 한다. 시간을 기억하지 않으면 효과는 오지 않는다.

⑤ 시시각각 허리에 마음을 배려하고, 배 속은 느슨하고 움직이지 않음을 유지하고 기(氣)는 가볍게 떠올라야 한다.

⑥ 미려(尾閭)는 중정(中正), 신(神)은 정수리에 일관하고 전신을 경리(輕利)하며, 머리는 정점(頂點)에서 멀어진다.

⑦ 자세(子細)에 마음을 두고 탐구를 행하며, 굴신개합(屈伸開合)은 전적으로 자유롭게 임한다.

⑧ 입문(入門)과 이끄는 길은 모두 입으로 전하고, 연습은 끊지 않고, 방법은 자유롭게 수득(修得)한다.

⑨ 체용(體用)은 무엇이 기준인가? 의(意)와 기(氣)를 군(君)으로, 골육(骨肉)을 신(臣)으로 한다.

⑩ 상세하게 추구하는 목적은 어디에 있는가? 익수연년불노춘(益壽延年不老春)한다!

⑪ 노래하라 노래하라. 140자, 한자한자 질박하여 의(義)를 남김이 없다.

⑫ 만일 이것을 추구하지 않는다면 쓸데없는 시간을 낭비하여 탄식을 남기게 된다.

3) 자구 해석

(1)「총세(總勢)」

전술과 같이 13세(勢)는 옛사람이 태극권의 모든 동작을 그 성질과 몸을 움직이는 원칙과 목적에 따라서 개괄하여 13종류로 나누었다. 기본적 종합적인 것으로서 구체적인 동작을 의미하는 것은 아니다. 그러므로 이것을 「총세(總勢)」라 한다.

① 막(莫): '…하지마라'의 의미이며, 「막측(莫測)」은 '헤아릴 수 없다', 「막수(莫愁)」는 '슬프지 않다'의 의미이다.

② 명의(命意): '생명과 의식', 사람의 육체와 정신의 양쪽을 가리킨다.

③ 원두(源頭): 수원(水源)을 이른다.

④ 요극(腰隙): 여기서는 인체의 제2요추와 제3요추 사이(隙)에 있는 경락 「명문(命門)」이다.

중국의학의 고서에 따르면 명문은 「오장 육부의 본(本), 12경맥의 근(根)」이며, "오장의 음기가 여기서 배양되고, 오장의 양기가 여기 밖에서는 발생하지 않는다." 여기는 「수화(水火)의 부(府), 음양의 집(宅), 정기(精氣)의 바다, 생사의 구멍(竅: 구멍두)」이라 할 정도로 매우 중요시되어 왔다.

(2) 「허실(虛實)」

① 허실(虛實): 앞의 음양(陰陽)·동정(動靜)·강유(剛柔)와 같이 이 두 글자로 대표되는 한쌍의 양면성이다. 일반적으로 말하면 몸의 중심자세를 의미하는 경우가 많을지도 모르지만, 그러나 이것이 반드시 중심(重心)과 관계가 있다고 말할 수 없다. 의식의 이용법을 가리키는 경우도 있다.

② 기편신구(氣遍身軀): 구(軀)는 신체의 근간, 역시 몸이라는 뜻이다. 앞의 기공(氣功)에 대한 기본인식 부분에서 언급하였듯이 마음의 안정을 유지하면서 전신 근육의 긴장을 풀고서 권법수련 동작을 완성해가면 전신의 기가 자연스럽게 정체없이 골고루 미치나 의식적으로 기(氣)를 돌리는 것은 아니다.

(3) 「정중촉동(靜中觸動)」

① 정중촉동(靜中觸動): 이 구(句)는 매우 중요하다. 태극권에 있어서의 동과 정의 관계에 대한 요점을 파악할 수 있는 설명이다. 즉 태극권의 동(動)은 정(靜) 중에서 촉발되는 것, 정(靜)에서 생겨나야 한다. 그리고 동(動)의 상태에 있더라도 정(靜)의 상태가 유지되어야 한다. 즉 몸이 동(動)의 상태에 들어 있어도 동작을 지속하더라도 마음이 동에 얽매이지 않고 안정상태를 유지해야 한다. 태극권의 원칙인 「이정제동(以靜制動)」(정으로서 동을 제압한다)은 상대의 동작을 제어하는 의미뿐만 아니라, 자신의 동작도 정으로 제어해야 한다고 하

는 이중의 의미를 가지고 있다. 촉발하는 주체는 동작에 선행하는 의미이다.

② 신기(神奇): 불가사의하고 신비적인 기능이다. 중국어에서 「신공(神功)」은 매우 뛰어난 공적이며, 「기인(奇人)」은 어느 영역에서 매우 뛰어난 어느 정도 불가사의한 높은 기능수준의 주인공이다. 그 행동에 비유하면 보통사람과 조금 다른 점이 있더라도 전혀 마이너스의 이미지를 부여하지 않는다.

(4) 「존심(存心)」
① 존심(存心): '마음에 담아 정성을 들이고 진지하게'의 의미이다.
② 규용의(揆用意): 「규(揆)」는 '추측・생각한다・탐색한다'의 뜻이다.
③ 용의(用意): 여기서는 '이용한다, 의념(意念)・염력을 사용한다' 의미이며, 사전에 말하는 의미의 「용의(마음을 먹음)」도 아니다.
④ 공부(功夫): '시간・짬(공부와 같은)'을 말하며, 여기서는 '솜씨, 무예인 쿵후'의 의미는 아니다.

(5) 「요간(腰間)」
① 요간(要間): 여기서는 요추(腰椎)이다. 척추 전체로 이해되기도 한다.
② 송정(鬆靜): 송(鬆)은 구애됨 없이 편안한 상태이다. 차를 운전하는 경우의 「핸들 유격」과 같이 중요한 허리 앞에 있는 배를 항상 「유격」을 가지고 있는 듯한 상태로 유지한다. 정(靜)은 안정된 조용한 상태이다(뒤에 나오는 "방송"의 내용 설명을 참조하기 바란다).
③ 등연(騰然): 이것은 물건이 '왕성하게 솟아오르다, 날아오르는 모습을 형용하는' 단어이다. 즉 힘을 주고 기를 억누르거나 가라앉히거나 팽창하는 것이 아니라, 복부를 완화하고 사방팔방으로 팽창한 모양으로 자연스럽게 호흡하면 된다.

(6) 「미려(尾閭)」
① 미려(尾閭): 미골(尾骨)과 저골(骶骨)이며, 합쳐서 '미저골'이라 한다.

② 신관정(神貫頂):「신(神)」은 '정신상태・원기'이다.「정(頂)」은 머리의 정수리이다. 여기에서 주의해야 하는 것은「관(貫)」이라는 글자로 '도달하다'의 의미이며, '관통한다'는 의미가 아니다.

③ 만신경리(滿伸輕利):「만신(滿身)」은 '전신(全身)'이다.「경리(輕利)」는 '가벼워서 민첩'함을 뜻한다.

④「정두현(頂頭縣)」: 머리(의식)가 정수리 위에서 매달려 있는 듯한 느낌이며, 위로 당겨져 있는 것이 아니며, 자신이 머리를 위로 늘리는 것도 아니다.

(7)「굴신개합(屈伸開合)」

① 굴신개합: 동작의 '굽혔다 폈다'의 '굴과 신', '열고 닫다'의 '개와 합' 뿐만 아니라 권법의 모든 동작을 대표하는 표현이다.

② 청자유(聽自由):「청(聽)」은 귀로 듣는다는 의미가 아니라, '맡긴다・명령에 따른다(순응한다)'는 의미이다. 즉 수련을 쌓아간다면 머지않아 동작이 마음・의식이 명하는 대로 자연스럽게 움직인다는 의미이다.

(8)「입문인로(入門引路)」

① 입문인로(入門引路): 입문을 위한 '도(道)의 안내, 바른 도(道)로 이끄는 것'이다.

「입문(入門)」은 두 가지 의미가 있다. 하나는 '문 내로 들어가다, 제자가 되는 것', 또 하나는 '대충 이해하고 초보적인 요령을 익히는 것'이다. 고사성어의 의미에서 스승의 역할은 구전에 의해서 초보적인 지식을 지침으로 소위 '문 안으로 안내하는 것, 바른 도(道)를 가르치고 바른 도(道)로 인도하는 것'이며, 뒤의 수행결과는 모두 개인의 노력여하에 따른다는 의미이다. 그러므로 바른 도로 인도되었다면 뒤에는 스스로가 끈기있게 수련을 계속하여 스스로 그 방법을 찾아가는 것이다.

입문(入門)은 중국의 오래된 고사성어의「사부영진문, 수행재개인(師父領進門, 修行在個人: 스승은 문으로 들어오도록 이끌어주지만, 수행은 본인에게 달렸다)」을 말하고 있다.

② 공부(功夫): 여기의「공부」는 기예(技藝)의 연습이다.

③ 무식(無息): '잠시 쉬다・멈추는 것', 곧 식(息: 휴식)이 없는 것이다.

(9)「체용(體用)」

① 체용(體用): 이것은 중국의 철학술어이며,「체(體)」는 '내장(內藏)하는 원리・근본정신',「용(用)」은 '행동으로 나타내는 것으로 실제에 있어서의 응용의 의미'이다. 20세기 초기의 중국 책에 자주 나타나는 슬로건에「중학위체, 서학위용」(中學爲體, 西學爲用: 중학을 체로 하고, 서학을 용으로 한다)이 있었다. 여기서 말하는「중학」은 중국 전통 학술사상을 가리키며,「서학」은 서양의 학술사상을 가리킨다. 즉 슬로건의 의미는 중국전통의 학술사상 지도하에서 서양학술(주로 서양의 기술)을 실제로 응용하려는 뜻이었다. 이것은 당시「서학」의 추진파가 주장한 이른바「중학(中學)」의 순수성을 지키는 보수세력(반대파)에 대한 변명이었다.

본문의「體」는 일반적으로 '원리원칙, 내면적인 수련'을 가리키며,「用」은 '기예의 수련, 권법의 기술'을 가리킨다.

② 준(準): 여기서는 '기준・기본・가장 중요하다'는 의미이다.

③ 군신(君臣): 군(君)은 '당신・군주'를 뜻하며, 신(臣)은 '신하'이다. 옛사람은「군(君)」은 '주역・가장 중요한 사물',「신(臣)」은 '보좌역・수행하는 것'이라고 생각하였다.「군과 신」이라는 표현이 자주 여러 관계의 비유로 사용되었다. 예를 들면 중국전통의학의 의사들이 약을 처방하는 경우도 자주 이와 같이 비유한다. 이 약을「군(君)」으로, 이 약을 보좌역인「신(臣)」으로 하는 것과 같다.

(10)「종(終)」

① 종(終): '최후의 목적・종극의 목표・종점' 따위이다.

② 불로춘(不老春): '영원히 청춘을 유지하는 것'을 뜻한다.

(11) (12) 「십(卌)」

십(卌): 옛날 글자로 (xi 제4성으로 읽음), '40'이라는 의미이다. 「스물입(卄)」은 (nian의 제4성, '20'의 의미)와 「서른십(卅)」(sa의 제4성, '30'의 의미)는 지금도 사용되고 있지만, 「마흔십(卌)」은 사용하지 않는다. 이 4구(句)는 노래의 본문은 아니다. 여기까지 10행의 글자 수는 정확히 140자가 된다.

최후의 4구(句)의 제1구(句)에 있는 「140자」라는 표현에서도 그 뒤의 3구(句) 내용에서 보더라도 이것이 본문은 아니라는 것이 명백하다. 게다가 옛사람이 특히 내공을 수련하는 권법가가 자화자찬할 이유가 없다. 일반적으로는 이 4구(句)는 후세대의 사람이 부가한 찬미의 말이다.

4) 해설적 번역문

(제1행) 투로(套路)연습의 13종세(十三總勢) 수련은 신중하여야 한다. 사람의 육체도 정신도 그 기원은 허리 춤에 있다(항상 여기에 주의해야 한다).

(제2행) 자세(姿勢)를 변환할 때는 반드시 허실에 주의해야 한다. 기(氣)가 몸의 말초까지 두루 지체되지 않고 미치도록 한다.

(제3행) 동(動)은 정(靜) 속에서 촉발되는 것이며, 움직임이 있더라도 마음은 또한 정(靜)의 상태를 유지해야 한다. 상대의 동작과 변화에 따라서 자신의 신기한(불가사의하다고 생각할 정도) 기술을 보인다.

(제4행) 투로(套路)동작의 하나하나를 염두에 두고 수련하는 것은 당연하지만 이때도 '의(意)를 이용한다·의념(意念)을 사용한다'라는 단어를 자주 탐색하는 것이 중요하다.

(제5행) 시시각각 허리가 바른 상태에 있도록 주의하고 복부가 항상 편안한 안정된 상태가 되어야 한다.

(제6행) 미저골(尾骶骨)을 항상 바르게 한 중앙을 가리키고 있는 상태로 유지하고, 의기(意氣)·주의력(注意力)은 머리끝까지 도달해야 한다. 전신(全身)이 경쾌감·민첩감에 충만케 하고, 머리는 정점에서 드리우도록 해야 한다.

(제7행) 항상 정성껏 연구하여 행해야 한다. 모든 동작이 항상 마음이 명하는 대로 자연스럽게 되도록 수련을 쌓아가야 한다.

(제8행) 「문(門)」 안으로 안내하는 것, 바른 도(道)를 가르치고 바른 도(道)로 이끄는 것은 선생의 구전에 의지해야 하지만, 그 후에는 개인이 끈기있게 수련을 계속하여 스스로 그 방법을 찾아가는 것이다.

(제9행) 그러면 원리원칙인 내면적인 수련과 권법으로서의 기술습득, 기예를 닦는 것 어느 쪽이 가장 중요한가는 의(意)와 기(氣)가 가장 중요하며, 기예를 닦는 것인 솜씨의 응용 등은 다음 차례이다.

(제10행) 상세하게 추량하고 의(意)를 이용한다. 이러한 종극의 목적이 무엇인가는 건강에 유익하게 하여 수명을 늘리고, 청춘의 원기가 오랫동안 유지하기 위해서이다.

(제11, 12행) 마지막의 4구(句)는 해설이 필요 없다. 앞의 번역문을 보면 충분히 이해할 것이다.

이와 같이 이 노래는 주로 수련방법에 대한 이야기이다. 그러므로 또한 『태극권행공가(太極拳行功歌)』라 불린다. 노래의 내용을 집약하면 대략 다음과 같은 10구(句)이다.

즉 (1구) 명의(命意)의 원두(源頭)는 요극(腰隙)에 있고, (2구) 변환(變換)과 허실(虛實)에 유의해야 하며, (3구) 기(氣)는 신구(身軀)를 두루 미치고, 지체되는 곳이 없고, (4구) 정(靜) 속에서 동(動)을 촉발하고, 동 또한 정과 같다. (5구) 용의(用意)를 추량해야 하며, (6구) 시시각각 요간(腰間)에 마음을 배려하고, 복내(腹內)는 송정(鬆靜)을 유지하고, 기(氣)는 등연(騰然)해야 한다. (7구) 미려(尾閭)는 중정(中正), 신(神)은 정(頂)에 일관(一貫)하고, (8구) 전신(全身)을 경리(輕利)하고, 머리는 정점(頂點)에서 드리우고, (9구) 굴신개합(屈伸開合) 모두 자유롭게 맡긴다. (10구) 의(意)와 기(氣)는 군(君)으로, 골육(骨肉)은 신(臣)이 되게 한다.

이것을 다시 다음 2가지 방면으로 집약할 수 있다.

① 내면적으로는 동(動)과 정(靜), 허(虛)와 실(實)의 관계를 명확히 하고, 의(意)와 기(氣)에 주의하는 것이다.

② 외면적으로는 두(頭)와 체(體)의 중정(中正)과 흉복(胸腹)의 송정(鬆靜)을 유지하고, 항상 허리에 주의를 기울이는 것이다.

7. 왕종악의 『타수가』

1) 원작 『타수가(打手歌)』

본서가 원작을 인용하는 경우의 기준은 고전문집인 『태극권보(太極拳譜)』이며, 왕종악(王宗岳)이 남긴 원작으로서 인정하는 것은 앞에 열거한 3개의 문(文)과 이 『타수가(打手歌)』뿐이다. 이것으로 왕종악의 원작을 본서가 전부 인용한 것이 된다.

『타수가(打手歌)』는 왕종악의 추수(推手)이며, 호신술로서의 태극권 응용수련에 관한 이론이다. 「타수(打手: 손으로 타격하는 것)」는 추수(推手)이다. 옛날에는 추수를 타수(打手)·탑수(搭手)·제수(擠手) 등으로 불렀다. 「타(打)·탑(搭)·제(擠)」 등의 글자가 각각 추수(推手) 본질에 맞지 않는 뉘앙스를 가지고 있기 때문에 점점 도태되어 「추수(推手)」라는 표현으로 정착하였다. 최근, 또한 「추(推)」의 글자도 다른 뉘앙스가 있다는 이유로 '비비다·손을 주물러 합치다' 의미의 「유수(揉手)」가 보다 적절하다는 주장도 있지만 대부분의 사람은 역시 추수(推手)라 하고 있다.

『타수가(打手歌)』는 겨우 6구(句) 42자로 구성되어 있지만, 추수(推手)의 경전으로서 중요시되고 있다. 구(句) 끝에 운(韻: 음조)을 단 글자가 있는 단가(短歌) 형식을 갖추고 있어 외우기 쉽고, 중국의 추수(推手) 애호가 사이에서 널리

2) 『타수가(打手歌)』의 원문

掤攦擠按須認眞, 上下相隨人難進。
任他巨力來打我, 牽動四兩撥千斤。
引進落空合卽出, 粘連黏隨不丟頂。
붕리제안수인진, 상하상수인난진.
임타거력래타아, 견동사량발천근.
인진락공합즉출, 점련점수부주정.

3) 대략의 번역문

붕(掤)·리(攦)·제(擠)·안(按)은 반드시 성실하게 하며,
상하 서로 따른다면 상대의 침입(공격)도 어렵다.
비록 상대가 큰 힘으로 나를 공격해 오더라도
4량의 힘으로 움직임을 이끌어 내어 천근의 무게를 물리치는 것이 쉽다.
이끌어들여 공중에 떨어뜨리고 겨루면 즉시 나아가고
점(粘)·연(連)·점(黏)·수(隨)하여 떨어뜨리지도 버티지도 않게 한다.

가요 형식을 갖추고 있어 알기 쉽고 기억하기 쉽다. 추수의 요체인 이 6구(句) 중에서도 마지막 2구(句)가 수련의 핵심이라고 일반적으로 인정되어 추수 입문의 기본공(基本功)으로 간주하고 있다.

이것은 오로지 추수(推手)의 문제이기 때문에 뒤에 나오는 제5부 추수(推手)편에서 상세하게 설명한다.(p. 386 참조)

8. 무우양의 『13세행공요해』

1) 무우양의 저서 고찰

위의 제목인 『13세행공요해(十三勢行功要解)』에서 이하 인용하는 4개의 문장은 무우양(武禹襄)의 문장 전부이다. 이러한 문장은 우리가 보통 이해하고 있는 하나의 주제를 계통적으로 논의하여 스스로가 완결하였으므로 통일된 문장과 많이 다르며, 대부분은 따로 분리되어 1구(一句) 1구로 되어 있다. 그리고 구(句)의 마지막에 「소위(所謂: 이른바)」가 있거나, 혹은 처음에 「해왈(解曰: 풀어 말하길)」이 있다. 문장의 타이틀의 「…要解」·「…解」는 스스로 생각하여, 이러한 문장은 실제 왕종악(王宗岳)의 『태극권론』과 『13세가』에 대한 무우양(武禹襄)의 이해·해석·실천 중의 체득·마음가짐으로써 무우양이 처음부터 문장으로 적은 것이 아니라고 많은 사람이 추론하고 있다.

즉 이것은 무우양이 태극권 수련과정, 왕종악의 이해를 탐구하는 과정 중에서 수시로 스스로 읽었던 책의 위쪽 난외 혹은 아래쪽 난외에 적은 자신의 비평·이해·체득한 것, 혹은 그 장면 장면에서 자신의 생각을 기록한 노트를 후인이 정리하여 엮은 것이라고 많은 사람들이 간주하고 있다. 그러므로 약간의 중복과 한구(一句) 한구가 따로 놀고 있으며, 때로 같은 예를 들면 「기(氣)」·「매보(邁步)」·「왕복(往復)」에 대하여 다른 단어로 설명하더라도 이것을 읽고 이해하는 우리로서는 신기하다.

그러나 이러한 문장이 수련생 사이에서 전사(轉寫)되고 유포(流布)되는 동안에 무우양(武禹襄)의 해석이 태극권의 진수 즉 미묘한 점을 매우 훌륭하게 표현하였으며, 무우양의 이해가 왕종악(王宗岳)의 논문과 태극권 자체에 대하여 매우 정곡을 찌른 견해라는 것이 점점 대중에게 인식되고, 점차 중요시되어 왕종악의 논문과 어깨를 견주게 되었고, 태극권 수련자의 필수과목이 되었다.

이러한 정황에 의하여 중국에서는 이 4개의 문장을 하나로 묶어서 『13세행공심해(十三勢行功心解)』로 제목을 붙여 소개하는 간행본도 있으며, 이중 비교적 정리된 문장으로서 파악하기 쉬운 『태극권해(太極拳解)』만을 발췌(拔取)하여 무우양의 『태극권론(太極拳論)』으로 소개하고 있는 간행본도 있다. 각각의 간행본에 실려 있는 무우양의 문장내용, 자구(字句)에는 「앞에 기술한 다양한 원인으로 발생한」것과 다소의 차(差)는 있으나 기본적으로는 모두 같다.

2) 『13세행공요해』의 원문

(1) 以心行氣, 務沉着, 乃能收斂入骨, 所謂「命意源頭在腰隙」也。
  (이심행기, 무침착, 내능수렴입골, 소위「명의원두재요극」야.)
(2) 意氣須換得靈, 乃有圓活之趣, 所謂「變轉虛實須留意」也。
  (의기수환득령, 내유원활지취, 소위「변전허실수류의」야.)
(3) 立身須中正安舒, 支撐八面, 行氣如九曲珠, 無微不到, 所謂「氣遍身軀不稍滯」也。
  (입신수중정안서, 지탱팔면, 행기여구곡주, 무미불도, 소위「기편신구불초체」야.)
(4) 發勁須沉着鬆靜, 專注一方, 所謂「靜中觸動動猶靜」也。
  (발경수침착송정, 전주일방, 소위「정중촉동동유정」야.)
(5) 往復須有摺疊, 進退須有轉換, 所謂「因敵變化示神奇」也。
  (왕복수유섭첩, 진퇴수유전환, 소위「인적변화시신기」야.)
(6) 曲中求直, 蓄而後發, 所謂「勢勢存心揆用意, 刻刻留心在腰間」也。
  (곡중구직, 축이후발, 소위「세세존심규용의, 각각류심재요간」야.)
(7) 精神能提得起, 則無遲重之虞, 所謂「腹內鬆靜氣騰然」也。
  (정신능제득기, 칙무지중지우, 소위「복내송정기등연」야.)
(8) 虛領頂勁, 氣沉丹田, 不偏不倚, 所謂「尾閭中正神貫頂, 滿身輕利頂頭懸」也。
  (허령정경, 기침단전, 불편불의, 소위「미려중정신관정, 만신경리정두현」야.)
(9) 以氣運身, 務順遂, 乃能便利從心, 所謂「屈伸開合聽自由」也。
  (이기운신, 무순수, 내능편리종심, 소위「굴신개합청자유」야.)

(10) 心爲令, 氣爲旗, 神爲主帥, 腰爲驅使, 所謂「意氣君來骨肉臣」也 。
(심위령, 기위기, 신위주수, 요위구사, 소위「의기군래골육신」야。)

3) 대략의 번역문

(1) 마음으로 기(氣)를 운행시켜 침착(沈着)에 노력하면 마침내 기가 수렴하여 뼈로 들어가는 이른바 "명의(命意)의 원두(源頭)는 요극(腰隙)에 있다"이다.

(2) 의(意)와 기(氣)를 민첩하게 변환한다면 저절로 원만활발한 분위기가 나타나는 이른바 "변환(變換)・허실(虛實)에 유의해야 한다"이다.

(3) 입신(立身)은 모름지기 중정(中正)・안서(安舒)이며, 팔면(八面)을 지탱한다. 기(氣)의 운행은 구곡주(九曲珠)와 같이 미치지 않는 미미함을 없애야 한다. 이른바 "기(氣)는 신구(身軀)에 두루 미치게 하여 조금의 막힘도 없다"이다.

(4) 「발경(發勁)」은 모름지기 침착(沈着)・송정(鬆靜)이어야 하며, 일방적으로 전주(專主)해야 하며, 이른바 "정 속에서 동을 촉발(觸發)하고, 동 또한 정과 같다"이다.

(5) 왕복(往復)은 모름지기 절첩(折疊: 거늡 꺾음)이 있어야 하며, 진퇴는 모름지기 전환이 있어야 하며, 소위 "신기(神奇)를 나타내는 것은 적의 변화에 따라야 한다"이다.

(6) 굽힘 속에 곧음을 찾고, 비축한 후에 발하는 이른바 "세(勢)의 하나하나 마음에 새겨, 시시각각 요간(腰間)에 마음을 배려한다"이다.

(7) 정신을 분발시키면 둔중(鈍重)의 우려가 없는 이른바 "배 속은 송정(鬆靜)을 유지하고 기(氣)는 등연(騰然)해야 한다"이다.

(8) 「정(頂)」의 경(勁)은 「허(虛)」로 인솔하고, 기(氣)는 단전에 모우고, "미려(尾閭)는 편중하지 않고 편중되지 않는 이른바 중정(中正)이고, 신(神)은 정수리로 통하고 전신을 경리(輕利)하며, 머리는 정점에서 드려져야 한다"이다.

(9) 기(氣)로서 몸을 운행시켜 순수하게 노력한다면, 결국 (몸이) 편안하게 마음에 따르는 이른바 "굴신개합(屈伸開合)을 모두 자유롭게 맡긴다"이다.

(10) 심(心)은 명령하고, 기(氣)는 깃발이 되고, 신(神)은 주사(主師)를 행하는 이른바 "의(意)와 기(氣)가 군(君), 골육(骨肉)은 신(臣)이 된다"이다.

4) 『13세행공요해』의 해설

「13세행공(十三勢行功)」은 『13세가(十三勢歌)』의 다른 이름인 『13세행공가(十三勢行功歌)』의 약칭이라는 것은 문장의 내용에서도 분명하다. 『요해(要解)』는 중점의 석명・해석이다. 즉 이 문은 24구(句)로 구성된 『13세가(十三勢歌)』 중의 가장 중요한 실질적인 10구(句)에 대한 무우양(武禹襄)의 해석이다.

해석이라 해도 우리가 보통 사용하고 있는 문자와 술어의 의미해석이 아니라, 무우양이 실제 여기에 쓴 문장은 가장 중요한 10구(句)의 문제에 대해 자신의 이해와 습득의 경험을 우리에게 가르치고 있다. 그러므로 이 경우의 「소위(所謂)」라는 말은 그 전의 구(句)와 그 후의 구(句)를 엮는 역할을 하고 있다.

즉 위의 제1구(句)를 예로 설명하면 다음과 같다. 「명의(命意)의 원두(源頭)는 요극(腰隙)에 있음」을 습득하기 위해서는 어떻게 해야 할까이다. "마음으로 기를 운행시켜 침착하게 노력하면 결국 기(氣)가 수렴하여 뼈에 들어간다"에서 항상 이것을 유의하여 연습하면 된다. 말을 바꾸면 「소위(所謂)」 이전의 부분은 습득방법과 도(道)에 관한 설명이며, 「소위所謂)」 이후의 부분은 목적・성과를 말한다. 이와 같이 위의 문을 읽으면 대개 이해하게 된다.

(1) 제1구(句)를 좀 더 상세하게 살펴보면 이 구(句)는 무우양이 의식(意識)과 기(氣), 기(氣)와 신체(身體)의 관계에 대하여 설명하고 있다. 여기서 말하는 「침착(沈着)」은 주로 마음의 안정(安定)인 안정(安靜)을 말한다.「뼈에 들어간다」는 골수까지 파고드는 것이다. 중국의학의 이론에 따르면 신장(腎臟)이 골수생성과 밀접한 관계를 가지고 있다. 즉 기(氣)의 운행은 마음의식을 가지고 행해지지만 그 때는 반드시 마음이 안정되도록 노력해야 한다. 매우 안정된 정신 상태에서 의식(意識)을 움직이면 기(氣)가 자연스럽고 순조롭게 운행한다.

이러한 수련을 쌓음으로써 기(氣)가 서서히 수렴하여 골수(骨髓)에 파고들고 인체의 근본인 신장(腎臟)을 강화하고 건강에 유익하게 된다. 이 때문에 『13세가(十三勢歌)』의 「요극(腰隙)」은 사람의 육체와 정신의 「원두(源頭)」라고 한다.

 (2) 다음 구는 허실 변환에 대한 설명이다. 즉 허(虛)와 실(實)의 변화본질은 몸의 중심 전후·좌우로의 이동과 힘의 유무라는 구체적인 움직임이라기보다도 오히려 '의(意)와 기(氣)'의 민첩한 변환이다. 이것은 오랫동안 수련을 쌓아가면 사람은 자신체내의 기(氣) 움직임을 느끼게 되고, 그 기(氣)가 의식(意識) 작용에 의해서 자신의 체내에서 자유롭게 움직이고, 몸 전체가 기(氣) 흐름에 따라서 움직이게 되어 모든 동작이 막힘이 없고, 마음·의식이 명하는 대로 자연스럽게 완성된다. 이렇게 되면 의(意)와 기(氣)의 민첩한 교환만으로써 동작에도 스스로 원만활발한 분위기인 풍미·풍정이 나타난다. 즉 마음이 명하는 대로 움직이면 된다. "변환·허실에 유의해야 한다"의 참 뜻은 바로 여기에 있다.

 (3) "기(氣)는 신구(身軀)에 두루 미치게 하여 조금의 막힘도 없다"의 상태가 되기 위해 어떻게 하면 되는가의 문제에 답할 수 있는 것은 제3구(句)이다. 즉 먼저 신체 근본자세를 중정(中正)에서 안서(安舒) 상태로 유지하는 것이 필요하다. 「안서(安舒)」는 '편안한 것·여유를 가지는 것'이다. 신체가 중정(中正), 안서(安舒)라면 사방팔면(四方八面)을 지탱하게 된다. 지탱(支撐)의 「지(支)」도 「탱(撐)」도 '지지하는 것·버티다·지탱하는 것'이다. 즉 자신의 몸자세가 항상 공기(空氣)가 충만한 풍선(風船)과 같이 사방팔방에 대응할 수 있어야 한다. 이 의미에서는 「팔방미인(八方美人: 다능한 사람)」이 된다. 이를 위해서는 먼저 다양한 동작을 할 때 최대한 자신의 몸 후방을 의식하도록 주의한다.

 그리고 기(氣)의 운행(運行)도 도달하지 않는 곳이 없도록 어떠한 작은 곳에도 도달할 수 있는「구곡주(九曲珠)」가 되도록 노력한다.「구곡주」는 '매우 잘 다듬어진 구슬·진주와 같은 것', 현대어로는 어떤 각도에서 보더라도 완전한 원을 이루고 있는 마감공정이 매우 높은 매끈한 구슬이다. 구곡(九曲)은 굴곡이 많은 것이다. 이러한 구슬은 좀처럼 잡기 어렵다. 그 대신 그 자체가 어디라도 굴러서 들어간다. 여기에서 반복하여 강조한 것은 기(氣)를 의식적으로 돌리지 않는 것이다. 수련을 쌓음으로써 기(氣)가 자연스럽게 자신이 마음먹은 대로 움직이게 된다. 그 수준에 도달하면 더 이상 그 기(氣)를 막을 수 없다.

(4) "정(靜) 속에서 동(動)을 촉발하고, 동 또는 정과 같다"의 구(句)를 무우양(武寓襄)이 여기서 오직 호신술의 시점에서 설명하고 있다. 「발경(發勁)」은 권법술어이다. 태극권에서도 사용되고 있다. 즉 경(勁)을 자신의 체외로 내보내는 것이다. 결과적으로는 상대에게 작용하기 때문에 공격적인 동작이 된다. 태극권의 원칙은 유(柔)로서 강(剛)을 제압하는 것이며, 주체적인 공격을 주장하지 않지만 무술인 이상 상대가 공격목적으로 움직이기 시작하면(이것이「촉발(觸發)」의「촉(觸)」이다), 그리고 촉발된 이쪽의 힘(상대 힘의 반작용력)이 자신의 체내에 머무르고 있으면 이쪽도 곤란해지기 때문에 체외로 발산해야 한다. 이것이 태극권이 말하는「발경(發勁)」의 본질이다. 어떻게 하여「발경」하는가의 문제가 아니라,「발경」상태가 되면 자신이 어떻게 하면 되는가가 문제이다. 이것에 대하여 무우양이 "자신이 노력하여 침착(沉着)·송정(鬆靜)하고, 그리고 하나의 방향에만 주의력을 집중하는 것이다. 이것이 정(靜) 속에서 동(動)을 촉발하고, 동 또는 정과 같다"고 답하고 있다.

(5) 그러면 어떻게 "적의 변화에 따라서 (자신의) 신기(神奇)를 나타내기" 위해서는 "왕복(往復)은 모름지기 절첩(折疊: 거듭 꺾음)이 있어야 하며, 진퇴(進退)는 모름지기 전환(轉換)이 있어야 한다"는 무우양의 대답이다.

「왕복(往復)」도「진퇴(進退)」도 신체동작의 총칭으로 이해하면 된다. 팔의 움직임도 발의 움직임도 신체 전체의 움직임도「섭첩(摺疊)」이 있어야 한다. 이 두 문자 모두 '접는다'는 의미이다. 옛날에는 '접이식 책·접이식 부채' 등이 있었는데 그러한 접이식이다.

군사학의 경전『손자병법(孫子兵法)』에는「상산사(常山蛇)」라는 표현이 있다.

「상산사」의 특색은 머리와 꼬리가 서로 대응하여, 공격·방어하는 것이다. 머리를 맞으면 꼬리로 대응하고, 꼬리를 맞으면 머리로 대응하고, 중간을 맞으면 머리꼬리(首尾)가 대응한다. 즉 적이 아무것도 할 수 없도록 하는 전법이다. 이를 위해서는 반드시 허리의 기민한 전환이 동반되어야 함을 강조하고 있다.

(6) "굽힘 속에 곧음을 찾고, 비축한 후에 발하는 이른바「세(勢)의 하나하나 마음에 새기고」,「시시각각 요간(腰間)에 마음을 배려」한다"이다. 왕종악의『태극권론(太極拳論)』에는 "곡(曲)에 수(隨)하고 신(伸)에 가세한다"의 구(句)가 있다. 태극권의 동작은 곡선(曲線)을 그리는 것이 특징이다. 그러나 곡선동작에도 마이너스가 있다. 대상물에 부여하는 힘의 작용에서 보면 직선 쪽이 보다 효과적이다. 그러므로 우리가 자신의 동작, 태극권 하나하나의 세(勢)를 충분히 마음에 새기면서 그 곡선을 형성하고 있는 동작 속에서, 사물이 회선(回旋)하고 있는 물체에 부딪쳐 직선을 이루고 날아가도록 직선을 찾아야 한다.

이 문제의「요점」은 허리에 있기 때문에 항상 허리(의 전환과 접힘)에 주의해야 한다. 먼저 자신의「곡(曲)」으로 외력을 받아들이고, 그 외력의 날끝(切先)을 피한 후, 이 기초 위에서 자신이 바라는 방향으로 힘을 받하는 것이다. 먼저 힘을 비축한 후 발하는 것이다.

(7) "정신을 분발시키면 둔중(鈍重)의 우려가 없는 이른바「배 속은 송정(鬆靜)을 유지하고 기(氣)는 등연(騰然)해야 한다"는 것이다. 잘 생각해 보면 우리가 안정된 상태에서 원기(元氣)를 낼 때, 정신을 분발할 때는 대개 턱을 당기고 머리가 똑 바로 바른 상태가 되고, 배 부분도 느슨하여 사방팔방으로 팽창한 느낌으로 깊은 복식호흡(腹式呼吸)을 한다. 이 때 자신의 신체가 결코 무겁게 지상에 서 있는 느낌이 아니라, 반대로 수시 어떠한 동작으로도 취할 수 있는 상태가 된다. 바로 이러한 상태를『13세가』에서는「복내송정기등연(腹內鬆靜氣騰然)」이라 말한다.

(8) 다음은 『13세가(十三勢歌)』의 "미려(尾閭)는 중정(中正), 신(神)은 정수리를 관통하고 전신(全身)을 경리(輕利)하며, 머리는 정점에서 드리운다"의 설명에서 무우양이 자신의 말로 설명하는 대신에 그저 왕종악의 『태극권론』의 일구(一句)를 인용한 것이다. 즉 이를 위해서는 그저 "정(頂)의 경(勁)은 허(虛)로 인솔(引率)하고, 기(氣)는 단전(丹田)에 가라앉히고 편중하지 않고 편중되지 않게 한다"의 요구를 지키면 된다고 한다. 「만신(滿身)」은 몸이며 전신(全身)을 말한다. 「경리(輕利)」는 가볍고 민첩한 것이다.

(9) "굴신개합(屈伸開合: 굽히고 펴고 열고 닫는 것) 모두 자유롭게 맡긴다"의 구(句)를 무우양이 다음과 같이 설명하고 있다. "기(氣)로서 몸을 운행(運行)시켜 순수하게 노력한다면 결국 (몸이) 편안하게 마음에 따른다."

즉 전술과 같이 「마음으로 기(氣)를 운행시켜」서 기(氣)가 움직이기 시작하면 그 기가 자연스럽게 신체의 움직임을 사지의 동작을 촉진시킨다. 그 때 신체의 움직임이 「순수(順遂)」가 되도록 노력한다. 즉 신체 움직임이 모두 순조롭게 조금의 무리도 없게 힘주지 않고 자연스럽게 움직이도록 노력한다. 이러한 수련을 쌓음으로써 머지않아 마음 움직임 하나로서, 의식(意識)의 움직임 하나로서 신체와 사지가 자연스럽게 상응하여 움직이게 되기 때문에 「자유롭게 맡기면」 된다. 여기의 「굴신개합(屈伸開合)」은 동작의 굽힘과 신장, 열고 담음뿐만 아니라 권법의 모든 동작을 대표하는 표현이다.

(10) "의(意)와 기(氣)가 군(君), 골육(骨肉)은 신(臣)이 된다"고 말하는 것도, 구체적으로 어떻게 수련하면 되는가, 무우양(武禹襄)의 답은 "심(心)은 영(令: 명령)하고, 기(氣)는 깃발(旗)이 되고, 신(神)은 주수(主帥)를 행하고, 허리(腰)는 구사(驅使)를 행하는 것"이라 하였다. 「마음은 영(令)하고」의 「영(令)」은 '명령을 내리는 것'이다. 즉 명령을 내리는 것은 마음·의식이다. 「깃발」은 군기(軍旗), 옛날에는 전쟁터에서 병사가 항상 호령(號令)과 군기(軍旗)의 지시방향으로 움직인다. 즉 기(氣)는 군기(軍旗)의 역할로서 전진방향을 나타낸다. 여기서

「신(神)」은 '정신집중·눈빛·안력'으로서, 눈빛은 주수(主帥: 주된 장수)·주장(主將)의 역할을 하고 있다. 허리가 앞의 3가지 구사(驅使: 자유자재로 다룸)에 따르는 것은 즉 구체적인 움직임을 총괄한다.

9. 무우양의 『태극권해』

1) 태극권해(太極拳解)의 원문

(1) 身雖動, 心貴靜; 氣須斂, 神宜舒。心爲令, 氣爲旗; 神爲主帥, 身爲驅使。刻刻留意, 方有所得。先在心, 後在身。在身, 則不知手之舞之, 足之蹈之, 所謂「一氣呵成」,「捨己從人」,「引進落空」,「四兩撥千斤」也。

(2) 須知 ─ 一動無有不動, 一靜無有不靜。視動猶靜, 視靜猶動。內固精神, 外示安逸。須要從人, 不要由己。從人則活, 由己則滯。尙氣者無力, 養氣者純剛。

(3) 彼不動, 己不動; 彼微動, 己先動。以己依人, 務要知己, 乃能隨轉隨接; 以己黏人, 必須知人, 乃能不後不先。

(4) 精神能提得起, 則無遲重之虞; 黏依能跟得靈, 方見落空之妙。往復須分陰陽, 進退須有轉合。機由己發, 力從人借。發勁須上下相隨, 乃能一往無敵; 立身須中正不偏, 方能八面支撑。靜如山岳。動若江河。邁步如臨淵, 運勁如抽絲。蓄勁如張弓, 發勁如放箭。

(5) 行氣如九曲珠, 無微不到; 運勁如百煉鋼, 何堅不摧? 形如搏兎之鶻, 神似捕鼠之貓。曲中求直, 蓄而後發。收卽是放, 連而不斷。極柔軟, 然後能極堅剛; 能黏依, 然後能靈活。氣以直養而無害, 勁以曲蓄而有餘。漸至物來順應, 是亦知止能得矣!

(1) 신수동, 심귀정; 기수렴, 신의서。심위령, 기위기; 신위주수, 신위구사。각각류의, 방유소득。선재심, 후재신。재신, 즉불지수지무지, 족지도지, 소위「일

기가성」, 「사기종인」, 「인진락공」, 「사량발천근」야.

(2) 수지 ― 일동무유부동, 일정무유부정. 시동유정, 시정유동. 내고정신, 외시안일. 수요종인, 불요유기. 종인즉활, 유기즉체. 상기자무력, 양기자순강.

(3) 피부동, 기부동; 피미동, 기선동. 이기의인, 무요지기, 내능수전수접; 이기점인, 필수지인, 내능불후불선.

(4) 정신능제득기, 즉무지중지로; 점의능근득령, 방견락공지묘. 왕복수분음양, 진퇴수유전합. 기유기발, 역종인차. 발경수상하상수, 내능일왕무적, 입신수중정불편, 방능팔면지탱. 정여산악. 동약강하. 매보여림연, 운경여추사. 축경여장궁, 발경여방전.

(5) 행기여구곡주, 무미부도; 운경여백련강, 하견불최? 형여박토지골, 신사포서지묘. 곡중구직, 축이후발. 수즉시방, 연이부단. 극유연, 연후능극견강; 능점의, 연후능령활. 기이직양이무해, 경이곡축이유여. 점지물래순응, 시역지지능득의!

2) 대략의 번역문

(1) "몸이 움직이더라도 마음은 정(靜)을 위주로 한다. 기(氣)는 수렴해야 하며 신(神)은 구애됨이 없다. 마음은 명령을 내리는 기(氣: 旗)이며, 신(神)은 주수(主帥: 군을 통솔하는 주장수)이며 신(身)을 구사한다. 시시각각 마음에 멈추고 처음으로 무언가를 얻는다. 먼저 마음에 있고 그 후 몸에 있다. 몸에 있을 때는 무의식중에 손이 춤추고 발이 춤춘다. 이른바 '일기가성(一氣呵成: 일을 단숨에 몰아쳐 이룬다)', '사기종인(捨己從人: 자기를 버리고 사람을 따른다)', '인진락공(引進落空: 이끌어 넣어 하늘에 떨어지게 한다)', '사량발천근(四兩撥千斤: 사량: 넉량으로 천근을 물리친다)'는 것이다.

(2) 알아야 하는 것은 동(動)이 되면 동이 되고, 정(靜)이 되면 정이 된다. 동을 또한 정으로 보고, 정을 또한 동으로 보고, 안(內)은 정신을 가다듬고, 밖(外)은 안일(安逸)을 나타낸다. 모름지기 상대를 따르고 자기에게 마음대로 맡기지 않는다. 상대를 따르면 기전(機轉)이 잘 되고 자기 마음 대로 하면 막힌

다. 기(氣)를 유의하는 자는 힘없고 기를 기르는 자는 순강(純剛)이다.

(3) 상대가 움직이지 않으면 나도 움직이지 않고, 상대가 미동(微動)하면 내가 먼저 움직인다. 자신을 가지고 타인에게 의지하기 때문에 모름지기 자기를 알아야 한다. 그리하여 비로소 회전과 동시에 상대를 응대할 수 있다. 자신을 가지고 타인을 점(黏: 붙임)하기 때문에 모름지기 타인을 알아야 하며, 그리하여 비로소 뒤쳐지지 않고 먼저 나아가지도 않는다.

(4) 정신을 분발시키면 둔중(鈍重)의 우려도 없고, 의지를 점(黏: 달라붙음)하는 것도 민첩하게 한다면 비로소 하늘에서 떨어지게 하는 묘(妙)를 얻을 수 있다. 왕복(往復)은 모름지기 음양으로 나누어야 하며, 진퇴는 모름지기 전합(轉合)이 있어야 한다. 기(機)는 나에게 발하고, 힘(力)은 타인으로부터 빌린다. 발경(發勁)은 모름지기 상하 서로 따라야 하며, 그리하여 비로소 가는 곳마다 적(敵)이 없다. 입신(立身)은 모름지기 중정(中正)·불편(不偏)이며, 그리하여 비로소 팔면(八面)을 지탱할 수 있다. 정(靜)은 산악(山岳)과 같고, 동(動)은 강과 하천과 같다. 걸음을 옮기는 것은 수렁(淵) 속으로 가는 것과 같고, 경(勁)의 옮김은 실을 당기는 것과 같다. 경(勁)을 축적하는 것은 활을 당기는 것과 같고, 경을 발하는 것은 화살을 쏘는 것과 같다.

태극권은 힘을 쓰지 않고 경을 쓴다고 하는데, 이 경(勁)이란 의지와 기(氣)와 온몸의 조화에서 생겨나는 근육에 스며있는 탄력을 말한다.

(5) 기(氣)의 운행은 구곡주(九曲珠)와 같으며, 미치지 못할 곳을 없애야 한다. 경(勁)의 옮김은 「백련강(百煉鋼: 백번을 단련시킨 쇠)」과 같다. 그렇다면 아무리 강한 것도 부서지지 않는 것이 없을까? 형(形)은 토끼를 잡는 매와 같고, 정신(情神)은 쥐를 잡는 고양이와 같다. 굽힘(曲) 속에서 곧음을 찾고 축적(蓄積: 비축)한 후 발(發)한다.

수(收)는 즉 방(放)이며, 이어져 있어 끊어지지 않는다. 매우 유연해진 후 극견강(極堅剛)이 된다. 점(黏)하는 것에 의지할 수 있어 그러한 후 영활(靈活: 지략·행동이 뛰어나고 재빠름)이 된다.

기(氣)를 직접 기름으로써 해(害)가 없고, 경(勁)을 곡축(曲蓄: 휩싸 모아 넣음)함으로써 여유가 있다. 점차 다가오는 것에 순응할 수 있게 된다. 이것도 또한 끊임없이 깨달음으로써 얻어진다.

3) 『태극권해』의 해설

(1) 태극권(太極拳)이란 무엇인가? 권법으로서의 본질은 어디에 있는가? 자주「일기가성(一氣呵成)」즉, "자기를 버리고 타인을 따른다", "이끌어 넣어 하늘에 떨어지게 한다", "사량으로 천근을 물리친다"는 말을 하고 있지만 그러한 것을 할 수 있기 위해서는 어떠한 수련을 하면 좋은가? 이 질문에 답하는 것이 『태극권해(太極拳解)』이다. 그러므로 무우양(武禹襄)이 문(文)의 모두(冒頭)에서 가장 근본적인 원칙에 대하여 말하고 있는 것이다.

즉 신체가 다양한 동작을 완성하면서 움직이더라도 마음은 항상 안정상태를 유지하는 것이 가장 중요하다는 것이다. 그렇게 하면 기(氣)가 스스로 수렴하여 단전(丹田)에 모이고 구애됨이 없는 정신상태가 된다. 하나하나의 동작을 완성함에 있어서는 역시 먼저「마음」에서부터 의식에서 시작한다.

마음이 명령하고, 그리고 기(氣)가 군기(軍旗)의 역할을 다하여 전진방향을 가리키고, 신(神)의 눈빛이 구체적으로 지휘를 취하는 주장이 되어서 허리를 구사하여 하나하나의 동작을 완성하는 것이다. 이 순서를 시시각각 마음에 두고 신중하게 수련을 계속함으로써 비로소 무엇인가를 성취할 수 있다. 이것을 전체적으로 말하면 먼저는 마음에 있고 그 후는 몸에 있다. 몸에 있을 때는 이른바 무의식중에 손이 춤추고 발이 춤추는 느낌이다. 이리하여 점차 위와 같은 것을 할 수 있게 된다.

(2) 반드시 알아 두어야 할 것은 동(動)과 정(靜)의 관계이다. 신체의 동과 정은 어떠한 경우에도 개별적·국부적인 것이 되어서는 안 된다. 신체가 동(動)의 상태일 때도 정(靜)의 상태일 때도 몸 전체가 하나가 되어서 그 때의 동과 정에 협응해야 한다. 양손·양발·허리·머리·눈빛까지 모두 그때그때의 하나의 목적을 실현하기 위하여 노력해야 한다. 즉 움직이면 움직여지지 않는 곳이 없

고, 정(靜: 정지상태)하면 정(靜)하지 않는 곳이 없도록 해야 하며, 앞과 같이 동과 정은 한 쌍의 모순을 가지고 있기 때문에 동을 또한 정으로 보고, 정을 또한 동으로 본다. 안(內)은 정신을 견고히 하고 마음을 안정시켜 정신을 집중해야 하지만, 외견의 얼굴 표정은 안일을 나타내어야 한다. 반드시 타인을 따라서 자기 마음 대로 주관적인 모략·기술 등에 맡기는 것이 아니다. 타인에게 따르면 기전(機轉: mechanism: 생명의 작용원리)이 온다. 자기 마음대로의 생각으로 행동하면 통하지 않는다.

태극권(太極拳)이 호신술로서 응용되는 경우도 자신의 의(意)는 모두 정신방면에 있어야 하며 기(氣)에 있어서는 안 된다. 즉 일반적으로 "운기(運氣)를 나른다." 의식적으로 기를 신체 일부로 보내서 그 국부의 근육을 긴장시키거나 팽창시키지 않는 것은 그러한 「운기(運氣)」가 반대로 자신의 동작기민성에 불리한 영향을 미치지 않도록 하기 위함이다. 자신이 매우 힘이 있는 것처럼 느껴지지만 상대는 그러한 것처럼 강하게 작용하지 않는다.

그러므로 여기서는 이 의미에서 기(氣)를 유의하는 자라면, 기(氣)를 사용하는 자가 실제 그러한 큰 힘을 낼 수 없다고 하며, 기(氣)를 기르는 자야말로 고의로 기(氣)를 사용하지 않고, 항상 느긋한 심정으로 기(氣)를 기르는 사람이야말로, 그저 마음의 의(意)로 신체를 움직이는 사람이야말로 그 동작에서 생기는 힘을 순수한 강(剛)이라고 말하고 있다. 맹자(孟子)의 말에 "나는 자주 내가 호연의 기를 배양한다"가 있다. 여기서 말하는 "기를 배양한다"는 바로 이것을 말한다. 호연(浩然)은 광대하여 끝이 없는 모습이다. 깔끔하고 구애됨이 없고 끝이 없는 광대한 심경을 배양함으로써 참다운 기가 배양되고, 이러한 「호연의 기(氣)」의 주인이 발하는 힘이야말로 순강(純剛)이다.

(3) 상대가 움직이지 않으면 자신도 움직이지 않는다. 선수를 치(打)지 않는다. 불의로 치지 않는다. 그러나 그가 공격목적으로 미동한다면 내가(마음의 움직임으로 동작이 자연스럽게 나오게 되어 있기 때문에) 먼저 움직이게 된다. 의식의 속도는 무엇보다도 빠르기 때문이다.

내가 나아가 타인을 의존하기 때문에 먼저는 자신의 가능성·능력의 처한 상태, 결과의 전망 등을 알아야 한다. 그리하여 비로소 상대를 맞이하면서 자신이 순세가 되도록 바꿀 수 있다. 또한 내가 나아가서 상대를 달라붙기 때문에 반드시 받을 때의 감각을 통하여 상대방 힘의 성질·대소·방향 등을 즉시 파악해야 한다. 이것이 가능해져 비로소 자신의 동작이 뒤처지지도 않고 선수를 쟁취하려는 동작을 하지 않게 된다.

(4) 정신(情神)을 분발시키면 신체가 스스로 긴장하기 때문에 당연히 느려지고 둔해지고 무거워진다. 의지하는 것도 달라붙는 것도 민첩하게 전환하면서 따라 가게 되면 비로소 상대를 "하늘에서 떨어지게 한다"는 뭐라고 말할 수 없는「장점」을 알게 된다. 왕복(往復)도 진퇴(進退)도 요약하면 신체의 모든 동작은 반드시 음양으로 나누고, 전합(轉合)·전환(轉換)이 있도록 해야 한다. 시기(時機)를 파악하고 기회(機會)를 보는 것은 자신이 결정하지만, 힘은 상대의 것을 이용하여, 즉 상대로부터 빌려야 한다.

발경(發勁)할 때는 반드시 상하에 서로 따라서 발(發)해야 한다. 그리하여 비로소 용왕매진(勇往邁進: 용기있게 힘써 나아감)하는 것에 있다. 신체가 있는 방법은 언제나 중정(中正)·불편(不偏)을 유지하지 않으면 안된다. 그리하여 비로소 사방팔방(四方八方)을 지탱할 수 있게 된다.

정(靜)의 상태에 들면 이미 산악(山岳: 높고 험준하게 솟은 산들), 높은 산과 같이 외연(巍然: 매우 높고 우뚝하게)하게 미동도 하지 않고, 동(動)의 상태에 들면 벌써 큰 강과 같이 도도히 흘러서 어떤 것에도 방해받지 않고 멈추는 것도 없다. 걸음을 옮기고 발이 움직일 때, 그 걷는 법은 자신이 깊은 못(淵)으로 갈 때(빼는 발, 나아가는 발, 조용한 발)와 같이 해야 한다.

경(勁)의 운행법은 실을 당길 때와 같이 평균을 이룬 힘으로 당긴다. 갑자기 강하게 당기거나 약하게 당기지 않는다. 힘을 비축하는 경우는 활을 단단히 죄어 당기듯이 전신의 힘을 동원해야 하지만, 경(勁)을 발할 경우는 화살을 놓을 때와 같은 느낌이어야 한다.

(5) 기(氣)의 운행은 구곡주(九曲珠)와 같은 것으로 어떠한 곳도 통할 수 있기 때문에 가지 못하는 곳이 없다. 경(勁)의 운행법은「백련강(百煉鋼)」과 같기

때문에 부수지 못할 것이 없다. 「백련강」은 정련된 순도가 높은 철이다.

　중국 고사성어에 「천추백련(千錘百煉)」「백련성강(百煉成鋼)」이 있다. 추(錘)는 '쇠망치' 또는 '두드리는 것', '단련하는 것'이다. 련(練)은 광물을 고온에서 녹여 정련(精練)하는 것이다. 백번 녹여서 천회(千回)를 두드려 단련한다는 의미에서 단련(달구어 두드림)하고 반죽하기를 되풀이하는 것이다. 「백련성강(百煉成鋼)」은 장기간의 단(鍛)과 련(練)을 거쳐 단련되어 비로소 순도가 높은 강철이 된다는 의미이다. 이러한 강철은 시계의 스프링에 사용되는 재료와 같은 것으로 매우 높은 경도(硬度)를 가지고 또한 매우 높은 유연도를 가지고 있다. 그러므로 그 파괴력도 높다.

　형(形)은 지상에 있는 토끼를 잡으려 하는 하늘의 매와 같은 정신, 눈빛은 쥐를 잡으려는 고양이와 같이 조용하지만 그 일의전심(一意專心: 오직 한 마음을 쏟음)의 조용함 속에 동(動)의 「기회」가 가득 담겨져 있어 다음 순간에는 신속·과감한 동작으로 옮기게 되어 있다. 곡선(曲線)을 행하는 동작을 통하여 직선을 찾아 경(勁)을 비축한 후 발하는 것 중에 「수(收)」하는 것은 즉 밖으로 「방출(放出)」하는 것이다. 이것은 2가지가 같아 보이지만 하나이다. 동작이 항상 연결되어 끊어지지 않게 하는 것이다. 매우 유연하게 되어 그런 후 매우 견강(堅剛: 굳세고 단단함)해지는 것이다. 달라붙는 것(黏)도 의지하는 것(依)도 할 수 있게 되어 그런 후 민첩·활발해지는 것이다.

　기(氣)는 솔직히 깨끗한 마음으로 기르는 것이기 때문에 절대로 해를 입히지 않는다. 경(勁)은 곡선동작을 통하여 비축하기 때문에 항상 여유를 가질 수 있다. 이와 같이 평소 수련을 쌓아가면 점점 다가오는 것에 수시로 순응할 수 있는 단계에 도달한다. 그러나 이것도 또한 "멈춤을 안다"에 해당하는 것으로 평소에 적당한 「도(度)」를 장악할 수 있는 능력을 가짐으로써 비로소 얻을 수 있다. 이 마지막 한 구는 태극권의 수련에 있어서도 우리의 인생관, 일상생활의 각 방면에서도 매우 중요한 훈계라고 마음 속 깊이 느낀다.

10. 무우양의 『태극권론요해』

1) 『태극권론요해(太極拳論要解)』의 원문

解曰 — 先在心, 後在身。腹鬆, 氣斂入骨, 神舒體靜, 刻刻在心。切記一動無有不動, 一靜無有不靜。視靜猶動, 視動猶靜。動牽往來氣貼背, 斂入脊骨。要靜, 內固精神, 外示安逸。邁步如貓行, 運勁如抽絲。全身意在蓄神, 不在氣, 在氣則滯。尙氣者無力, 養氣者純剛。氣若車輪, 腰如車軸。

又曰 — 彼不動, 己不動; 彼微動, 己先動。似鬆非鬆, 將展未展, 勁斷意不斷。

(해왈: 선재심, 후재신. 복송, 기렴입골, 신서체정, 각각재심. 절기일동무유부동, 일정무유부정. 시정유동, 시동유정. 동견왕래기첩배, 렴입척골. 요정, 내고정신, 외시안일. 매보여묘행, 운경여추사. 전신의재축신, 부재기, 재기즉체. 상기자무력, 양기자순강. 기약차륜, 요여차축.

우왈-피부동, 기부동; 피미동, 기선동. 사송비송, 장전미전, 경단의부단.)

2) 대략의 번역문

"풀어서 말하길—먼저 마음에 있으며 그 후 몸에 있다. 복부는 송정, 기(氣)는 수렴하여 뼈에 들어간다. 신(神)은 서(舒)의 상태에, 몸은 정(靜)을 유지하고 시시각각 마음에 유의한다. 반드시 기억해야 하는 것은 동(動)이 되면 동이 되고, 정(靜)이 되면 정이 된다. 동을 또한 정으로 보고 정을 또한 동으로 본다. 정(靜)이어야 하며, 안은 정신(精神)을 견고히 하고, 밖은 안일(安逸)을 나타낸다. 발걸음은 고양이가 가는 것과 같고, 경(勁)의 걸음은 실(絲)을 당기는 것과 같다. 전신(全身)의 의(意)는 신(神)을 비축하는데 있으며, 기(氣)에 없거나 기(氣)에 있으면 막힌다. 기(氣)를 예상하는 자는 힘이 없고, 기(氣)를 기르는 자는 순강(純剛)이 된다. 기는 차륜(車輪)과 같고 허리는 차(車)의 차축(車軸)과 같다.

또 말하길—그가 움직이지 않으면 나도 움직이지 않고, 그가 미동(微動)하면 나는 먼저 움직인다. 송(鬆)이지만 송이 아니고, 늘어난(伸) 것 같지만 늘어나지 않고, 경(勁)은 끊을 수 있어도 의(意)는 끊을 수 없다"

3) 『태극권론요해』의 해설

보는 바와 같이 이 문의 대부분의 구(句)는 앞의 문에서 나온 구(句)의 중복이다. 중복구(重複句)에 대해서는 다시 해설할 필요가 없기 때문에 여기서는 새롭게 나온 약간의 단어만 설명을 조금 추가한다.

「신(神)은 서(舒)」에서라는 구에 서(舒)는 '늘리다・확대하다' 의미이다. 중국어에서 "서심(舒心)은 '마음이 편하다・마음이 안정되어 여유롭다'"이다. 모든 구의 의미는 즉 정신상태도 얼굴표정도 느긋하게 구애됨이 없어 항상 안정된 마음과 명석한 두뇌를 유지하고 냉정하게 상황판단을 할 수 있는 정세(情勢: 사정이나 형세)를 가리키는 것이다.

"걸음걸이는 고양이가 걷는 것과 같다"에서, 앞의 문에서는「걸음걸이는 못에 가는 것과 같이」가 있었지만 실질적으로는 여기의 "고양이가 가는 것과 같다"와 같은 의미를 말하고 있다. 즉 걸음을 걸을 때는 고양이 걸음을 생각해야 한다. 즉 발을 드는 동작도 발을 내리는 동작이 몸의 상태, 몸의 중심에 영향을 주지 않도록 한다. 이것은 태극권의 걸음걸이에 하나의 특색이다. 여기에서 주의해야 하는 것은 고양이 걸음의 특색은 가볍다는 것만이 아니다. 가벼우면서도 민첩하고 유연하고 자신이 있고 견실(堅實)이 포함되어 있다.

"기(氣)는 차륜과 같고 허리는 차축과 같다"에서 기(氣)는 차륜(車輪)과 같아야 한다. 허리는 축(軸)의 역할을 한다. 차륜은 축을 둘러서 어느 쪽으로도 자유롭게 움직일 수 있어야 한다. 그러기 위해서는 축(軸)이 항상 안정되고 튼튼해야 한다. 이것만 지킬 수 있다면 뒤는 모두 자연에 맡기면 된다. 우리들이 차를 밀고 나아갈 때는 우리가 생각하는 방향으로 움직이지 않는 경우가 많다. 태극권의 기(氣)와 의(意)의 관계는 이러한 차(車)의 축에서 힌트를 얻어야 한다. 때문에 선생이 항상 "허리를 바르게, 허리를 곧게, 허리를 튼튼하게 하라"를 강조하고 있다. 이것을 보통은 「상하일선(上下一線), 좌우회전(左右回轉)」이라 말하는 것을 강조한 것이다.

"송(鬆)이면서 송(鬆)이 아니고, 펴진(伸) 것 같지만 펴져 있지 않다"에서, 이것은 기본적으로는 양팔의 자세에 대한 설명이다. 즉 양팔은 항상 느슨하지만 완전히 느슨하지 않고, 펴 있지만 활짝 펴지 않은 상태를 유지해야 한다. 즉 모든 의미에서 「여유(넉넉함)」를 가지는 것이다. 이것은 오랫동안의 실천에 의해서 자신의 신체로 느끼고 익히는 것이다.

"경(勁)은 끊을 수 있어도 의(意)는 끊을 수 없다"에서, 어떠한 「경(勁)」에도 당연히 그 「한도」라는 것이 있다. 한도에 도달하면 그 「경」이 끊어진다. 그러나 그러한 때에도 그 동작의 의(意)가 끊어지지 않도록, 즉 의식(意識) 중에서 그 동작이 지속되도록 노력해야 한다는 의미이다.

11. 무우양의 『13세설략』

1) 『13세설략(十三勢說略)』의 원문

(1) "每一動, 惟手先著力, 隨卽鬆開. 猶須貫串一氣, 不外起, 承, 轉, 合。始而意動, 旣而勁動, 轉接要一線串成。

(2) 氣宜鼓蕩, 神宜內斂。勿使有缺陷處, 勿使有凹凸處, 勿使有斷續處。其根在脚, 發于腿, 主宰于腰. 形于手指。 由脚而腿, 而腰, 總須完整一氣, 向前, 退後, 乃能得機得勢, 有不得機得勢處, 身便散亂, 必至偏倚, 其病必于腰腿求之。上下, 前後, 左右皆然。

(3) 凡此皆是意，不在外面。有上卽有下，有前卽有後，有左卽有右。如意要向上，卽寓下意. 若將物掀起，而加以挫之之力，斯其根自斷，乃壞之速而無疑。

(4) 虛實宜分淸楚，一虛自有一虛虛實，處處總有此一虛實. 週身節節貫串，勿令絲毫間斷。"

(1) "매일동, 유수선저력, 수즉송개. 유수관관일기, 불외기, 승, 전, 합. 시이의동, 기이경동, 전접요일선관성.

(2) 기의고탕, 신의내렴. 물사유결함처, 물사유요철처, 물사유단속처. 기근재각, 발우퇴, 주재우요. 형우수지. 유각이퇴, 이요, 총수완정일기, 향전, 퇴후, 내능득기득세, 유불득기득세처, 신편산란, 필지편의, 기병필우요퇴구지. 상하, 전후, 좌우개연.

(3) 범차개시의, 부재외면. 유상즉유하, 유전즉유후, 유좌즉유우. 여의요향상, 즉우하의. 약장물흔기, 이가이좌지지력, 사기근자단, 내괴지속이무의.

(4) 허실의분청초, 일허자유일허허실, 처처총유차일허실. 주신절절관관, 물령사호간단"

2) 대략의 번역문

(1) 한 번 거동할 때마다 단지 손에 먼저 힘을 주고서 즉시 푼다. 또한 단번에 가로지르고 일으키고 받고 바꾸어 결합하는 것이다. 시작은 의(意)가 움직이고, 후에 경(勁)이 움직이고, 전환해서 연결하는 곳은 한 선으로 가로지른다.

(2) 기(氣)는 고탕(鼓蕩: 유유히 흔들림)이며, 신(神)은 안으로 수렴한다. 결함 부분을 없애고, 요철(凹凸)을 없애고, 단속(斷續) 부분을 없앤다. 그 뿌리는 다리에 있고, 넓적다리에서 발하고, 주재(主宰)는 허리에 있고, 형(形)은 손가락에서 나타난다. 다리에서 넓적다리, 넓적다리에서 허리, 모두 완전히 정리되어 단번에 행한다. 이리하여 처음 앞으로 나아갈 때나 뒤로 물러날 때도 기세를 획득다. 기세(幾歲)를 획득하지 못한 부분이 있으면 몸이 산란하고, 치우침이

반드시 나타나고, 이 병인(病因)은 반드시 허리와 넓적다리에서 찾아야 한다. 상하·전후·좌우 모두 같다.

(3) 이것은 모두 의(意)를 가리키며, 외견의 형(形)에 없다. 위에 있으면 아래도 있고, 앞에 있으면 뒤에도 있고, 좌에 있으면 우에도 있다. 만약 위로 향할 의(意)가 있으면 아래로 향할 의를 가진다. 사물을 들어 올릴 때 먼저 그것을 억누를 힘을 가하는 것과 같고, 그렇다면 그 뿌리를 스스로 끊어 쪼개면 빠르게 무너지는 것은 의심할 여지가 없다.

(4) 허실(虛實)을 확실하게 구분해야 한다. 한 곳에는 저절로 한 곳의 허실이 있고, 가는 곳마다 어디에도 마찬가지로 이 허실이 있다. 전신(全身)이 한 마디 한 마디 일관되어 사호(絲毫: 실오라기)가 중도에서 끊어지는 일이 없도록 해야 한다.

3) 『13세설략』의 해설

(1) 「기(起)·승(承)·전(轉)·합(合)」은 4구로 된 한시(절구)의 작법상의 용어이다. 즉 먼저(제1구) 시의(詩意)를 세우고, (제2구) 그것을 받고, (제3구) 이것을 변화시켜서, 마지막(제4구)에 묶는다는 근본적인 수법이다. 일반적으로는 (여기에서도) 4개의 정해진 순서라는 의미에서 사용되고 있다. 이 단락의 의미는 어떠한 동작이라도 하나의 동작을 행한다. 거동·행동하는 것에 우선은 단지 손에 힘을 넣지만 즉시 그것을 푼다. 게다가 이것을 단번에 해낸다. 이것은 이를테면 절구(節句)를 만들 때의 순서와 같은 것으로, 즉「일으키고·받고·변화시키고·묶는」4단계의 순서이다. 처음은「의(意)」가 움직이고, 즉 전술한 의식의 선행작용에 이어서「경(勁)」이 움직인다. 그리고 변화시키는 부분, 묶는 부분은 반드시 끊어지지 않도록 한 선으로 관통되어야 한다.

(2) 제2단락의 제1구(句)는 호흡과 정신상태에 대한 요구이다.「고탕(鼓蕩)」은 물의 파도가 은은한 바람의 힘에 의해 유유히 흔들리는 모습이다. 즉 호흡을 자연스럽게 유지하고 느긋하게 자연호흡을 하면서 기(氣)의 움직임을 물의

파도가 유유히 흔들리는 상태로 유지해야 한다. 정신·표정·눈빛은 내면에 수렴하는 것이 좋다. 다음은 동작에 대한 요구이다. 태극권동작은 모두 원(圓)을 이루고 호형선(弧形線)과 나선선(螺旋線)의 결합이기 때문에, 동작에는 원(圓)으로서 결함·부족 부분, 요철 부분이 있어서는 안 된다. 태극권 동작은 행운유수(行雲流水)와 같아야 하기 때문에 끊어지는 부분이 없도록 일관되어야 한다.

그 다음은 동작순서에 대한 설명이다. 동작의 뿌리, 동작을 만드는 원천은 「다리」이다. 즉 동작은 발목 이하부분에서 생겨나 발목부터 고관절까지의 부분(넓적다리)에서 발동한다. 그 힘을 담당하고 처리하는 것은 허리이지만, 형(形)으로서 나타나는 것은 손가락이다. 거기에다가 그것이 다리부터 넓적다리, 넓적다리에서 허리라는 동작 전체가 하나로서 단번에 완성하여 비로소 전진도 후퇴도 기(機)와 세(勢)를 획득할 수 있다.

'기와 세를 획득한다'는 것은 자신의 몸이 편안하여 다양한 동작을 할 수 있는 상태이다. 몸의 어딘가가 편안하지 못하다면 몸 전체가 분산되는 산란상태가 되어, 반드시 어느 쪽인가 치우친 상태가 되어 하나로서 움직일 수 없게 된다. 그러한 경우는 반드시 허리와 발에서 그「병(病)」의 원인을 찾아야 한다. 즉 허리와 발의 어느 부분이 바람직하지 못한 상태이기 때문이다. 이것은 원칙적으로 설명하고 있기 때문에 방향성이 없다. 상하·전후·좌우, 어느 방향을 향한 동작에도 마찬가지로 적용한다.

(3) 그러나 이것은 모두 의(意)·의식(意識)에 대한 이야기이며, 몸의 외견형의 변화는 아니다. 다음 3구(句)는 상하동작을 예로 구체적으로 상술의 원칙을 설명하고 있다. 즉 만일 위로 향하는 동작을 하였다면, 먼저 아래로 향한다는 동작의식을 가져야 한다. 이것은 어떤 사물을 들어올렸을 때 우선은 아래로 향한 힘을 주고 그 사물을 밀어붙이면 확실하게 잡아야 하는 원리와 같다. 그렇게 함으로써 그 사물이 송두리째 움직이게 됨으로써 그것을 넘기고 싶다면 넘기는 것은 의심의 여지가 없다. 이것을 알면 전후좌우(前後左右)와의 방향으로 향한 동작도 마찬가지이다.

(4) 제4단락은 허실의 문제에 대한 설명이다. 우선은 자신의 몸 어느 부분이

허(虛)하고 어느 부분이 실(實)한가를 확실하게 의식해야 한다. 한곳 한곳에는 물론 허와 실로 나누어져 있지만, 전신의 여기 저기 어디나 마찬가지로 허와 실로 나누어져 있어야 한다. 게다가 전신(全身)의 관절이 하나하나 모두 서로 관통되어 있어 하나의 통일체를 이루고 있으며, 아주 조금이라도 끊어진 부분이 있어서는 안 된다.

  허실(虛實)에 대해서는 전술의 기본개념 부분을 참조하기 바란다. 이것도 한 쌍의 모순이다. 대략 예를 들어 설명하면 체중이 완전하게 혹은 대부분을 좌측발에 걸려 있으면, 즉 좌측발이 실(實)이며 우측발이 허(虛)가 된다. 그러나 발만을 보면 지면에 접하는 발뒤꿈치가 실이며, 발등이 허가 된다. 손도 그러하다. 밖으로 향한 부분이 실이며, 자신을 향한 부분은 허가 된다. 게다가 실(實) 속에 또한 허(虛)가 있으며, 허 속에 또한 실이 있어야 한다. 즉 실이라 해도 전부의 힘을 기울이지 않고, 허라 하더라도 완전하게 힘을 빼는 것은 아니다. 항상 자신에게 여유를 남기는 것이 중요하다. 그러므로 몸의 각 부분의 허와 실은 고정된 것이 아니라 시간적으로는 매우 순간적이다.

제4부
태극권수련의 기본과 이해

1. 태극권 준비운동과 기본동작

1) 태극권 준비운동의 의미

태극권(太極拳) 투로(套路)의 각 세(勢)를 구체적으로 설명하고, 각 동작의 완성방법을 상세하게 지도하는 것은 본서의 목적이 아니지만, 두 가지 준비운동과 예비자세를 다룬다.

여기서 말하는 준비운동은 내용도·목적도 평소 이해하고 있는 예비운동과는 다르며, 예비자세도 보통의 정적인 자연 직립자세와는 다르기 때문이다. 즉 이 두 가지 문제에 대한 오해를 바르게 하기 위해서이다. 또 하나는 이러한 구체적인 예를 통하여 앞에서 언급한 태극권(太極拳)에 대한 기본인식, 태극권과 기공(氣功)과의 관계에 대한 이해를 깊게 하기 위해서이다.

태극권의 동작은 원래 유연·완만 등의 특색을 가지며 격렬한 동작이 없기 때문에 이른 바「몸을 부드럽게, 관절을 유연하게, 전신을 경기상태로 만드는」예비운동을 할 필요 없다고 생각하는 사람이 많을지도 모른다. 그러나 여기서 말하는 준비운동은 평소의 이해와는 다르다. 앞에서 언급하였듯이 태극권의 동작은 곡선(曲線)을 그리고, 호선(弧線)을 그리므로 원(圓)의 특색이 있다.

그러나 이러한 동작은 그저 외견상 형, 몸의 말초부분이 그리는 호선(弧線)이 아니라, 각각의 동작 근원인 주요 각 관절(關節)이 그리는 원이 말초(末梢)로 전달되기 때문에 말초의 동작도 호선으로 보여야 한다. 중요한 것은 근원이기 때문에 반대로 근원이 그리는 원이 매우 작거나 매우 큰 경우, 그것이 말초에서는 호선으로 나타나지 않거나 호선으로 보이지 않을 수 있다. 이러한 몸의 움직임에 점차 익숙해지게 하기 위하여 최근 초심자를 지도할 때는 투로연습(套路練習)에 들어가기 전 먼저 약간의 신체동작을 통하여 주관절을 돌리는 동작을 가르친다. 그것은 신체 전체를 부드럽게 하는 태극권 동작의 준비라는 의미에서 계속「준비운동」으로 불러왔다.

이러한 동작의 목적은 관절의 유연화·원활화를 꾀하는 것은 물론 주된 관절에 원운동(圓運動)의 습관을 들이게 하기 위함이다. 이것은 근육을 느슨하게 하는 연습이라기보다도 오히려 관절(關節: 일상용어보다 넓은 의미의 관절인 경추·척추·요추를 포함한 뼈와의 가연성 연결부)을 지금까지 익숙하지 않은 동작에서 익숙하게 하는 훈련이다.

이러한 동작과 요구가 매우 합리적이기 때문에 각각의 동작을 하나의 독립된 양생법 또는 치료법으로서 연습해도 좋다. 그러므로 매일(만약 태극권의 투로를 연습할 시간이 없다면) 이러한 동작만을 연습해도 건강에 매우 유익하다. 특히 허리와 무릎의 통증, 어깨통증, 경추의 질병 회복에 도움이 된다. 이처럼 여기서 말하는「준비운동」은 태극권의 투로연습(套路練習)을 위해서도, 추수연습(推手練習)을 위해서도, 장래 호신술로서 태극권을 응용하는 경우에도 좋은 기초를 만들기 때문에 등한시하지 말고 열심히 연습할 필요가 있다.

물론 손발을 펴거나 동체를 전후로 굽히는 지금까지 자신만의 습관화된 준비운동을 해도 좋다.

2) 태극권 기본동작 연습방법

태극권 기본동작 연습의 구체적 방법을 한 마디로 요약하면 주요 각 관절로 최대한의 원을 그리는 것이다. 이는 좌돌리기·우돌리기·앞돌리기·뒤돌리기로 방향을 전환하는 방법이다. 다음에 설명하는 순서를 고집할 필요는 없다. 그러나 아래의 순서로 낮은 수준에서 높은 수준으로 일정한 순서로 연습하는 쪽이 쉬우며 기억하기 쉽다.

(1) 발목(足首)의 좌우돌리기

한쪽 발로 서고 또 다른 쪽 발뒤꿈치를 들어 전신의 관절을 최대한 풀어주고 특히 어깨 힘을 뺀다. 그리고 발뒤꿈치가 들려 있는 발의 엄지발가락을 축으로

뒤꿈치로 지면에 평행하는 원을 최대한 크게 그린다. 좌돌리기와 우돌리기의 양 방향을 실시한다. 그 다음에 서 있는 발을 바꾸고 양쪽 발을 실시한다.

이 연습은 아침에 일어나기 전에 방바닥 위에 누워있을 때도 할 수 있다. 그 때는 양발의 엄지발가락을 최대한 길게 뻗으면서 양발을 동시에 발가락 끝으로 앞의 벽에 그 다음에 천정으로 원을 그리듯이 좌돌리기·우돌리기의 동작을 실시한다.

방향을 바꿀 때는 급하게 반대방향으로 움직이지 않고 최대한 「S자」를 그려서 방향전환한다. 이 「S자」를 그리는 동작은 태극권으로서는 매우 중요한 동작이다. 앞에서 언급한 「반수(盤水)」의 예를 보더라도 알 수 있듯이 「S자」를 그리는 방향전환은 가장 저항이 적은 방법이며, 따라서 물의 흔들림도 보다 적다. 돌리는 횟수는 정해진 것이 없다. 그러나 보통 9회씩 돌린다. 「9」라는 숫자는 천문학에서도 매우 중요한 숫자이며, 기공계(氣功界)에서도 특수한 의미를 가지고 있다. 기공 대부분의 동작이 9의 배수(9, 18, 36, 81 등)로 이루어져 있다. 이하도 마찬가지이다.

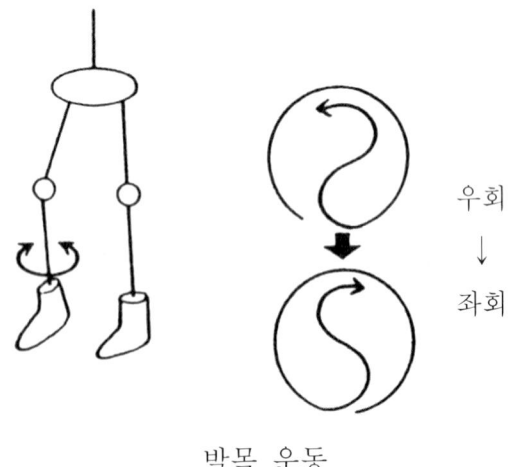

발목 운동

돌릴 때는 그 때 사용하지 않는 전신관절을 최대한 완화시키고 방향을 바꿀 때는 「S자」를 그리는 전환방법을 사용하는 것은 아래 「준비운동」의 모든 동작에 통용한다. 게다가 태극권의 모든 동작에 통용된다(이하는 설명을 일일이 중복하지 않는다).

(2) 무릎(膝關節)으로 원그리기

자신의 몸 상태에 따라서 무릎을 약간 굽혀서 무릎으로 좌우 양쪽으로 원(圓)을 그린다. 낮은 자세를 취하면 피곤해서 무릎을 상하게 할 수 있기 때문에 무리하지 않도록 한다. 무릎은 뒤로는 움직이지 않기 때문에 옆에서 보면 암만해도 지면과 일정한 각도를 가진 비스듬한 원이 되지만 머릿속에서는 지면과 평행하는 원을 그린다고 생각하며 실시한다.

양 무릎을 동시에 같은 방향으로 원을 그려도 되지만, 그림과 같이 먼저 무릎을 전후로 나눈 후 동시에 같은 방향으로 돌리는 쪽이 지금까지의 태극권동작 연습의 준비로서 보다 효과적이다. 허리가 약한 사람은 손바닥을 무릎에 대고 상반신을 지탱하면서 무릎을 돌려도 된다.

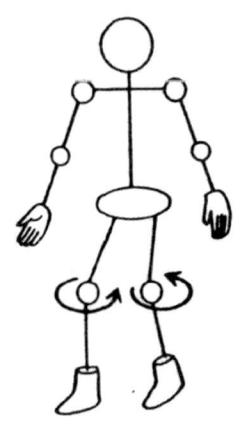

양무릎을 전후로 같은
방향으로 회전시킨다
좌우 ↔ 우좌

무릎 운동

(3) 고관절(股關節) 돌리기

고관절은 손목과 무릎처럼 지면에 수직인 상하 축을 돌리는 동작 외에 또 평면의 종축과 횡축을 돌릴 수 있다. 즉 3개의 좌표축을 순환하며 돌릴 수 있다.

어느 쪽 방향에서도 한쪽 발로 서고 다른 쪽 관절을 실시하는 방법으로 돌리고, 그 다음 발을 바꾸어도 되지만 상하 축을 순환하며 돌리는 방법은 무릎의 경우처럼 양발을 나란히 하고, 먼저 양 고관절을 전후로 나눈 후 동시에 같은 방향의 원을 그리듯이 돌리면 양 고관절을 동시에 돌릴 수 있다. 이것도 좌우, 전후의 양방향으로 돌린다. 특히 주의해야 하는 것은 상반신의 수직과 안정을 유지하는 것이다.

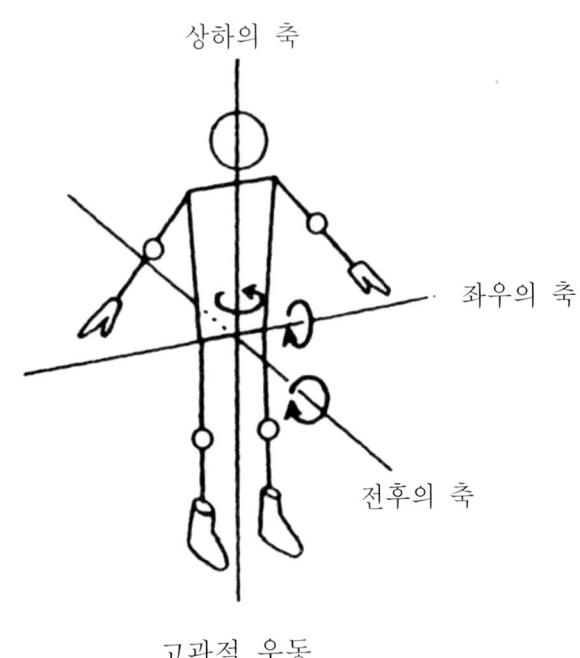

고관절 운동

(4) 미저골(尾骶骨: 척추 꼬리뼈) 돌리기

이것은 상반신의 수직과 안정을 유지하면서 양 무릎을 약간 완화하여 양쪽 고관절이 완화된 채로 움직이지 않고 척추의 끝나는 부분을 차지하는 미추의 가장 아래 뼈로 지면에 따라서(수직의 축을 따라 돈다) 원을 그리듯이 돌린다. 양쪽 고관절 상하의 움직임과 조합하면 미골을 종축과 횡축을 중심으로 원을 그리듯이 움직일 수 있다.

제4부 태극권수련의 기본과 이해 307

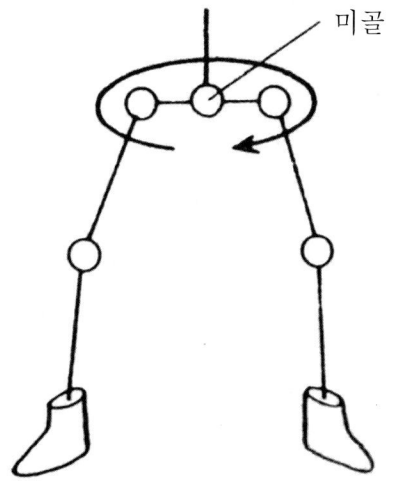

미골이 지면과
평형되게 회전시킨다

엉덩이 운동

(5) 견관절(肩關節) 돌리기

어깨 관절도 고관절과 마찬가지로 3가지 방향으로 돌린다. 이 경우, 양발이 몸을 지탱하고 있기 때문에 양쪽 어깨를 동시에 돌린다. 이때 주의해야 하는 것은 목을 앞으로 뻗지 않고 어깨를 높이 들어올리지 않도록 하는 것이다.

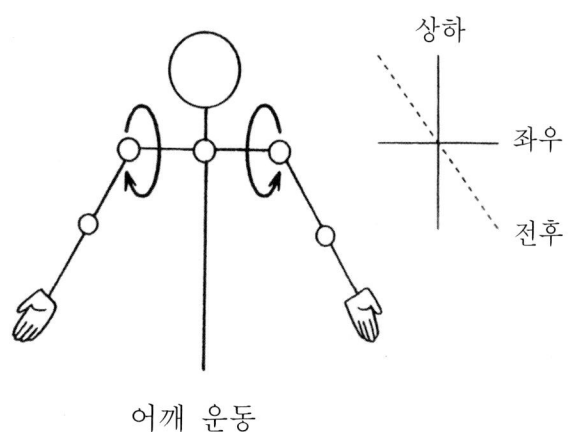

어깨 운동

(6) 주관절(肘關節) 돌리기

양팔을 뻗치고(손가락도 뻗친다) 옆으로 어깨 높이까지 들어 올려 손가락을 뻗친 채로 팔꿈치를 전후로 돌린다(손바닥이 위로 향하거나 밑으로 향하기도 한다).

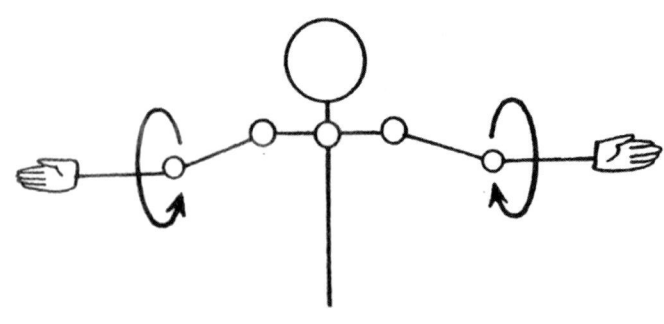

팔꿈치 운동

(7) 손목(手首) 돌리기

양손을 옆으로 수평되게 뻗친 채로 양손의 손가락 끝을 전후로 돌린다. 손끝으로 양측에 있는 벽에 최대한 크고 정확한 원(正圓)을 그리듯이 상상하면서 실시한다.

손끝으로 벽면을 향해 원을 그린다.

손목 운동

(8) 지관절(指關節) 완화연습

양손을 어깨 높이까지 앞으로 들어 올려 어깨·팔꿈치·손목·손가락의 관절을 모두 완화하여 손가락의 손톱을 앞으로 뻗는다는 상상으로 양손 손가락을 완화시킨 채로 앞으로 뿌리쳐 날리고 던지듯이 뻗친다.

손톱을 앞으로 놓고 내민다.

손가락 운동

(9) 경관절(頸關節, 목)의 좌·우돌리기

먼저 목의 힘을 빼고 정수리의 가마로 하늘에 원을 그리듯이(최대한 크게 정확한 원을 그린다) 머리를 돌린다. 좌돌리기와 우돌리기도 한다. 머리 회전을 역방향으로 바꿀 때는 특히 「S자」를 그린다는 것을 잊지 말아야 한다. 끝으로 S자를 그리고 멈춘다. 눈을 감아도 되지만 눈을 작게 하고 완전히 감지 않는 것이 좋다.

가마에서 하늘로 좌우방향 S자로 원을 그린다.

목 운동 (1)

(10) 악관절(顎關節) 돌리기

이것도 경관절(頸關節: 목관절)을 완화시키는 연습이다. 턱 끝으로 자신의 정면에 있는 벽에 원을 그리듯이 턱을 돌린다. 역방향으로도 돌린다. 끝은「S자」를 그리고 멈춘다.

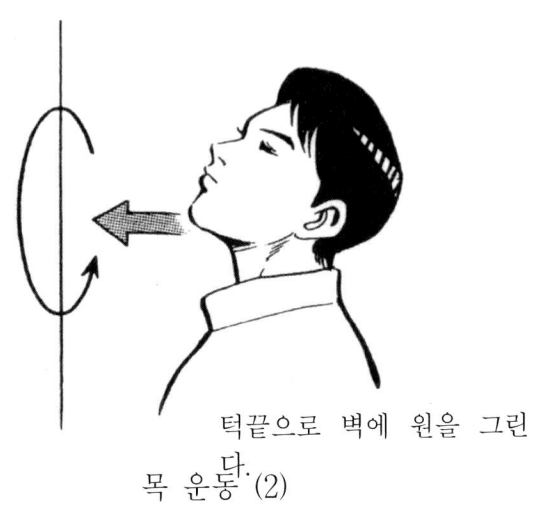

목 운동·(2) 턱끝으로 벽에 원을 그린다.

(11) 척추(脊椎)의 물결모양 움직이기

이것은 척추를 완화하여 미골에서 위로 전후로 움직이는 동작을 반복한다. 옆에서 보면 파문(波紋)이 척추를 따라서 아래에서 위로 확대되어 가는 느낌이다. 이 동작은 초심자로서는 조금 어려울지도 모른다. 그러나 어렵다고 생각하지 말고 무리하지 않고 척추를 완화하여 자신이 전차나 배 가운데에 서있어 교통편이 흔들리는 경우에 자신이 마치 몸의 안정과 균형을 잡기 위함같이 자연스레 몸을 부드럽게 움직이도록 연습하고 있는 상상을 하면 누구라도 할 수 있는 동작이다.

이 동작을 할 때는 밑으로부터 오는 파문의 고리가 제1척추((大椎라는 경락)까지 오면 그것이 경추로 확대되지 않도록 양쪽의 견갑골을 통하여 어깨로 팔꿈치로 확대되듯이 상상하면서 마침내 손에 도달하여 손가락 끝에서 체외(體外)로 나가도록 한다.

미골에서 위로 등 안을
출렁이며 운동한다.

척추 운동

(12) 전신관절의 완화

이것은 전신관절을 모두 완화시키고 5개의 요추(腰椎)만을 종축(縱軸)으로 상상하고, 이 축을 좌우로 섬세하고 빠르게 돌림으로써 전신을 거느리고 움직인다. 마치 땡땡이북의 작은 자루를 잡고서 흔들면 종이북도 양쪽에 드리워진 실도 그것에 붙어 있는 방울도 모두 움직이도록 전신이 완화한 채로 흔들린다. 양팔과 양손은 그 자유로운 움직임에 맡긴다.

댕댕이 북을 치듯 온
몸을 흔든다.

전신관절 운동

이 동작을 좌측으로 그 다음 우측으로 천천히 힘을 주어 실시하면 양손의 흔들림이 점점 커진다. 그 때, 양손을 가볍게 빈 주먹으로 앞에 오는 손바닥으로 아래 배를, 뒤에 오는 손등으로 허리를 가볍게 두드리면서 실시하면 허리병을 치료하고 신장의 기능을 좋게 하는데 매우 유익하다.

(13) 원그리기의 최대 의념화

위의 이러한 모든 동작을 연습할 때의 주의점은 연습을 거듭함으로써 점점 그리고 있는 원을 의념(意念: 이미지화)으로 완전한 원이 되도록 그리고, 그 원이 최대한 커지도록 상상하면서 실시한다. 현장에 따라서 관절이 그리는 원이 완전한 원이 되지 않지만 자신의 머릿속에는 그것이 완전한 원처럼 상상한다.

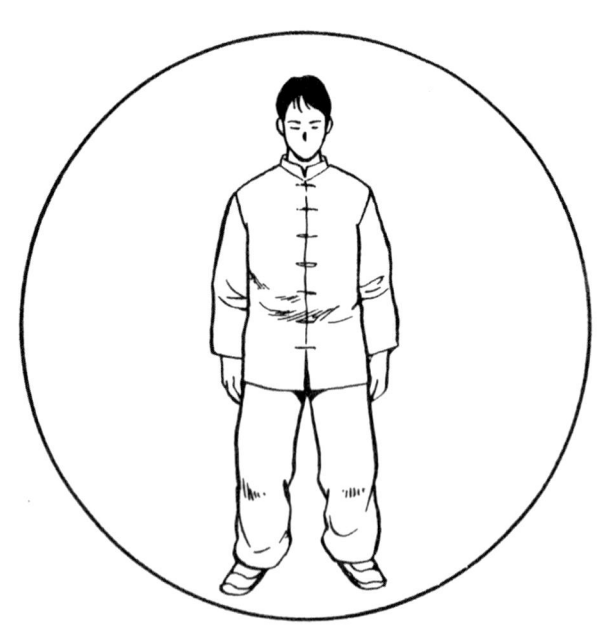

다음 『방송(放鬆)』 연습 항에서 설명하는 어깨와 고관절의 「방송방법」・「조수(操手)」・「연보(練步)」도 넓은 의미에 있어서는 모두 여기서 말하는 「준비운동」의 범주에 들어간다.

2. 태극권 예비세의 중요성

1) 동작이 없는 세(勢)

앞에서 기술함과 같이 「태극」에는 광의와 협의의 해석이 있다. 그러므로 태극권 예비세(豫備勢)는 참장공: 站樁功의 각도에서 보면 「무극장(無極樁)」이다. 이를 달리 「태극장(太極樁)」이라 불린다. 그러나 어떻게 불리더라도 내용은 같고 실천에서는 무극과 태극의 2가지 단계를 포함해야 한다.

예비세(豫備勢)는 그 이름과 같이 몸을 전술(前述)의 「무극으로 하여 태극」의 상태로 정리하는 것이다. 우리 몸은 안정된 상태에 있더라도 반드시 태극상태라고 할 수 없다. 몸을 먼저 태극상태로 만들지 않거나 나아가서 연습의 전 과정에서 항상 태극상태를 유지하도록 노력하지 않으면 참된 태극권연습도 할 수 없다. 뿐만아니라 예비적 세(勢)에는 형(形)으로서 나타나는 동작은 없더라도 태극권의 한 가지 세(勢)이다.

우리가 이미 알고 있듯이 태극권 연습에서 몸의 자세에 대한 몇 가지 구체적인 기본요구인 정두현(頂頭縣)·침견(沉肩: 沈肩)·추주(墜肘)·전지(展指)·서장(舒掌)·함흉(涵胸)·발배(拔背)·송요(鬆腰)·유둔(溜臀)·송슬(鬆膝)·송과(鬆踝)가 있다.

예비세(豫備勢)는 이러한 요구를 충족시키기 위해 몸을 다듬는다. 요구의 한 부분은 외견형에도 나타나지만 그 대부분은 형으로서 나타나지 않는 내면적 요구이다. 따라서 이러한 요구에 대한 단순한 글자의 이해에 근거하여 체형(體形)을 다양하게 다듬는 것만으로는 요구를 충족시키지 못할 뿐만 아니라 역효과조차 생긴다. 이 점에 대한 오해로 연습 중 다양한 폐해가 자주 나타난다.

태극권 연습 중의 모든 문제(결점)는 예비세(豫備勢)에 대한 인식부족, 또는 경시(輕視)에서 생긴다고 해도 과언이 아닐 정도로 예비세는 매우 중요하다. 태극권(太極拳)과 기공(氣功)과의 일체 불가분의 관계도 태극권이 내가권(內家拳)인 이유도 그 시발점은 모두 여기에 있다. 예비세 자체가 일종의 중요한 기공단련(氣功鍛鍊) 방법이기도 하다.

예비세(豫備勢)에는 외견의 움직임은 없지만 단지 정적으로 가만히 서있는 것은 아니다. 전술의 각 연습단계에 공통되는 기본요구와 제1단계의 「편안함」의 상태이다. 많은 사람이 종종 이 예비세를 그저 「몸의 힘을 뺀 편안한 상태의 자연직립(自然直立)」을 생각하여 무시하는 경향이 있지만 실은 이것은 태극권의 건강증진과 호신술 효과를 내기 위한 최초의 준비이며, 동시에 연습시 시종일관해야 할 몸 상태에 대한 기본자세이다.

예비세(豫備勢)를 갖추었을 때 두뇌도 보다 명석해지고 심경도 차분해진다. 이 때의 전신기혈(全身氣血)의 운행은 더욱 더 부드러운 상태가 되어 수액분비(睡液分泌)도 좋아진다. 이 때의 느낌은 몸이 팽창한 투명한 공처럼 그것이 구(球)운동과 동조하여 가볍게 흔들리는 것 같다. 자신은(육체도, 의식도) 주체적인 동작을 하나도 하지 않고 그저 이 편안함을 느낀다. 이것은 단순한 명상(瞑想)이 아니라 다음 방법으로 연습하면 자신의 신체로 실감할 수 있다.

2) 태극권 예비세(勢)를 갖추는 방법

몸을 예비세로 만들기 위해서는 외견자세의 조정보다도 의식작용에 의한 체내부(體內部)・관절내부(關節內部)의 조정이 중요하다. 그러기 위해서는 다양한 내면적인 요구를 완성해야 한다. 대개 외견형(外見形)에서 내면(內面)으로 다음과 같은 순서로 완성한다.

(1) 먼저 외형(外形) 갖추기
① 남향으로 자연스럽게 직립한다. 팔괘와 오행의 인체적 관계에 관한 관념에서 노사들이 「남향(南向)」을 고집하는데 되도록 남쪽을 향하도록 한다.
② 머리를 바르게 세우고 목을 느슨하게 하고 턱을 가볍게 당긴다.

③ 혀끝은 가볍게 위턱에 붙인다. 수액이 고인 경우에는 조용히 삼킨다.

④ 양팔을 자연스럽게 내리고 손바닥을 펴고 손가락은 붙이지 않고 자연스럽게 뻗는다.

⑤ 무릎의 긴장을 풀고 양발을 자연스럽게 뻗은 채 선다.

⑥ 시선은 전방을 향하지만 아무것도 보지 않도록 한다(실제 보이지만).

⑦ 호흡은 자연스런 흐름에 맡긴다. 먼저 주의력을 단전에 집중한다.

(2) 내면 조정에 들어가기

그 다음 몸의 표층에서 점차 심층의 편안함을 찾기 위하여 상기의 형태로 유지하면서 몸을 움직이지 않고 다음과 같이 상상한다. 여기에 나오는 경락의 위치는 침구에 관한 책을 참고한다

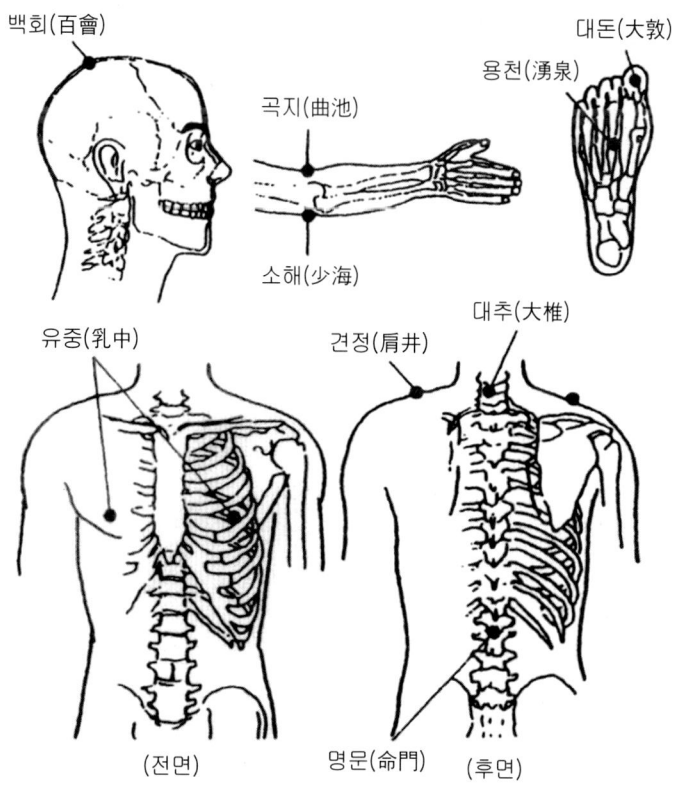

예비세를 위한 내면조정의 경락

① 머리는 「백회(百會)」 경락 부분에서 마치 위에서 매우 가는 실이 뻗어 하늘에 매달려 있다고 생각한다(위로 당겨져 있는 것이 아니다). 턱과 혀는 앞과 같이 한다. 이것이 「정두현(頂頭縣)」의 요구이다(다음 페이지 그림 1).

② 시선을 자신의 머리 내부(눈에서 중간으로 약 3cm의 부분)로 향한다(그림 2).

③ 양 어깨는 「견정(肩井)」 경락이 아래로 내려와 뒤의 「용천(湧泉)」 경락에 떨어지도록 상상한다. 이것으로 양 어깨의 긴장이 풀려 「침견(沉肩)」이 된다. 일부러 어깨 관절을 내리는 것은 아니다(그림 3).

④ 양 팔꿈치의 「곡지(曲池)」 경락이 팔 외측을 돌아서 「소해(少海)」 경락으로 간다고 상상한다. 이것으로 팔꿈치 외측의 뼈가 느슨해져 아래로 향하게 되며, 「추주(墜肘)」 상태가 된다. 일부러 팔꿈치 관절을 아래로 내리는 것은 아니다. 의식적으로 손목을 느슨하게 하여 손바닥을 펴고 10개의 손가락이 아래로 떨어져 지면에 닿는다고 상상한다(그림 4).

⑤ 가슴의 「유중(乳中)」 경락이 단전(丹田)으로 떨어진다고 상상한다. 이것으로 가슴의 긴장이 풀려서 가슴이 들떠 있는 것 같은 느낌이 되어 「함흉(涵胸)」에 달하게 된다. 결코 양 어깨를 앞으로 향해 가슴이 움추러들게 해서는 안 된다(그림 5).

⑥ 등의 「협척(夾脊)」 경락이 마치 속옷에 들러붙는다고 상상한다. 이것으로 등뼈가 느슨해져 똑바로 늘어지도록 한다. 「발배(拔背)」가 요구하는 부분이다. 머리·목·어깨 등을 움직여서 위로 늘리는 것이 아니다(그림 6).

⑦ 아랫배를 약간 뒤로 당긴다고 상상하고, 양 대퇴골두(大腿骨頭: 넓적다리뼈머리)를 약간 바깥쪽으로 느슨히 하여 열리도록 상상한다. 이것으로 요추가 느슨해져 그 앞으로의 만곡도(彎曲度)가 적어진다. 이리하여 「송요(鬆腰)」의 요구를 만족시킨다.

⑧ 미저골(尾骶骨: 꽁무니뼈)을 의식적으로 느슨히 하여 그 하단이 몸의 앞을 통하는 큰 원을 그려서 콧등을 가리키는듯이 상상한다(그림 7).

※ 의식적으로 무릎과 발목을 느슨히 한다.

제4부 태극권수련의 기본과 이해 317

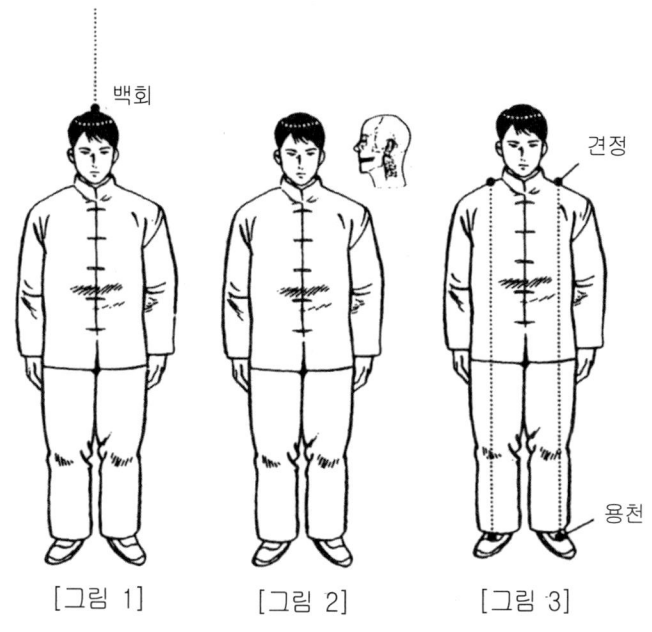

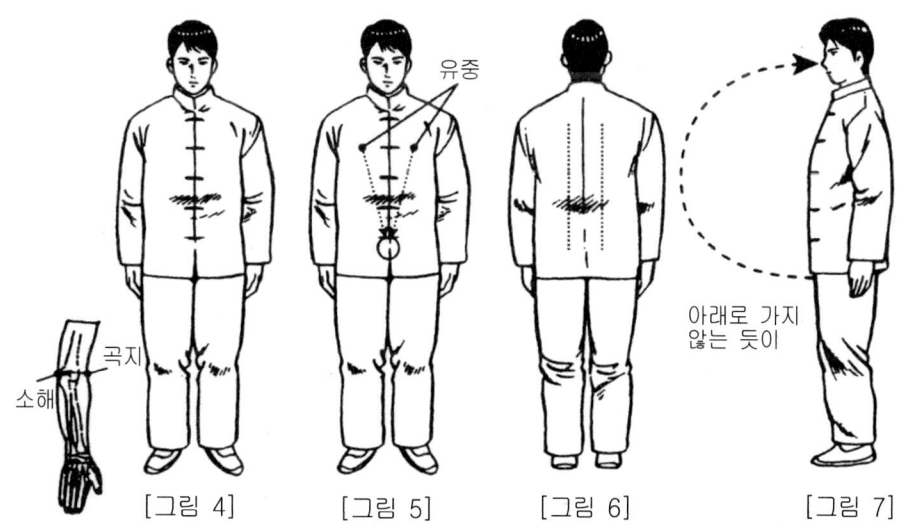

[그림 1] 백회의 급소에 가는 실이 당긴다고 생각한다.
[그림 2] 시선을 자신의 내부로 향한다고 생각한다.
[그림 3] 양어깨의 견정혈이 양발의 용천혈로 떨어진다고 생각한다.
[그림 4] 양팔꿈치의 곡지혈이 팔 외측의 소해혈로 간다고 생각한다.
[그림 5] 유중혈이 아랫배 단전으로 떨어진다고 생각한다.
[그림 6] 협척혈(제1~5흉추까지)이 피부에 붙는다고 의념화한다.
[그림 7] 미저골 하단이 원을 그리듯 코끝으로 오르는 것처럼 의념화한다.

(3) 전신의 편안함감이 들게 하기

이후 몸의 편안함을 더욱 더 깊게 발전시키도록 다음과 같이 상상한다.

① 전신의 피부가 근육에서 떨어져 나간다. 몸이 팽창하는 느낌이 든다. 전신 피부의 긴장이 풀려서 손가락 끝에 충혈감이 든다.

② 다음은 전신의 근육이 골격에서 떨어져 나간다. 몸이 계속 팽창하여 투명한 느낌이 든다. 전신근육의 긴장이 풀려 모세혈관의 혈행이 좋아진다. 손가락의 충혈·팽창감이 보다 현저해진다. 골격이 투명해지는 느낌이 든다.

③ 그 다음은 손가락뼈가 제1관절부터 제2, 제3관절의 순서로 스스로 탈락하여 떨어져 나간다, 그 다음 팔뼈가 손목에서 무릎에서 어깨의 순서로 떨어져 나간다, 손과 팔이 늘어나 길어지는 것 같은 느낌이 든다, 관절이 느슨해지고 뼈와 뼈 사이에 틈이 생긴다는 느낌이 들게 한다.

④ 발가락이 앞으로 늘어나는 느낌이 든다, 발목과 무릎이 위로 가는 느낌이 든다, 등이 위로 늘어나는 느낌이 들게 한다.

⑤ 다시 한 번 의식적으로 고관절(비구관절; 볼두덩뼈 바깥쪽과 넓적다리뼈를 연결하는 관절)을 옆으로 연다. 미저골(尾骶骨: 꽁무니뼈)을 밑으로 느슨하게 한다.

⑥ 그 다음 시계의 바늘과 반대방향으로 도는 나선선(螺旋線)을 상상하여 그 나선선이 미저골 위의 제5요추부터 요추를 돌면서 위로 가서 한 번 돌 때마다 요추의 추골과 추골(椎骨: 등골뼈·척추뼈) 사이에 틈이 생겨지는 느낌과 등(背)이 위로 늘어나는 느낌이 들게 한다. 이렇게 회전하면서 아래에서 위로 17회 회전하여 「대추(大椎)」경락까지 간다. 이렇게 하여 척추관절이 전부 느슨해진다.

⑦ 턱을 다시 한 번 가볍게 당긴다. 이리하여 경추(頸椎: 목등뼈)가 더욱더 느슨해진다.

제4부 태극권수련의 기본과 이해 319

피부가 근육에서 떨어져 근육이 뼈에서 떨어져 나가는 느낌이 들게 한다.

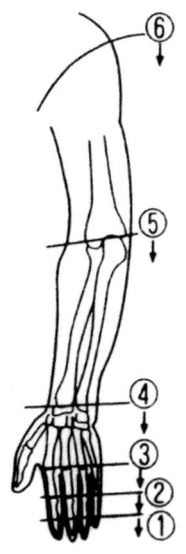

어깨·팔꿈치·손목과 손가락뼈의 ①②③관절 순으로 떨어져 나가는 느낌이 들게 한다.

발가락이 앞으로 신전된다고 의념화한다.

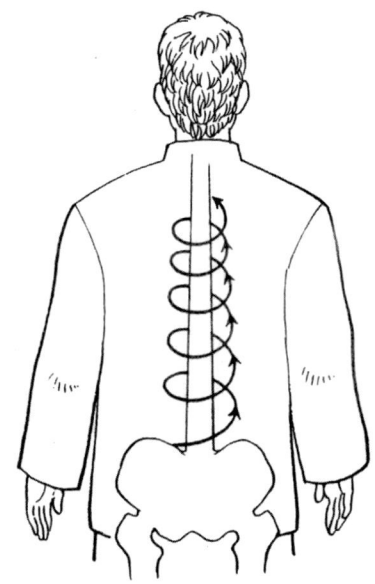

등이 위쪽으로 신전되어진다고 의념화한다.

(4) 투로전 호흡조정에 들어가기

이 때 자신의 몸이 팽창한 투명체가 된 느낌이 들어 어느 하나 주체적인 움직임이 없고 지구와 함께 움직이고 가볍게 흔들리는 매우 기분 좋은 느낌이 든다. 자신의 평온함으로 가늘고 긴 호흡을 느끼게 된다. 이 때 이러한 상태를 유지하면서 자연호흡에 맡기고 조용하게 다음과 같이 상상한다.

① 숨을 들이쉴 때는 배꼽이 몸 뒤쪽 요추에 있는「명문(命門)」경락에 가까이 간다. 가슴을 펴지 않도록 주의한다.「기(氣)」가 아랫배로 가는 느낌이 든다. 숨은 가늘고 길게(의식에 지배되지 않도록) 마음껏 들이마신다.

② 자연호흡이기 때문에 숨을 내쉬고 싶으면 내쉰다. 숨을 내쉴 때는 배꼽이 앞으로 되돌아온다.「기(氣)」가 배꼽에서 아래로 가서 양 발의 내측을 따라 내려서 엄지발가락의 바깥쪽「대돈(大敦)」경락에서 지하로 들어간다고 상상하면서 최대한 조용히, 가볍게 느긋하게 3회반복 호흡한다.

이러한 상태에서 스스로 "태극권 연습을 시작하자"라는 의념(意念)이 생기고, 이 의념으로 기(氣)가 움직여진다. 태극권 투로의 최초 동작이 떠올려지고 마침내 투로연습에 들어가게 된다. 투로연습에 들어가더라도 항상 예비세(豫備勢: 예비자세) 때의 심신상태를 유지하도록 노력한다.

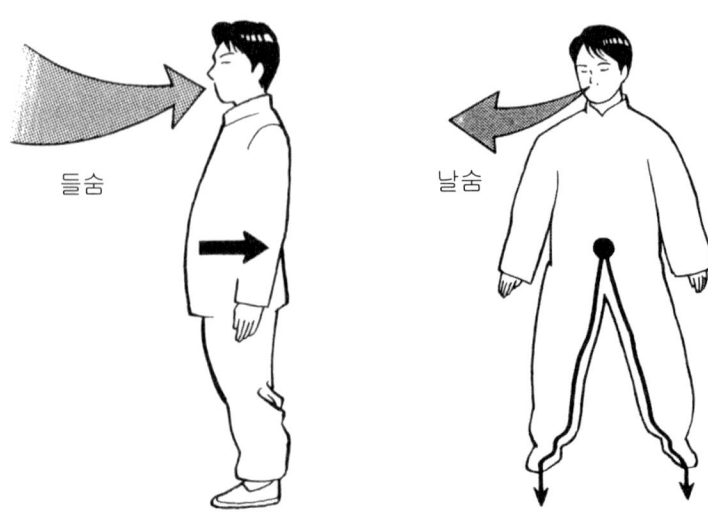

3. 태극권 방송의 연습

1) 방송(放鬆)의 개념

 태극권(太極拳)을 사랑하여 오랫동안 연습을 계속하고 있는 사람이거나 성실히 연습하며 이론서를 조명하여 그 깊은 뜻을 추구하는 사람에게도 연습과 실천과정에서 여러 가지 의문과 고민이 생긴다. 이것도 대부분의 사람은 이러한 벽을 극복하지 못하고 태극권을 그만두거나 혹은 형식적인 투로를 차례차례 많이 익히는 것에 만족하는 경향이다. 이것은 태극권연습의 문턱에서 정체하고 있는 현상이다.

 이것은 비유하면 오랫동안 터다지기로 쌓아올린 토대 위에 건물을 짓지않는 것과 같고, 심한 고통을 느끼게 하는 현상이라고 생각한다. 실지 이러한 의문과 고민을 가지고 다시 경전이론(經典理論)을 공부하는 것이야말로 태극권을 올바르게 이해하는 시작이며, 여러 가지 의문을 푸는 열쇠이기도 하다.

 자주 "기술은 훔쳐라"라는 표현을 듣는다. 그러나 실지 태극권은 「외견기술(外見技術)」만이 아니다. 그러므로 그 내용의 영역에 들어서면 보거나 듣는 것만으로는 좀처럼 훔칠 수 없다. 역시 「기술을 연마하는」 것이 정도(正道)라고 생각한다.

(1) 방송의 문제점

 중국인 전육제(錢育才)선생이 일본에서 태극권을 지도하던 교실로 한 중년 여성이 견학하러 방문하였다. 휴식시간에 그 여성이 특히 오랜 태극권 연습경력을 가졌다는 것을 알았기 때문에 전선생은 그 여성에게 투로 중의 두 가지 세(勢)를 보여 준 후 잠시 「정보쌍추수(定步雙推手)」의 투로를 부탁하였다.

 대체로 그가 받은 인상은 역시 약 3년 전에 러시아 태극권 코치들과 접촉한 때와 같았다고 하였다. 수업이 끝나고 여성이 곧바로 수강신청을 하고 싶다고 하였지만, 그 교실은 초심자반이므로 전선생은 그 여성에게 신청이유를 물었더니, 그녀는 "「놓아주고 풀어준다」는 진짜 방송(放鬆)을 습득하고 싶다"는 급소를 찌른 대답을 하였다.

알고 있듯이 태극권의 연습을 시작할 때부터 어느 선생이라도 「방송(放鬆)」을 요구한다. 게다가 이것을 반복하여 강조한다. 그러므로 오랫동안 연습을 계속해 온 사람이 자신은 아직 「방송」을 할 수 없다고 솔직히 인정하는 것은 어느 정도의 용기가 필요하다. 실지 어떠한 수행에 있어서도 마찬가지이다. 그러나 자신의 현 단계의 문제점을 정확하게 밝혀내는 것이야말로 문제해결과 다음 단계로 나아가는 제1보가 된다.

(2) 「방송(放鬆)」의 진의(眞意)

태극권 연습으로 몸에 특히 무릎과 허리에 고장이 생기거나 오랜 연습에도 불구하고 추수시 상대에게 쉽게 제어당하는 사람이 많다. 이러한 현상의 원인은 모두 「방송(放鬆)」에 대한 오해에서 생긴다. 건강을 위하여 오랫동안 연습을 계속했는데도 참된 방송을 알지 못하는 사람은 중국에도 많이 있다. 그러한 사람의 태극권은 무술뿐만 아니라 건강을 위한 효과도 그리 획득하지 못한다.

태극권에서 말하는 「방송(放鬆)」 또는 단순히 송(鬆)은 연습 중 하나의 특수한 몸 상태를 나타내는 술어(術語: 기술용어)이다. 어떠한 말이라도 일단 어떤 영역의 술어(은어)가 되면 그 어의(語義)내용은 원시적 어의 외에 독특한 성분을 가지게 된다. 술어로서의 「방송」도 예외는 아니다.

우리로서는 오히려 이 독특한 부분이 가장 중요하며 주의해야 하는 부분이다. 일반용어로서의 「방송(放鬆)」은 "느슨하게・풀어주다"이지만 실지의 「방(放)」은 "놓아주어 자유롭게 하다"이며, 「송(鬆)」은 "느긋하게 쥐고 있던 주먹을 푸는 것이다." 두 개의 근사(近似)한 어의를 가진 글자를 중첩하여 사용하는 것은 이른바 「쌍음사(雙音詞)」로 중국어의 언어발전의 추세이다. 그러므로 일반용어의 「방송」은 상기와 같은 의미이다.

그러나 태극권에서 말하는「방송」도「몸의 힘을 뺀 편안한 상태」로 해석하면 너무 단면적이어서 중요한 부분을 빠뜨리게 된다.「송(鬆)」자를 간자화(簡字化)시켜「송(松)」으로 적으니 외국인으로서는 더욱 더 알기 어려워졌다.

2) 방송의 상태

태극권에서 말하는「방송(放鬆)」은 몸이 느슨해지는 것, 근육을 이완시키는 것은 아니다. 태극권에서 말하는「유(柔)」도 단순히 유연함이 아니다.「방송」은 긴장이 풀린 여유가 있는 느긋한 상태이며, 의식작용에 의해서 도달한 전신관절(全身關節)이 느긋한 상태이다.

방송(放鬆)은 또한 전신방송(全身放鬆)과 국부방송(局部放鬆)으로 나누어진다. 전신방송은 전술의「예비세」상태이며, 몸이「무극으로 하여 태극」으로 정리된 상태이다. 국부방송은 몸의 일부가 이러한 상태가 된 것이다.

방송(放鬆)상태는 비유하면 공기가 충만한 풍선 또는 공, 사용하는 상태에 있는 활(弓), 또는 양 끝에서 가볍게 당겨져 팽팽하게 된 밧줄과 같은 것이다. 이 때, 전신관절은 분산된 것 같지만 이것은 자신이 컨트롤할 수 있는 상태여서 언제라도 자신의 의지로 자유롭게 몸의 한 부분 약간의 관절을 직선(直線) 또는 호형선(弧形線)으로 연결하여 외력에 대항할 수 있는 상태이다.

실천에 있어서는 전신방송과 국부방송이 항상 서로 교환하는 상태이며, 특히 국부방송의 교묘한 운용이 급소가 된다. 전신이 항상 이렇게 방송하기 때문에 태극권의 독특한 전법(최대한 자신의 에너지를 절약하는 방법)을 실행할 수 있다.

3) 방송의 연습

(1)「예비세」가 기점

방송(放鬆)은 한 마디로 말하면 예비세의 몸이「무극으로 하여 태극」으로 정리된 상태이기 때문에 그 연습은 당연히 예비세를 갖추는 것이다. 예비세의 연습방법에 대해서는 반복할 필요가 없지만 단지 종종 문제가 되는 다음 두 가지 점에 대하여 설명한다.

① 동작이 없는 예비세에서 어떻게 투로연습 동작으로 이행하는가?
② 어떻게 「연습의 전과정」에서 항상 태극상태 유지에 노력하는가?

많은 사람의 이야기에서 이러한 문제는 머릿속에서 이해할 수 있더라도 실천하는 방법은 좀처럼 생각대로 되지 않는다. 이 두 가지 문제는 실은 하나이며, 첫 번째 문제가 해결되면 두 번째 문제도 자연스럽게 해결된다. 방송(放鬆)연습은 실제 예비세 상태를 유지하는 연습이다.

예비세를 갖춘 때, 기둥을 안듯이 손으로 원을 그리며 엉거주춤 서있는 참장공 상태로도 자신의 몸이 팽창한 투명체가 된 느낌이 들어 마음이 편안하여 움직이고 싶지 않은 기분이 된다. 물론 이대로 서 있더라도 참장공(站樁功)의 「무극장(無極樁: 참장공의 첫 단계)」을 세우는 것이 되며, 매우 몸에 좋지만 투로 동작을 시작하고자 할 때는 다음과 같이 동작으로 옮긴다.

① 먼저 "투로연습을 시작하자"라는 결심이 생김과 동시에 몸의 기(氣)가 움직여져 이어서 투로 최초의 동작이 머리에 떠오르고 드디어 몸이 저절로 움직이기 시작한다. 이 순서가 매우 중요하다(경전이 말하는 「선재심, 후재신(先在心, 後在身)」의 원칙이다).

② 몸이 움직이기 시작하더라도 항상 전신 예비세 상태를 확인하고 최대한 유지하면서 조용히 동작해야 할 국부만을 움직인다. 움직일 필요가 없는 곳은 최대한 주체적으로 움직이지 않도록 한다.

③ 동작해야 할 국부를 움직일 때도 그 국부(동작과정에서 자신의 중심에서 밖을 행하여)의 최선단(最先端)·최전선(最前線)이 되는 부분만을 의식하여 그 동작을 완성한다. 어떤 동작도 이러한 과정에서 완성한다.

④ 몸의 다른 부분은 무의식적 상태로 그 자연스러운 움직임에 맡긴다. 다만 때때로 그 예비세 상태를 검사하고 그것이 무너져 있다면 곧 수정한다. 즉 이러한 부분은 동작해야 할 부분의 움직임에 영향을 주어 외형을 바꾸는 일은 있

더라도 그 자신은 항상 예비세 상태를 유지해야 하며, 연습자 자신이 그것을 의식적으로 움직이지 않는다.

⑤ 그러므로 투로연습은 실제 전술이 '분산되어 있다.' 전신의 관절을 필요에 따라서 필요한 부분만을 여러 가지 곡선으로 연결하는 연습이기도 하다. 그러므로 예비세에서 어떠한 동작으로도 이행이 가능하다.

⑥ 투로동작의 목적은 이러한 동작법에 몸을 익숙하게 하고 그것이 어느 때도 자연스럽게 반사적으로 될 수 있도록 습관을 붙이는 것이다.

(2) 구체적 동작의 예

우리가 평소에 연습하고 있는 『오식37세』의 「기세」의 한 부분을 예로 하여 방송(放鬆)상태의 동작을 살펴본다. 의식선행(意識先行)에 대해서는 더 이상 설명하지 않는다.

「기세(氣勢)」의 최초의 3가지 동작의 외견은 다음과 같다(그림①~④).

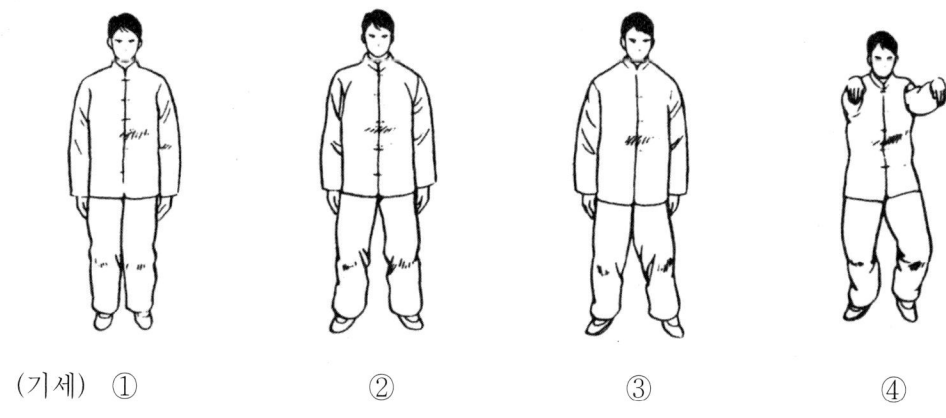

(기세) ①　　　　　②　　　　　③　　　　　④

① 예비세에서 먼저 중심을 ② 우측발로 옮기고, ③ 좌측발을 대략 어깨넓이로 벌리고 몸의 중심을 양발 중심으로 옮기고, ④ 양손 손목을 앞으로 어깨 높이까지 들어 올린다.

이것을 완성하기 위해서는 다음과 같이 실행한다. 설명은 1, 2, 3의 순서를 붙여야 하지만 실천에서는 동작을 1, 2, 3으로 확실하게 구분하는 것은 아닙니다. 태극권 동작은 서로 섞여서 연속적이며 구름이 움직이듯이 언제 어느 곳이 어떻게 움직이고 있는가를 알지 못해야 한다.

① 먼저 중심을 우측발로 옮기기 위해서는 주체(主體)인 요추만을 우측으로 움직이면 된다. 즉 미저골이 지면에 수직상태를 유지하면서 느긋한 요추 전체를 상하가 아닌 수평으로 우측으로 옮긴다. 이 때 앞의 이론부분의 「정 속에서 동을 촉발하고」, 「좌측이 있으면 우측이 있다」와 같은 부분을 기억하여 먼저 좌측에 의식으로 원을 그린 후 우측으로 움직인다. 전신의 중심이 옮겨지기 때문에 전신이 움직이는 것은 아니다. 실은 자신이 의식적으로 주체적으로 움직인 요추뿐으로 상반신의 바깥 부분은 모두 원래 상태를 유지한 채 수동적으로 움직이고 있다.

② 옮길 때의 몸은 넘칠 듯이 가득한 그릇에서처럼 물이 넘치지 않도록 조용히 움직인다. 코끝이 우측 엄지발가락 수직에 위치하고 미저골(꽁무니뼈: 미추골)이 우측 발뒤꿈치와의 중앙으로 떨어질 때까지 옮긴다. 중심이 우측발로 옮겨지더라도 좌측발은 원래 장소에 놓였기 때문에 그 일부분의 중심은 아직 우측발의 부담이 되어 있지 않다.

③ 다음은 좌측발이 좌측으로 벌리지만 자신이 의식적으로 좌측 무릎을 들어 발을 좌측으로 내는 것이 아니라, 중심이 우측 발에 떨어지는 순간에 좌측 새끼손가락이 땅을 가리키는 것을 상상한다. 좌측발이(몸 자체가 균형을 유지하기 위하여) 저절로 움직이듯이 들어 올려진다. 좌측발이 들려지는 순간부터 그 중심을 우측발이 부담하기 때문에 요추를 조금 뒤위쪽(後上)으로 들어 올리는 것을 상상하고 동시에 우측 고관절을 우측 뒤아래(後下)로 완화하면 좌측 고관절이 스스로 앞위(前上)로 움직여 좌측의 하지(下肢) 전체가 저절로 좌측으로 움직이기 시작한다. 그 때 좌측 엄지발가락을 늘리는 상상을 하면 엄지발가락이 지면에 닿는다. 이렇게 되어진 양발의 간격은 자신의 발에 가장 적합한 간격이다. 이 때 좌측 발뒤축은 아직 내리지 않는다.

④ 다음은 또 중심을 좌측으로 양발의 중심으로 옮기지만 앞과 같은 방법으

로 조용히 요추와 코끝을 좌측으로 옮기면서 좌측 발뒤축을 서서히 내린다. 이때는 주의력을 좌측 새끼손가락에서 점차 엄지손가락으로 옮기면 이것과 동시에 좌측발의 착지점이 점차 엄지손가락에서 새끼손가락으로 확대되어 발바닥의 외측, 발뒤꿈치라는 순서로 발바닥 전체로 서서히 내려진다. 그러면 중심도 저절로 양발의 중심에 온다.

⑤ 손목을 앞으로 들어올릴 때는 먼저 그 동작 중에서 최전선(最前線)이 되는 부분(손목 외측 중앙, 양지:陽地 경락)을 앞으로 향하게 한다. 이를 위해서는 양손의 검지를 땅에 삽입하여 축으로 하는 상상으로 양손 새끼손가락 끝을 앞으로 돌리는 방법으로 손가락이 아래로 드리워져 안쪽을 향한 양 손바닥을 뒤로 향하게 한다.

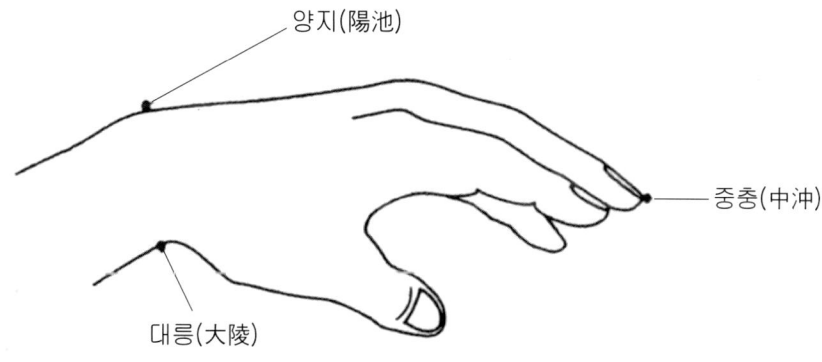

⑥ 그다음 양손 중지 끝(중충:中沖 경락)에서 뒤로 향하는 원을 그려 손목 내측의 중앙(대릉:大陵 경락)으로 가는 상상을 하면 손목 외측 중심(양지:陽地 경락)이 앞으로 돌출된다. 그 계기로 양손목이 양지경락에 인솔되어 앞으로 당겨지도록 위로 들어올려진다. 자신은 단지 중충경락이 원을 그리고 대릉경락으로 가는 상상을 계속하면 된다.

⑦ 전과정 중에 팔꿈치와 어깨도 쭉 예비세로 있다. 그러므로 침견추주(沉肩墜肘: 양 어깨를 자연스럽게 아래로 내리고, 팔꿈치를 자연스럽게 아래로 처지게 하는 것)의 상태에서 양손목을 들어 올리게 된다. 손목이 항상 앞으로 당겨진 상상이기 때문에 어깨 높이까지 오면 들어 올리는 한계가 된다.

4) 견관절과 고관절의 방송

일반인 특히 근육의 힘을 사용하는 습관이 있는 사람이 태극권을 연습할 때 가장 어렵다고 느끼는 것은 그 중에서도 상지(上肢)와 하지(下肢)의 「근(根)」에 해당하는 견관절과 고관절의 방송(放鬆)이다. 몸이 어떠한 영향을 받았을 때 어깨와 고관절이 방송되지 않으면 전신이 굳어지고, 원래 자유롭게 지배할 수 있는 부분까지도 지배할 수 없게 된다. 그러므로 태극권연습에는 이러한 관절의 방송이 특히 중요시되어 다양한 연습방법이 강구되고 있다.

그 중 「정보(定步)의 단(單), 쌍추수(雙推手)」, 「조수(操手)」와 「연보(練步)」가 비교적 널리 알려져 있다. 「정보(定步)」의 단(單), 쌍추수(雙推手)」는 널리 연습되고 있기 때문에, 여기서는 「조수(操手)」와 「연보(練步)」만을 설명한다. 모든 연습은 예비세 상태를 기점(起點)으로 한다. 의식의 선행작용도 모든 동작에 공통적이다. 이하는 이러한 점에 대해 설명한다.

(1) 「조수(操手)」(견관절을 방송하는 연습)

① 예비세부터 중심을 우측 발로 옮기고 몸을 자신에게 적당한 높이까지 내린다. 무리를 하지 않도록 무릎을 굽히고, 특히 중심을 옮기는 경우 요추(허리등뼈)·미저골(꽁무니뼈: 미추골)·고관절(불두덩뼈와 넓적다리뼈를 연결하는 관절: 비구관절)의 상태 변화에 주의하여 무릎에 무거운 부담을 주지 않도록 한다. 좌측 발을 벌리면서(앞과 같은 벌리는 법), 중심은 우측 발에 둔 채로 좌측 앞으로 내고 발뒤꿈치로 땅에 닿는다(그림 1~4).

② 허리를 우측으로 돌리면서 오른손을 우뒤돌기 방향으로 호선을 그려가면서 손바닥을 위로 하면서 머리의 우측 위로 가져간다. 손가락은 편 채로 이 때 요추에서 어깨·팔꿈치·손목을 거쳐서 손가락 끝까지의 부분을 하나의 「끈」으로 상상하고 허리의 한 끝에서 그 「끈」을 당겨서 우측후방을 거쳐 손가락 끝을 머리 위로 가져간다고 상상한다. 손이 그리는 선은 뼈 관계에서 실제로 바른

제4부 태극권수련의 기본과 이해 329

호선이 되지 못하지만, 어깨·팔꿈치·손목·손가락의 관절 움직임이 매우 자연스럽게 된다(그림 5).

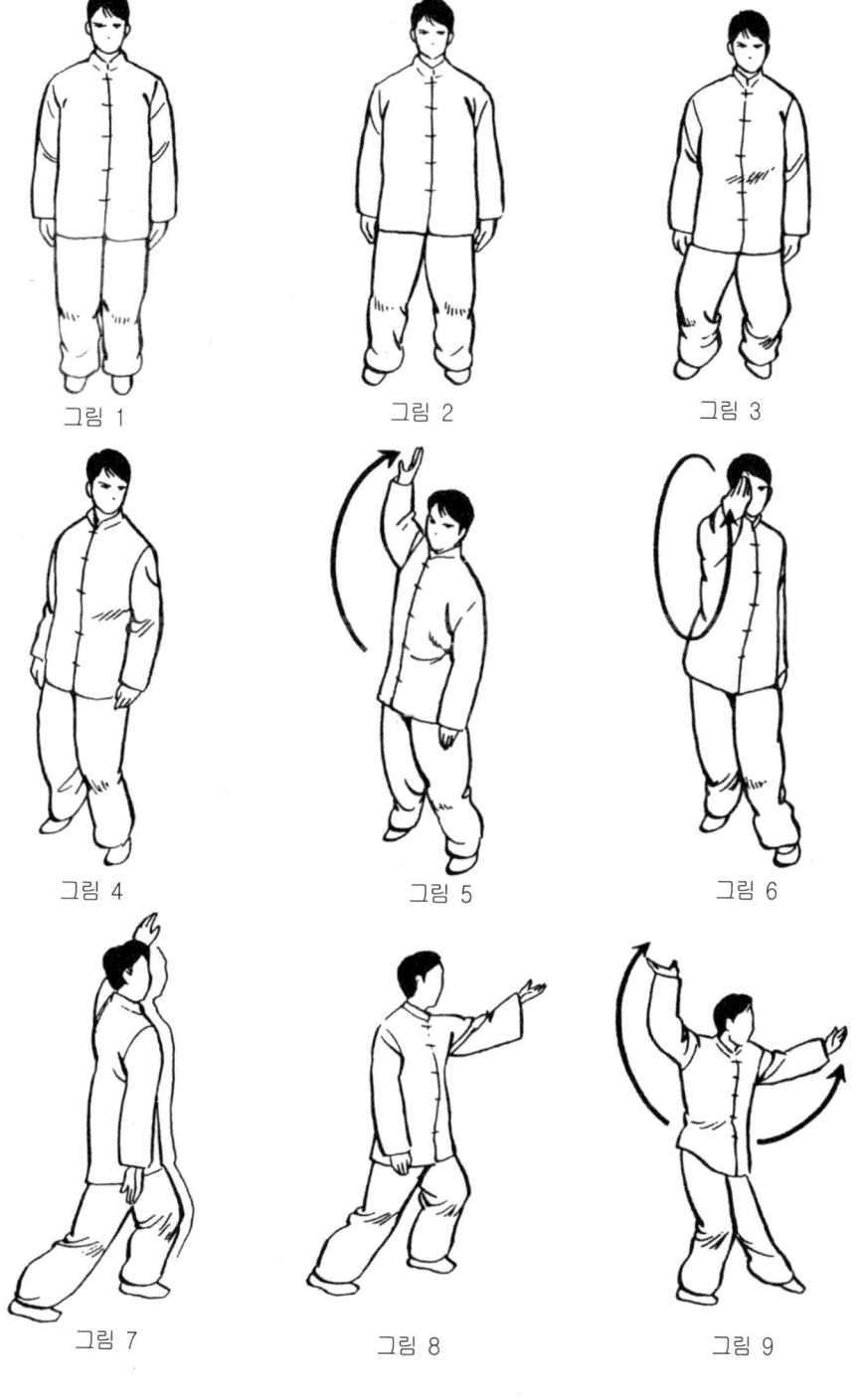

그림 1 그림 2 그림 3
그림 4 그림 5 그림 6
그림 7 그림 8 그림 9

③ 그 다음 오른손을 우측의 뒤로·아래로 호선을 그려가면서 자신의 입 앞쪽으로 가져간다. 역시 손바닥을 위로하고 손가락은 뻗은 채이다. 이때도 앞의 동작과 같이「실끈」을 상상하고 손가락 끝만을 전방으로 던지는 상상을 한다. 연을 날리는 경우 그 실을 잡는 것과 마찬가지로 허리의 한 끝을 느슨하지 않도록 한다(그림 6).

④ 이상의 동작을 할 때 예비세에서 왼손을 잊고 그 자연스러운 움직임에 맡긴다.

⑤ 오른손 동작이 되면 다음은 중심을 앞으로(오른 발로) 옮기고 왼손으로 같은 동작을 연습한다(그림 7~8).

⑥ 다음은 왼발을 뒤로 해 중심을 두어 오른발을 앞으로 내고 같은 동작을 연습한다. 이것이 되면 중심을 앞 오른발로 옮기고 같은 동작을 한다.

⑦ 위와 같이 되면 다음은 중심을 뒷발(좌우 어느 쪽도 좋다)에 두고, 양손은 동시에 한 쪽을 뒤로 들어올리고, 다른 쪽을 앞으로 던지는 연습을 한다. 동작의 요령은 같다(그림 9).

⑧ 그 다음 중심을 앞의 발(좌우 어느 쪽도 좋다)로 옮기고 양손은 동시에 같은 연습을 한다.

⑨ 이후는 중심을 자유롭게 전후에 두면서 양손의 동시동작을 연습한다. 양손이 한 번 왕복하는 것을 1회로 카운트하고, 매일 수십회, 또는 백회 이상 연습하는 사람도 많다.

⑩ 마지막은 양손을 동시에 전후로 왕복하면서 중심을 자유롭게 전후·좌우로 변환할 수 있도록 연습한다. 그리고 점점 중심이 놓여 있지 않은 발을 전후 좌우로 자유롭게 움직여도 양손의 동작과 중심의 안정이 영향을 받지 않도록 한다.

(2)「연보(練步)」(고관절의 방송과 발을 내는 연습)

① 예비세부터 전술과 같이 몸을 자신에게 적당한 높이까지 내린다. 양손은 다음 자세 중의 하나를 택한다.

㉠ 어깨와 팔꿈치의 예비세 상태를 유지하면서 양손바닥을 아래쪽으로 향하고, 손가락 끝을 앞으로 하여 양손바닥으로 수면(水面)을 누르고 있다는 상상을 한다(그림 1).

㉡ 어깨의 예비세 상태를 유지하면서 양팔꿈치를 외측으로 벌리고, 손가락 끝은 뻗은 채로 양팔로 외향호형(外向弧形)을 만든다. 양팔로 양겨드랑이에 각각 가벼운 풍선을 안고 있다는 상상을 한다(그림 2).

㉢ 어깨의 예비세 상태를 유지하면서 양손바닥을 먼저 앞으로 향하게 하고 그 다음 밖으로 향하면서 위로 어깨의 높이까지 들어올린다. 손가락 끝을 뻗은 채 팔꿈치를 굽히지 않는다. 양손바닥으로 각각 가벼운 공을 지탱하고 있다는 상상을 한다. 제3의 자세를 취할 경우 어깨가 쉽게 피곤해지므로 상응하는 단련이 필요하다. 일반적으로는 앞의 두 가지 자세를 취하는 것이 좋다(그림 3).

(연보) 그림 1   그림 2   그림 3

(3) 정보(正步)의 걷는 법(그림 5~6)

① 상반신을 취한 자세를 유지하면서 중심을 한 쪽 발(그림의 경우는 우측 발)로 옮긴다. 중심을 옮기는 요령은 전술과 같다.

② 다른 한쪽 발(이 경우 좌측 발)을 좌측 앞으로 내 디디는 동작을 한다. 먼저 몸의 높이를 바꾸지 않고 중심을 그대로 유지하며, 요추(腰椎)를 약간 뒤 위(後上)로 들어올리는 상상을 하면서 우측 고관절을 우측 뒤밑(後下)으로 느슨

히 하면, 좌측 고관절이 앞위(前上)로 움직여져(좌측 발의 무게도 우측 발이 부담하게 되고) 좌측 하지(下肢) 전체가 뜬 기분이 된다. 그 계기로 좌측 발을(발끝을 너무 들지 않도록) 좌측 앞으로 뺀다. 발뒤꿈치가 자연스럽게 지면에 닫는다(중심은 그대로 발바닥을 내리지 않고). 이것은 자신이 취한 몸의 높이에 적합한 양발의 거리이다. 고관절·무릎·발목은 모두 방송상태에 있기 때문에 발이 그리는 선은 자연히 내향(內向)의 호선이 된다.

③ 다음은 중심을 앞의 좌측 발로 옮긴다. 중심의 이동 방법은 전술과 같고, 조용히 요추를 옮기면서 좌측 발바닥을 서서히 내린다. 단지 여기서 주의해야 할 것은 요추의 동선이다. 즉 그림 4에 나타난 4개의 선 중에 어느 것을 선택해도 좋지만 가능한 직선으로 가지 않도록 한다.

④ 다음은 우측 발을 우측 앞으로 내디디는 동작이다. 동작요령은 전술의 ②항의 경우와 같고 단지 좌우를 바꿀 뿐이다. 이 때 우측 발이 그리는 선도 자연히 그림 5의 (2)와 같이 내향호선(內向弧線)이 된다.

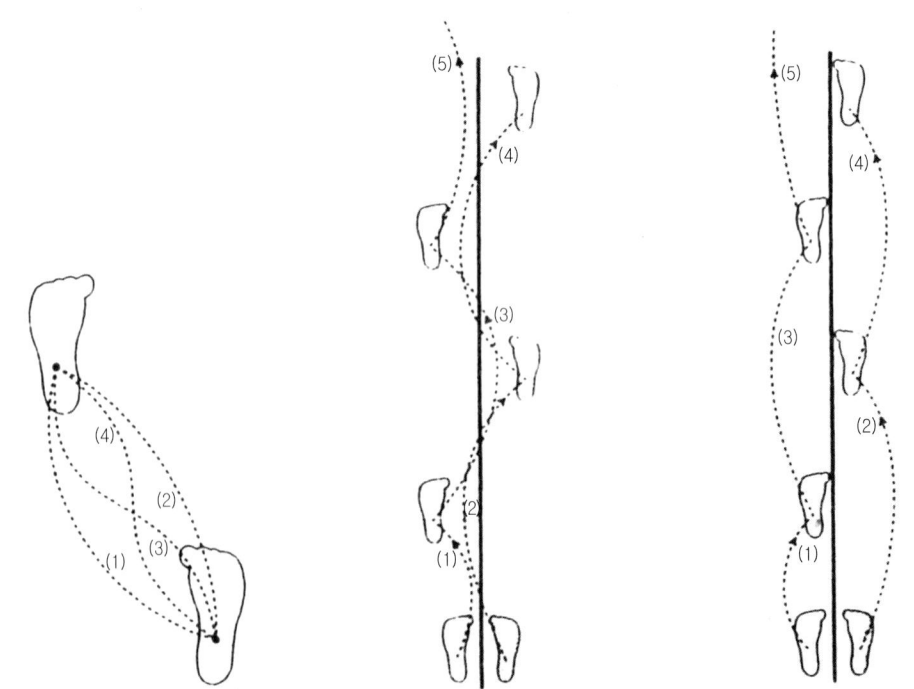

[그림 4] 중심의 이동방법   [그림 5] 발을 내딛는 방법   [그림 6] 발을 내딛는 방법

⑤ 이와 같이 상반신 상태를 유지하면서 앞으로 나간다. 일정한 장소에 다다르면 앞으로 내디딘 발에 중심을 옮기지 않고, 발을 그대로 원노선(元路線)에 따라서 뒤로 되돌리려 후퇴를 시작한다. 발을 뒤로 당길 때는 발끝이 앞서 땅에 닿는다. 그 외 동작요령은 완전히 전진 때와 같다. 매일 30~50m를 왕복 몇 번씩 연습하는 사람도 많다. 이러한 걸음걸이만을 연습함으로써 2, 3개월 만에 요통(腰痛)이 나았다는 사람도 있다.

⑥ 그림 6과 같은 직선을 걷는 연보방법(練步方法)도 있다. 상반신 자세와 동작과 중심이동의 요령은 완전히 같다. 직선(直線)이라고 해도 그림과 같이 양발을 연결하는 선은 직선이 아니라, 양발이 직선 쪽을 좁혀서 움직이게 된다. 단지 자신이 최초에 취한 몸의 높이를 상하(上下)로 움직이지 않도록 요구하고 있기 때문에, 이 경우 발이 그리는 선은 그림과 같이 외향호선(外向弧線)이 된다. 이것도 전진과 후퇴의 연습법이 된다.

4. 입신중정

1) 입신중정(立身中正)의 의미

(1) 입신중정의 이론적 복습

왕종악(王宗岳)의 『태극권론(太極拳論)』에는 「편중(偏重)되지 않고 치우치지 않고」, 「서는 것이 평준(平準)과 같다」의 구(句)가 있으며, 『13세가(十三勢歌)』에는 「미려(尾閭)는 중정(中正), 신(神)은 정(頂)에 관하고」의 구(句)가 있다.

무우양의 『13세행공요해(十三勢行功要解)』에는 "입신(立身)은 모름지기 중정(中正), 안서(安舒: 편안한 것·여유를 가지는 것)이어야 하며, 팔면(八面)을 지탱한다"의 구(句)가 있다. 이들은 한 마디로 말하면, 모두「입신중정(立身中正)」에 대한 요구이며, 동시에 그 실천방법의 설명이기도 하다.

세련된 글자 수의 매우 작은 경전논문 중 4곳에서「입신중정」을 언급하고 있는 것도 이 문제의 중요성을 뜻하고 있다.

(2)「입신중정(立身中正)」의 상태

한 마디로 말하면 "방송(放鬆)의 원칙을 잊지않고 자신의 몸이 항상 평형과 안정이 유지된 상태에 있는 것이다".

「입신(立身)」은 그때그때 몸의 자세를 말하며 반드시 서 있다고는 할 수 없다. 웅크리고 앉아있더라도, 높은 자세를 취하고 있더라도, 낮은 자세를 취하고 있더라도, 한쪽 발로 서있더라도 이 경우는「입신(立身)」에 포함된다.「중(中)」은 '한 가운데·중심에 있는 것'은 전후·좌우 모든 방향에 대하여 등거리를 유지하는 것이다. 또한,「중(中)」은「중도반단」(中途半端: 일을 중도에 둠)의 의미도 있다. 여기에서는 등거리에 있다는 의미이다.「정(正)」은 어느 쪽에도 편중되지 않은, 구체적 의미에 있어서도 추상적 의미에 있어서도 '바른 것, 안정'된 상태이다.

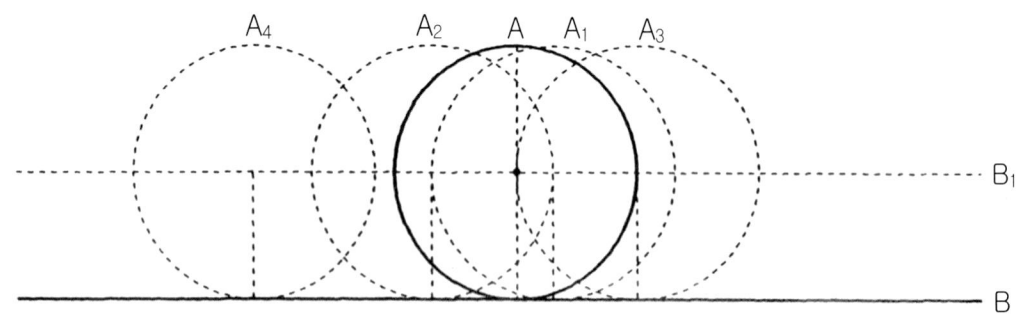

① 원 A는 처음자세이며, 어느 방향을 보아도 같다. 원 A 중심은 연습자가 취하고 자신이 적당한 허리 높이에 있게 한다.
② B선은 지면이며, B_1은 연습자의 허리 움직의 기본선으로 한다.
③ 원 A_1, A_2, A_3, A_4는 연습자가 몸을 전·후·좌·우로 움직일 때 허리상태를 나타낸다.
④ 이런 연습자의 의식작용(意識作用)이 더해지도록 실천할 때 중심점 B, B_1은 반경도 고정된 것이 아니라 가변적이다.
※ 그래서 어떤 변화에도 그림처럼 각 부분간 기본관계는 변화가 없다.

동시에「정(正)」은「한 가운데」의 의미가 있다. 이를테면 정중선(正中線)이다. 이 두 개의 한자(中正)의 형(形) 자체도 만물의 중심을 관통하여 안정된 인상(印象)을 부여하고 있다. 즉 자신의 몸은 항상 평형(平衡)과 안정(安定)이 유지된 상태에 있어, 과거의 약(藥) 조제시 무게를 다는 천칭(天秤)과 같이 자신의 몸에 영향을 미치는 외래의 힘, 사방팔방에서 오는 힘의 방향·대소·강약·급완 등에 기민하게 반응할 수 있어야 한다. 이러한 요구를 4문자로 집약한 것이「입신중정(立身中正)」이다.

즉 태극권 연습 및 그 응용의 전 프로세스로 자신의 몸이 항상 한쪽으로 기울이지 않고, 저울과 같이 균형이 갖추어져 있어 좌우의 중량차(重量差: 음과 양, 강과 유, 경과 중)의 작은 변화에도 민감하게 반응할 수 있도록 미저골이 항상 정중(正中)을 유지하여 항상「정두현(頂頭縣: 목을 반듯하게 세운 자세)」의 상태로 의기양양하게 팔방을 지탱할 수 있는 여유를 가진 편안한 상태이어야 한다. 이것이 입신중정이 요구하는 부분이다.

(3) 외견(外見)이 아닌 중립의 평형상태

이 의미의「입신중정(立身中正)」은 외견의 체형에 대한 요구가 아니라는 것이 분명하다. 외형만을 보면 투로 중의 다양한 자세를 완성하는 과정으로 상술의 모든 요구를 충족하는 것은 불가능하다. 예를 들면「해저침(海底針)」·「진보재추(進步栽鎚)」·「단편하세(單鞭下勢)」 오식(吳式)의「백학량시(白鶴亮翅)」 등의 자세를 취할 때 분명히 형의「중정(中正)」을 유지하는 것은 어렵다. 각 유파의 책에 있는 모범사진과 그림을 보더라도 이러한 자세를 취하고 있을 때의 체형은 아무래도「중정은 아닌」것 같이 보인다.

반면 앞에서 언급한 태극관념(太極觀念)과 태극권이론(太極拳理論)의 기본정신에서 생각해 보더라도 만일 자신의 몸을 어색하고 딱딱한 상태의 동작이 요구된다면 누구라도 고개를 갸우뚱할 것이다. 그러므로「입신중정」은 외견의 형에 대한 요구보다도 오히려 주로 몸의 내면적인 상태, 의(意)와 기(氣)에 대한 요구라고 보는 것이다. 따라서 이것을 바르게 이해하기 위해서는 음(陰)과 양(陽)의 관계를 해설하고 있는 태극이론에서 찾아야 한다. 즉 전문에서 언급한 것처럼 평면의 원(○), 입체구(立體球)의 특성, 그 운동원칙과 운동 중에 있어서의(중립평형을 유지) 상태에서 힌트를 얻어 깊이 파고들어야 한다.

2) 입신중정(立身中正)을 유지하는 방법

(1) 허리는 몸의 「급소」

지금의 한자 부수(部首: 偏, 旁, 冠)에 「달월(月)」이라는 것이 있다. 이 부수에는 한국어·중국어·일본어에서도 「달월(月)」변과 「고기육(肉·月)」편(偏, 한국에서는 邊으로 쓴다)의 두 가지 읽는 법이 있다. 「고기육」이라고 부르는 원인은 한자 조자법(造字法)에 있으며, 이 문(文)에서 상세하게 설명할 필요는 없지만, 요컨대 「고기육」변은 인간의 몸(육체)을 의미하고 있으며, 「고기육: 달월」변이 붙은 한자의 대다수는 사람(또는 동물)의 몸과 연관이 있다.

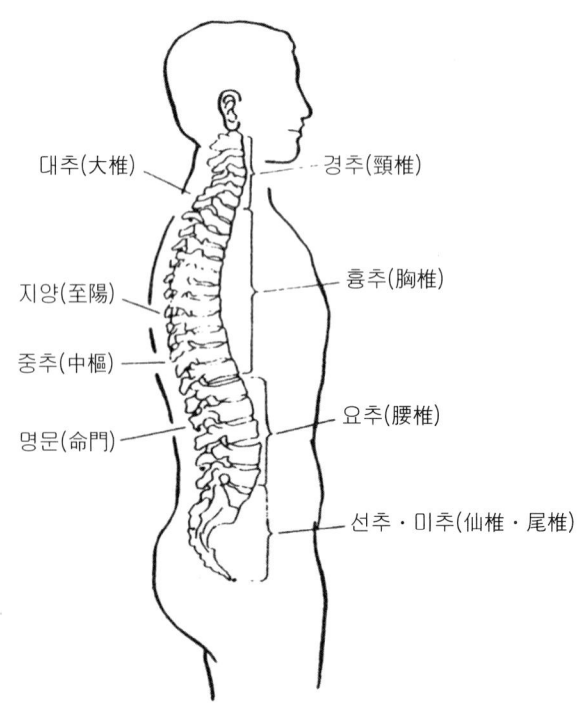

허리는 몸의 급소(요긴한 곳, 要)이기 때문에 앞에 달월변을 써서 허리(腰)의 한자가 만들어진 것이다. 즉 한자가 만들어진 옛날의 사람들이 이미 자신들 몸의 중요한 급소인 곳이 허리라는 것을 잘 알고 있었다.

허리는 인체의 급소. 그러므로「입신중정(立身中正)」도 허리에 대한 요구이며, 최종적으로 허리 상태로 결정한다. 즉 언제라도 정두현(頂頭縣)에 주의하면서 미저골(尾骶骨: 척추꼬리뼈)을 중정(中正)에 둠으로써 허리의 중정을 유지하는 것이다. 중국의 민간 권법가 사이에서는 지금도 허리역할의 중요성을 강조하는 다음과 같은 속담이 전해지고 있다. "腰如幹, 肢如枝 腰微動, 肢自動。腰不動, 肢亂動, 無用功, 一場空: 요여간, 지여지, 요미동, 지자동。요부동, 지란동, 무용공, 일장공 : 허리는 나무의 근간과 같고, 사지는 가지와 같고, 허리가 미동하면 사지는 스스로 움직인다. 허리를 움직이지 않고, 사지가 멋대로 움직이는 수련은 도움이 되지 않는 연권(練拳)이며, 결국은 모든 노력이 허사가 된다." 심어진 묘목(苗木)의 근간이 확실하고 바르게 서 있으면 그 뿌리도 튼튼하고, 지엽(枝葉)도 풍성하여 훌륭한 수관(樹冠: 나뭇가지나 잎이 무성한 부분)을 만드는 것과 같다. 대부분의 모든 권법이 허리의 역할에 주의를 하고 있지만 그 중에서도 태극권의 허리에 대한 요구는 특히 엄격히다.

『13세가(十三勢歌)』에는「명의(命意)의 원두(源頭)는 요극(腰隙)에 있고」,「시사각각요간(時事刻刻腰間)에 마음을 배려」라는 구(句)가 있으며, 무우양의 문장에도「주재(主宰)는 요(腰)에 있으며」, "기(機)를 얻지 못하고 세(勢)를 얻지 못하는 곳이 있으면, 신(身)이 산란하고 치우침이 반드시 나타나므로 병인은 반드시 허리와 넓적다리에서 찾아야 한다"가 있다. 또한「요(腰)는 구사(驅使)를 위하여」,「요(腰)는 차의 차륜(車輪)과 같고」가 있다.

이러한 구(句)를 간략하게 총괄하면 다음과 같다.「요극(腰隙)」·「요간(腰間)」은 태극권 이론에서 보면 사람의 정신과 생명의 원천이며, 인체의 모든 동작을 주재하고 구사하는 큰 근본이기도 하다. 그러므로 만일 자신의 몸이 여유가 없고 편안하지 않고 몸 전체의 동작이 흔들리고 생각대로 움직일 수 없을 경우, 그 원인은 반드시 자신의 허리와 발이 바람직하지 못한 상태이기 때문이다. 그곳을 개선하면 문제가 해결된다는 의미이다.

모든 그림에서 ⊥점은 정두현의 점·형이 이점에서 떨어져 있는 경우를 의식화한다.

차의 차륜(車輪)에 비유하면 허리는 그 축(軸)의 역할을 한다. 차륜(車輪)이 자유롭게 움직이기 위해서는 차륜이 항상 확실하게 안정(安定)되어 있어야 한다. 사람의 몸도 마찬가지이다. 구별은 단지 사람의 경우 차륜(車輪)의 면(面)은 지면에 평행상태로, 축(軸)은 지면에 수직상태이다. 태극권에 관한 속담에 「上下一條線, 全憑左右轉: 상하일조선, 전빙좌우전」(상하 한 선을 유지하고, 모든 것은 좌우로의 회전에 의존한다)라고 말하는 것은 바로 이 「입신중정(立身中正)」의 허리 역할이다.

(2) 배(船)의 범주(帆柱), 산(山)의 글자와 입신중정

배(船)에는 용골(龍骨: 배의 이물에서 고물에 걸쳐 선박 바닥의 중심선을 따라 설치된 길고 튼튼한 제목)과 노(키, 舵: 柁, 발음은 타)가 있다. 그 작용은 알고 있는 대로이다. 범선(帆船)에는 돛을 거는 범주(帆柱)가 있는데 원시적인 범선에는 범주는 하나이다. 갑판에 부착된 대포(大砲)는 회전하여 어느 쪽으로도 향할 수 있더라도 선체(船體) 자체의 방향전환은 키(柂·舵: 타)에 의존해야 한다. 풍력(風力)을 이용하는 범선(帆船)의 경우는 돛이 받는 힘은 범주(帆柱)의 근저부분을 통하여 배에 작용한다. 범선(帆船)의 운용은 키(柂·舵: 타)의 운용과 매우 밀접하게 관련되어 있다. 그러므로 조타(操舵)는 어떠한 배(船)라도 매우 중요하다. 또한 범선이라고 해도 항상 돛을 높게 올릴 수는 없고 배가 안전하도록 돛을 내리는 편이 보다 유리한 상황도 종종 있다. 광풍을 만나서 계속적인 항해가 불가능하다고 판단하여 자기보전을 위하여 표류할 각오로 어쩔 수 없이 범주(帆柱)를 자르는 경우도 있다. 그러나 범주의 근저부분은 남긴다. 이러한 것을 사람의 몸에 비유하면 척추(그 근저인 요추)와 미저골이 된다.

인간의 경우, 특히 태극권의 실천에는 의식(意識)이 항상 중요한 역할을 하고 있기 때문에 몸의 각 부분 관계가 보다 복잡해지지만 어쨌든 「입신중정(立身中正)」인 몸의 안정유지인 몸의 각 부분이 잘 기능할 수 있도록 하기 위해서는 자신의 몸이 향하는 중심선과 척추전체, 요추·미저골과의 관계에 있어서 전술의 원칙을 충분히 활용하는 것은 매우 중요하다.

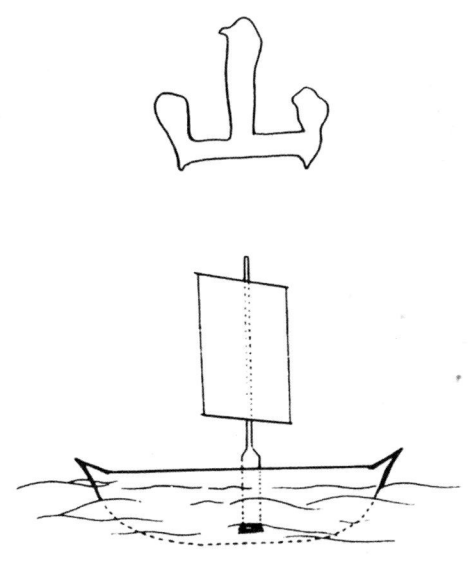

인체의 상태는 또한 「산(山)」 글자에 비유한다. 이 글자 중간(中間)에 서 있는 봉(棒)은 요추, 양측(兩側)에 서 있는 봉(棒)은 양 고관절(股關節), 횡봉(橫棒)은 고관절을 잇는 선으로 생각한다. 「산(山)」의 글자(人體)로서 가장 중요한 것은 중간에 서 있는 봉(棒)이다. 이 선(백회:百會에서 미저골 선)이 수평선(水平線)에 수직(丨)이면 다른 부분이 조금 뒤틀려도 「산(山)」처럼 안정이 유지된다.

(3) 입신중정은 ○과 ☯ 속에 있다.

전문에서 언급하였듯이 태극관념을 가장 간결하게 또한 형태적으로 나타내는 것은 ○(평면의 경우)과 ☯(입체의 경우)이다. 따라서 태극관념에 근거한 태극권연습은 한 순간이라도 이 관념에서 떨어져서는 안 되는 것이 당연하다. ○에는 전술(前述)과 같이 다양한 특성이 있다. 여기서 말하는 「입신중정」은 실제 자신이 항상 ○ 또는 ☯ 속에 최대한 그 중심에 있도록 노력하는 것이다. 전문(前文)에서 「예비세」를 설명할 때 「몸이 팽창한 투명체가 된 느낌」이라는 표현을 사용하였지만, 여기서는 그것을 넓게 「입신중정」을 자신의 「팽창한」 몸이 항상 크고 둥근 풍선(즉 ☯) 속에서 최대한 그 중심에 위치하여 움직이고 있듯이 항상 「공(球)」이라는 「옷(衣)」을 입고 움직이듯이 상상하는 것이다. 마치 출생전의 태아가 모체의 자궁 속에서 움직이듯이 모체가 어떻게 움직이더라도 태아는 수시로 자연스럽게 자신의 상태를 조정하는 것을 상상한다. 그리고

① 항상 풍선 전체를 의식하면서 자신이 어떻게 움직이더라도 이 풍선 밖으로 나가지 않도록 노력한다.

② 게다가 자신의 요추가 항상 풍선의 지면(수평으로 가정하는 면)과의 유일한 접점에 수직으로 위치하도록 노력한다.

이것은 이성적(理性的)으로 알고 있더라도 곧 실행할 수 있는 것은 아니다. 여기서는 의식이 매우 중요한 역할을 하고 있다. 개인의 경험을 말하면 "항상 뒤쪽의 반구(半球)를 의식하는 것이 가장 어렵다." 평소 투로연습을 통하여 이러한 습관을 양성하는 것밖에 별도리가 없다.

5. 허령정경과 기침단전

태극권 수련자는 누구라도 「허령정경, 기침단전(虛領頂勁, 氣沉丹田)」의 술어를 알고 있다. 이러한 요구는 얼핏 몸의 각기 다른 부위에 관한 다른 문제처럼 보이지만 실은 서로 도우면서 성립되어 서로 강하게 작용한다. 잘라도 잘리지 않는 관계이며, 상처 따위로 들러붙어 유합(癒合)한 두 개의 나무와 같은 것이다. 게다가 이러한 요구는 특정 자세와 동작, 특정의 경우에만 관련하는 것이 아니라 태극권 수련시의 시종일관하는 것이기 때문에 통상(通常)은 둘 다 동열(同列)로 논한다. 여기서는 설명의 편의상 먼저 「허령정경(虛領頂勁)」을 살펴보자.

1) 허령정경(정두현)

(1) 정두현의 중요성

필자는 지난 수십년 동안 오로지 오식(吳式)을 연습하였다. 그 이전은 양식(楊式)의 88세(八十八勢)를 연습하였나. 60년대 초기무렵 어느 일요일 아침에 언제나처럼 베이징 전람관의 서쪽 빈 공터에서 연습하고 있었는데 옆에서 아무렇지 않게 보고 있던, 알고 지내는 아저씨가 다가와서 "「정두현(頂頭縣: 허령정경의 통속적인 표현)」에 주의하세요"라고 말하면서, 마침 낮은 자세의 「단편하세(單鞭下勢)」를 완성하고 있던 필자의 어깨를 손가락 하나로 가볍게 건드렸다. 나는 멋지게 엉덩방아를 찍었다. 다시 한 번 그 자세를 새로 잡고 오른발을 낮게 구부리고 중심에 주의하면서 왼발을 뻗고 자세를 반복하였다. 그러나 마찬가지로 가벼운 손가락에 눌려 넘어졌다. "아직 잘 모르고 있네"라고 말하며, 아저씨는 잠시 나를 응시하였지만 내가 무어라 말하기 전 머뭇거리는 사이에 곧 다른 곳으로 가버렸다. 이후 그는 두 번 다시 그곳에 나타나지 않았다.

그 때 나는 솔직하게 그분의 의견을 받아들이고 정중하게 가르침을 청했어야 했다. 그러나 초심자도 아닌 40살로 한창 때인 나는 자존심이 상하여 그의 얼굴을 피하였다. 후에 잘 생각해 보니 그분이 눈치챈 결점을 나에게 말해주고 게다가 나의 몸에 손댄 그것을 증명한 이상, 즉 그가 신중하게 틀린 연습을 하고 있는 나를 보고서 가르쳐 줄 마음이 있었던 것이다. 그때 내가 좀 더 자신의 일을 분별하는 총명함이 있어 겸허하게 가르침을 청하였다면 그가 그 자리에서 「허령정경(虛領頂勁)」의 진의를 가르쳐 주었을 것이 틀림없었다. 실제 면식있는 사람이 나서서 가르쳐주는 기회는 흔치 않은 일이다. 부적절한 자존심 때문에 좋은 공부를 할 기회를 놓친 나는 그로부터 10여년이 지나 겨우 「정두현(頂頭懸)=허령정경(虛領頂勁)」의 중요성을 알게 되었다.

(2) 가지각색의 해석

이전에 "정두현(頂頭懸)에 주의하세요", "알지 못하네"라는 말을 들은 나는 마음 속으로는 납득할 수 없었다. 그렇지만 두 번이나 엉덩방아를 찧은 것은 사실이다.

이『태극권론』에는 「허령정경, 기침단전(虛領頂勁, 氣沉丹田)」이 있고, 『13세가』에는 「미려중정신관정, 만신경리정두현(尾閭中正神貫頂, 滿身輕利頂頭懸)」의 구(句)가 있음은 나도 분명히 알고 있었다. 즉 실천은 되지 않았던 것이다. 그러나 그분은 "되지 않았네"라고는 말하지 않았다. 어찌 된 일일까.

나는 다양한 책을 뒤지고 다시 한 번 「허령정경(虛領頂勁)」(頂頭懸)에 관한 설명을 찾아보았다. 그러나 모든 해설은 가지각색이었다.

① 목덜미(領)를 느슨하게(虛) 하여, 힘(勁)을 머리 정수리(頂)로 내뻗는 것.

② 머리가 그 정수리(頂)에서 위로 들어올려(懸)진 느낌이 드는 것.

③ 목덜미를 느슨하게 하여 머리에 올린 물건을 지탱하고(頂勁) 있는 느낌이 드는 것.

④ 고개를 숙이거나 올려보지 않고 아래턱을 당기고 머리와 목을 똑바로 유지하는 것.

⑤ 머리로 한 장의 종이를 이고 있는 느낌이 드는 것

어느 쪽을 따르면 될까? 상당히 오랫동안 망설였다. 세월의 흐름과 함께 조금씩 알게 된 것은 70년대 후반이었다. 결국 알게 되므로써 이러한 해석에는 모두 각각의 「일리(一理)」는 있지만 일반적으로 말하면 「허령정경」을 하나의 정리된 개념으로서 파악하지 않고 한자(漢字) 글자면의 의미에 포로가 된 일면적(一面的)인 견해나 혹은 내면적(內面的)인 요구를 도외시하여 외형만을 설명하고 있는 것이다. 글자면의 의미에 빠지면 미궁에 빠지기 쉬워지며, 근본적인 내면요구가 빠지면 빈 껍질이 된다. 이래서는 도저히 실천을 지도할 수 없다.

(3) 허령정경(虛領頂勁) : 정두현((頂頭懸)의 의미

「허령정경(虛領頂勁)」은 하나의 정리된 개념이기 때문에 4글자를 통일체로서 파악해야 한다. 이것은 태극권 연습 가운데 머리 자세에 대한 내면적 요구로서 「힘(力)・경(勁)・령(領)・목덜미・머리정수리(頭頂)・내뻗다・지탱하다」와 같은 몸의 어떤 부위와 근육의 구체적인 움직임에 대한 이야기는 아니다. 억지로 글자 면에서 손을 대려면 이 4글자를 "정(頂)의 경(勁)을 허(虛)로 령(領: 인솔)한다"고 읽어 내려가야 한다. 게다가 이 「경(勁)」은 일상생활에서 말하는 「힘(力)」의 의미이며, 태극권의 술어로서의 내면적인 「경아(勁兒)」는 아니다. 만일 이것을 잘못 해석하여 머리에 「경아」를 향한다면 건강을 해칠 수 있기 때문에 충분히 주의해야 한다.

실제 왕종악(王宗岳) 자신이 이미 통속적인 『13세가』 중에서 "미려(尾閭)는 정중(正中), 신(神)은 정(頂)에 관(貫)하고, 전신(全身)을 경리(輕利: 가볍고 편리하게)하여, 머리(頭)는 정점(頂点)에서 현(縣)해야 한다"고 부드럽게 「허령정경」의 요구를 다른 말로 바꾸고 있다. 즉 미려를 중정상태로 유지하고 정신을 정상에 관철하는 것이다. 그렇게 하면 전신이 경쾌해지고 머리는 정상에서 드리워진 느낌이 든다.

이렇게 이해하고 있기 때문에 무우양(武禹襄)이 『13세행공요해』 중에서는 상기의 『13세가』의 구(句)를, 『태극권론』 중에서 「정(頂)」의 경(勁)을 「허(虛)」로 인솔하고 기(氣)는 단전(丹田)에 잠긴다고 해석하였다. 편중되지 않고 치우치지 않고 동등시하고 있다.

즉 무우양이 체득한 것에 따르면 단지 「입신중정(立身中正)」을 유지하고 원기충만하다면 저절로 전신이 경리(輕利)하게 되고 둔중(鈍重: 둔하고 무거움)에 빠질 위험이 사라진다. 그렇게 하면 기(氣)도 저절로 단전(丹田)에 잠기고 안정된 기분이 되고, 그리고 이 상태를 유지하면서 어느 쪽에도 치우치지 않는다면 이른바 「정두현(頂頭懸)」의 요구를 충족한다.

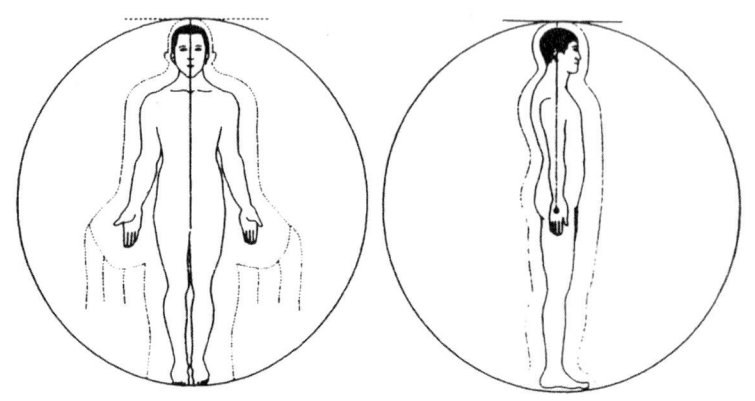

몸의 팽창감은 두상 4~5cm, 가슴 앞 20cm, 다른 곳은 약 10cm 거리 내에 보호받고 있다고 생각한다.

(4) 느슨한 상태의 느낌

요구의 진의를 알면 연습방법도 어렵지 않다. 즉 전술의 「입신중정(立身中正)」의 요구를 지키고, 정신을 깨우고 명석한 두뇌와 조용한 심정으로 원기가 충만하면 된다. 누구라도 경험하였듯이 그러할 때 자연스럽게 아래턱을 가볍게 당기는 동작이 일어나 머리가 바르게 되고, 전신(全身)이 어떤 안정된 준비상태로 들어간다. 전술의 예비세 (1)과 (3)에 "가볍게 턱을 당긴다"가 두 번이나 있었다는 것을 유의한다. 이것으로 「정두현」이 된다.

"「정(頂)」의 경(勁)은 「허(虛)」로 인솔한다"의 느낌은 억지로 비유하면 우리가 넓고 넓은 들판에 서서 주위를 둘러볼 때, 혹은 높은 곳에서 멀리 전망할 때와 같은 느낌이다. 즉 우리의 몸이 마치 느슨해지고 팽창하기 시작하고 눈썹

도 이마도 펴지기 시작하는 느낌, 몸이 주위의 넓음, 멀리에 흡수되는 느낌이다. 즉 자신이 머리 정수리를 위로 뻗는 것이 아니라 머리를 포함한 두부(頭部)의 무게가 가벼워지고, 머리 위의 우주로 넓은 하늘로 가볍게 흡수되는 느낌으로 이른바「무중력상태(無重力狀態)」가 된 느낌이다. 그렇게 상상함으로써 오직 이때 주의해야 하는 것은 흡수되더라도 흡입되지 않도록 자신의 안전을 유지하는 것이다. 이를 위해서는 전술의 "원(圓)과 구(球)의 중심에 있다"는 상상과 다음에 설명하는「기침단전(氣沉丹田)」에 특히 주의해야 한다. 더욱 더 구체적으로 말하면 두상(頭上)의 대략 4~5cm 부분에서 자신의 머리 위에 경계선을 긋고 이것을 넘지 않도록 한다.

요약하면 여기서는 동작보다도 상상력이 중요하다. 이와 같이 상상하면 아래 턱을 가볍게 당기는 동작이 자연스럽게 생겨 두부(頭部)가「방송(放鬆)」된다. 항상 이 상태에 있으면 두부의 긴장이 풀릴 뿐만 아니라 얼굴 표정까지 부드러워진다. 머리는 사람의 상징적 표시이다. 상징을 항상 바르게 하고 부드럽게 유지해야 한다.

2) 기침단전(氣沉丹田)

(1) 기를 단전에 잠기는 것

「허령정경(虛領頂勁)」과 끊으려고 해도 끊을 수 없는 관계에 있는 것은「기침단전(氣沉丹田)」이다. 이 술어의 번역은 아무리 봐도 "기를 단전에 잠긴다"로 정착한 것 같지만 약간 납득할 수 없는 느낌이 든다. 덧붙여서「침(沉)」의 글자는 중국어에서는「shen(제3성)」으로 읽고 주로 성(姓)과 지명(地名)에 사용하고 있다.

이 술어의 번역법은 태극권의 경전해석과 비교하면 적어도 3가지 문제를 제기할 수 있다. 즉 '기(氣)는 무엇인가, 단전(丹田)은 어디를 가리키는가, 기(氣)를 어떻게 해서 가라앉게 또는 과연 잠기게 할 수 있는가?'이다.

『태극권론』에는「허령정경, 기침단전」이 있지만,『13세가』에는「기(氣)는 신구(身軀)에 두루 퍼지고 정체함이 없고」가 있다. 반면 무우양(武禹襄)의 문장에는 이미「기(氣)」에 대한 다양한 표현이 있다 — "마음으로 기를 운행시킨다", "기로서 몸을 운행시킨다", "기의 운행은 구곡주(九曲珠)와 같아야 한다", "마음은 영(令)을 위함이고, 기(氣)는 깃발을 위함이다", "기(氣)는 수렴해야 한다", "복부를 송정(鬆靜), 기(氣)는 수렴하여 뼈에 들어간다", "동견(動牽)하여 왕래할 때의 기는 등에 붙고 추골(椎骨: 등꼴뼈)에 수렴한다", "전신의 의(意)는 신(神)을 비축하는데 있고, 기(氣)에 없으나 만약 기(氣)에 있다면 정체한다", "기(氣)는 차륜(車輪)과 같다" 등이다.

이러한 논술을 비교해 보면 기(氣)를 어디에 잠기게 하는 것인가, 전신(全身)에 미치게 하는 것인가, 그렇지 않으면 어딘가에 수렴하여 들이는 것인가, 등(背)에 붙이는 것인가, 운행시키는 것인가, 차륜(車輪)과 같이 회전시키는 것인가 등의 표현에 따르면 무엇이 좋은지 알지 못하게 된다. 그러나 공인된 경전에 기술되어 있는 이상 논점이 서로 모순되지 않을 것이다.

(2) 기(氣)・기공(氣功)・단전(丹田)

기(氣)와 기공(氣功)에 대해서는 전문에서 설명하였다. 요약하면 기공에서 말하는「기(氣)」는「체내의 진기(眞氣)」이다.「진기」는 인체가 원래 가지고 있던 것으로 인간이「무념무상, 무욕상태(無念無想, 無慾狀態: 마음을 비운 욕심이 없는 상태)」일 때 체내에서 저절로 생기는 것이다. 기공은 이「진기」를 의식적으로 배양하고 활용하여 강하게 하고 활발화시키는 수련이다.

단전(丹田)은 또한 상단전・중단전・하단전으로 나누어진다. 각각의 인체의 장소에 대해서는 다양한 설이 있지만 태극권에서 말하는 단전은 보통 말하는「하단전(下丹田)」이다.

단전은 침과 뜸을 시술할 때의「경락」이 아니라 하나의 구역이다. 그 장소는「배꼽 아래 일촌반 또는 삼촌의 부분」이라고 사전에 기술되어 있지만, 필자의 이해에는 대략 배꼽과 양 신장(腎臟)을 연결하는 삼각형의 앞에서 1/3의 지점을 중심으로 하는 직경 9~10cm 정도의 구(球)가 차지하는 구역(區域)이라고 생각하면 된다. 기공(氣功: 예를 들면 정좌:靜座, 참장:站樁)의 수련을 거듭함으로써 자신이 단전의 존재를 느끼는 경우가 있다. 어떤 사람의 아랫배를 만져보면 크기는 사람에 따라서 다르지만 피부 아래에 돌아다니는 구(球)를 느낄 수 있다. 그러나 그것은 자연스럽게 만들어지는 것으로, 배 부분의 근육을 움직이는 「단련(鍛鍊)」에 의해서 추구할 수 있는 것은 아니다.

(3) 기침단전(氣沉丹田)

이와 같이 기(氣)는 우리의 마음·의지·느낌 같은 것으로 그 존재는 생각할 수 있지만 말로서의 형용은 어렵다. 이러한 것을 물론 '잠기게 한다든가, 수납케 한다든가, 돌릴 수 있다든가' 하는 것은 아니다. 그 본성에 따라서 최대한 그만큼의 조건(마음의 안정)을 갖추고 배양하고 육성하는 것밖에 없다.

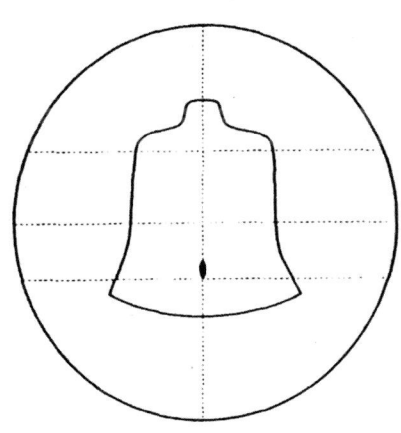

몸을 싸고 있는 원과 종의 관계

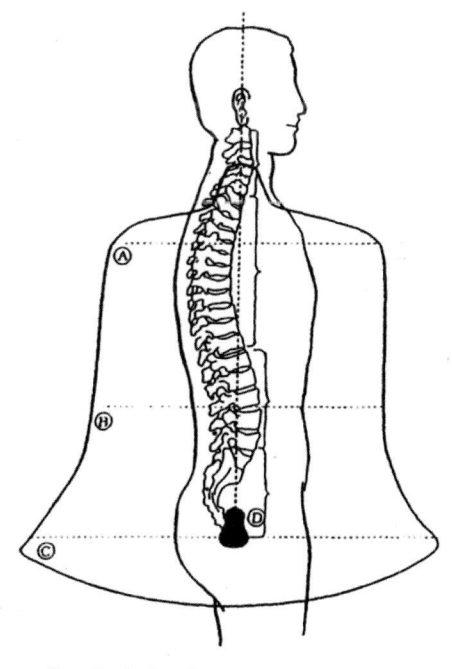

Ⓐ 어깨의 선, Ⓑ 허리의 선, Ⓒ 고관절 선, Ⓓ 종 안에서 전후좌우로 움직이게 하는 추의 중심

기(氣)는 「마음」에 따라서 자연스럽게 움직이기 때문에 위에 열거한 다양한 표현 ―「침(沉)」·「편(遍)」·「행(行)」·「렴(斂)」·「첩(貼)」 등은 모두 타동사로서 '가라앉히다', '두루 미치게 하다', '운행시키다', '수납하다', '붙이다'이다. 번역하면 다른 의미가 된다. 이들은 타동사가 아니라 자동사로서 번역해야 한다. 즉 '가라앉다', '두루 미치다', '운행하다', '수납하다', '달라 붙다'로 이해하면 우리의 문제가 쉽게 해결될 것이다.

그러므로 「기침단전(氣沉丹田)」은 의식(意識)으로 기(氣)를 단전(丹田)에 가라앉히고 밀어붙이는 것이 아니라, 단지 「입신중정(立身中正)」을 유지하고 「허령정경(虛領頂勁)」을 갖추고 마음의 안정이 유지되면(마음이 자리잡으면) 기가 저절로 단전에 가라앉는다. 이른바 몸이 울리는 큰 종과 같은 상태를 시종일관 유지하도록 노력한다. 「허령정경」에만 주의하면 마음이 안정되지 않고 기가 위로 들뜨게 되어 몸의 안정을 유지할 수 없게 되는 경우가 있다. 반면 「기침단전(氣沉丹田)」에만 주의하여 「허령정경(虛領頂勁)」을 잊어버리면 「입신중정(立身中正)」을 잃게 된다. 그러므로 「종(鐘)」과 같은 안정감을 가지기 위해서는 동시에 양방(兩方: 상하일선: 上下一線)에 주의해야 한다.

6. 함흉발배와 침견추주

「함흉발배(涵胸拔背)」와 「침견추주(沉肩墜肘)」 이 두 개의 기본요구도 태극권에 몰두하고 있는 사람은 모두 알고 있으며, 최대한 준수(遵守)하도록 노력하고 있다. 그러나 이러한 요구의 진의에 관한 해석과 이해가 사람에 따라서 제각각이기 때문에, 실천에 있어서도 당연히 각자가 자신이 믿는 대로 행하고 있는 상태이다. 그 결과 형(形)에서 보더라도, 양생(養生)과 경기(競技)의 양쪽의 효과에서 보더라도 천차만별이라 할 수 있는 현상이다. 어떻게 이러한 상태로 나타나게 된 것일까.

1) 태극권 경전의 근거 찾기

(1) 몸놀림의 신법팔요(身法八要)

제 각각인 모든 해석의 짙은 안개를 통과하기 위하여 경전이론을 찾아서 살펴본 결과 벽에 부딪힌 것이다.『태극권론(太極拳論)』뿐만 아니라, 왕종악(王宗岳)의 다른 서적에도 이것에 관한 기술이 한 마디도 없었다. 그 뿐만 아니라 필수과목인 무우양의『13세행공요해』와 앞에 인용한 다른 문장도 이것에 대해서는 전혀 언급하지 않고 있다.

바로 이러한 요구는 후대의 사람이 제멋대로 부가하였을 것이다. 호기심에 사로잡혀 무우양의 다른 저서 속에서 살펴보았다. 다양하게 추구하고 있는 과정에서 무우양이 또한『신법팔요(身法八要)』(몸놀림에 대한 8가지 요해)라는 문장을 남겼다는 것을 알게 되었다.

이것은「문장」이라고 해도 실제「含胸, 拔背, 裹襠, 護肫, 提頂, 弔襠, 鬆肩, 沉肘의 함흉(가슴을 움츠린듯이 함), 발배(등을 위아래로 편듯이 함), 과당(사타구니를 감싸듯이 함), 호순(복부부위를 호위하듯 함), 제정(성수리를 매단듯이 함), 적당(사타구니를 매단듯이 함, 조당으로 읽지말 것), 송견(어깨를 느슨하게 함), 침주(팜꿈치를 가라앉힘)」의 16자로 구성된 8가지 요구뿐으로 어떠한 해석도 붙어 있지 않다.

이것이 이 문제의 근거라고 할 수 있다.「함흉발배」의 다른 표현은 그다지 알려져 있지 않지만「침견추주(沉肩墜肘)」 대신에 지금도 같은 의미로「송견침주(鬆肩沉肘)」·「송견수주(鬆肩䰎肘)」 등의 표현이 자주 사용되고 있다.

(2) 신법팔요(身法八要)의 진의

『신법팔요(身法八要)』에 관한 해석문과 체득문(體得文)이 발견되지 않았기 때문에 진의를 파악하지 못하였지만, 우리는 글자면의 의미에서 착수해야 한다. 그래도 계기가 나타난 이상 이것을 더듬어 그 기원에 도달할 가능성이 있다.

이를테면 줄기를 더듬어 열매를 찾아내는 것이다.

왕종악은 이 문제에 언급하지 않았다. 무우양이 이 요구에 대하여 기술하고 있지만 제목(title)으로도 알 수 있듯이 이것을「신법(身法)」이라 평가하고 있다. 여기에 몇 개의 간행본 속에서『신법팔요』의 배열상황을 고려하면 이 사실을 다음과 같이 생각할 수 있다.

「함흉발배(涵胸拔背), 침견추주(沉肩墜肘)」의 요구가 경전에 나오지 않는 것은 선인의「실수」가 아니라 이러한 요구가 아무리 그 중요성을 강조하더라도 처음부터「신법(身法: 구체적인 몸놀림)」의 수준문제이며, 고도한 원칙과 이론까지 승화할 수 없기 때문이다.

결국「함흉발배·침견추주」를 특히 강조하지 않더라도 만일 정말로 경전이론이 언급하는「음·양·동·정」의 관계를 이해하고,「입신중정」,「허령정경·기침단전」등이 되어 있다면 이 두 가지 요구도 저절로 충만된다. 그래서 무우양이 이 문제의 중요성에 비추어 또한 간절히『신법팔요(身法八要)』를 예로 들어 수련생의 주의를 환기시켰던 것이다.

(3) 신법팔요의 중요성과 불변함

문제의 바른 평가는 그것을 바르게 확인하고 그 진의(眞意)를 파악하여 바르게 실천하는 방법을 찾기 위한 것으로 형식적인 것은 아니다. 이 두 가지 요구는「음양(陰陽)·동정(動靜)·분합(分合)·신(神)·의(意)·기(氣)·입여평준(立如平準)」등과 같은 원칙과 이론수준의 문제가 아니라고 하지만, 결코 그 중요성을 낮게 평가하는 것은 아니다. 실제 우리가 이것을 모든 원칙 하에서의「몸놀림」문제로서 파악함으로써 처음 이것과 모든 원칙과의 관계를 알고, 왜 같은 일이 다양하고 다른 낱말로 표현되고 있는가를 이해할 수 있다. 그리고 자신이 그 진의를 탐구할 때도 다양한 속박에서 해방되어 냉정하게 분석·판단할 수 있게 된다.

이러한 인식에 근거하여 문제의 진의와 실천방법을 탐구하는 것이다.

2) 함흉발배

함흉발배 이것은 분명히 가슴(胸)과 등(背)의 자세에 대한 요구이기 때문에 「함흉(涵胸)」과 발배(拔背)의 요구를 살펴본다.

(1) 「함흉(涵胸)」의 요구

먼저 평범한 문제지만 「흉(胸: 가슴; 목·어깨에서 명치 사이)」의 범위는 어떤 부분을 가리키는가를 확실히 해야 한다. 사전에는 '일반적으로 두부와 흉부 사이의 부분', '늑골에 보호받고 있는 부분'이지만 태극권에서 말하는 「흉(胸)」은 이 일반적인 의미의 가슴보다 범위가 좁고 「심이상위흉(心以上爲胸)」으로서 심장선보다 윗부분을 가리킨다. 그렇지만 여기서 문제가 되는 것은 가슴 범위보다도 「함(涵)」의 글자 의미이다. 이 글자는 '포함하다·넣다·수납하다·축이다·적시다' 등 많은 의미로 사용되고 있다. 일반적으로 말하면 '포함하다·수납하다'의 의미로 사용되는 경우가 많다. 그러므로 지금은 「함흉(涵胸)」이라는 글자도 자주 본다.

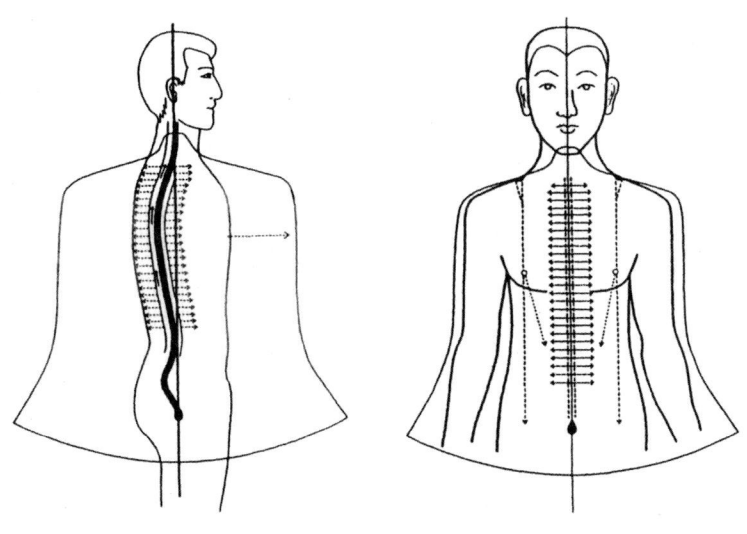

이러한 이해에서 많은 사람이 실천에 있어서 가슴(胸)을 포함하여 오그라지고 움푹 들어가게 하며 심하게는 의식적으로 어깨 끝을 앞으로 내어 등을 둥글게 한다. 이것이야말로 태극권을 하는 자세로 생각하는 사람이 많다. 이는 심각한 오해이다. 이러한 오해는 종종 건강(健康)과 경기(競技) 양쪽 방면에서 비참한 결과로 인도되기 때문에 주의를 요한다. 대략 '가슴이 좁다'는 것도 '가슴이 무너졌다'도 모든 의미에 있어서 적당한 것은 아니기 때문에 이러한 것을 피해야 한다.

실은 태극권의 모든 원칙요약에서 보더라도 그 정신·목적·호신술로서의 전략에서 보더라도 「함흉(函胸)」은 수련자에 대한 (뭔가를 요구하는) 요구라기보다도 오히려 '어떠한 것을 하지 않음'의 권고와 훈계라고 하는 편이 적절하다고 본다. 고금(古今)의 중외(中外: 국내와 국외)를 따지지 않고 대부분의 사람은 「무술」이라면 곧 위풍당당한 모습, '코를 높이 하여 가슴을 펴서 걷고 있는 사람'의 모습을 생각하기 때문에 무우양이 태극권의 몸놀림은 이렇게 해서는 안 된다고 보도(補導: 도와서 인도함)하여 권고(勸告)하고 있다. 즉 항상 가슴을 펴거나 가슴을 돌출시키지 않도록 하기 위한 요구이다. 이를 위해서는 항상 가슴을 "함(涵: 포함하다·넣을 수 있도록)해야 한다"고 보도(補導)하고 있다.

(2) 「함(涵)」을 「개(開)」로 표현

「함(涵)」자는 어려운 글자이다. '포함하다·넣다'의 수납하기 위해서는 공간이 필요하다. '윤기 있다(물기를 포함해서)·잠그다(흠뻑 젖다)'는 글자로 사용하기 위해서도 그 물건에 공간이 없으면 불가능하다. 중국어에서 「포함(包涵)」은 '허락한다·관대히 하다'의 의미이며, 「함양(涵養)」은 사람의 수양·교양을 기르고 닦음이며, 「해함(海涵)」은 도량의 크기이다. 이리하여 전면적으로 「함(涵)」자를 보면, 이것은 오그리고 움푹 들어가게 하는 것이 아니라, 사물을 포용할 수 있도록 공간을 만들고 여유를 가지고 쭉쭉 뻗고 열어제친다는 것이 명백하다.

원문에 대한 이러한 이해를 근거로 전술의 오해를 피하기 위해 양식 태극권(楊式太極拳)의 명인(名人)으로 양징보(楊澄甫)의 제자였던 왕영천(汪永泉)이 오래전부터 「함흉발배(涵胸拔背)」 대신에 「개흉(開胸)과 활배(濶背)」라는 표현을 주장하였다. 전문에서 "함흉발배의 다른 표현은 그다지 알려져 있지 않다"고 말하였지만, 실은 널리 알려지지 않은 것은 아니다. 이 외 「공흉실복(空胸實腹)」 「개흉장주(開胸張肘)」 등의 표현도 있다.

「공흉」도 「개흉」도 모두 가슴의 긴장을 풀고, 가슴의 외형(胸廓)을 바꾸지 않고 상상으로 가슴의 내강(內腔)을 자유롭게 열어 허공이 되어서 포용할 수 있도록 하는 것이다. 이렇게 하면 기의 운행도 좋아지고 기침단전(氣沉丹田)도 잘 된다. 이를 위해서는 다양한 방법이 있지만 예비세를 갖추기 위한 "「유중(乳中)」경락이 아랫배로 떨어짐을 상상한다"의 방법도 그 중 하나이다. 또한 양쪽 「유중(乳中)」경락 중간에 있는 「단중(膻中)」의 경락을 20~25cm 가슴 앞으로 끌어내듯이 상상하여 이 상태를 유지하는 것도 하나의 방법이다. 「가슴이 열린·가슴이 빈」듯한 모양의 건강에 유익하고 멋진 말을 많이 사용하자는 것이다.

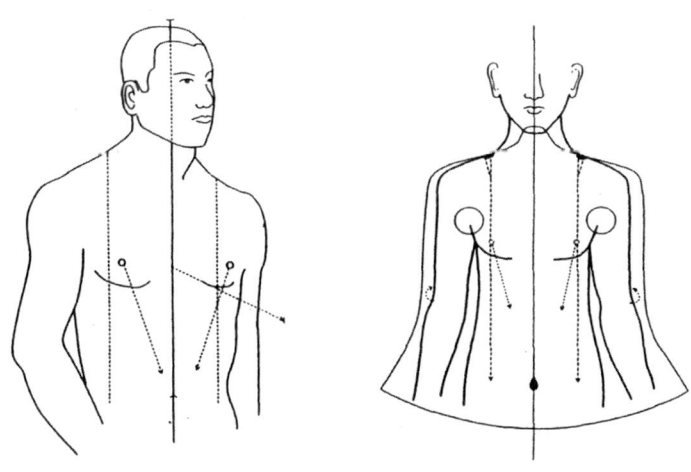

함흉과 발배의 원리

(3) 「발배(拔背)」의 의미

「함흉(涵胸)」과 밀접하게 관련 있는 단어는 「발배(拔背)」이다. 양징보(楊澄甫)의 구술(口述)인 진징명필록(陳徵明筆錄)의 『태극권설십요(太極拳說十要)』에는 "발배(拔背)는 기(氣)를 등(背)으로 첩(貼)한다. 함흉(涵胸)을 잘하면 즉 저절로 발배(拔背)를 잘한다. 발배(拔背)를 잘하면 즉 힘을 척추(脊椎)에서 발하는 것을 잘한다. 대항하는 곳에 무적(無敵)이 된다"가 있다. 「첩(貼)한다」는 '붙인다. 또는 달라붙게 한다'는 뜻이다.

　이것은 권위자의 허락을 받은 논의이다. 단지 좀 더 설명을 추가하면 이것만으로는 초심자에게는 아직 요령을 잡을 수 없다. 첫째 왜 「발배」 즉 기를 등에 붙이는가? 둘째 어떻게 해서 기를 등에 붙이는가? 이를테면 이것이 가능하더라도 이것 즉 힘을 척추에서 발하는 것을 잘하여, 향하는 곳의 「무적(無敵)」에는 논리적으로는 아직 직접 연결되지 않는 것이 분명하다. 이를 위해서는 다양한 전제조건이 필요하기 때문이다. 그렇지만 선인(先人)은 결코 우리를 속이지 않을 것이다. 문제는 우리가 어떻게 선인의 저서를 이해할 것인가이다. 일반적 의논은 접어두고 「발배(拔背)」를 검토해 보자.

　여기서 말하는 「배(背)」는 일반적으로 이해하는 「흉복부의 반대 측」의 등(背)을 말하는 것이 아니라 척추(脊椎)를 말한다. 「발배(拔背)」의 목적은 척추를 느슨하게 한 상태로 똑바로 하여 미골(尾骨)과 일직선(이른바 上下一線)으로 하기 위해서이다. 「발(拔)」의 글자해석을 보면 '발취하다·선출하다·높이다·돌출하다·점령하다' 등이 있다. 이 중에서 「발배」에 적용되는 의미는 '높이다'이며, 이것을 확대하면 '(등을) 위로 늘이다'로 해석할 수 있다. 대개 이러한 해석에서 많은 사람이 일부러 '고양이등·곱사등'의 형태를 만들고 있다. 이것은 오해이다. 이를테면 이렇게 이해해도 이것은 「입신중정(立身中正)」과 「정두현(頂頭縣)」이 되어 있다는 전제 하에서의 이야기이다.

　이 오해를 피하기 위하여 전술과 같이 「활배(濶背)」의 표현이 제안된 것이다. 「활(濶)」은 여기서는 동사로서 사용되어 '크게 하다·확대하다'의 의미이다. 중국어의 「활보(濶步: 큰 발걸음으로 힘차게 걷기)」는 그대로 '활보하다'의 의미, 「활별(濶別)」은 '오랫동안 무소식이었다'는 의미이다. 즉 「활배(濶背)」는 배골(背骨)을 상하좌우로 자유롭게 확대하는 것이다. 이를 위해서는(동작을 하는 것이 아니고) '기를 등에 붙이지' 않으면 안 된다고 양징보(楊澄甫)가 가르치고 있다.

(4) 기첩배(氣貼背)의 의미

여기서 말하는「기(氣)」도 물론 인체의「진기(眞氣)」이다.「기첩배(氣貼背)」라는 표현은 전술과 같이 무우양(武禹襄)의『태극권론요해(太極拳論要解)』에도 나타난다. 그곳에는「동견왕래기첩배, 렴입척골(動牽往來氣貼背, 斂入脊骨)」이 있다. 즉「기첩배(氣貼背)」는「발배(拔背)」하기 위한 요구뿐만 아니라 대략 몸이 움직여 사지가 어떤 동작을 할 때는 '기(氣)가 등에 달라붙어' 척골에 수렴해야 한다.

그러면 어떻게 하면「기첩배」가 되는가? 당연히 호흡과 힘을 이용하는 것은 아니다. 여기서도「예비세」에 관한 요구를 복습할 필요가 있다고 생각한다. 즉 척추를 돌아 좌회전의 나선선(螺旋線)을 상상하여 척골을 느슨하게 하고, 척골의 양측에 있는「협척(夾脊)」경락이 마치 속옷에 달라붙었다고 상상한다.「활배(濶背)」하기 위해서도 마찬가지이다. 요약하면 여기서는 몸을「방송(放鬆)」상태로 할 뿐으로 아무런 구체적인 동작을 요구하지 않는다.

3) 침견추주(沉肩墜肘)

무엇을 위하여「침견추주(沉肩墜肘)」하는가, 어떻게 하면 침견추주가 되는가?「침견추주」도 원칙에 관한 문제가 아니라「신법(身法)」에 대한 요구이다. 일반인은 긴장할 때 또는 주의력을 집중할 때는 자주 저절로 어깨에 힘이 들어가거나 어깨를 딱 바라지게 한다. 또는 양팔꿈치가 옆으로 들어 올려지기도 한다. 호흡까지 흐트러지는 경우도 있다. 이러한 상태는 건강에 좋지 않으며, 호신술의 입장에서 보더라도 바람직하지 않다. 특히 태극권으로서는 큰 결점이다.

그러므로「침견추주(沉肩墜肘)」를 요구하고 있다. 여기서 말하는「견(肩)」은 견관절을,「주(肘)」는 팔꿈치 외측의 뾰쪽한 끝을 말한다. 상술과 같이 무우양이 이 요구를「송견침주(鬆肩沉肘)」로 표현하고 있다. 이외「송견추주(鬆肩墜肘), 송견수주(鬆肩垂肘), 송견창주(鬆肩脹肘)」등의 표현이 있다. 즉 어깨에 대한 요구에 관해서는 「침(沉)과 송(鬆)」의 두 개의 동사가 사용되고, 주(肘: 팔꿈치)에 대해서는 「침(沉), 추(墜), 수(垂), 창(脹)」의 4개의 동사가 사용되고 있다.

(1) 표현은 다르지만 같은 요구

어쨌든 동사를 행동이 아닌 말로서 설명하는 것은 어렵다. 특히 태극권과 같은 내면적 수련을 중시하는 특색 있는 동작에는 더욱 더 그러하며, 딱 들어맞는 단어를 좀처럼 발견할 수 없다. 각자가 자신의 체험에 근거하여 다양하게 생각하여 최종적인 글자를 선택하지만 후의 실천과정에서 그 글자가 쉽게 오해할 수 있는 뉘앙스를 고유(固有: 특별히 지니고)하고 있는 것에 눈치를 챈다. 또, 다른 사람은 자신이 체득한 것에 기초하여 보다 적절한 표현을 생각해낸다. 이리하여 같은 것에 관한 다른 표현이 나타나고, 마침내 통일되지 못하고 각자가 바르다고 생각하는 표현을 사용하게 된 것이다.

「침견(沉肩)」과 「송견(鬆肩)」은 같은 목적을 위한 같은 요구이다. 「침(沉)」은 '가라앉다·진정시키다·무겁다·깊다'의 의미이며, 「송(鬆)」은 '느슨하다·느슨해지다·풀다·느긋이 하다'의 의미이다. 「침견(沉肩)」의 「침(沉)」은 타동사가 아니라 자동사의 '가라앉다·저절로 침하하다' 의미로 이해하는 쪽이 바르다고 생각한다. 대부분의 사람이 이것을 타동사로 '가라앉히다'로 이해하여 의식적으로 어깨를 떨어뜨리거나 낮게 드리우거나 무너뜨린다.

물론 어깨를 세우고 되바라지게 하는 것은 좋지 않다. 일부러 드리워 처진 어깨를 만들 필요도 없다고 생각한다. 대개 '어깨를 떨어뜨리다'는 표현은 언제라도 맞는 이야기는 아니다. 이러한 바람직하지 못한 뉘앙스를 피하고 요구의 진의를 생각하여 「송견(鬆肩: 松肩, 어깨풀기)」의 표현을 사용하게 되었다. 즉 어깨를 느슨하게 하여 풀고 느긋하게 관절에 「여유」를 가지게 한다는 것이다.

그러면 어떻게 하여 견관절에 여유를 가지게 할 수 있는가? 대답은 역시 '예비세'가 요구하는 부분의 「견정(肩井)」경락이 발바닥 장심(掌心)의 앞부분인 「용천(湧泉)」경락으로 떨어져 간다는 상상을 하면 된다. 의식적으로 떨어뜨리는 것은 아니고 완전히 숙성된 과일이 저절로 나무에서 떨어지듯이 「견정(肩

井)」이 떨어지는 것을 상상하는 것만으로 좋다.

(2) 「체주(掣肘)」 아닌 추주(墜肘)

「침견(沉肩)」과 밀접하게 관련하고 있는 것은 「추주(墜肘)」이다. 팔꿈치는 상지의 급소이며, 제어되면 매우 곤란하다. 옛날부터의 속담에 '체주(掣肘)를 더한다'는 것과 함께 '옆에서 간섭하여 자유롭게 행동하지 못하게 한다'의 의미로서 사용되는 단어가 생긴 것은 이러한 생활경험의 요약이다. 「추주(墜肘)」의 목적은 팔꿈치의 자유를 유지하고 제어당하지 않게 하기 위해서이다. 「추(墜)」는 '떨어지다・추락하다・늘어뜨리다・무거워서 늘어지다' 의미이다.

대부분의 사람이 「침주(沉肘)」를 오해하여 팔꿈치를 가라앉혀 의식적으로 내리게 하지만 이것으로는 달성할 수 없을 뿐만 아니라 반대로 겨드랑이를 좁게 하므로 「침견(沉肩)」의 효과까지 무너지게 한다. 겨드랑이를 좁게 하면 팔꿈치뿐만 아니라 상지(上肢: 허리 위쪽의 신체)의 동작 전부가 속박된다.

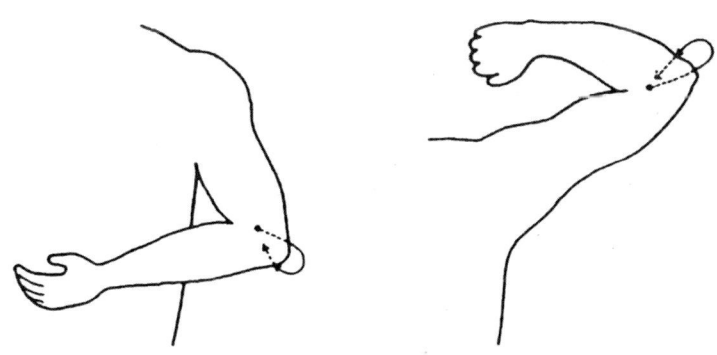

태극권의 「신법(身法)」은 겨드랑이를 항상 느긋하게 유지하도록 요구한다. 이를테면 '겨드랑이를 단단히' 하는 것이 아니라, '겨드랑이를 편안하게'하는 것이다. 구체적으로 말하면 항상 겨드랑이 밑에 작은 고무공을 끼고 있다는 상상을 해야 한다. 이를 위하여 「추(墜)」의 글자를 사용하게 되었지만 이것도 아직 '떨어뜨리다'의 상상을 피할 수 없기 때문에 '드리우다・내리다' 의미의 「수(垂)」의 글자를 사용하는 「수주(垂肘)」라는 표현이 나타났다.

이 위에 왕영천(汪永泉, 1904~1987, 양징보의 제자로 어릴 때부터 양건후:楊健候의 직접지도를 받아 양식 태극권의 발전에 큰 공헌을 한 사람이다. 오랫동안 베이징시 무술협회 부주석과 고문을 역임했다) 노사가 이미 속담의 「흉불개, 기불통. 주불장, 견불송(胸不開, 氣不通. 肘不張, 肩不鬆)」(가슴이 열리지 않으면 기가 통하지 않고, 팔꿈치를 뻗지 못하면 어깨가 느슨하지 못한다)를 인용하여 「송견창주(鬆肩脹肘)」라는 표현을 주장하였다. 즉 '팔꿈치를 팽창시킨다·확대시킨다·뻗는다'는 송견창주를 위해서는 팔꿈치를 들지 않고 "양 팔꿈치의 곡지(曲池)경락이 팔의 외측을 돌아서 소해(少海)경락으로 간다"는 것을 상상하면 된다.

침견(沉肩)도 추주(墜肘)도 물론 전문(前文)에서 언급한 태극권의 통칙(通則)을 함께 생각한 후의 이야기이다.

전체적으로 「함흉발배(涵胸拔背)」와 「침견추주(沉肩墜肘)」의 중요한 점은 '의(意)를 사용하는' 것이다. 무우양(武禹襄)의 『13세설략(十三勢說略)』에는 "이들은 모두 의(意)를 가리키며 외견의 형(形)에 있지 않다"고 했다. 태극권의 연습으로 '의(意)를 사용하는' 것의 중요성을 아무리 강조하더라도 지나친 말은 아니다.

제5부
태극권 추수의 이론과 실천

1. 추수의 일반이론

1) 추수의 기본인식

　최근 태극권 수련자가 있는 여러 국가의 대부분 지역에서 독특한 풍격을 갖춘 추수(推手, 본서에서 말하는 추수는 오로지 태극권의 용어이다)에 대한 흥미가 날마다 높아지고 있다. 1998년 10월 15일 아침, 베이징 중심부에 있는 천안문 광장에서 1만명의 태극권 실연대회가 열려 처음으로 광대한 장소에서 많은 추수투로(推手套路)의 실기가 연출되었다.

　이 한 가지 일로도 추수(推手)에 대한 대중의 흥미와 관심 정도와 중국 체육 당국의 중시성(重視性)을 엿볼 수 있었다. 이러한 객관적인 정세에 비추어서 추수(推手)에 대한 인식과 개인의 실천경험, 추수(推手)에 관한 이론과 그 실천에 대한 생각을 경전(經典)과 대조하면서 언급하려고 한다.

(1) 추수·투로 연습의 목적

　투로연습(套路練習)을 오랫동안 계속하고 있는 사람은 대체로 추수(推手)에 흥미를 가지게 된다. 그러나 대부분의 사람이 이것을 단지 격투기술(格鬪技術)의 연마로 이해하고 있어, "나는 싸우는 것이 싫기 때문에 추수는 하지 않는다"는 의견도 있다. 실제에는 여기서도 약간의 오해가 있다.

　투로와 추수에서 "투로(套路)"의 연습은 「지기(知己: 자기를 알다)」이기 때문이며, 추수(推手)는 「지피(知彼: 상대를 안다)」이기 때문이다"고 말하고 있지만, 문제는 어떠한 목적으로 연습하는가이다.

　추수(推手)는 완력·체력의 경쟁도 아니며, 적을 제압하는 「손(手)」과 「기술(技)」의 연마도 아니다. 추수연습의 목적은 요약해서 말하면 "싸워서 상대에게 이긴다"라기 보다도 오히려 우선은 실천을 통하여 자신의 동작이 태극권의 요구에 맞는가 아닌가를 검사하기(자기를 알다) 위해서이며, 그 다음은 상대의 동작을 빨리 바르게 감지하는(상대를 알다) 능력의 훈련과 양성을 위해서이다. 실제 이 감지능력에서도 지금까지의 투로동작의 정오(正誤)를 판별할 수 있다.

이론지식도 정리원칙도 필요하지만 야외 실습으로 그것을 활용할 수 없다면 정말로 자신의 것이 되지 않는다. 호신술도 '맨땅에서 수영하기'만으로는 자신의 실력이 붙지 않는다. 그러므로 「졸력(拙力)」을 사용하지 않는 추수연습이 필요하다. 병법에는 "지피지기 백전백승(知彼知己 百戰百勝): 적을 알고 자기를 알면 백전백승한다"가 있지만 태극권의 이상은 백전백승은 최상의 선이 아니며, 싸우지 않고 타인을 굴복시키는 것이 최상이다.

(2) 추수·투로의 본질

태극권에 있어서는 추수(推手)와 투로(套路)의 관계는 뼈와 살과 같은 것이다. 태극권은 원래 무술이다. 단지 이 권법의 독특한 연습방법의 '부수산물'로서 몸이 약한 사람을 건강하게 하고 여러 가지 질병을 치료할 수 있기 때문에 이 권법의 양생면(養生面)도 동시에 평가받게 되었다.

양생의 일면이 잘 알려지게 된 또 하나의 역사적 원인은 이 권법을 처음으로 널리 세상에 소개한 양로선(楊露禪)의 가르침에도 있었다. 당시 베이징에서 그의 '제자'들은 주로 윤택하고 안일한 유한생활(有閑生活)에 익숙한 청왕조의 황족자제였다. 이러한 사람들을 가르치고(실질적으로는 봉사하고) 있었기 때문에 그도 수업의 중점을 약간 양생(養生) 쪽으로 치우치지 않을 수 없었다.

또한 50년대부터 70년대 말기까지 약 30년에 걸쳐 중국 체육당국이 널리 퍼뜨린 대중실천도 이러한 경향의 발전에 박차를 가한 것이다. 이러한 역사적·현실적인 원인이 있었기 때문에 태극권을 건강체조로서 받아들이는 견해가 나타났다. 실은 태극권은 건강체조도 단순한 양생법도 아니다.

태극권은 어디까지나 무술 일종의 권법인 격투기이다. 이 의미에서 추수(推手)야말로 태극권의 진수(眞髓) 부분을 나타내는 것이며, 투로(套路)연습의 당부(當否: 옳고 그름)를 검토하는 시금석이며, 태극권의 생명이라고 할 수 있다.

(3) 일격필살술이 아닌 자기보호

무술의 근본목적은 "무기를 거두어 들이고 창과 방패를 그친다"이다. 타인을 공격하는 것이 아니라, 우선은 상대의 공격을 무해화하고, 그리고 나아가서 상대에게 그 공격을 그만 두게 하는 것으로 평화로운 환경을 만드는 것이다. 최근 자주 무술의 「흉맹무비(兇猛無比: 견줄 데가 없는 사납고 모질음)」, 「일격필살(一擊必殺: 일격으로 반드시 죽임)」을 강조하는 말을 듣는다. 반면, 자주 TV에 싸우는 장면을 주로 하는 드라마 중에는 달인들의 난투장면에서도 사람이 좀처럼 죽지 않는다. 비전의 「일격필살술(一擊必殺術)」이 지금의 세상에 어느 정도 널리 전해지고 있는가는 어쨌든 놀랄 정도로 다양한 「선진(先進)」의 살인수단과 기술이 발명되고 있는 지금, 이미 21세기에 들어선 세계에서 「필살(必殺)」을 위해서라면 과연 오랜 세월과 예사롭지 않은 노력을 허비하여 그러한 기술을 습득(비록 습득되었다고 하더라도)할 필요가 있을까이다.

'예술을 위한 예술'을 주장하는 사람은 지금도 있다. 그러나 '무술을 위한 무술'은 어떻게 되는 것일까? 무술, 그 중에서도 태극권은 어디까지나 자신을 보호하고 건강에 유익하고 자신을 확실히 하고 마음을 풍부하게 하는 것에 있다.

창던지기·승마술·활쏘기·격검(擊劍) 등과 같은 옛날의 전쟁수단의 대부분이 지금은 스포츠로 변신하였다. 태극권을 포함한 무술도 머지않아 올림픽경기의 한 종목이 될 것이다. 그날이 머지않아 올 것이라고 굳게 믿고 기대한다.

2) 추수(推手)의 효용(效用)

(1) 검사의 표준

추수연습(推手練習)의 목적은 자기 동작의 정확성을 검사하기 위해서라고 말하고 있지만, 자신의 무엇을 어떻게 하여 검사하는가? 한마디로 말하면 제4부의 각론에서 언급한 각 사항이 정확하게 지켜지고 있는가를 검사한다.

이는 상대와 맞서서 상대의 영향을 통하여 자신의 결점, 주로 몸자세, 「내경

(內勁)」의 출사법·사용법, 의식의 작용에 대한 결점인 특히 「졸력(拙力)」·「완력(腕力)」을 사용하는 낡은 습관이 남아있는가를 상대의 반응으로 검사하는 것이다. 그리고 이 기초 위에서 자신의 잘못을 고친다. 그러므로 추수연습의 처음 시기는 특히 "어떻게든 이겨야 한다"는 마음을 억제해야 한다. 그렇지 않으면 모처럼 양성된 「내경(內勁)」과 그 바른 운행방법을 잃어버릴 우려가 크다.

무엇으로 그 옳음과 잘못됨을 판단하는가? 대답은 자신이 항상 전신의 평형을 유지하고 항상 어색함을 느끼지 않고, 몸동작에 「산란(散亂: 흐트러짐)」상태가 생기지 않는다면 자신이 바르게 동작하고 있는 것이다.

(2) 능력양성의 수단

추수(推手)의 또 다른 하나의 목적은 상대의 동작을 감지하는 능력양성(能力養成)에 있다. 그러면 어떻게 하여야 그것이 양성되는가? 대답은 자기심신의 「송정(鬆靜)」상태를 유지하면서 주체적으로 「기(技)」를 걸지 않고 상대에서 오는 힘의 성질을 주로 손목(手首, 이 경우 손목이하의 부분만이 아니라 팔 전체, 접촉하고 있는 몸의 부위를 「手」로 간주한다)의 감각으로 판단한다. 이른바 「청경(聽勁)」이다. 물론 이 때는 눈·귀 등도 동원된다.

즉, 상대와 손을 맞잡을 때는 최대한 접촉점에서의 최초 접촉강도를 바꾸지 않고 과(過)도 불급(不及)도 없애고, 우선 '상대의 힘'이 자신의 몸에 미치는 영향이 없어지도록 연구하여 자신의 안정(순, 順)을 추구하는 것이다. 자신이 「순(順)」의 상태가 되면 동시에 접촉점을 통하여 상대의 중심을 찾는다. 이것을 중국어로는 「문경(問勁)」이라 한다. 상대의 중심을 발견하면 그것을('手'로) 계속하여 지켜보도록 노력하는 것이다.

(3) 예술표현의 즐거움

유희(遊戲)·경쟁(競爭)·육체적 단련(鍛鍊)의 요소를 포함한 신체운동을 하나로 묶어서 스포츠라 칭한다. 태극권의 진수를 나타내는 추수는 이 3요소 외에 예술로서의 아름다움과 관상적 가치를 갖추고 있다. 일정의 경험을 쌓고 어느 단계에 도달하면 2인 1조의 추수연습에는 참가자가 유희로 즐기고 동시에 서로 경쟁하는 모습은 실로 우아한 것이다. 쌍방의 어느 쪽도 힘을 주지 않고 있지만 분명히 힘의 작용과 그 결과가 나타나는 광경은 실로 보는 이의 눈을 즐겁게 한다.

참가자 자신의 즐거운 느낌은 정말로 말로서 표현할 수 없다. 중국에서는 민간전통의 추수(推手)를 실천하고 있는 곳에 가보면, 체중과 연령으로 참가자를 등급으로 나누지 않고, 작고 마른 사람과 키가 크고 건강한 사람이 한 조가 되거나, 고령자가 젊은이와 한 조가 되는 광경도 자주 본다. 이러한 때도 실로 놀랄 정도로 재미있는 장면이 자주 보여진다.

(4) 누구라도 가능한 추수연습

진수(眞髓)를 나타내는 것이라고 해도 이것은 반드시 높은 단계의 사람만이 할 수 있는 것은 아니다. 추수는 원칙적으로 힘겨루기를 배제하기 때문에 연습방법이 바르다면 넓은 의미의 추수는 남녀노소의 누구라도, 태극권 투로를 할 수 없는 사람조차도 체질의 강약에 관계없이 가능하다. 물론 그 체질과 목적을 확실히 한 후에 자신의 구체적 상황에 맞는 형식과 연습방법을 선택해야 한다.

예를 들면 체질이 강하지 않은 사람과 발이 약한 노인은 그다지 낮은 자세를 취하지 않고 단지 좌우의 정보단추수(定步單推手)만을 연습하더라도 전신의 특히 요부(腰部)의 기(氣)와 혈(血)의 흐름을 좋게 하고, 신장(腎臟)의 건강과 골질(骨質)의 개선에 매우 유익하다. 평소 운동하는 습관이 없는 사람이나 매일 긴 시간 책상 앞에 앉아서 일하는 사람은 주위의 사람과 가족을 상대로 어떠한 무리도 요구하지 않는 추수(推手)연습으로 적당하게 몸을 움직여 건강증진을 도모할 수 있다.

추수(推手)연습은 서로의 팔(주로 손, 손목) 접촉을 동반하고 안전성을 유지하고, 어느 정도의 승부도 있기 때문에 참가자의 흥미를 불러일으키고, 정서를 높이고 인간관계의 분위기를 부드럽게 할 수 있다. 추수(推手)를 통하여 새로운 친구를 사귀고 우정을 돈독하게 할 수 있다. 그러므로 수련자의 육체적 건강뿐만 아니라 심리적 건강에도 크게 유익하다.

3) 추수연습의 순서

모든 일에는 「순서(順序)」가 있기 마련이다. 추수(推手)도 예외는 아니다. 문제는 어떠한 순서인가이다. 표면에서 내면으로 쉬운 것부터 어려운 것으로 단계를 따라서 점차 진행한다는 의미에 있어서 추수연습도 이러한 순서를 지켜야 한다. 그러나 앞에서 언급한 인식에서 보면 중요한 것은 역시 형식이 아니라 내용이다.

현재, 중국의 태극권을 가르치고 있는 정식학교와 같은 곳에서 일반적으로 실시하고 있는 것은 각 유파와 선생에 따라서 약간의 차이는 있지만 대개 ①「정보(定步)」의 「단추수(單推手)」에서 시작, 「활보(活步)」의 「단추수(單推手)」, ②「정보(定步)」의 「사정추수(四正推手)」와 「사우추수(四隅推手)」로 진행하고, 그 다음 ③「활보(活步)」의 「사정추수(四正推手)」와 「사우추수(四隅推手)」로 들어가고, 점차 연습의 마무리 단계로 ④「난채화(爛采花)」·「산수(散手)」로 진행한다. 이 순서에는 이론이 있을 수 없지만 중요한 것은 수련의 본질과 목적에 대한 이해이다.

여기서 말하는 「활보(活步)」의 「활(活)」은 고정되어 있지 않고 기전(機轉: 사물의 작용원리나 구조인 메커니즘)이라는 의미이지만, 실천(實踐)에 대해서는 맞붙어 수련하는 쌍방의 보법(步法)과 보수(步數)에는 일정한 규칙이 있으나 발을 거의 마음먹은 대로 움직일 수 있는 것은 아니다. 「활보(活步)」의 「사정추수(四正推手)」와 「사우추수(四隅推手)」, 연습 최후의 「난채화(爛菜花)」 단계라도 글자가 말하듯이 마음먹은 대로 발을 움직여서는 좋지 않으며, 보법과 보수에는 제한은 없지만 쌍방의 진퇴는 역시 상대의 움직임에 따라야 한다.

「산수(散手)」라는 술어는 태극권의 각 유파에서도 사용하고 있지만 대개 무술(武術) 술어가 각 권종(拳種) 간에는 아직 훨씬 더 통일되지 않은 현상도 있고, 태극권계에서 이 단어에 대한 해석도 통일되어 있지 않고 대략 다음과 같

은 4개의 의견을 들 수 있다. 즉

(1) 맨손(徒手)의 싸움·격투하는 것, 즉 유파·투로·사용기술 등에는 아무런 제한도 없는 자유공격으로 다만 맨손이라는 제한은 있다. 최근 자주 홍콩영화에서 나타나는 연무대(演武臺) 위의 도전시합인 영화-「타뢰대(打擂台)」와 같은 것인데, 이 해석에 따르면 「산수(散手)」는 현재 널리 사용되고 있는 「산타(散打)」와 같은 의미이다. 이와 같이 해석하는 사람은 「난채화(爛菜花)」까지를 추수연습의 범위로 하고, 「산수」를 포함시키지 않는다.

(2) 투로의 「대련(對鍊)」을 연습하는 것, 즉 쌍방 모두 투로의 설계동작(設計動作)에 따라서 서로 공방동작(攻防動作)을 연습하는 것이다.

(3) 투로 중에서 각각의 「세(勢)」를 추려 내어 그것에 포함되어 있는 공방기술을 쌍방이 반복하여 연습하는 것, 이러한 연습을 「연산수」(練散手, 散手의 연습)라고도 한다. 스승이 투로의 「세(勢)」에 포함되어 있는 공방기술을 설명하는 것을 중국어로는 「탁초(拆招)」·「탁착(拆着)」(기술·손을 해체(분습)하여 지도한다)이라고 한다. 때문에 『태극권론』의 "착(着: 달라붙음)에 숙달되고 그 후 점차 동경(懂勁)을 깨닫는다"는 것이다.

(4) 「정보(定步)」와 「활보(活步)」의 「사정추수(四正推手)」와 「사우추수(四隅推手)」 외의 모든 추수연습, 이를테면 자유추수를 가리키는 것, 즉 태극권의 기본원칙인 「사기종인(捨己從人)」(자기를 버리고 남을 따르다. 곧 유:柔로서 강:剛을 물리친다)을 지키면서 전술한 일반 연습순서에 구애되지 않고 정보·활보 등을 생각하지 않고, 두 사람이 자유롭게 공방하는 연습이다. 이 의미의 「산수(散手)」는 지난 2,30년 동안 민간의 추수연습자들 사이에서 널리 이루어지고 있는 연습이다. 본서에서도 같은 의미로 이 단어를 사용하였다. 현재 베이징(北京) 공원 등에서 볼 수 있는 추수연습은 극히 일부분의 초심자를 제외하고 대부분

은 모두 이러한「산수(散手)」, 자유추수(自由推手)이다. 오늘날은 과거와 같이 단순히「정보·활보」「단추수·사정추수」를 반복연습하고 있는 사람은 거의 보이지 않는다.

현실을 살펴보면 위에서 열거한 모든 단계를 거친 사람이 반드시 추수단계가 높다고는 할 수 없으며, 반대도 그러하다. 그것은 추수연습의 본질을 이해하고 있지 않다는 증명이다.

「단추수(單推手)」의 연습을 예로 보면 자주 나타나는 것은 두 사람이 기계적으로 원을 그리고 있는 광경이다. 즉 각각 밀려오는 상대의 힘을 느끼면서 자신이 그것에 상응하는 움직임 대신에 쌍방 모두 자신의 기정(旣定) 동작노선에 따라서 움직이고 있으며, 일정한 곳까지 가면 스스로 주체적(主體的)으로 되돌아온다는 방식이다. 이러한 기계적인 동작이라면 아무 상대와 대련할 필요도 없고 스스로 혼자서도 할 수 있다.

시작에「단추수(單推手)·사정추수(四正推手)」연습의 목적은 주로 어깨의「방송(放鬆)」과 허리 회전(回轉)을 좋게 하기 위해서이다. 특히 지금까지 어깨와 팔의 힘을 사용하는 습관이 있는 사람으로서는 이 연습은 중요하다. 반대로 그러한 습관이 없는 사람, 처음부터 태극권을 연습하고 있는 사람으로서는 이러한 연습은 반드시 통과해야 할 단계는 아니라고 생각한다. 다른 단계에 대해서도 마찬가지이다.

요약하면 연습의 본질과 목적이 뚜렷하다면 위에 열거한 순서를 지키지 않아도 같은 결과를 얻을 수 있다. 따라서 극단적으로 말하면 만일 자신이 바른 연습방법에 따라서 형과 내면적인 모든 요구를 지키면서 성실하게 투로연습을 계속해 왔다면 처음부터「산수(散手)·자유추수(自由推手)」의 연습을 하더라도 지장이 없다고 생각한다. 가령 어떠한 동작을 하더라도 중심의 안정과 평형이 유지되는 적응성이 자신의 몸에 단련되어 있다면 외부에서의 힘이 과연 자신에게 해를 입힐 수 있을까이다. 이는 비교실험을 통하여 이것을 믿게 되었다. 비교할 때는 물론 대개 같은 태극권력(太極拳歷)을 가진 사람을 선택한다.

4) 추수연습의 관례

모든 경기와 마찬가지로 추수연습(推手練習)에서도 옛날부터 참가자가 지켜야 하는 관례(慣例)가 불성문(不成文: 글자로 기록하지 않은 것) 규약으로서 널리 인정받고 있다.

(1) 힘주지 않고 기세부리지 않음

경기(競技)의 경쟁이라면 이러한 「규약(規約)」은 이상하게 들릴지도 모른다. 그러나 바로 이러한 면에서 태극권 추수의 특색을 발휘하지 않으면 추수도 씨름이 되기 쉽다. 그러므로 중국의 수련자 사이에서는 「역기(力氣)」・「기력(氣力)」을 의지하여 승부하는 것을 보통의 추수로는 인정하지 않는다.

보통 「기력(氣力)」이라는 말은 '활동에 인내로 얻을 수 있는 정신력'의 의미이다. 이 의미의 충실함이 넘치는 「기력」은 항상 필요하다고 생각한다. 중국어에서 말하는 「역기(力氣)・기력(氣力)」은 완력(腕力)・체력(體力)으로 근육(筋肉)을 사용하여 발휘하는 힘을 말한다.

여기서 말하는 '힘주지 않고 기세부리지 않고'는 숨을 멈추고 힘을 주지만 무리하게 버티지 않는 것, 즉 자신이 의식적으로 주체적으로 완력・체력을 사용하지 않는 것이다. 그러므로 단단히 맞잡거나 강제로 당기거나 달라붙는 등은 피해야 한다.

(2) 상해성(傷害性) 동작의 삼가

추수(推手)의 본질과 목적을 항상 의식한다면 이 규약은 당연한 것이다. 상대를 살상(殺傷)하는 상처를 입힐 우려가 있는 동작을 극력 피하는 것이다. 먼저 기습・불의의 공격을 하지 않는다. 주체적으로 상대의 급소(눈・귀・울대뼈・사타구니 등)도 공격하지 않는다. 이를 테면 동작의 흐름을 타고 이쪽이 그러한 태세가 되더라도 연습이기 때문에 공격당하는 상대의 부위 앞에서 적시(適

時)에 동작을 중지하는 것이 체육(스포츠)도덕이 요구하는 부분이다.

다른 권법과 마찬가지로 태극권에도 「발방(發放)·점혈(點穴)·좌골(挫骨)」 등의 공방기술이 있다. 발방은 타격(打擊)·차기(蹴)·금나(擒拿: 손으로 상대의 혈을 짚거나 관절을 꺽는 행위)로 발경과 방경의 통칭이다. 넓은 의미에서의 '발경(發勁)은 발력'이며, 좁은 의미에서의 발경은 '단경(斷勁)'이며, '방경(放勁)'은 '장경(長勁)'이다. 다시 말하면, 방경을 압축시키면 발경이고, 발경을 늘리면 방경이 된다. 그러나 추수(推手)에는 다른 약간의 기술(금나·점혈·좌골·팔꿈치치기·무릎차기 등)을 사용하지 않는 것이 옛날부터의 관례이다. 게다가 일반적으로는 상대가 몸의 균형을 잃어 넘어지려고 하면 이쪽이 적시에 동작을 멈추고, 상대가 넘어지지 않도록 손으로 도와주는 것이 상식적인 방법으로 간주하고 있다. 물론 다른 종목 경기의 방법과 남몰래 감춘 무기 등의 사용은 있을 수 없다.

(3) 구체적 규정을 지키는 것

연습이 아닌 시합의 경우에도 각각의 경우 구체적 규약이 있다. 참가하기 전에 그것을 충분히 읽어둘 필요가 있다. 예를 들면 중국의 체육당국이 주최하는 시합에는 「무술태극추수시합규칙(武術太極推手試合規則)」이 있다. 민간의 경우에도 각각의 그룹에는 그 단체의 관례가 있다. 이것을 사전에 알아두지 않으면 서로의 감정을 상하게 하거나 손을 맞잡는 것을 거절당하거나 연습도 할 수 없게 되는 경우가 있다.

2. 추수의 근본

1) 13총세에 대한 제고

(1) 복습의 반복

왕종악(王宗岳)이 『13세가(十三勢歌)』의 글머리에 "13총세(十三總勢)를 경시하지 말라"고 후학에게 훈계하고 있다. 그리고 그 경우 6구(句)뿐인 『타수가(打手歌)』의 첫구에 또한 "붕(掤)·리(攦)·제(擠)·안(按)은 모름지기 성실히 행해야 한다"고 가르침을 반복하고 있다. 13총세는 선인이 태극권의 모든 동작을 그 성질·동작 원칙과 목적에 따라서 13종류로 나누고, 13문장으로 간결하게 개괄한 종합적인 것이며, 구체적 동작을 가리키는 것은 아니다.

13세는 팔괘와 오행이다. 팔괘(八卦)는 「4개의 정방향인 사정방(四正方)의 동서남북: 진태리감(震兌離坎)」과 「4개의 경사방향인 사간방(四間方)의 건곤간손(乾坤艮巽)」을 말한다. 보통 추수(推手)연습에서 말하는 「사정(四正)」·「사우(四隅)」·「사정추수(四正推手)」의 표현은 여기에 기인한다.

역(易)·음양(陰陽)·팔괘(八卦)·오행(五行)의 개념이 중국 의학과 군사학의 영역뿐만 아니라, 내가권법(內家拳法)에서도 널리 응용되고 있다. 그 중에서도 태극권은 그 기본원리부터 상세한 동작에까지 이러한 사상으로 일관하고 있다. 그러므로 전술의 「방향(方向)」을 단순한 자연의 지리적 개념으로서 해석해서는 안 된다. 예를 들면 "왜 붕(掤)은 감(坎)으로 북쪽을 의미하고, 리(攦)는 리(離)로서 남쪽을 의미하는가?" 등을 알 수 없으면 태극권과도 연결할 수 없다. 양생법(養生法)으로서는 어쨌든 호신술로서는 형(型)에 빠진 평소 일정방향의 동작은 생각할 수 없다. 「팔괘(八卦)」와 「오행(五行: 木火土金水)」의 사고는 인체와 결합되어 비로소 태극권과 연결된다.

(2) 13종류의 경((勁)

13세(十三勢)는 비유해서 말하면 정리(定理)와 공식(公式)과 같은 것으로 태극권의 「내경(內勁)」을 활용하여 호신에 응용하는 기본적·원칙적인 방법이다. 13종류의 「경(勁)」이라고 할 수 있다. 그 수는 한정되어 있지만 그 응용의 가능성은 한정된 것이 아니다. 태극권에서 말하는 「경(勁)」은 원래 우리가 일상에서 사용하는 말(言語)의 「힘(力)」과는 일치하지 않는다. 태극권의 「경(勁)」은 몸의 어디도 힘주지 않고 관절이 느슨한 채 몸이 하나가 되어서 내부에서 평균하여 나오는 일정방향으로 향한 힘이다.

13종류의 경(勁)으로 나누어져 있더라도 실천에 있어서는 이들이 단독으로 사용되는 것은 매우 적다. 대부분의 경우는 2, 3종류의 경(勁)의 조합형태로 나타난다. 이러한 까닭에「붕리제안개비사(掤擺擠按皆非似)」(붕리제안은 어느 것도 닮지 않았다)는 표현이다. 즉 달인들의 방법을 보면 언제, 어떤 동작이 기본 팔법의 어느 것을 사용하고 있는가 알 수 없다. 그것은 몇 개의 경(勁)을 조합하여 사용하고 있기 때문이며, 게다가 임기응변적 계산으로 결정한 것이 아니라 단지 몸이 그 때 자연스럽게 움직인 결과이다.

(3) 팔괘의 상징과 그 도형

『태극권석명(太極拳釋名)』을 이해하기 위해서는 또 팔괘의 각각이 상징하는 것과 그 성질을 나타내는 도형도 알 필요가 있다. 본서에서 말하는 팔괘는 일반적으로「후천팔괘(後天八卦)」를 가리킨다.「선천팔괘(先天八卦)」의 배열순서는 이것과 다르다.

팔괘도형(八卦圖形)은 이른바 음과 양의「효(爻)」를 3개씩 조합하여 만들어진 것이다. 양효(陽爻)는「━」로, 음효는「━ ━」로 표시한다. 음양의 효 3개를 가지고 다양하게 조합하면 전부 8조가 된다. 즉 팔괘(八卦)이다. 각 괘의 도형도 태극권의 몸자세와 내경(內勁) 상태를 이해하는데 도움이 되기 때문에 여기에서도 소개해 둔다. 이 8조를 다시 2조씩 다양하게 조합하면『역경(易經)』에서 보이는 64조, 곧 64괘이다.

팔괘를 세는 방법은 일반적으로는 북서(北西)의「건(乾)」에서 시작하여 팔괘 즉, 乾(건)·坎(감)·艮(간)·震(진)·巽(손)·離(이)·坤(곤)·兌(태)라는 순서로 헤아린다. 그 각각의 상징·방위·도형은 다음과 같다.

① 건(乾) : 도형의 상·중·하(여기서는 우리가 일상 말하는 위·중앙·아래의 의미) 모두 양효로 모양은 ☰, 상징하는 것은 하늘, 방위는 북서이다. 이 도형을 습관적으로「건삼련(乾三連)」이라고 한다.

② 감(坎) : 도형의 상하는 음효, 한가운데는 양효로 모양은 ☵, 상징하는

것은 물, 방위는 북쪽이다. 이 도형을 습관적으로 「감중만(坎中滿)」이라 한다.

③ 간(艮) : 도형의 위는 양효, 한 가운데와 아래는 음효로 모양은 ☶, 상징하는 것은 산, 방위는 북동쪽이다. 이 도형을 습관적으로 「간복완(艮覆碗)」이라 한다.

④ 진(震) : 도형의 위와 한가운데는 음효, 아래는 양효로 모양은 ☳, 상징하는 것은 벼락, 방위는 동쪽이다. 이 도형을 습관적으로 「진앙우(震仰盂)」라 한다.

⑤ 손(巽) : 도형의 위와 한 가운데는 양효, 아래는 음효로 모양은 ☴, 상징하는 것은 바람, 방위는 남동쪽이다. 이 도형을 습관적으로 「손하단(巽下斷)」이라 한다.

⑥ 리(離) － 도형의 상하는 양효, 한 가운데는 음효로 모양은 ☲, 상징하는 것은 불, 방위는 남쪽이다. 이 도형을 습관적으로 「이중허(離中虛)」라 한다.

⑦ 곤(坤) － 도형의 상·중·하 모두 음효로 모양은 ☷, 상징하는 것은 땅, 방위는 남서쪽이다. 이 도형을 습관적으로 「곤육단(坤六斷)」이라 한다.

⑧ 태(兌) － 도형의 위는 음효, 한 가운데와 아래는 양효로 모양은 ☱, 상징하는 것은 못(澤: 습지), 방위는 서쪽이다. 이 도형을 습관적으로 「태상결(兌上缺)」이라 한다.

이들을 태극권과 결부시키기 위해서는 또 음양·팔괘·오행과 인체부위와의 대응관계를 알 필요가 있다. 팔괘는 「감·리·진·태」는 각각 인체의 경락인 「회음(會陰)·조규(祖窺)·협척(夾脊)·단중(檀中)」에 해당한다.

또한 인체를 우주의 축도(縮圖)로 간주하는 중국의학에 따르면, 인체의 오장(五臟: 心·肝·脾·肺·腎)과 육부(六腑: 胃·膽·三焦·大腸·小腸·膀胱)가 각각 오행의 성질을 가지고 있으며, 각각 「음(陰)」과 「양(陽)」에 속한다.

오행은 또한 「간지(干支)」(10간, 12지)와 서로 관련되어 이들도 모두 인체 각 부위에 적용한다. 예를 들면 「자·묘·오·유」가 각각 인체의 경락인 「명문(命門)·협척(夾脊)·조규(祖窺)·단중(檀中)에 해당한다. 오행은 상생·상극관계이며, 12지도 서로 상합이나 서로 충돌하는 관계에 있다.

2) 붕·리·제·안의 진의

(1) 「붕(掤)」은 머리

태극권에 관한 고사성어에 「팔법붕위수(八法掤爲首)」(팔법은 붕을 머리로 한다)가 있다. 「팔법」은 붕(掤)·리(攦)·제(擠)·안(按)·채(採)·렬(挒)·주(肘)·고(靠)이다. 이 고사성어의 의미는 「붕(掤)」자가 8법의 배열상 가장 먼저 열거된 것을 가리키는 것이 아니며, 「붕경(掤勁)」이 8법에서의 위치, 그 실질상의 중요성을 강조하고 있다.

「붕경(掤勁)」은 투로 중의 이른바 「붕(掤)」자세를 취할 때만의 경(勁)도 아니며, 단지 8법 중의 하나도 아니다. 「붕」은 다른 7법의 어느 쪽에도 태극권의 어느 동작에도 포함되지 않으면 안 되는 가장 중요한 근본을 이루는 「경」이라는 의미이다. 바로 이 의미로 다음과 같은 다양한 표현이 생겼다. "태극권의 경은 「붕(掤)」뿐이다.", "태극권은 「붕경(掤勁)」을 사용하는 권법이다", "태극권 연습은 주로 「붕경(掤勁)」의 연습이다" 등으로 일컫는다.

"태극권의 경(勁)은 붕(掤)뿐이다"고 주장하는 사람들은 나른 7법의 경(勁)을 모두 붕(掤)에서 파생한 것이라고 설명하고 있다. 예를 들면 전완(前腕)의 척골(尺骨)과 요골(橈骨)의 회전법에 따라서 「붕(掤)」 「리(攦)」가 구별되며, 양손의 리(攦)를 교차시켜서 밖으로 향하게 하면 「제(擠)」가 되며, 손목·전완이 자신의 원주(圓周)에서 나올 때에 제2방위선인 팔꿈치에서 나오는 붕(掤)은 즉 「주경(肘勁)」이 된다는 등이다. 찬부(贊否)는 별도로 말해지고, 여기에서도 붕경(掤勁)의 중요성을 알 수 있다.

(2) 배를 띄워 싣고 가는 물

그러면 「붕경(掤勁)」은 어떠한 것인가? 『태극권석명』에 따르면 붕은 팔괘의 「감(坎)」이다. 감(坎)은 물을 상징하고 북쪽 방위각을 나타내며, 그 도형은 ☵이다. 인체에서는 이것이 회음(會陰) 경락에 해당하며, 회음(음의 집합)도 인체에서는 물을 상징한다. 그러나 이것만으로 우리들은 아직 직감할 수 없다. 후인이 기술한 해석문을 찾아보면 붕(掤)에 관한 여러 가지 표현이 있다. 그 가운데 자주 인용되는 것은 예를 들면, 붕(掤)의 경(勁)을 「여수부주행(如水負舟行)」(물이 배를 싣고 가는 것과 같다)에 비유하는 해석이 있다. 본서에서도 앞에 종종 물의 개념을 언급하였다. 이와 같이 태극권의 이야기에는 자주 물의 개념이 나온다. 그러므로 우선 '배를 띄워 싣고 가는 물'이라는 생각을 더듬어서 「붕(掤)」의 진의를 살펴보자.

군이 어려운 유체역학을 들먹이지 않아도 우리가 상식적으로 알고 있듯이 작고 가벼운 사물이라도 물을 뚫고 가를 수 있다. 동시에 물은 수만 톤의 큰 배도 가볍게 띄워 싣고 간다. 신비하지만 당연한 것이다. 그러면 물에는 저항력이 있는 걸까 없는 걸까, 물이 약한 걸까 강한 걸까의 대답에 어느 쪽도 망설여지게 된다. 물은 '부드럽지'만 일정한 조건하에서는 상당한 힘을 드러낸다. 수압프레스·수압굴삭기계 등이 있다.

반면 배와 배위의 화물과 물과의 관계를 생각해 보면 수만 톤의 화물 중 어느 것이라도 하나 집어 들어 물에 던지면 그것이 물 속으로 가라앉는다. 물에서 보면 즉 물이 많은 화물 중의 어느 하나도 지탱할 수 없지만 많은 짐을 싣고 있는 배 전체를 지탱할 수 있다. 배와 화물에서 보면 배 자체가 어느 화물보다도 무겁지만 떠 있으며, 많은 화물을 싣더라도 떠 있다. 물론 한계는 있다. 즉 문제는 배의 형태와 물의 깊이와 양쪽의 접촉방식에 있다. 우리가 「붕경(掤勁)」을 생각할 때 이 양쪽의 「형태」와 「접촉방식」에서 힌트를 얻어야 한다. 「붕경」을 "물이 배를 띄워 싣고 가는 것과 같다"고 비유하는 경우, 자신을 때로는 배로서 때로는 물로서 생각할 수 있다. 「감(坎)」은 인체의 「음양」경락에 적용하기 때문에 이 「경(勁)」을 사용할 때는 「회음(會陰)」경락을 의식하면 보다 효과적이다.

(3) 감(坎)의 도형(☵)이 나타내는 것

후대 사람이 기술한 해석문 중에 또한 「붕전감중만(掤塡坎中滿)」의 표현이 있다. 이것은「붕경(掤勁)」을 내기 위해서는「감중만(坎中滿)」이라는「감(坎)」의 도형(☵)과 같이 속을 채우면 된다는 의미이다. 즉 이 도형은 "밖이 음(柔·弱·退 등)으로, 중(中央)이 양(剛·强·進 등)이다" "주위는 음으로 한 가운데는 양이다" "외견의 형(形)은 공허와 같아도 내용은 충실한 것이다"와 같이 이해할 수 있다. 따라서 자신의 몸 상태를 이 도형과 같이 하면「붕(掤)」이 된다는 의미이다.

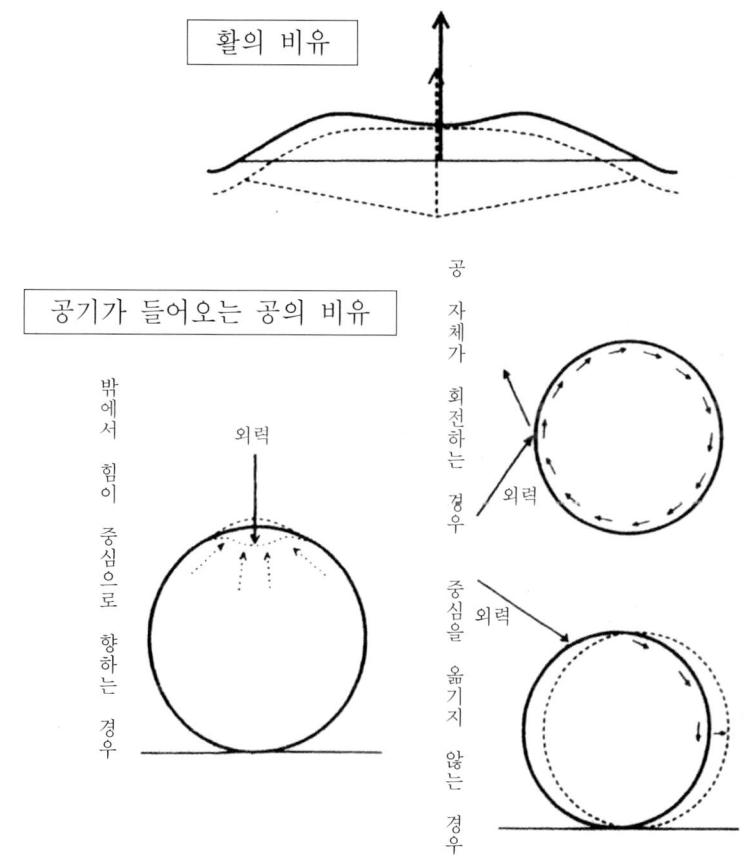

또한「붕재양비(掤在兩臂)」(붕은 양 팔에 있다)라는 표현도 있다.「비(臂)」는 중국어에서는 어깻죽지부터 팔목까지의 부분을 가리킨다. 즉 이 경(勁)은 주로 팔에 의존하는 것으로 팔이 음유(陰柔)로 공허의 원호형(圓弧形)을 취하고, 내용을 양강(陽剛)으로 충실한 심(芯)을 이룬 것과 동시에「회음(會陰)」경락을 의

식하면 저절로「붕(掤)」의 경(勁)이 나온다는 의미이다. 또 붕은「면연부단적탄황경(綿軟不斷的彈簧勁)」(솜처럼 부드럽고 끊어지지 않는 용수철의 힘)으로 비유하고 있다.

이와 같이 태극권의 붕경은 물과 같은 것, 공기가 든 고무공과 같은 것, 부드럽고 탄력성을 가진 것, 활을 당길 때 느끼는 현(弦: 활줄)과 활대의 저항력과 같은 것으로 다양하게 비유하고 있다. 태극권에서도 몸이 '5개의 활(弓)'이라는 표현이 있다. 즉 사지(四肢)의 활과 동체(胴體)의 활이다. 그 중 특히 '몸(身: 동체)의 활'이 중시되고 있다. 경(勁)은 몸의 일부분이 아니라 신궁(身弓)의 전체에서 나오는 것이다. 화살을 쏠 때 활의 현이 화살을 밀어내는 힘은 활이 걸리는 현(弦)의 부분에서도 현 전체가 아니라 활 전체에서 나오는 것이다.

이러한「경(勁)」은 우리가 어릴 때부터 길러 오고 익숙한 힘(力: 근육을 긴장시켜서 내는 에너지)과는 질적으로 다른 것이 분명하다. 이것은 그때 그때의 일정한 대상물을 향한 힘이 아니다. 이것은 어느 방향으로도 향하지 않고 있지만 어느 방향으로도 수시 대응할 수 있도록 항상 준비하고 있는 일종의「성질」과 같은 것이다. 바로 이러한 성질에서「붕(掤)이 팔법(八法)의 머리」라는 미명(美名)을 획득한 것이다. 그러므로「붕경(掤勁)」은 인체 고유의 것이 아니라 확실하게 연습하여 터득하는 것이다.

(4) 리·제·안의 상징

① 리(攦) : 팔괘의「리(離)」이다.「리(離)」가 불을 상징하고, 남쪽 방위를 나타내며, 도형은 ☲이다. 인체에는 조규(祖竅)경락에 해당하며, 오행의 화(火)에 속한다. 리(☲)의 모양은 상하가 양으로 한 가운데는 음(陰)이다. 이 도형을 "밖은 양(陽-剛·强·進 등)이며, 중앙은 음(陰-柔·弱·退 등)이다", "주위는 양이고 한 가운데는 음이다", "외견의 형은 충실한 것으로 내용은 공허이다"라고 이해할 수 있다. 화(火)의 성질을 생각하면 모닥불이 잘 피기 위해서는 그 중간에「공허(空虛)」가 있어야 한다. 따라서 자신의 몸 상태를「리(離)」의 도형

과 같이 여유가 있는 것처럼 하면 「리(攦)」의 「경(勁)」이 된다는 의미이다. 즉 밖은(접촉하는 부분에는) 그대로 움직이지 않고 내용에 여유가 있게 한다면 동시에 조규(祖竅) 경락을 상상해서 저절로 「리(攦)의 경(勁)」이 나온다는 의미이다.

「리요리중허(攦要離中虛)」라는 표현과 같이 리(離)의 도형은 ☲와 같이 중간을 허(虛)로 된다.

후대 사람의 문장에는 또한 리(攦)를 "인도사지전(引導使之前: 인도하여 상대를 앞으로 가게 한다)", "리재장중(攦在掌中: 攦는 손바닥 안에 있다)" 등의 표현도 있다. 여기에서 알 수 있듯이 리(攦)는 상대의 힘을 정면에서 저항하지 않고 그대로 연장시키고 그 전진방향으로(약간 어긋나게) 인도해가면 된다. 이를 위해서는 자신의 중심부를 허(虛)로 하고, 조규(祖竅) 경락도 그 방향으로 향하도록 상상하여 주로 손바닥을 느슨해지도록(완: 緩) 주의한다.

② 제(擠) : 팔괘의 「진(震)」이다. 「진(震)」은 벼락을 상징하고, 동쪽을 나타내며, 도형은 ☳이다. 인체에는 협척(夾脊) 경락에 해당하며, 오행(五行)의 목(木)에 속한다. ☳의 도형이 「진앙우(震仰盂)」라 불리는 것은 그 형의 입(口)이 위로 향하는 그릇과 화분을 생각하기 때문이다. 여기에서 「제시진앙우(擠是震仰盂)」의 제(擠)는 도형이 ☳의 모양으로 진앙우(震仰盂)이며, 입이 위로 향해 있는 그릇과 같다는 표현이 있다.

후대 사람이 제(擠)에 관한 표현을 "용시유양방, 직접단순의, 간접반응력(用時有兩方, 直接單純意, 間接反應力: 사용할 때는 양쪽 힘이 있고, 즉 직접 단순한 意와 간접의 반응력이다)", "제재수배(擠在手背: 제는 손등에 있다)" 등의 표현이 있다. 즉 이것은 양손을 사용하는 방법이다. 상대의 힘에 대해서는 직접 접촉하는 부분은 단지 의(意)로 맞이하고, 간접의 손은 반작용력을 이용한다. 이때는 몸의 상부(上部)와 중부(中部)를 잊어 버리고 허(虛)가 되어, 발바닥이 확실하게 바닥을 밟고 협척(夾脊) 혈이 앞의 발 용천(湧泉) 경락에 떨어지는 것을 상상하면 간접의 손등에서 앞으로 가는 힘이 나온다.

③ 안(按) : 8괘의 「태(兌)」이다. 안(按)은 못·습지를 상징하고, 방위는 서쪽을 나타내며, 도형은 ☱이다. 인체에는 단중(檀中) 경락에 해당한다. 이것에 대

해서는 "안경태상결(按勁兌上缺: 안의 경은 태의 도형 ☱과 같이 위가 빠져 있다. 위는 虛, 한가운데와 아래는 實이다)", "운용여수행(運用如水行: 경의 운용은 물의 흐름과 같다)", "안재요공(按在腰攻: 按은 腰의 공격에 있다)" 등의 표현이 있다. 즉 이 경(勁)의 사용법은 맹렬한 기세로 전진하는 홍수와 같이 부드러움 속에 강(剛)을 가지고 있으며, 환경에 따라서 기복(起伏: 높았다 낮았다)하면서 가는 곳을 만족시켜 나간다. 이 경을 사용할 때는 몸의 상부인 단중(檀中) 경락 이상의 부분을 허(虛)로 하고, 물의 흘러가는 방향으로 눈을 향하면서 허리로 공격하면 된다는 의미이다.

3) 채·렬·주·고의 고찰

채(採)·렬(挒)·주(肘)·고(靠)는 건(乾)·곤(坤)·간(艮)·손(巽)이며, 각각 천(天)·지(地)·산(山)·풍(風)을 상징하고, 북서·남서·북동·남동의 방위각을 나타낸다. 도형은 각각 ☰·☷·☶·☴이다.

인체에는 각각 폐유(肺兪)·단전(丹田)·견정(肩井)·옥침(玉枕)에 해당한다. 후대 사람이 이들을 해명하는 다양한 표현방법이 있지만 그 대표적인 예를 열거하면 다음과 같다.

① 채(採) : 간칭(竿秤)의 추가 저울대 위에서 이동하면서 무게를 측량하는 것이다. 이때는 주로 손가락에 주의를 기울인다.

② 렬(挒) : 플라이휠(flywheel: 속도 조절 바퀴)과 같은 그것에 던져진 것이 자신에게 날아든다. 또는 물의 소용돌이와 같은 곳에 들어가면 자연히 휩쓸리는 것이다. 이때는 주로 양팔에 주의한다.

③ 주(肘) : 주로 자신의 상하·좌우의 음양(陰陽)·허실(虛實)을 확실히 하면서 팔꿈치를 굽혀서 사용한다 이때는 주로 손(노궁: 勞宮)과 어깨(견정: 肩井)에 주의하면 된다.

④ 고(靠) : 몸의 대각선을 이용하여 자신의 이른 바 제3방위선(第三防衛線)인 등과 어깨를 사용하는 방법이다. 이때 가장 중요한 것은 자신의 중심(中心)

유지에 있다.

4) 진(進), 퇴(退), 고(顧), 반(盼), 정(定)의 고찰

(1) 발의 보법

진보(進步)·퇴보(退步)·좌고(左顧)·우반(右盼)·중정(中定)은 '오행이다'라고 경전에 기록되어 있다. 오행의 수(水)·화(火)·목(木)·금(金)·토(土)가 전술과 같이 각각 북(北)·남(南)·동(東)·서(西)·중앙(中央)의 방위성을 가지고, 또 서로 상생(相生)·상극(相剋)의 관계에 있다. 방위는 자연지리의 방위가 아니다.

오행이 인체에 적용하는 부위는 각각 회음(會陰)·조규(祖竅)·협척(夾脊)·단중(檀中)·단전(丹田)이다.

경전에는 "기근재각(其根在脚: 그 뿌리는 발이다)"이라고 했다. 사람이 가만히 있을 때와 몸을 전후·좌우로 이동할 때가 있다. 이동 경우는 물론이지만 가만히 서있는 경우도 발이 중요한 역할을 맡고 있다. 여기서「발(足)」은 중국어의「다리(脚)」로 복사뼈 이하의 부분을 가리킨다.

태극권에는 또 인체와 그 사지를 다시 3개 부분 '근(根)·중(中)·초(梢)'로 나누어서 설명하는 경우가 있다.「다리」는 하지의「말단」이며(하지의 뿌리는 고관절이다), 동시에 또 사람의 전신의「뿌리」이다. 경전이 말하는 "그 뿌리는 다리에 있다"는 이 의미이다.

그러므로 여기에서 말하는 진(進)·퇴(退)·고(顧)·반(盼)·정(定)은 단지 '발의 보법'도 아니고, 단순히 방향을 나타낸다고 한정할 수도 없다. 이 부분에 관한 해석은 그다지 많이 발견되지 않지만 둘러본 한정된 자료를 총괄하여 보면 다음과 같다.

(2) 진(進)과 퇴(退)

경전의 자의(字意)에서 보면 이것이 북(北)과 남(南)이 되지만, 실은 이것은 인체를 중심으로 한 표현이다. 그러나 이것은 반드시 인체의 방향의 앞과 뒤가 일치하는 것도 아니다. 또, 전술과 같이 인체의 상응부위가 각각의 동작에 있어서 중요한 역할을 담당하고 있다. 예를 들면 "전진하고 싶으면 회음(會陰) 경락을 생각하면서 눈을 위 전방을 향하면 된다", "후퇴하고 싶으면 조규(祖竅) 경락을 생각하면서 눈을 아래 전방으로 향하면 된다" 등으로 표현하고 있다. 그러나 이것은 높은 단계의 사람들이 가능한 것이다. 오랫동안 수련한 사람들은 분명히 의념(意念) 하나로 전신동작이 저절로 동반하지만 누구라도 할 수 있는 것은 아니다. 만일 우리가 이것에 속박되면 "자신이 제정한 법에 말려들게 된다." 중요한 것은 그 "몸을 움직이기 전에 먼저 의념을 작동시킨다"라는 정신을 이해하는 것이다.

「진(進)」과 「퇴(退)」의 어의(語義) 내용을 조금 확대하여 모두 적극성을 가진 것으로 이해하는 것이 좋다. 예를 들면 양반후(楊班侯)의 수제자 우연원(牛連元)이 남긴 『태극권구결(太極拳九訣)』에서 '태극권의 9가지 비결'에 「운수삼진비상공(雲手三進臂上攻)」의 구(句)가 있다. 그 해석에 "운수(雲手: 구름 손)의 사용법은 13문자 중의 「진(進)」의 글자를 나타내고 있다"의 구(句)가 있다. 즉 운수(雲手)의 형은 옆으로 움직이는 것이지만 그 실질은 「진(進)」 자가 내포하고 있다는 것을 나타내고 있다.

『태극권구결(太極拳九訣)』에는 또한 「퇴행삼파도전굉(退行三把倒轉肱)」의 구가 있다. 그 해석에 "도전굉(倒轉肱, 또는 倒撞侯: 도연후)의 사용법은 13문자 중의 「퇴(退)」의 글자를 나타내고 있다"이다. 즉 도연후는 물러나는 형을 취하고 있지만, 그것은 그러한 형을 취하고 있는 적극적인 「기법」이며, 퇴거(退去)가 아니라는 의미이다.

(3) 고(顧)와 반(盼)

여기의 「고(顧)」는 '뒤돌아 보다·둘러보다·배려하다'이며, 「반(盼)」도 '둘러보다'의 의미이다. 즉 두 문자 모두 '살피다'라는 의미이다. 중국어의 「좌고우반(左顧右盼)」이라는 고사성어는 '우와 좌를 뒤돌아보다', '주위를 돌아보며 서성이다'를 말한다. 물론 13세(勢)에서 말하는「좌고우반(左顧右盼)」은 이 고사성어로서 사용되고 있지 않다. 그러나 이러한 문자가 가진 기본내용이 무시되는 경우도 더러 있다. 13문자 중 이 두 문자에도 각각 두 가지 해석이 있다.

하나는 '고(顧)를 선회하면서 전진한다', '반(盼)을 선회하면서 후퇴한다'라고 이해하고, 전술의 오행과 인체의 관계에 근거하여「협척(夾脊) 경락」이 실제 발의 용천(湧泉) 경락에 떨어지는 것을 상상하면 몸이 저절로 선회하면서 전진한다. 또한 "좌우 양손바닥을 밑으로 내리고, 각각은 그 위와 단중(檀中) 앞의 위치에 두고, 단중을 약간 안쪽으로 받아들이면서 눈길을 왼손 앞에서 지하(地下)로 향한다면 몸이 저절로 선회하면서 후퇴한다"는 주장이다. 이것에 대해서도 앞과 같은 방법을 말할 수 있다고 생각한다. 방법의 복잡함은 어쨌든 이것은 수준 높은 사람의 일로서 상당한 경험을 쌓아야 한다.

또 하나는 우연원(牛連元)이 남긴 『18재결(十八在訣)』에 있는 해석이다. 여기에서는「고재삼전(顧在三前)」과「반재칠성(盼在七星)」이라는 두 개의「비결」이 있으며, 그 설명은 각각 "고(顧)는 배려하고 방호(防護)하는 의미이다. 즉 상대와 대결하는 경우에 항상 자신의 삼전(三前: 눈앞·손앞·발앞)에 충분히 배려하여 이용당하지 않도록 한다", "반(盼)은 '조심한다·본다'의 경계하는 의미이다. 즉 항상 자신의 칠성(七星: 머리·어깨·팔꿈치·손·고관절·무릎·발의 7개 부위)를 충분히 경계하라"로 되어 있다.

또한「반재칠성(盼在七星)」을 "상대의 칠성에 충분히 주의하여 틈을 타서 공격하는 것"으로 해석하는 사람도 있다. 어쨌든 고(顧)와 반(盼)은 좌우로의 움직임이 아니라는 것은 명백하다.

(4) 정(定)의 해석

「정(定)」의 글자를 일반적으로는 "자신의 중심을 안정시킨다"고 해석한다. 태극권의 발경(發勁)은 순간적인 것이다. 발경하기 전에 반드시 자신의 중심을 안정시켜야 한다. "이를 위해서는 단전(丹田)에 의념(意念)을 향하게 하면 된다." 또 "명문(命門)과 배꼽을 생각하면 된다"고 하는 사람도 있다.

그러나 『18재결(十八在訣)』의 「정(定)」에 관한 해석이 일반의 이해와 달라서 「정재유극(定在有隙)」으로 되어 있으며, 설명은 "서로 싸울 경우, 터무니없는 방법으로 하는 것이 아니라, 안정을 찾고 상대의 틈을 타서 기회를 엿보는 것이다. 틈이 있으면 주저함 없이 즉시 발경한다"로 되어 있다.

5) 알맞은 연습

앞에 "붕경(掤勁)은 인체 고유의 것이 아니라, '알맞은 연습'으로 터득하는 것이다"가 있었다. 이것은 13종류의 「경(勁)」의 모든 것에 대해 말할 수 있는 것이라고 생각한다. 그러면 어떻게 연습하면 좋은가?

(1) 바른 투로(套路)

진식(陳式)·양식(楊式)·오식(吳式)·손식(孫式)을 불문하고, 그 어떤 투로라도 태극권에 몰두하고 있는 사람이 거의 모든 수련의 기본요구, 즉 바른 수련법을 알고 있다고 생각한다. 문제는 요구의 진의에 대한 불이해와 오해에서 종종 그것을 흔한 이야기로서 흘려 버리거나 반신반의의 태도로 형(形)만 주의한다는 것이다. 이른바 「투로불요설(套路不要說: 투로는 설명이 필요없다)」도 여기에서 나왔다고 생각한다. 이렇게 해서는 상응한 효과를 얻을 수 없을 뿐만 아니라 잘못하면 허리와 무릎을 상하게 한다.

바른 연습방법은 대부분 지금까지 설명한 것이지만, 문제는 이러한 요구를 충분히 연구하여 믿고 끈기 있게 연습을 계속할 것인가 아닌가이다. 여기에서 그 요점(要點)·진의(眞儀)·목적(目的)을 다시 간략하게 총괄하여 설명한다.

① 투로(套路)의 요점

태극권연습은 동시에 기공수련(氣功修練)이기도 하다는 것을 항상 의식한다. 모든 동작에 앞서 의식(意識)을 선행시킨다. 동작의 전과정을 의식하면서 그것을 부드럽고 풍부하게 완성한다. 모든 동작에 호형선(弧形線)을 넣는다. 투로의 전과정에서 수시로 전술의 예비세(豫備勢)·방송(放鬆)·입신중정(立身中正)의 요구로 자신의 수준을 검사한다.

한발 나아가서 두부(頭部)를 포함한 전신이 수중(水中)에 있고, 모든 동작에 모든 방면에서 물(水)의 저항을 느낀다고 상상하면서 위의 요구를 지켜가면서 전과정의 동작을 완성한다.

② 요구의 진의(眞儀)

양생(養生)의 시점에서 보면, "내기(內氣)를 배양하고 질병을 치료하고 몸을 건강하게 한다." 호신(護身)의 시점에서 보면, "전신(全身)의 관절을 풀고 동체와 사지를 함께 신전시킨다." 그리고 오랫동안 배양해 온「졸력(拙力)」을 사용하던 연습에서 직선적 운동을 하던 습관을 버리고,「졸력(拙力)」을 사용하지 않는 습관을 기르고, 탄성력을 양성하는 기초를 만든다.

③ 모든 투로(套路)의 연습목적

양생(養生)의 시점에서 보면 "수양(修養)을 높이고 자신을 심리적으로도 육체적으로도 건강하게 한다." 호신(護身)의 관점에서 보면, 태극권의 특징인 "유(柔)로서 강(剛)을 극복한다"는 원칙을 활용하여 필요한 경우에도 상대와「졸력(拙力)」의 경쟁을 피하고 소량의 체력소모로 몸을 지킨다.

(2) 힘주지 않는 투로(套路)의 수련

힘주지 않는 투로수련은 추수(推手)의 초심자로서는 가장 어려운 연습이다. 상당한 실천경험을 쌓을 때까지는 이해하기도 어려울 것이다. 이를 위해서는 우리가 지금까지「힘(力)」에 대한 인식과 생각을 고쳐야 한다. 실제 추수에는 의식적으로 힘을 사용하지 않을 뿐만 아니라, 우선은 그저 자신의 허정(虛靜)을 지키고 상대를 공격하는 의욕을 없앤다. 공격해 오는 상대가 벽에 부딪치는 볼과 같이 튀어 오르든가 고속도(高速度)로 회전하고 있는 기계에 부딪치는 물체와 같이 날아가는 것이 추수의 최고 이상이다.

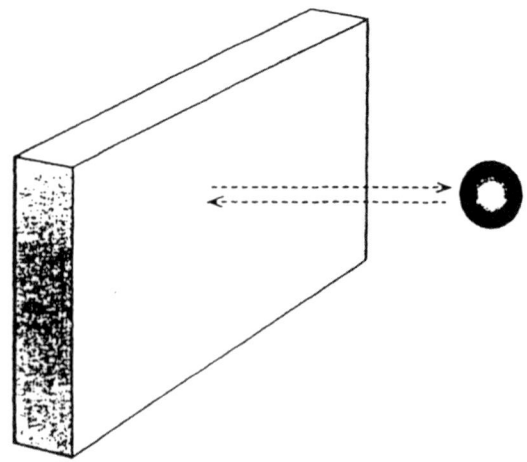

벽(壁)은 자신의 안정을 보호하며, 구(球)는 자신의 힘으로 되돌아와 미친다.

그러나 연습은 연습이며, 이때 어느 쪽이 주체적으로 '공격'하지 않으면 연습이 되지 않기 때문에, 연습할 때는 '공격하는' 역할을 서로 교대하는 것이다. 물론 이 경우의 '공격'도 힘을 사용하지 않는다. 그저 상대의 중심에 영향이 가도록 최대한 전문(前文)에서 언급한 기본 팔법을(그 경우의 구체적 규정이 허락된다면 5보 정도) 활용하여 '공격하는' 것이다.

방어는 오로지「점련점수(粘連黏隨)」로 응수해야 한다. 이것은「화경(化勁)」을 습득하기 위해서이다.「화경(化勁)」이 되면 반드시 발경(發勁)도 가능하지만, 발경이 되더라도 반드시 화경이 된다고 말할 수 없기 때문이다. 추수연습은 보통은「화경(化勁)」의 습득에서 시작한다.「화경(化勁)」은 또한「점화경(黏化勁)」과「주화경(走化勁)」으로 나누어진다.

여기서 주의해야 할 것은 상대의 반응에 당황하지 않는 것이다. 때로는 자신이 힘을 주지 않고 있는데 상대가 이쪽의 큰 힘을 느끼는 경우가 있다. 이러한 때는 자신이 성실하게 반성하여 만일 정말로「정(頂: 상대의 힘에 저항하는 것)」으로 하지 않았다면 그것으로 좋은 것이다(p.387의 2) 참고).

(3) 반작용력(反作用力) 이용의 연습

힘주지 않는 연습을 양성하고「졸력(拙力)」을 사용하는 오랜 습관을 고치기 위해서는 먼저 반작용력(反作用力)을 인식하고, 그것을 이용하는 연습을 할 필요가 있다. 이것은 동시에 의식(意識)의 훈련이기도 하다. 예를 들면 다음과 같은 실험을 해보자.

자신이 양팔로 눈 앞의 원기둥을 확실하게 안고 있는 자세를 만들어 상대에게 부탁하여 일정한 힘으로 자신의 앞 팔을 밀도록 한다. 그리고 자신이 최대한 원래의 자세를 바꾸지 않고서

① 상대의 힘에 저항하여 밀리지 않도록 밖으로 향하는 힘을 낸다.

② 상대의 힘에 주의하지 않고 그저 단단하게 원기둥을 계속 안고, 안으로 향하는 힘을 낸다.

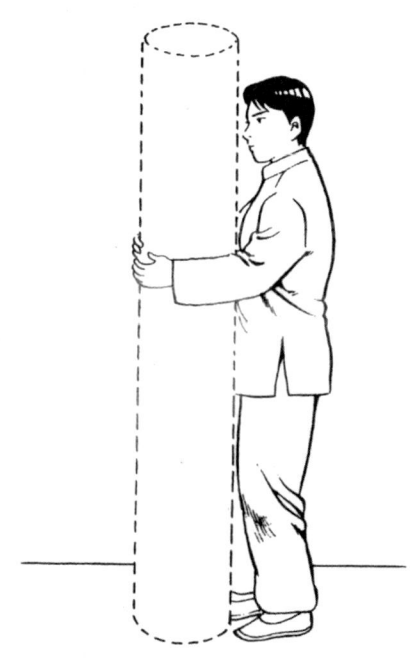

그리고 두 가지 경우에서 상대의 느낌을 듣고, 자신이 사용한 힘을 반성하여 본다. 이리하여 '반작용력, 힘의 절약, 의식(意識)의 작용, 자신의 안정감' 등을 생각하여 그 결론을 자신의 매일 투로연습의 동작에 적용하여 수련을 계속한다.

3. 『타수가』의 해설

1) 해설적 번역문

『타수가(打手歌)』의 원문, 그 추수(推手)에 있어서의 의의(意義)와 대략적 역문(譯文)은 제3부에서 소개하였다. 여기서는 6구(六句)로 구성된 노래의 한 구(句) 한 구(句)를 해설한다.

(1) 붕리제안수인진(掤攦擠按須認眞)

'13세(勢)'는 태극권 그 자체이며, 태극권의 근본이기도 하며, 태극권의 권법 동작의 발췌이기도 한다. 13종류의「경(勁)」 중에서는 중축(中軸)의 역할을 완수하고 근본을 이루고 있는 것이「붕리제안(掤攦擠按)」이기 때문에 붕(掤)·리(攦)·제(擠)·안(按)은 항상 특히 추수(推手)시 성실하게 해야 한다.

(2) 상하상수인난진(上下相隨人難進)

자신의 수족의 움직임, 전신의 동작이 서로 따르고 서로 호응하면서 제휴하고 동작하면 상대의 침입도 어려워질 것이 틀림없다.

(3) 임타거력래타아(任他巨力來打我)

예를 들면 상대가(추수의 원칙을 뒤돌아보지 않고) 큰 힘을 의지하여 나에게 공격해 오는 상황이 되더라도 자신은 당황하지 않는다.

(4) 견동사량발천근(牽動四兩撥千斤)

어디까지나 원칙을 지켜가면서 안정되게 정말 작은 힘으로 상대의 힘을 이끄는 것만으로 상대의 거대한 힘을 빗나가게 할 수 있다.

(5) 인진낙공합즉출(引進落空合卽出)

상대의 힘을 공허한 곳으로 유도하여 떨어지게 할 수 있다면, 자신이 경(勁: 수족과 전신동작)을 하나로 합쳐 냄으로써 상대의 공격이 무력화된다. 그러나 이를 위해서는 다음(6)과 같이 한다.

(6) 점련점수부주정(粘連黏隨不丟頂)

상대의 힘을 놓치지 않고 그것을 거스르거나 막힘이 없고 알맞은 '점(粘)·연(連)·점(黏)·수(隨)'를 완성해야 한다.

이하『노래(歌)』의 마지막 구(句)를 다음 항에서 상세하게 설명한다.

2) 점련점수부주정

앞의 (6)항인 '점련점수부주정'은 추수(推手)의 요체인『타수가(打手歌)』중에서도 이 마지막 구(句)가 연습의 요건이라고 일반적으로 평가하고 있다. 이것이 추수(推手) 입문의 기본 공(功)으로서 중요시되고 있다. 이 7문자 내의 앞「점련점수(粘連黏隨)」는 지켜야 하는 4가지 요구이며, 다음「부(不)」는 부정을 나타내는 말, 이 구(句)에는 '…하지 않도록'이라는 주의를 환기시키는 의미이다. 뒤의 2문자「주정(丟頂)」은 피해야 할 잘못으로 추수에서의「병(病)」이다.

먼저 문자(文字), 글자면의 의미를 해석하여, 그 다음 그 추수(推手)에서의 의의를 설명한다.

(1) 첫자인「점(粘)」은 글자의 읽기·의미에도 2가지가 있다.

① 점(粘)은 'zhan'의 제1성으로 읽는다. 첨(沾)의 글자와 같은 발음인 의미는 '(기름과 진흙 등이) 붙다·(냄새가) 베이다·(물에) 젖다·(색에) 염색되다·(이빨에) 달라 붙다·들러붙다'이다.『타수가』에는 이 읽기와 의미를 택한 것이다.

②「년(年)」과 같은 발음인 "nian"의 제2성으로 읽는다. 의미는 '끈덕지다·달라붙다·따라다니다·끈기 있다' 즉 세 번째 글자인「점(黏)」과 읽기에나 의

미에도 같다.

그러나 지난 반세기 동안, 한자의 기술을 간자화하는 캠페인 중에서 ①의 'zhan'으로 읽히는 경우「점(粘)」자 대신에 같은 발음인 다른 글자인「첨(沾)」을 빌려서 사용하게 되어 쓰기가 어려운「점(黏)」자를 배제하고 그 대신에「점(粘)」자를 전적으로 그 ②의 읽기와 의미로 사용하게 되었다. 그러므로 옛날의 책을 보면「점련점수(粘連黏隨)」가 있지만, 현대인이 저술한 책에는「첨련점수(沾連粘隨)」가 되었다. 급소인「점(黏)」자가 사라지고 새로운「첨(沾)」자가 들어간 것을 오해하지 않도록 주의하여「첨련점수(沾連粘隨)」가 있는 경우는「점(粘)」을 반드시 위의 ②의 읽기와 의미에서 이해해야 한다.

(2)「연(連)」은 'lian'의 제2성으로 읽으며, 의미는 '늘어놓다·늘어선다·이어지다·계속하다'이다

(3) 세 번째 글자의「점(黏)」은 'nian'의 제2성으로 읽고,「年」과 같은 발음이다. 그 의미는 '끈덕지다·달라붙다·따라다니다·잘 달라붙다' 등으로「점련점수(粘連黏隨)」의 4문자 중에서도 다음에 설명하는 것과 같이「점(黏)」이 급소의 역할을 하고 있다.

(4)「수(隨)」는 'sui'의 제2성으로 읽으며, 여기서는 '뒤에 수행하여 함께 붙어가는, (행동을) 함께 맞추는' 의미이다.

(5) 부(不)는 'bu'의 제4성으로 읽으며, 여기서는 부정의 '~하지 않도록'의 의미이다.

(6)「주(丟)」는 'diu'의 제1성으로 읽으며, 여기서는 '없애다·떨어뜨리다·손을 놓다·잊어버리다·버리다' 의미이다.

(7)「정(頂)」은 'ding'의 제3성으로 읽으며, 여기서는 '지탱하다·떠받치다·거스르다·부딪치다' 의미이다.

3) 7문자의 실천에서의 의의

(1)「점(粘)」은 'zhan'의 제1성으로 읽으며, 지금의 글자는 '沾:첨'이다. 물 속

에 넣은 손을 물에서 들어 올렸을 때 물이 손에 붙은 현상에 비유하여 가볍게 민첩하게 상대의 힘을 들어 올려 원래보다 높게 하는(상대의 힘을 송두리째 빼내다) 것이다. 이를 위해서는 역학작용(力學作用)·반작용(反作用)의 법칙을 잘 이용하여 상대의 힘을 빌리는 것이다. 만일 이때 자신이 힘을 사용하려고 한다면 기대되는 효과를 낼 수 없다. 역효과가 된다. 볼을 가지고 놀고 있는 어린이의 손동작과 같은 느낌이다.

(2) 「련(連)」은 자신의 힘과 상대의 힘을 이어서 끊어지지 않고 떨어지지 않도록하는 것이다. 즉 상대의 움직임에 따라서 접촉부위의 감각을 통하여 상대 힘의 허실(虛實)·강유(剛柔)·대소(大小)·방향(方向)의 변화를 감시하고 관찰하여, 따라서 자신의 자세를 유리하게 조정하는 것과 동시에 상대의 틈을 엿보는 것이다.

(3) 「점(黏)」은 지금의 글자 '점(粘)'으로 아교·옻과 같이 달라붙어서 고분고분하게 떨어지지않는 것이다. 이를테면 '사물에는 그림자가 따르듯'이 '그림자와 함께하다'이다. 옛날 사람이 다음과 같은 말로 「점(黏)」의 글자를 형용하였다. '연연하며 떠나는 것에 참을 수 없는 기분', '정서전면(情緖纏綿: 정이 깊고 끈끈한 모양)으로서 마치 동여 놓아서 떨어지기 어려운 모습·아쉽다' 등이다. 이러한 비유에서 힌트를 얻으면 충분하다. 추수에서 말하는 「청경(聽勁)」은 거의 이 「점(黏)」의 방법에 도달한다. 그러나 여기서는 점착(黏着)의 정도에 주의해야 한다. 지나치게 강하게 점착하면 「정(頂: 머리에 이는 것, 즉 부딪치는 것)」의 잘못을 범하기 쉽고, 점착부족이라면 「주(丟: 잃어버림)」의 잘못을 범하기 쉽다. 이 부분의 가감은 연습을 쌓는 경험 외에는 없다.

(4) 「수(隨)」는 자신이 외견의 형에서 보고 항상 주체적 동작을 취하지 않고, 항상 상대의 동작에 따라 가는 것이다. 특히 상대가 이쪽의 점착(黏着)에서 탈출하려는 경우, 한 순간도 늦지 않게 붙어서 따라가는 것이 중요하다. 형(形)은 수동적으로 보이지만 실제는 이쪽이 항상 주체적으로 움직이는 기회를 파악하는 것이다.

(5) 「부(不)」는 뒤의 주정(丟頂)을 꾸며준다.

(6) 「주(丟)」는 자신이 접촉하고 있는 부위에서 떨어지는 것, 즉 자신의 점착

(粘着) 부족으로 상대가 컨트롤에서 도망가든지 이쪽이 상대의 재빠른 동작에 대응하지 못하고 양쪽의 접촉점이 이탈하는 것이다. 어쨌든「주(丟)」하면 상대의 다음 동작을 알 수 없게 되며, 상대에게 공격의 자유를 부여하게 되어 이쪽의 결점을 보이는 것이 된다.

(7)「정(頂)」은 '상대의 힘에 거슬러 그것과 부딪치는 것, 힘으로 저항하는 것'이다. 상대 힘의 대소에 구애없이 작은 힘에 작은 힘으로 저항하더라도「정(頂)」이 된다.「정(頂)」하면 자신의 힘이 상대에 이용된다.

이와 같이「주(丟)」도「정(頂)」도 추수에서는 잘못으로 보고 있다.

※ 이상의 외,「부주정(不丟頂)」의 세 글자를 다음과 같이 해석하는 사람도 있다. 즉 세 글자 중의「부주(不丟)」는 '잃어버리지 않는다·잃어서는 안 된다'의 의미이며,「정(頂)」은「정경(頂勁), 허령정경(虛領頂勁)」이라는 해석이다. 이처럼「점련점수(粘連黏隨)」할 때는「허령정경(虛領頂勁)」을 '잃어서는 안 된다·잃어버리지 않도록'으로 해석하고 있다.

「허령정경(虛領頂勁)」은 태극권의 모든 것을 관철하는 기본요구이기 때문에, 이 의미에서는 이러한 해석도 틀렸다고는 할 수 없다. 그러나『태극권론(太極拳論)』과 비교하여 생각하면 역시 '주(丟)와 정(頂)'을 상반하는 두 종류의 결점으로 해석하는 쪽이 바르다고 생각한다.

4)「점(黏)」에 관한 일화

이와 같이「점(黏)」은「점련점수(粘連黏隨)」중에서도 중심적 역할을 하고 있으며,「청경(聽勁)」의 열쇠라고 한다. 그렇다면 실천에는 이것이 어떻게 구현되고 있는가? 그 실질을 엿보기 위하여 권법(拳法)의 대가 진미명(陳微明)의 유저(遺著)에서 일화를 2개 인용해 본다.

진미명(1881~1958)은 양징보(楊澄甫)에게 8년간 태극권을 배웠다. 1929년『태극권문답(太極拳問答)』을 저술하였으며, 1930년대에 상하이(上海)에 도장「치유권사(致柔拳社)」를 개설하여 운영하였다.

(1) 제비가 날지 못함

어느 날 양건후(楊健候)가 제자의 한 사람이 잡은 제비를 놓아 주려는 것을 보고 그것을 멈추게 하고 제비를 자신에게 달라고 말했다. 제자가 스승의 명에 따라서 제비를 건네주려고 하였으나 5개의 손가락을 편 채 손바닥을 위로 한 스승의 손을 보고서 이런 손에 건네면 제비를 놓칠지도 모른다고 생각하여 잠시 망설였다. 그 때 양건후가 제비를 자신의 손바닥에 올려놓도록 명하였다. 제자가 어쩔 수 없이 명한 대로 하였다. 그러나 놀랍게도 제비는 뒤뚱 뒤뚱 움직였지만 스승의 손바닥에서는 날아가지 않았다. 얼마 후 그대로 제비를 손바닥에 올린 후 양건후가 "놓는다"고 말하였다. 그 순간에 제비는 날아간 것이다.

입을 닫을 수 없었던 제자들에게 양건후가 "이것이 점(黏)이다"라고 설명하였다. 즉 작은 새가 날기 위해서는 먼저 양발로 아래를 밟고 그 반작용력을 이용하여야 한다. 그러나 제비의 발이 양건후의 손에 닿는 순간에 그의 손이 제비의 발에 달라붙어서 그 발의 움직임에 '과함도 모자람도 없는' 고분고분함에 따라서 제비가 이용할 수 있는 반작용력을 부여하지 않았다. 그러므로 제비가 숲 속에 쳐진 수렵용 망에 걸린 작은 새와 같이 밟고 나갈 것이 없었기 때문에 날아갈 수 없었던 것이다. 마지막으로 양건후의 손이 달라붙는 것을 멈추었기 때문에 제비는 곧 날아갔다.

(2) 손이 달라붙음

양건후(楊健候)의 형인 양반후(楊班候)는 매우 겸허(謙虛)한 사람으로 타인과의 팔겨루기를 항상 피하였기 때문에 그의 팔 실력을 알고 있는 사람은 별로 없었다. 나이도 오십서너 살 때 어느 날 갑자기 남쪽에서 왔다고 이름을 밝힌 한창 때의 사람이 그를 방문하였다. 손님이 예의바르게 경모(敬慕)의 예를 표현한 후 팔힘을 겨룰 것을 신청하였다.

젊은이는 "선생께서 점(黏)의 예(藝)를 사용할 때 마치 아교칠과 같이 달라붙어서 아무리 해도 떨어지지 않는다고 들었습니다. 가르침을 부탁합니다"라고

하였다.

양반후(楊班候)는 "아니요, 나는 그저 부친의 예(藝)를 조금 알고 있을 뿐이오. 말하는 것처럼 도저히 할 수 있는 것은 아니오"하고, 거절하였지만 젊은 손님이 끈질기게 부탁하기에 다음과 같이 대답하였다.

"그렇게 말한다면 귀하는 반드시 이 도에 정통하였을 것으로 보오. 그럼 겨루는 방법을 가르쳐 주기 바라오. 나로서는 아마 불가능할 것으로 생각하지만 어쩔 수 없기 때문에 분부대로 열심히 해보는 수밖에 도리가 없을 뿐이오."

손님이 말한 방법은 「정원이 넓은 곳에 벽돌을 늘어놓고 태극도형(太極図形)을 만들었다. 벽돌과 벽돌간의 거리는 약 2척(60cm) 두 사람이 벽돌 위에 서서 손님이 앞, 양씨가 뒤에 위치하여, 뒤의 양씨가 우측 손으로 앞의 손님 등에 달라붙어 두 사람이 함께 벽돌의 선상을 가면서 태극도형(太極図形)을 돈다. 뒤의 양씨의 손이 앞의 손님 등에서 떨어지면 또는 발을 잘못 밟아서 지면에 닿으면 지는 것으로 한다」는 것이었다.

"빙글빙글 돌면 머리와 눈이 쉽게 아찔해집니다. 이것은 아마 늙은 나에게는 어렵다고 생각합니다. 그렇지만 손님께서 가르침을 배풀기로 한 이상 분부에 따를 수밖에 없군요"라고 양반후(楊班候)가 대답하였다.

두 사람이 약속한 방법대로 벽돌 위에 서자, 젊은 손님이 천천히 움직이기 시작하였다. 양씨도 정신을 집중하여 따라 갔다. 그 중 손님이 점점 더 속도를 올리고 마침내 맹렬한 속도로 가볍게 돌게 되었다. 양씨도 손으로 점착(黏着)하였듯이 조금도 떨어지지 않고 바람과 같이 앞 사람에 붙어서 따라 갔다. 손님은 아무리해도 등에서 양씨의 손이 떨어지지 않는 것을 느끼고 갑자기 도약하여 몸을 지붕 위로 날았다. 힐끗 뒤돌아보니 정원 속에는 양반후(楊班候)가 없었다. 손님이 '의아스럽게' 생각하자마자 등을 쓰다듬는다는 것을 느끼고 몸 뒤에서 양씨의 목소리가 들렸다.

"귀하가 상당히 이 늙은이를 피로하게 했네요. 조금 쉬는 것이 어떨까요"하자, 깊이 감복한 젊은 손님이 재삼 존경의 뜻을 표하고, 금후의 교유(交遊)를 약속한 후 연연히 사라졌다.

4. 태극권 경전의 재고

1) 온고지신(溫故知新)

「온고지신(溫故知新)」(옛 것을 익히고 나아가 새 것을 앎)이라는 말을 자주 듣는다. 전에 배운 것을 반복하여 자주 공부하면, 그 다음 새로운 견해와 실마리, 새로운 지식을 얻게 되는 일이 자주 있다. 태극권이론 공부에 있어서도 마찬가지라고 최근에 와서 깊이 느낀 것이다. 한 번 읽고 알것 같지만 어느 정도 시간이 지나서 다시 읽어보면 왠지 지금까지 생각지도 못했던 새로운 의미를 알게 되었다는 생각이 들었다. 이러한 일이 항상 반복되고 있는 것이다.

『타수가(打手歌)』의 가르침을 총괄하여 생각하면 저절로 『태극권론(太極拳論)』의 구(句)인 "과불급(過不及)을 없애고, 곡(曲: 구부림)에 수(隨: 따르고)하고 신(伸: 폄)에 취(就: 이룬다)한다"를 상기한다. 『타수가(打手歌)』가 이 구(句)에 대한 설명, 이 구(句)를 실행하기 위한 구체적 지도일 것이다.

"서로 싸울 때는 의식과 동작의 규칙을 잘 파악하여 상대가 굽히면 자신이 그것에 대하여 뻗어가고, 상대가 뻗어오면 자신도 그것에 가담해서 굽혀서 지나침도 부족함이 없도록 한다. 즉 상대에게 저항을 느끼지 못하게 함과 동시에 상대에게서 떨어지지 않도록 한다"는 것이 『태극권론(太極拳論)』의 구(句)인 '무과불급(無過不及), 수곡취신(隨曲就伸)'의 요구이다. 이것은 바로 「점련점수부주정(粘連黏隨不丟頂)」의 추구일 수 있다.

2) 「점(黏)」과 「주(走)」의 의미

(1) 점과 주의 헷갈린 표현

『태극권론(太極拳論)』의 제1단락에 "상대가 강(剛), 내가 유(柔) 이것은 소위 「주(走)」이며, 내가 순(順), 상대가 배(背) 이것은 소위 「점(黏)」이다." 그러나 그 제5단락에는 또 "점(黏) 즉 주(走), 주(走) 즉 점(黏)이다"가 있다. 이 두 부분을 바꾸어 말하면 「점(黏)」은 즉 '내가 순(順), 상대가 배(背)'이기 때문에 즉 「점(黏)」은 자신이 「순(順)」-순조(順調)이기 때문에 몸 전체가 거리낌을 느끼지 못하고 중심이 안정되어 있어 주체적인 태세로 있는 상태이다. 상대가 「배(背)」-불순조(不順調)이기 때문에 몸의 부자유를 느끼고 중심의 안정이 위협받고 있어 수동적 태세에 몰려 있는 상태이다.

「주(走)」는 '상대가 강(剛), 내가 유(柔)'이기 때문에, 즉 「주(走)」는 상대가 「강(剛)」의 태세를 취하고, 자신이 「유(柔)」의 태세에 있는 것이다. 그러나 이것을 제5단락의 표현과 함께 보면 즉 상대가 「강(剛)」의 태세를 취하고 있는데 「배(背)」-불순조(不順調)이다. 이것에 대하여 자신이 「유(柔)」의 상태이지만 「순(順)」-순조로운 태세에 있는 것이 된다. 이것은 상당한 헷갈림이 있다. 이해하기 어려운 표현이며, 그 모습을 머릿속에서 뚜렷하게 상상할 수 없다는 느낌이 든다. 그래도 겨우 500자의 경전논문이기 때문에 전후 모순된 부분이 있다고는 도저히 생각할 수 없다.

이 문제는 어디에서 발생하고 있는가? 문제는 「강(剛)·유(柔)·주(走)·점(黏)」 4개의 술어에 대한 우리의 이해에 있고, 어떻게 하여 이론과 실천을 결부시키는 가에 있다.

(2) 실천에서의 「강(剛)·유(柔)·점(黏)·주(走)」

제3부에서 '음과 양, 강(剛)과 유(柔)'의 개념에 대하여 설명하였다. 여기에서는 전문을 보충하면서 '점(黏)과 주(走)'를 생각한다.

'강(剛)과 유(柔)'도 '음(陰)과 양(陽)'도 마찬가지로 상반되면서 일정한 조건 하에서는 플러스로 작용하여 생성·발전하는 한 쌍의 모순(개념)이다. 양자는 서로 떨어질 수 없는 관계에 있으며, 한 쪽이 사라지면 또 한 쪽도 자신의 의미를 잃고 성립될 수 없다.

예를 들면 빛과 어둠이 있어 어둠과 빛이라는 개념이 성립되고, 여성과 남성이 있어 남성과 여성이라는 개념이 의미를 가진다. 그러므로 생각하면 어느 쪽에 대해서도 '적극적·소극적·능동적·수동적'과 같은 말로 정의할 수 없다. 양자가 대등관계에서 평등하게 작용하고 있기 때문에 이 세계(世界)가 유지되고 있다. 그렇지 않으면 이 세상이 이상해지고 돌아 버린다. 그러므로 여담이지만 남존여비도 여존남비도 편견이다. 주야의 구별, 명암의 대립, 강약자웅(强弱雌雄), 기수우수(奇數偶數)의 서로 다름 등도 결국 모두 음양(陰陽)이라는 한 쌍의 모순으로 귀결된다.

이와 같이 추수(推手)에서 말하는 '강(剛)과 유(柔)'도 '음(陰)과 양(陽)'이라는 한 쌍의 모순으로 귀결된다. 강(剛)은 이원기(二元氣) 가운데의 「양(陽)」의 하나의 구현이며, 「양(陽)」에 대표되는 사물(인간의 의념, 동작을 포함한 모든 사물)의 성질을 표현하는 말이다. '단단하다·강하다'는 공격 등의 개념과 같은 것은 아니다. 마찬가지로 유(柔)는 「음(陰)」의 구현이며, 음을 대표하는 사물의 성질을 나타내고 있을 뿐으로, 소극·연약·후퇴 등의 개념과 같은 것도 아니다.

예를 들면 갑을(甲乙)이 추수연습을 하고 있는 경우에 갑(甲)이 어떤 작용점을 통하여 을(乙)에게 영향을 미치고자 하는 모든 동작이 힘의 대소에 구애되지 않고 「강(剛)」으로 간주한다. 그것을 받은 을(乙)이 만일 갑(甲)의 작용점에 시 떨어져 기슬리지 않게 동작히여 지신의 안정된 태세를 유지할 수 있으면 바르게 「유(柔)」로 대응하는 것이 된다. 여기서 말하는 동작은 의념(意念)의 변화를 포함한다. 외견(外見)의 동작이 없더라도 의념만의 변화로 상대에게 영향을 미치게 할 수도 있기 때문이다.

(3) 점(黏)도 주(走)도 일종의 「경(勁)」

강유(剛柔)의 개념과 밀접하게 관련하고 있는 것은 「점(黏)과 주(走)」의 개념이다. 점과 주를 「음양(陰陽)」에 귀결되면 점(黏)은 양, 주(走)는 음에 속하게 된다. 태극관념에 따르면 '양이 음을 멀리하지 않고 음도 양을 멀리하지 않으며', '양(陽) 속에 음(陰)이 있고 음(陰) 속에 양(陽)이 있다'는 점에 대해서는 앞에서 언급하였다. 전술과 같은 음(陰)의 바른 대응은 바로 「주(走)」의 표현이다.

태극권에서 말하는 「주(走)」가 「전진(轉進: 굴러 나아감)」이라는 말의 본의를 생각하게 한다. 이 말은 40년대 전반에 자주「퇴거(退去)」라는 의미로서 사용되었지만, 그 본래의 의미는『코우지엔(廣辭苑)』사전에서 말하는 '진로를 바꾸다'이다. 즉 물의 흐름과 같이 장애가 있으면 진로를 바꾸어서 목적한 대로 나아가는 것이다. 그러므로「주(走)」의 실질에 대하여 진가식(陳家式)의 명인 진흠(陳鑫)이 다음과 같이 기술하고 있다.

"「주(走)」는「인(引)」의 다른 이름이다. 그러면 왜「인(引)」을 일부러「주(走)」라 하는가?「인(引)」은 상대를 유혹하여 나아오(가)게 하는 것이다.「주(走)」는 상대가 오면 내가 사라지고「정세(頂勢: 반항하는 세력)」를 나타내지 않는 것이다. 그러나「주(走)」속에 스스로 인도하여 나아가게 하는「경(勁)」이 포함되어 있어야 한다. 이것은 권법 중의 묘결(妙訣)이며, 연공(練功)을 오랫동안 쌓지 않으면 이룰 수 없다"고 진씨의 단문『추수(推手)에서의 36병(病)』의 최후의 부분에 있다.

여기의「인(引)」은 '인도하다'의 뜻이다. "손을 이끌어서 인도하다"의 의미이다. "힘으로 당기다"의 의미는 아니다. 여기에서 분명히 점(黏)도 주(走)도 일종의「경(勁)」이라는 것임을 알 수 있다. 그러므로 전문에서 언급하였듯이「점화경(黏化勁)」과「주화경(走化勁)」이라는 표현이 있다.

3) 점즉시주, 주즉시점

(1)「점화경」과「주화경」

「점화경(黏化勁)」은 정신을 집중하여 마음의 안정과 몸의 기민성을 유지하면서 전신의 관절을「방송(放鬆)」하여 조금도 힘주지 않고 침공해 오는 상대의 힘에 그 접촉점에서 틈이 없게 착 달라붙어서 상대동작의 완급에 따라서 자신이 항상「순(順)」이 되도록 자세를 조정해가는 것이다. 착 달라붙는 것은 항상 상대에게 감시카메라를 돌리며 자동제어장치를 붙였듯이 이쪽이 항상 주도권을 잡게 된다. 양손에 한정하지 않고 모든 접촉점에서 이것을 할 수 있으면 가장 좋다.

「주화경(走化勁)」은 상대가 기세를 부리며 큰 힘으로 침공하여 온 경우 자신이「부주정(不丟頂)」의 원칙을 지켜가면서 퇴피(退避)하는 것이다. 이 때 중요한 것은 「부주정」이다. 즉 허둥지둥 도망가는 것이 아니라, 그 칼날을 피할 뿐으로 주의깊게 그 동향을 지켜보며 그 틈을 찾는 것이다. 그러므로 언뜻 보아 상대가 전진하여 자신이 후퇴하는 듯이 보이더라도 실제 자신은 손자병법이 가르치고 있는 '그 예기(銳氣: 날카로운 기세)를 피하여 그 타귀(惰歸: 방심으로 돌아감)를 공격하는' 태세를 취하고 있기 때문에 전연 주체성을 잃지 않고 있다.

병법(兵法)에는 또 "병(兵)에 상세(常勢) 없고, 물(水)에 상형(常形) 없다. 충분히 적에 따라서 변화하여 승리를 취하는 자, 이를 신(神)이라 한다"가 있다. 경쟁에는 자신이 사전에 세운 계획을 고집하는 것은 무의미한 것이다. 정황의 변화, 상대의 움직임에 따라서 태세를 바꾸면서 승리를 취하는 것이 정답이다. 여기서 「점(黏)」과 「주(走)」라는 한쌍의 모순·동일성이 나타나 '점즉주, 주즉점': 점즉시주, 주즉시점(黏卽走, 走卽黏 : 黏卽是走, 走卽是黏)의 진의를 엿볼 수 있다.

(2) 추수(推手)의 원리

지금부터 약 4천년 전 중국「하(夏)」시대에 순(舜)이 부락연합의 군주자리에 있었을 때 홍수피해가 있었다. 순의 명령을 받아 홍수를 다스리고 있던 것은 곤(鯀)이라는 부락수령이었지만, 그는 9년 동안의 노력에도 결실을 맺지 못하자 마침내 순(舜)에 의해 유배되었다. 아비에 이어서 치수의 중임을 양 어깨에 짊어진 곤(鯀)의 자식인 우(禹)가 아비가 지금까지 취한 '가로막다·차단하다·가두다' 치수의 방법을 일변하여, '통하게 한다·인도한다·준설(강 밑바닥을 파내어 깊게 하는 것)하다' 방법을 취하여 아비로부터 13년(禹는 4년)만에 훌륭하게 홍수를 다스리게 되었다. 헌신적인 치수로 다양한 미담을 남긴 우(禹)가 순의 뒤를 이어서 부락연합의 군주에 취임하였다. 성군대우로서 역사상에 이름을 남긴 인물이다.

추수(推手)의 전법이 자주 하(夏)나라 우(禹)의 치수법에 비유된다. 즉 상대의 힘에 대하여 주로 "통하게 한다·인도한다·준설한다"의 방법을 취한다. 그러나 당연히 '가로막다·차단하다·가두다' 방법을 전혀 배제할 이유는 없다. 이와 같이 상대의 힘을 이용하여 그 가야 할 곳을 가게 하고 힘의 소모를 적게 하여 안전을 지키는 것이다. 요컨대 항상 자신은 「순(順)」의 상태를 유지하는 것이다.

4) 면(綿) 속에 침(針)을 감추는 예술

양식태극권(楊式太極拳)의 명인 양징보(楊澄甫)가 태극권의 본질에 대하여 다음과 같이 비유하고 있다.

"태극권내유중우강, 면리장침지예술(太極拳乃柔中寓剛, 綿裏藏針之藝術 : 태극권은 유:柔 속에 강:剛을 잠재우고, 면:綿 속에 침:針을 숨기는 예술이다.)"

면(綿) 속에 침(針)을 숨기는 것은 상상할 수 있을까? 유(柔)로 강(剛)을 잠재우는 것은 특히 이것을 권법과 결부시키는 것은 상상하기 어렵다. 이것을 어떻게 이해하면 될까?

(1) 강(剛)을 지키는 유(柔)

노자(老子)의 철학도 상당히 「유(柔)」를 중요시하였다. 『도덕경(道德經)』에는 「수유왈강(守柔曰强)」(유:柔를 지키는 것을 강:强이라 한다)의 가르침이 있다. 즉 노자에 따르면 "참(진정한)「강(强)」이 되기 위한 바른 길은「유(柔)」를 지킨다"는 것으로 이것이 객관적 법칙이라는 것이다. 즉 여기의 "「유(柔)」는 「유(柔)」를 위한 유(柔)는 아니다. 만일 「유(柔)」가 참「강(强)」으로 이어지지 않으면 「유(柔)」를 지킨다"는 것도 무의미해진다. 태극권에서는 항상 유(柔)를 강조하고 대부분의 경우에는 수성(水性: 물의 성질)의 자세를 본보기로 하고 있는 것은 반복하여 기술해 왔다.

강(剛)과 유(柔)는 한 쌍의 모순이며, 어느 쪽에 대해서도 적극·소극·능동·수동과 같은 말로 정의할 수 없다. 물은 낮은 곳으로 흘러가서 어떠한 형태의 그릇에 들어가면 곧 그릇 형을 취하지만, 물에 관해서는 '향상적이지 않다', '적극·수동·연약'과 같은 형용사로 사용하지 않는다고 생각한다. 때문에 손자가 「병(兵)」(군대, 군사행동)을 물에 비유하여 "병(兵)에 상세(常勢)없고 물

(水)에 상형(常形)없다"고 가르치고 있다.

태극권에서 말하는 「유(柔)」는 또한 노자가 가르치는 부분 "이 수컷을 알고 이 암컷을 지키면 천하의 계(谿)가 된다"의 구절 중의 「암컷(雌雄)」을 생각한다. "천하의 계(谿)가 된다"라는 표현에서 노자가 유약(柔弱)·겸하(謙下)의 덕을 설명하여, 계곡이 천하의 물줄기를 모으듯이 인심이 향하는 부분, 중망(衆望)이 귀의(歸依)하는 부분이 되도록 우리에게 가르치고 있다.

즉 여기서 말하는 "암컷을 지키다"도 "그 수컷을 알다"라는 전체 하의 이야기이다. 그러므로 이 구는 강자에게 혹은 강자이기를 바라는 사람에 대한 권고·훈계로서 결코 허약자·패배자들이 자신의 배(船)를 안심하고 정박시키는 일이 가능한 항구는 아니다.

태극권에서도 마찬가지이다. 속에 「강(剛)」을 잠재우고 있는 「유(柔)」이기 때문에, 의미를 가지고 속에 침(針)을 감추고 있기 때문에 면(綿)도 그저 면(綿)이 아니다. 단순한 유(柔)라면 단지 면(綿)이라면 태극권도 권법(拳法)이 되지 않을 뿐만 아니라 양생(養生)에도 그다지 도움이 되지 않는다.

옛날에 임금님이 심한 편도선염(扁桃腺炎)으로 음식물을 삼킬 수 없었다. 이때 지혜있는 어의(御醫)가 입 안에 칼을 들이댈 수 없어 붓 속에 소독한 침(鍼)을 입안에 넣어 부풀어 오른 부위를 찔러 가라앉게 한 이야기가 있다.

(2) 침(針)을 감추는 예술

여기서 조속하게 부가하지 않으면 안 되지만 "면(綿) 속에 침(針)을 숨긴다"는 앞의 구(句)인 "유(柔) 속에 강(剛)을 잠재우다"보다 알기 쉬운 설명이며 비유이다. 이것은 우리의 생각에 대한 훈계이고 권고이며, 실물의 면(綿)과도 침(針)과도 그 사물의 크기와 형과도 아무런 관계가 없다. 여기에서 말하는 「강(剛)」도 무우양(武禹襄)의 『태극권해(太極拳解)』의 구(句)에서 "매우 유연(柔軟)해지고 난 후에 매우 견강(堅剛)해진다"는 의미의 「강(剛)」이다.

그러므로 위에 인용한 양징보(楊澄甫)의 말을 글자면의 의미만으로 파악해서는 안 된다. 만일 태극권의 「유(柔)」를 위장하여 상대를 혼란스럽게 하는 수단,

외면만의 겉치레로 이해한다면 큰 오해가 된다. 필자도 이 문제에서 쓴 경험을 한 적이 있기 때문에 여기서 특히 이 점에 대한 주의를 환기시킨다.

5. 사기종인(捨己從人)

『태극권론(太極拳論)』의 최후 단락에서 작자가 전문을 총괄하면서 태극권의 근본정신을「사기종인(捨己從人)」의 4글자로 개괄하고 있다. 4글자를 직역하면 "자기를 버리고 타인을 따른다"가 된다.「타인(他人)」은 당연히 싸울 때의 상대인 적을 말한다. 신명을 보호하기 위한 호신술로 "자기를 버리고 상대에게 따른다"를 운운하는 것은 대부분의 사람에게는 우선 불가사의한 이야기로 들릴지도 모른다. 그러나 왕종악은 신중하다.「사기종인(捨己從人)」에 이어서 계속되는 말이 그 증명이다. 마침 이러한 부분에서 대부분의 사람이 잘못을 범하여 "가까운 것을 버리고 먼 것을 추구한다"와 같은 답답한 일을 하는 것을 왕종악이 예견하고 있기 때문에 "만일 처음부터 여기서 조금이라도 잘못되면 이 잘못이 후에 엄청난 오류로 발전한다"고 수련하는 자를 훈계하여 "상세하게 변별하여야 한다"고 주장하며 자신의 논문을 마치고 있다.

여기의 「사기(捨己)」는 물론 일반적 의미의 '자신을 버린다·던진다·방치한다·관계하지 않는다·뒤돌아보지 않는다·내 버린다'의 의미도 아니다. 그렇지 않으면 상대로서도 바라지 않았던 것이다.「종인(從人)」도 상대의 모든 것에 당연히 따르는 것이 아니다. 그렇지 않으면 호신술을 배울 필요가 없다. 그럼「사기종인(捨己從人)」은 무엇인가. 자기의 무엇을 어떻게 버리고 상대의 무엇에 어떻게 따르는가?

1) 선입관 버리기

'버려야 하는 것'은 그저 자기 혼자만의 선입의식과 사전(事前)에 계획을 세우는 혼자만의 생각·습관과 같은 것이다. 즉 상대와 싸울 때는 물론 힘으로 체력의 우세로 이기는 과거 습관을 버려야 하지만, 더욱 중요한 것은 자신의 상대에 대한 무언가의 선입의식이나 어떤「손(手)」을 사용하여 상대에게 이길 것인가라는 사전 행동계획을 버리는 것이다. 그러면 자신은 어떻게 하면 되는가? 대답은 역시 『태극권론(太極拳論)』의 가르침이다. 즉 자신이 그저 태극권의 기본요구를 지켜가면서 태극태(太極態)가 되어서 마음의 안정을 유지하고 조용히 상대의 동작을 느끼면서 그 법칙성을 판단하고 상대동작에 거슬리지 않고 따르면서 그 법칙성을 이용하여 자신의 행동을 하나하나 결정해가는 것이다.

더욱 더 구체적으로 설명하면 경전(태극권론)의 가르침대로 "과함도 부족함도 없애고 곡(曲)에 수(隨)하고 신(伸)에 가담한다"이다. "타인이 강하다면 내가 순(順)이듯 유(柔)가 된다"는 것이다. 상대의 "움직임(動)이 급하면, 즉 나도 급하게 대응하고, 움직임(動)이 느슨하면 즉 느슨하게 따른다", "좌가 무거우면 즉 내가 좌를 허(虛)로 하고, 우(右)가 무거우면 즉 내가 우를 묘(杳)로 한다. 상대가 위를 향하면 즉 나도 점점 높아지고, 상대가 아래를 향하면 즉 나도 점점 깊어진다. 상대가 나아가면 즉 내가 점점 길어지고, 되(退)하면 즉 내가 점점 그것을 재촉한다"이다.

요컨대 '타인에게 따른다'라고 하더라도 나를 불리한 경지, 또는 사지(死地)로 내 몰려고 하는 상대의 목적에 따르는 것이 아니라, 상대의 움직임에 그대로 따라가는 것도 아니다.

2) 태극본무법 동즉시법

여담 같지만 우리 인간은 천성적으로 자기를 과대평가하는 경향이 있다. 그러므로 우리가 때때로 뇌수를 쥐어짜서 다양하게 주관적으로 결정한 가공(架空)의 계획을 세운다. 실지로 잘 생각해보면 인간의 존재가 다양한 객관적 조건에 의해서 결정되기 때문에, 이 의미에 있어서는 인간에 절대적인「자유(自

由)」는 없는 것이다. 객관조건은 타인의 주관적 의향에 의존, 또는 타인의 기호에 따라서 변화하지 않기 때문에 인간이 가공으로 뇌수를 쥐어짜서 결정한 다양한 계획이 반드시 실현된다고는 할 수 없다.

인간이 스스로 처한 환경의 본질을 인식하고 그 본질과 운동(우주의 모든 것이 항상 운동하고 있기 때문에)의 법칙성을 인식하고, 인정한 후에 그것을 이용하면서 행동함으로써 비로소 예기(預期)의 효과를 얻을 수 있다. 일상생활의 세세한 일에서 인류사회의 큰 문제에 이르기까지 모두 그러하다. 그러므로 "자유는 인식된 필연이다"라는 헤겔(G. W. F. Hegel, 1770~1831)의 명언은 정말로 한 마디로 잘라「자유(自由)」와「필연(必然)」의 관계를 말하고 있다. 즉 인간의 참 '자유'는 '필연'에 대한 참 인식에 의해서 얻어지는 것으로, 각 개인의「자유도(自由度: degrees of freedom)」는 각 개인의 객관적 현실의 법칙성에 대한 인식과 그것을 활용하는 능력의 여하에 따라서 결정된다. 태극권의 추수(推手)도 물론 예외는 아니다.

추수(推手)를 연습할 때 상대와 싸울 때, 자신이 사전(事前)에 설정한 형에 빠진 동작이 반드시 객관 상황에 맞는다고는 한정할 수 없기 때문에 성공할 확신은 없다. 상대 동작의 법칙성을 알고 이쪽의「점련점수부주정(粘連黏隨不丟頂)」에 의해서 그것을 수시로 파악한다면 항상 주도권을 잡을 수 있다. 바로 이 의미로「태극본무법, 동즉시법(太極本無法, 動卽是法)」(태극권에는 원래 전법이 없고 움직임뿐이다)라는 표현을 이해해야 한다. 태극권에는 물론 지금까지 설명해 왔듯이 다양한 원리원칙이 있다. 그것을 지켜야 한다. 그저 그것을 단순하게 기계적으로 파악하거나 공식주의적(公式主義的)으로 그것에 구애되면 바람직한 효과를 얻을 수 없다.

접촉점(接觸點)을 통하여 상대의 정황을 판단할 수 있도록 하기 위해서는 자신의 전신이 특히 양손·양팔이 매우 민감하게 단련되어 있어야 한다. 앞에서 언급한 모든 요구는 모두 자신의 감각을 날카롭게 하기 위한 방법이다.

6. 쌍중과 동경

『태극권론(太極拳論)』에는 "여러 해 순수한 공(功)을 쌓고 운화불능(運化不能)인 자를 종종 보는 것은 대략 모두 스스로 타인에게 제압되고 아직 쌍중(雙重)의 병을 깨닫지 못하고 있다. 이 병을 피하고자 한다면 모름지기 음양을 알아야 하며…, 음과 양이 상제(相濟)하여 비로소 동경(懂勁)이라 할 수 있다. … 동경(懂勁) 후, …점차 마음이 바라는 대로 맡기면 좋은 경지에 이른다"라고 언급하고 있다. 그럼 「쌍중(雙重)」과 「동경(懂勁)」은 무엇인가?

1) 쌍중(雙重)의 진의

「쌍중(雙重)」을 양징보(楊澄甫)가 자전거의 페달을 밟는 동작에 비유하여 다음과 같이 간단하게 설명하였다. "한 쪽의 페달을 밟으면 차륜(車輪)이 가볍게 움직이지만 이것이 「편침즉수(偏沉則隨)」, 곧 한 쪽이 침(沈)이라면 즉 수(隨:따르는)하는 것이지만, 양 쪽의 페달을 동시에 밟으면 차륜이 오히려 움직이지 않는다. 이것이 '쌍중즉체(雙重則滯)', 즉 양쪽이 무거워지면 즉 정체되는 것이라고 한다.

이 비유에서 보면 분명히 「쌍중(雙重)」은 그렇게 어렵지 않은 개념이다. 그럼, 왜 오랫동안 진지하게 공부하고 연습을 쌓아 온 사람이 종종 이 「쌍중」의 병을 깨닫지 못한 것은 스스로 타인에게 제압되어, 따라서 「동경(懂勁)」도 깨닫지 못한 것이 아닐까?

문제는 역시 「쌍중(雙重)」의 진의를 확실하게 인식하지 못한 것, 「사기종인(捨己從人)」이라는 근본원칙에 대한 인식부족에서 왔다고 생각한다. 대부분의 사람이 「쌍중(雙重)」을 그저 자신이 체중을 평균으로 양발(의 사이)에 두거나 양팔에 같은 힘을 주거나, 요컨대 자신만의 것이라고 이해하고 있다.

실제 이것은 상대에게도 연관된 것이다. 대략 양쪽의 힘이 서로 거스르고 서로 대항하는 경우, 즉 두 개의 힘이 상살(相殺)하는 모든 상황을 「쌍중」으로 간주하고 있다. 그러므로 상대가 밀어오는 힘에 대하여 자신이 역방향의 힘으로 대항하는 것도 상대가 나를 끌어당기려는 힘에 대하여 내가 끌려가지 않도록 힘으로 맞서는 것도 마찬가지로 힘의 상살(相殺)이기 때문에, 「쌍중(雙重)」이 되므로 추수(推手)에서의 원칙적인 결점이 된다.

힘을 비교하지 않고 노력하여 상대의 힘을 이용하는 「사기종인(捨己從人)」이야말로 태극권의 특색이다. 역학(力學)에 따르면 어떤 물체에 영향을 미치기 위해서는 그 물체에 작용을 가해야 한다. 반대로 말하면 물체가 작용을 받지 않으면 영향을 받지 않는다는 것이다. 수렁에 빠진 사람이 빨려들듯이 가라앉는 것은 진흙이 사람이 밟는 발과 억제하여 지탱하고자 하는 손에 반작용력(反作用力)을 부여하지 않기 때문이다.

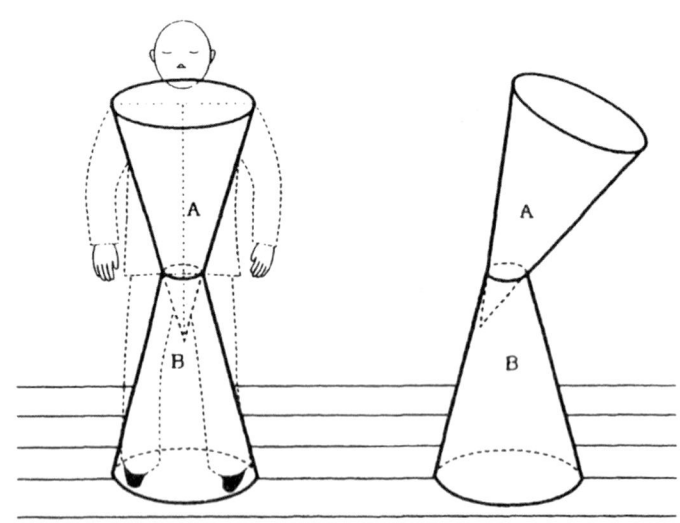

1. 연습자 쌍방이 초급단계인 경우, 몸은 두 개의 원추체(圓錐體)로 짝을 짓고 있다고 생각한다.
2. 짝을 짓는 안정도(安定度)는 다음 두 요소에 영향을 준다. ① A, B 양추체의 중량관계, ② A, B의 접합부의 자유도
3. 이를 움직이기 위하여 조준을 B의 하방에 합치하는 방법이 효과적이다. 그래서 어깨의 힘을 내는 것이 중요함을 이해한다.

일본어에는 이 도리를 구체적으로 여실히 묘사하고 있는 말이 있다. '포렴(노렌: 가게 출입구에 처 놓은 상호나 카몬:かもん:家紋을 디자인한 천이나 주렴)

에 팔밀기'·'쌀겨에 못박기'이다. 포렴은 날카로운 것에 쉽게 부서지지만, 팔밀기에는 양쪽에서 큰 힘으로 밀어도 부서지지 않는다. 나무판에 못을 박으면 그 못이 판 전체에 영향을 미쳐 판을 움직일 수 있다. 판과 못이 일체(쌍중)가 되었기 때문이다. 쌀겨에 못을 박아도 양자는 일체가 되지 못하기 때문에 영향을 미치지 않는다. 그러므로 밀어오는 상대의 힘에 대해 이쪽이 포렴이 되면 상대가 자기 힘의 관성으로 앞으로 넘어지는데 이것은 포렴 때문이 아니다. 우리가 물건을 빼낼 때 그것이 그다지 확실하게 고정되어 있지 않다는 것을 알지 못하고 큰 힘으로 물건을 빼면 뒤로 넘어지는 경우가 있다. 이것도 우리 자신의 잘못으로 그 물건 때문은 아니다. 전술의 우(禹)임금의 치수법과 반작용력의 이용을 함께 생각하면 「쌍중」이 되지 않도록 항상 노력하는 것은 실로 작은 힘의 소모로 승리를 얻는 좋은 책략이다.

2) '동경(憧勁)'의 의미

「동(憧)」은 '알다·이해하다'이며, 「동경(憧勁)」은 태극권의 「경(勁: 힘)」을 이해하는 것이다. 앞에서 전술한 "음과 양이 상제(相濟: 서로 도움)하여 비로소 동경이라 할 수 있다"는 자신의 몸동작 속에서 음양의 두 요소가 서로 어울려 작용하게 되면 「경(勁)」을 이해하였다는 의미이다. '음양이 서로 어울려 작용'에서 음양이 서로 작용하는 양자가 서로 합쳐져 작용한다는 것은 무엇인가? 어떻게 하여 실천과 결부시키는 것인가.

같은 크기의 플러스와 마이너스가 합쳐져서 작용하면 어떻게 되는가? 제로가 되고 0(零)이 되고 공(空)이 된다. 이것이 또 전문(前文)에서 언급한 0(零)의 운동, 그 특성인 반수(盤水)·소용돌이·구심력·원심력 등을 생각나게 한다. 「음양상제(陰陽相濟)」 이것이 음양상살(陰陽相殺)이 되는 것은 아닐까 생각된다. 원자핵에 거대한 힘·에너지가 잠재해 있듯이, 0(零)·공(空)에도 힘·에너지가 잠재해 있을 것이다. 태풍과 소용돌이의 「눈(目)」이 우리의 육안에는 0(零)·공(空)으로 보이지만 그것에 가까이 갈 수 없다. 가까이 가면 빨려 들어 모든 「자유」를 잃게 된다. 즉 여기에는 거대한 에너지가 있다는 것이다.

우리에게는 0(零)·공(空)의 특성을 좀 더 깊게 파헤칠 필요가 있다. 농담으로 들리겠지만 중국소설 『서유기(西遊記)』의 손오공이 그렇게 재주가 좋은 것은 「오공(悟空)」, 즉 공(空)을 깨달았기(悟) 때문일 것이다. 「오능(悟能)」과 「오정(悟淨)」이라 불리는 그의 두 형제 제자의 「팔(腕)」이 그에게 미치지 못했던 것은 「능(能)」과 「정(淨)」만을 깨달아 아직 「공(空)」을 깨닫지 못하였기 때문일 것이다.

「동경(憧勁)」은 또 자신의 경(勁)을 아는 것과 상대의 경을 아는 것으로 나누어진다. 전자는 자신이 어떤 목적, 예를 들면 상대의 영향을 피하고 싶거나 상대의 힘을 어떤 곳으로 인도하고 싶은 것을 달성하기 위하여 자신의 경(勁)이 어디에서 나와 어떠한 노선을 운행하여 어느 방향으로 향하는가를 확실하게 의식하여 행동하는 것이다. 이러한 연습을 쌓는 것으로 의식적인 움직임이 점점 습관이 되어 조건반사가 되면 반응이 자유롭게 된다.

후자는 상대와 접촉하면 동시에 그 경(勁)의 강약·노선·방향을 아는 것이다. 상대의 경(勁)을 아는 방법은 전문에서 언급한 「청경(聽勁)」이다. 우리가 객관적 사물의 법칙을 잘 알면 알수록 그것을 이용하는 가능성이 늘어간다. '음양이 상제할 때'에 나타나는 0(零)·공(空)의 법칙에 대해서도 마찬가지의 일을 말할 수 있다.

7. 추수의 기본자세 보충설명

1) 손, 엄지손가락과 손목

(1) 손(手)

손(手)은 주먹과 갈고리를 만드는 경우를 제외하고 항상 손가락을 뻗은 손바닥을 편 「장(掌)」의 형을 취하고 있지만, 이때의 손가락은 똑바로 펴지지 않고 굽지도 않고 서로 붙지 않고 가볍게 뻗어서 편 상태이다. 손바닥도 활짝 평평하게 펴는 것이 아니라 조금 우묵하게 작은 접시와 같이 공(鞠: ball)을 가지고 있는 느낌을 가지게 된다. 당연히 손 전체를 편안하게 한다.

(2) 무지(拇指)

특히 엄지손가락에 주의해야 한다. 우리가 물건을 잡을 때, 엄지손가락이 수행하는 역할은 기타 4개의 손가락이 함께 수행하는 역할과 같다. 그러므로 엄지손가락의 상태에 따라서 손 전체의 작용이 상당히 달라진다. 초심자는 자주 엄지손가락을 외측으로 들어올리지만 반대로 엄지손가락을 약간 내측으로 굽힌 느낌으로 엄지와 검지 사이에 V자가 아니라 U자를 만든다. 이것이 호구(虎口: 엄지와 검지 사이의 느슨해진 갈래 부분)를 둥글게 하는 것이다. 항상 「호구(弧口)」를 둥글게 하고 있으면 「호구」 안에 있는 「합곡(合谷)」 경락에도 영향을 미쳐 건강에도 유익하다.

(3) 손목(手首)

추수(推手) 때 손목(手首)의 기민성이 매우 중요하다. 그 기민성을 유지하기 위해서는 손목을 항상 평행(손바닥과 팔꿈치가 일식선상에 있다)의 상태인기 약간 외측으로 손등 쪽으로 부풀게 한 상태로 유지한다. 손목이 각(角)을 만드는 것과 손목에 힘을 주는 것을 최대한 피해야 한다. 상대에게 영향을 받아(제압되어) 각(角)의 상태가 되었을 때는 팔꿈치나 다른 부분에 도움을 받아 손목을 평행하게, 또는 외측으로 팽창한 원호(圓弧)의 상태로 되돌리는 것이다. 손목이 각(角)을 만들면 움직임이 부자유스럽게 되고, 여기에 힘을 주면 상대에게 이용되기 쉬워지기 때문이다.

2) 발목과 발바닥

(1) 발목(足首)

발(足)이 항상 우리를 지탱하고 있기 때문에 우리는 종종 발, 특히 발목(足

首) 이하의 「발」 부분의 중요성을 잊고 있다. 추수시, 일정한 의미에서는 손보다도 오히려 발(중국에서는 '足 또는 脚'으로 표기) 쪽이 중요하다. 예를 들면 자세를 낮게 하는 경우, 일반적으로 무릎을 굽히지만 우선 의식적으로 발목을 느슨하게 하는 것이 보다 안전하다. 발목을 느슨하게 하는 방법은 예비세 부분에서 설명하였다.

(2) 발바닥(足掌)

발에 대해서는 어떤 선생들의 요구에 따르면 발바닥을 그저 지면에 두는 것이 아니라, 「십지조지(十指抓地)」(10개의 발가락으로 땅을 잡듯이)해야 한다. 이것은 특정(예를 들면 발경:發勁)의 경우의 순간적인 요구이며, 만일 이 요구를 기계적으로 실행하면 발목에 힘이 쉽게 들어가고, 발의 자유로운 움직임에 영향을 미친다. 그러므로 보통은 역시 예비세와 같이 발가락이 앞으로 뻗어가는 상상을 하면 용천(湧泉) 경락이 내려앉는 느낌이 들어 발바닥을 자연스럽게 땅에 두는 편이 좋다고 생각한다. 덧붙여서 항상 발가락을 뻗거나 잡는 듯한 움직임이 몸의 건강에 매우 유익하다.

3) 팔꿈치와 무릎

팔꿈치와 무릎은 상지(上肢: 팔)와 하지(下肢: 다리)의 중간 관절이다. 중간이라는 급소 부위에 있으면서 두 관절 모두 원활성이 없어 한쪽 방향으로만 굽어진다. 경쟁시에는 이러한 단점으로 공격당하는 것은 당연하기 때문에 특히 보호해야 한다.

(1) 팔꿈치(肘)

팔꿈치두기 자세의 요점은 전술에서 '체주(掣肘: 팔꿈치에 방해)되지 않도록 하라'고 설명하였지만 여기서 추수시(推手時), 빈번히 움직이는 팔꿈치를 되도록 상상으로 지면에 붙이고 팔꿈치가 항상 지면에 따라서 움직이도록 상상하는 것이다. 또 하나는 팔꿈치와 허리의 연관을 잊지않는 것이다. 허리는 전신(全身)의 주재(主宰)이지만 그 중에서도 팔꿈치와의 관절이 밀접하게 허리와의 협력이 없으면 팔꿈치의 모든 동작이 효과를 내지 못한다.

(2) 무릎(膝)

무릎 역할의 중요성을 다시 말할 필요는 없다. 여기서는 그저 무릎의 보호를 강조한다. 투로연습도 추수시도 무릎을 굽힐 때가 많고 게다가 한쪽 발에 체중이 걸릴 때가 많다. 따라서 태극권연습의 과로 때문에 무릎을 상하게 한 사람이 적지 않다. 그러나 옆으로 넘어졌을 때 좀처럼 무릎을 쉬(休)게 할 수 없기 때문에, 무릎을 보호하는 방법은 그 부담을 경감하는 것 밖에 없다. 사람은 앉아 있을 때 발을 꼬는 것을 좋아하는 것일까? 이것은 무릎의 부담을 덜기 위한 자연현상이다.

부담을 경감하기 위해서는 ① 항상 직립시도 무릎을 느슨하게 하여 약간 앞으로 굽힌 자세를 취한다. ② 무릎에 무게를 부담주기 전에 그 무릎을 약간 들어 올린다는 상상을 하여(발목 이하의 부분은 원래 대로) 동시에 같은 측(側)의 관골(臗骨: 요부에서 배골과 하지를 연결하는 한 쌍의 큰 궁둥이뼈)을 약간 뒤쪽의 밑으로 당긴다. 이러한 동작이 무릎의 부담을 경감할 뿐만 아니라 자주 허리를 느슨하게 하므로 허리를 안정되게 하는 데 도움이 된다.

이것은 누구라도 곧 검증할 수 있다. 무릎을 약간 굽히고 한 쪽 발로 서 본다. 무릎이 피로를 느낄 때 상술의 동작을 하면 무릎이 분명히 편해지는 것을 알 수 있다. 이 방법의 적용이 무릎관절의 질병을 치료하는 데도 도움이 된다.

8. 추수는 자아보호를 위한 연습

앞에서 언급한 "「연습 중의 관례」를 성실히 지킨다면 과실상해가 일어나지 않는다"고 말하지만 부상당하지 않는 인간은 없다. 특히 추수로 경쟁요소가 포함되어 있기 때문에 참가자의 미묘한 심리활동으로 과실을 일으킬 가능성이 있다. 이것을 항상 머릿속에 넣어 둘 필요가 있다.

다른 무술에도 마찬가지이지만 상대에게 던져졌을 때 피해를 적게 하기 위한 다양한 방법이 있다. 그 원칙은 대략 다음과 같다.

넘어질 때 몸이 지면과 접촉할 시간을 최대한 길게 하고 접촉면적을 최대한 크게 하는 것이다. 이를 위해서는 무릎을 굽히고 머리를 내리고 배를 당기고 숨을 멈추고 전신을 둥글게 한다. 그리고 손과 팔꿈치가 앞으로 지면과 접촉하지 않도록 주의한다. 물론 이러한 방법이 모두 도움이 된다.

이 외 태극권에서 자주 이용되고 있는 것은 (1) 몸을 교환하는 방법, (2)「자퇴법(自退法)」이다.

(1) 몸을 교환하는 방법

앞에서 언급한「입신중정(立身中正)」과「허령정경(虛領頂勁)」의 요령과 상술의「부주정(不丟頂)」의 원칙을 지키고 몸을 좌우로 교환하는 방법이다.

(2) 스스로 물러나는 법-자퇴법(自退法)

중국의 권법 속담에 "피타욕질수작약(被打欲跌須雀躍: 맞아서 넘어지려고 한다면 '작약: 雀躍: 몹시 기뻐 뜀')해야 한다"을 가르치고 있다. 즉 상대의 영향으로 자신의 몸이「중정(中正)」을 유지할 수 없게 된 경우는 무리하게 대응하는 것이 아니라, 주체적으로 이후에 작약한다. 참새와 같이 폴짝폴짝 뛴다. 구체적으로는 상반신의 중정(中正: 치우침 없이 곧고 바름)을 유지한 채로 몸을 가볍게 하여 양 발로 뛰어 올라(뛰어 오르는 것은 그다지 좋지 않지만 여기서는 자면:字面의 의미이다) 뒤로 물러나고, 그리고 양발이 땅에 닿으면 한쪽 발바닥으로 다시 지면(地面)을 1, 2회 두드려 후퇴시의 관성을 없앤다. 이것이 문자대로의「전진(轉進)」이며, 뒤로 물러난 순간에 또 적극적인 행동을 취한다.

9. 태극권 추수시의 4구절

태극권 연습시 동호인들의 앞에서 순구류(順口溜: 말할 때 구의 운문)의 형식으로 다음 4개의 구를 말하였다.

"추수불용수, 각하표착주. 접점부접면, 몰유취시유.

推手不用手, 脚下漂着走. 接點不接面, 沒有就是有."

그 의미를 번역하면 "추수(推手)에는 손을 사용하지 않고, 서있는 다리 아래로 띄운다. 면(面)으로 접촉하지 않고 점(点)으로 접촉하고, 있음이 다하더라도 이 남는 것을 취한다.

동호인 모두 생각지도 않게 4개의 구(句)를 그들 마음에 받아들였다. 그러나 사실 이것은 '붕(棚: 선반)에서 목단병(牡丹餠: 모란꽃처럼 생긴 떡)'과 같은 것으로 그저 지금까지의 견문과 경험에 근거한 자신의 감상을 시로 전했을 뿐으로, 4구(句)의 깊은 의미인 특히 마지막 구의 깊은 의미를 이해 못하고 있다. 당연히 그것을 실천할 수 없었다. 그로부터 수십년이 지난 지금에 와서도 알듯 말듯하지만, 여기서 추수(推手)문제를 검토함에 있어서 동호인의 여러분과 함께 힘을 합쳐서 태극권 추수의 극의(極意)를 탐구할 수 있기를 마음 속으로 바라고 있다.

다음의 4구(句)를 참고하기를 바라며 소개한다. 4구(句)는 모두 독립구이지만 당연히 서로 관련되어 있으며 서로 어울려 작용한다.

(1) 손을 사용하지 않기-추수불용수(推手不用手)

여기서 말하는 「손(手)」은 협의적으로는 손가락·손바닥·손목의 각 부분과 인체의 어깨에서 손가락 끝까지의 모두를 가리키지만('손'의 바뀐 의미의 솜씨·수단·방법 등은 아니다), 광의적으로는 대략 그때 그 장소에서 상대와 접촉하는 자신의 몸 모든 부위를 가리킨다. 즉 추수시(推手時)에 자신이 상대와 접촉하는 모든 부위를 자신의 「손」으로 간주한다. 추수(推手)연습을 계속하고 있는 사람이라면 대체로 모두 이것을 이해하고 있다. 그러므로 여기서 말하는 '손을 사용하지 않고'의 원칙을 '접촉점을 사용하지 않고'라는 원칙으로 바꿀 수 있다. 교실에서 이것을 설명할 때 항상 다음 두 가지의 사상을 강조했다.

① 비항쟁(非抗爭), 비퇴각(非退却)의 사상과 ② 영역확보의 싸움은 하지 않는다는 사상이다.

구체적으로 말하면, 먼저 자신이 손에 힘을 주지 않을 것, 손으로 상대를 당기거나 잡거나 미는 등을 하지 않는 것에 있다. 예를 들면 자신의 우측 손의 손목이 상대에게 잡혔다고 하면 그때 자신은 잡힌 부분에서 항쟁하지 않고, 그것의 「경(勁: 힘줄에 의한 근육의 힘)」도 빼지 않고 손목을 되돌릴 노력도 하지 않는 것이다. 즉 이를 테면 "상대가 이미 손에 넣고 또 소지하고 싶은 것은 아무렇지 않게 한다."

마음에 걸리지만 동시에 자신이 지금까지 가지고 있는 '상대가 남겨 준 부분'을 충분히 활용하여 문제해결을 추구하는 것이다. 이 예의 경우에 우측 손바닥·손가락·팔꿈치·어깨, 좌측 손·허리·전신… 이 모두 자신에게 '남겨주었기 때문'이며, 모두 '실지(우측 손목)' 회복을 위하여 쉽게 이용할 수 있다. 그러므로 반드시 우측 손목에 집착하여 즉시 그 '작은 영역'을 다툴 필요는 없다. 에너지를 절약하여 보다 효과적인 방법을 택하는 것이 최선이다.

그러나 추수시(推手時), 일반적으로는 협의의 손, 특히 손목 이하의 부분에 접촉한다. 이 부분의 역할은 무엇인가. 간략하게 대답하면 다음과 같다. 접촉점이 되어 있지 않으면 어떠한 역할이라도 좋지만, 접촉점이라면 무우양(武禹襄)의 『13세설략(十三勢說略)』의 가르침과 같이 "형우수지(形于手指: 形은 손가락에서 나타나고, 形으로서 나타나는 것은 손가락이다"의 역할뿐이다. 즉 손가락의 역할은 자신의 '경(勁)의 형태 만들기'임을 유념한다.

(2) 서있는 다리(脚) 띄우기—각하표착주(脚下漂着走)

이것도 태극권 특색의 하나이다. 태극권에서도 기본공(基本功) 훈련인 「참장공(站椿功)」의 연습을 요구한다. 그러나 그 내용도 목적도 다른 권법과 다르다.

태극권의 경우는 일정한 단계에서는 자신의 양발이 수면에 서 있는(당연히 물 밑바닥을 알 수 있는 수면) 모양의 상상으로 연습한다. 여기에는 기공(氣功)의 수련도 의식의 훈련도 포함되어 있다. 기본 공(功)의 훈련은 그만두고 추수(推手)는 자신의 양발이 지면을 잡듯이 확실하게 서는 것이 아니라, 오히려 반대로 몸의 중심을 항상 하지(下肢)의 아래 선에 유지하고, 기침단전(氣沈丹田)은 일어서는 오뚝이를 생각한다. 동시에 전신이 공(ball)과 같이 지면과 접점을 항상 하나로 '허령정경(虛領頂勁)'으로 상하일선을 유지하는 것이다. 그러므로 양발이 항상 자유롭게 움직일 수 있다.

자신의 전후좌우로의 움직임은 지면과의 평행선에 따라서 움직인다. 즉「평송요과(平送腰胯)」— 조용한 수면을 항해하는 배와 같이 허리와 관골을 수평으로 움직이는 것이다. 만일 외부에서의 영향으로 넘어지게 된 경우 힘으로 버티지 않고 주체적으로 새로운 국면으로 옮긴다.

(3) 면이 아닌 점으로 접촉하기 – 접점부접면(接點不接面)

이것은 역시 전술의 원(○)과 공(ball)의 특성을 활용하는 방법이다. 논리적으로는 공(○)은 항상 일점만 평면과 접촉하기 때문에 외부의 힘이 좀처럼 공(○)의 중심을 통할 수 없다. 공(○)의 체적이 적으면 적을수록 이것이 어려워진다. 어린 시절부터 젓가락을 사용하는 우리는 누구라도 젓가락으로 둥근 물건을 잡은 경험이 있다.

두 개의 젓가락으로 양쪽에서 두 점을 관통해 잡더라도 좀처럼 중심을 향할 수 없는 1점이다. 면은 사방으로 많은 점으로 되어 있다. 상대가 많은 점에서 한 점(이쪽의 중심점)을 싸잡는 것은 그렇게 어렵지 않다. 그러므로 상대와 접촉할 때는 되도록 점에서(면이 아니다) 접한다. 이것은 자아보호의 시각에서의 이야기지만 더욱 적극적으로 생각해 보면, 만일 자신이 점(點)과 면(面)을 잘 결합시킬 수 있으면, 필요한 경우 이 작은 접촉점을 마치 송곳으로 상대의 공(○)에 구멍을 뚫는 효과도 상상할 수 있다. 구멍이 생기면 공(○)은 그 모든 특성을 잃듯이 상대방의 공격도 무위로 돌리게 된다.

(4) 완전한 허정은 태극권의 정수

권법으로서 태극권(太極拳)은 어디까지나 호신술(護身術: 내 몸을 지키는 기술)이다. 이런 의미에 있어서 "주체적 공격은 최상의 방위(防衛)이다"라는 주장과는 생각을 달리하고 있다.

태극권의 최고이상은 "허정(虛靜)을 통하여 승리를 취한다"는 것이다. 소위 병법(兵法)이 말하는 "싸우지 않고 승리하는 것이다." 그러므로 항상 되도록 허정(虛靜)을 지키고 「허(虛)와 정(靜)」에서 생기는 「실(實)과 동(動)」을 중요시한다. 만일 앞의 3구(句)가 아직 모두 몸의 형(形)과 관련하고 있다면, 이 제4구(句)는 완전히 의식(意識)에 대한 요구이며, 의식의 훈련이 된 상태이다.

이 제4구인 몰유취시유(沒有就是有: 있음이 다하더라도 이 남는 것을 취함)가 가능한 사람을 나는 베이징(北京)에서도 상하이 부근의 항주(杭州)에서도 몇 사람을 알고 있으며, 그 「허(虛)」의 영향력을 몸으로 체험하였기 때문에 이것을 굳게 믿으며 의심하지 않는다.

전문(前文)에서는 원(圓)・○・공(空)을 취하고, 「유(柔)」의 특성과 그 중요성을 반복 해석해왔지만, 요컨대 상대를 제어(制御)하고 공격하여 의식을 완전히 없애고, 항상 자신의 원(圓)・○・공(空)을 회복하여, 그것을 태극권 추수에서 지켜나가는 것이 최선이라 생각한다.

主要 參考文獻(*표는 日本語 文獻)

1. 中國武術關係

● 武術史料

茅元儀『武備志』

戚繼光『紀效新書』『練兵實紀』

唐順之『武編』

兪大猷『劍經』(兪大猷『正氣堂集』所收)

鄭若曾『籌海圖編』

程宗猷『少林棍法闡宗』『單刀法選』『長鎗法選』

趙士禎『神器譜』

黃宗羲『王征南墓誌銘』(『南雷文定』所收)

黃百家『內家拳法』(『昭代叢書』別集所收)

曹煥斗『拳經拳法備要二卷』

● 古典譯註本

金谷治訳注『孫子』(岩波文庫 1963) *

竹内照夫訳『春秋左氏伝』(平凡社 1972) *

天野鎮雄訳註『孫子』(中公文庫 1975) *

銀雀山漢墓竹簡整理小組編・金谷治訳注『孫臏兵法』(東方書店 1976) *

本田二郎『周礼通釈』(汲古書院 1979) *

小竹武夫訳『漢書』(築摩書房 1979) *

李呈芬原著・浜口富士雄訳註『射経』(明德出版社 1979) *

邱少華・牛鴻恩『先秦諸子軍事論譯註』(軍事科學出版社 1985)

● 徐震・唐豪 武術史 研究書

徐震『國技論略』(1928 序刊)

唐豪『少林武當攷』(1930, 香港麒麟圖書公司 復刻 1968)

唐豪『戚繼光拳經的研究及其評價』(1935 香港麒麟圖書公司 復刻 1963)

唐豪『王宗岳考』(1935, 香港麒麟圖書公司復刻 1969)

唐豪『內家拳的研究』(1935, 香港麒麟圖書公司復刻 1963)

徐震『太極拳考信錄』(1937, 眞善美出版社復刻 1965)

唐豪・顧留馨『太極拳研究』(人民體育出版社 1964)

唐豪『神州武藝』上冊 (吉林文史出版社 1986)

● 武術史等資料・研究書

周緯『中國兵器史稿』(三聯書店 1957)

謝承仁・寧可『戚繼光』(上海人民出版社 1959)

陳公哲『精武會五十年・武術發展史』(香港「中央精武」刊

林巳奈夫『中国殷周時代の武器』(京都大学人文科学研究所 1972) *

笠尾恭二『中国拳法伝』(ニトリア書房 1972) *

笠尾恭二『中國武術史大觀』(福昌堂 1994)

教育部體育司『中國武術史料集刊』第一〜三集(1974〜76)

松田隆智『図説中国武術史』(新人物往来社 1976) *

松田隆智『中国武術』(新人物往来社 1989) *

楊泓『中國古兵器論叢』增訂本(文物出版社 1980)

習雲太『中國武術史』(人民體育出版社 1985)

人民體育出版社編刊『中華武術論叢』第一集(1987)

徐紀編著『中國武術論叢』(華聯出版社 1987)

● 小林拳資料

尊我齋主人『小林拳術秘訣』(中華書局 1915)

增田亀三郞・岡田栄太郎編『菩提達磨嵩山史蹟大観』(1932) *

笠尾恭二『小林拳入門』(日東書院 1979) *

無谷・劉志學『小林寺資料集』(書目文獻出版社 1982)

趙寶俊『小林寺』(上海人民出版社 1982)

無谷・姚遠『小林寺資料集續編』(書目文獻出版社 1984)

● 太極拳資料

陳鑫『陳氏太極拳圖說』(1933, 眞善美出版社復刻 1964)

錢育才『太極拳 理論の要諦』(福昌堂 2009)

李英昂『太極十三槍譜注』(香港麒麟圖書公司 1961)

李英昂『李氏精簡太極拳』(香港麒麟圖書公司 1967)

笠尾恭二『精説太極拳技法』(東京書店 1973) *

笠尾恭二『太極拳入門』(日東書院 1977) *

顧留馨『太極拳術』(上海教育出版社 1982)

沈壽『太極拳法研究』(福建人民出版社 1984)

● 論文

石璋如『少屯殷代的成套兵器』(『歷史語言研究所集刊』22本 1950)

石璋如『少屯C區的墓葬群』(『歷史語言研究所集刊』23本下 1952)

吉田光邦『弓と弩』(『東洋史研究』12巻 3号 1953) *

和田博德『明代の鉄砲伝来とオスマン帝国』(『史学』31巻 1958) *

林巳奈夫『中国先秦時代の馬車』(『東方学報』29号 1959) *

趙任情『用階級觀點考查太極拳的歷史』(『新體育』1965・5期)

魏國忠『黑龍江省阿城縣牛拉城子出土的銅火銃』(『文物』1973・11期)

始皇陵秦俑坑考古發掘隊『簡報』(『文物』1975·2, 78·5, 79·12期)

彭邦炯『帶矛車轂與古代衝車』(『考古與文物』1984·1期)

2. 日本武術關係

● 史料・研究書等

日夏繁高『本朝武芸小伝』(1716 国書刊行会『武術叢書』1925 所収)＊

羽島耀清等編『武術流祖録』(1843 同右)＊

三木愛花『日本角力史』増補訂正版(万歳館 1901)＊

下川湖『剣道の発達』(大日本武徳会 1925, 第一書房復刻 1984)＊

桜庭武『柔道史攷』(目黒書店 1935)＊

丸山三造『大日本柔道史』(講道館 1939)＊

横山健堂『日本相撲史』(富山房 1943)＊

横山健堂『日本武道史』(三省堂 1944)＊

小松原涛『陳元贇の研究』(雄山閣 1962)＊

佐藤堅司『孫子の思想史的研究』(風間書房 1962)＊

有馬成甫『火砲の起源とその伝統』(吉川弘文館 1962)＊

宮本武蔵原著・神子侃訳解『五輪書』(徳間書店 1963)＊

今村嘉雄等編『日本武道全集』全七巻(人物往来社 1966)＊

竹内流編纂委員会『日本柔術の原流・竹内流』(日貿出版社 1979年)＊

今村嘉雄等編『日本武道大系』全十巻(同朋舎出版 1982)＊

● 論文

中山久四郎「近世支那の日本文化に及ぼしたる勢力影響」(『史学雑誌』 25・2〜26・2号 1914)＊

林若樹「メンデス ピントー」(『中央公論』 1928・4)＊

青柳武明『日本剣法の古流陰流と愛洲移香』(雄山閣『歴史公論』1935・10)＊

笠尾恭二 『日本空手道史』 (『新空手道新聞』 1972) *

3. 기타

● 體育史・宗敎史等

孤峯智璨 『禪宗史』 (光融館 1919, 總持寺 1974 復刻)
F. メゾー 『古代オリンピックの歴史』 (大島謙吉訳 ベースボール マガジン社 1962)
今村嘉雄 『体育史資料年表』 (不昧堂書店 1963) *
東京教育大学体育学部体育史研究室 『図説世界体育史』 (新思潮社 1964) *
『日本史年表』 (三省堂 1967) *
小林剛 『読史年表』 (永野鹿鳴荘 1975) *
柏楊 『中国歴史年表』 上下 (星光出版社 1977)
沈起煒 『中国歴史大事年表(古代)』 (上海辞書出版社 1983)
伊達宗義 『中国近・現代史略年表』 (拓殖大学海外事情研究所 1989) *

『中華人民共和国体育大事年表』 (『体育史料』 第8集)

4. 한국 자료

폴 램(Dr. Paul Lam) 저・황수연 역, 『태극권의 효율적 교수법』 (도서출판 밝은 빛, 2010) p172~p179.
카사오 쿄오지(笠尾恭二) 저・김휘문 역, 『알기 쉬운 중국권법(태극권)』 (동아문예, 1985)
이찬 편저, 『태극권경』 (하남출판사, 2003)

편역자 약력

▷ 현재 대구보건대학교 스포츠재활학과 교수(사회복지학 박사)

▷ 주요 체육단체 임원 및 경기지도자 경력
- 한국 운동재활학회 이사 (현)
- 대한 장애인 배구협회 이사 (현)
- 대구광역시 태극권 연맹 부회장 (현)
- 대구광역시 우슈협회 부회장 (현)
- 한국 장애인 수영연맹 부회장 (전)
- 대구광역시 우슈쿵푸협회 부회장 (전)
- 대구광역시 장애인 수영연맹 상임 부회장 (전)
- 대구광역시 체육회 인사위원 (전)
- 대구광역시 장애인 체육회 자문위원 (전)
- 대구광역시 보디빌딩협회 이사 및 감사 (전)
- 대구광역시 스쿼시 연맹 이사 (전)
- 경상남도 근대 5종 바이애슬론 연맹 이사 (전)
- 인천광역시 근대 5종 바이애슬론 연맹 이사 (전)
- 2007, 2008, 2009, 2011 전국체육대회 대구광역시 선수단 스쿼시 종목 감독
- 제93회(2012) / 제94회(2013) 전국체육대회 대구광역시 선수단 우슈쿵푸 일반부 감독
- 제93회(2012) 전국동계체육대회 대구광역시 선수단 컬링종목 여자 일반부 감독
- 제94회(2013) 전국동계체육대회 대구광역시 선수단 컬링종목 여자 일반부 감독

▷ 2012년 대구보건대학교 최우수 강의상(Best Teacher Award)

▷ 주요 논문

▶ Scopus journal 국제 학술지 발표 논문

The effect of Tai Chi exercise on the cognitive and physical function in older Adults, International Journal of content Technology and its Applications, Volume 7, Number 12, Aug 31, 2013. p239~255. (ISSN : 1975-9339(Print), 2233-9310(Online)
: 태극권 운동이 노인의 인지기능과 신체기능에 미치는 영향

▶ 국제 학술대회 발표 논문

The effects of aquarobic exercise program on blood pressure, heart rate, and lipids profile in elderly women with hypertension
: 아쿠아로빅스 운동이 고혈압 여성노인의 혈압, 심박수 및 혈중지질에 미치는 영향
<The 3rd International Conference on Digital Policy & Management. January 19-21, 2016, Ho Chi Minh, Vietnam> / 우수 논문상 수상

▶ 한국연구재단 등재 학술지 주요 발표 논문
- 벼메뚜기(Oxya chinensis sinuosa Mistshenko) 분말 섭취와 유산소성 운동훈련에 의한 마우스의 에너지 대사 변화, 한국응용곤충학회지 Vol. 55 No. 1 (2016. 2)
- 운동행동 변화단계에 따른 노인의 운동 자기효능감과 지각된 건강상태 수준 변화, 한국디지털정책학회지 (디지털 융복합 연구), 제13권 11호 (2015. 11. 30)
- 솔잎 분말 첨가 섭취와 수영훈련이 에너지 대사 기질에 미치는 영향, 한국생활환경학회지, 제22권 2호 (2015. 4. 30) 통권 제86호
- 태극권 운동이 노인의 건강관련 체력수준과 정신건강에 미치는 영향, 한국체육과학회지, 제21권 4호 (2012. 8. 31)
- 암시적·명시적 학습정보제공이 초등학생의 골프퍼팅 수행에 미치는 영향, 한국초등체육학회지 제17권 3호 (2011. 11)
- 단기간의 과훈련이 여자대학교 축구선수의 기분변화에 미치는 영향, 한국체육학회지 제49권 6호 (2010. 11) 외 다수

▷ 저서
- 스포츠센터 경영론 -수정증보판- (도서출판 학사원, 2016)
- 스포츠 트레이닝 (라아프 사이언스, 2013) 공저
- 체육원리의 이해 (도서출판 학사원, 2006)
- 종합체육시설업 경영론 (도서출판 학사원, 2006)
- 스포츠센터 시설기획과 경영론 (도서출판 학사원, 2004)
- 스포츠마케팅 이론과 실제 (도서출판 학사원, 2004)
- 레저·스포츠·건강증진시설 경영론 (도서출판 학사원, 2003)
- 스포츠센터 경영과 마케팅론 (도서출판 학사원, 2000)

▷ 번역서
- 카이로프랙틱 기능적 재활치료, 도서출판 학사원, 2016
- 타쿠앙 선사의 부동지신묘록(不動智神妙錄), 도서출판 학사원, 2013
- 武道學 講論, 도서출판 학사원, 2010
- 武道思想 探究, 도서출판 학사원, 2009
- 바이오메카닉스 : 신체운동의 과학적 기초, 공역, (주)이퍼블릭 코리아, 2008

태극권 경전 강해

2016년 5월 13일 초판인쇄
2016년 5월 20일 초판발행

저 자 : 錢 育 才
　　　　笠 尾 恭 二
편역자 : 김 우 철
발행인 : 장 세 진
발행처 : 학 사 원

대구광역시 중구 서문로2가 38-3번지
전화 : (053) 253-6967, 254-6758,
FAX : (053) 253-9420
등록 : 1975년 11월 17일 (라120호)

□ 무단복제 엄금　　　　　　　정가 28,000원
ISBN 978-89-8223-093-6　　93690